거울로 보는 관상
(원제 : 麻衣相法)

신 성 은 해역

자유문고

머 리 말

　사람을 살피는 술(術)이 아주 오래부터 있어 왔다.
　공자(孔子)나 맹자(孟子)도 사람을 살폈는데 그들이 관상을 논한 말들이 『논어(論語)』나 『맹자(孟子)』에도 거론되어 있다.
　이처럼 사람을 관찰하는 법이 관상(觀相)으로 발전하였으며 그것을 체계적으로 이론화한 사람은 달마조사(達磨祖師)와 그의 제자 마의선사(麻衣仙師)이다. 그러므로 달마와 마의선사는 관상의 비조로 일컬어져 오고 있다.
　인간의 관상(觀相)이란 선천적이 아니고 후천적이라고 한다. 타고난 골격은 그 사람의 활동 영역이나 처해있는 상황이나 마음의 씀씀이에 따라서 항상 변화를 가져오고 있다.
　가난하던 사람이 갑자기 부자가 되면 우선 신수가 훤해졌다고 한다. 이것은 처한 환경에 따라서 상의 골격이 펴져서 변화를 가져온 한 예이다.
　인간의 길하고 흉하고 장수하고 요절하고 부자가 되고 가난하고 귀하고 천한 것들이 다 외관상(外觀相)에 매어있는 것도 아니요, 또 이 모든 것이 외관상에 매이지 않는 것도 아니다.
　관상의 정해진 이치는 관찰하는 자가 자신의 신통력을 다하는 것에 있다.
　신통력을 다하지 않고 무턱대고 생긴 상황을 보고 판단한다는 것은 헛수고에 불과하다.
　관상(觀相)이란 밖으로 나타난 상을 외상(外相)이라고 하고 안으로 감추어진 것을 내상(內相)이라고 한다.
　외상은 바로 볼 수가 있지만 내상은 곧바로 볼 수가 없다. 그러므로 성현(聖賢)들은 외상(外相)보다는 내상〔보이지 않는 상 : 심상

(心相)〕을 중요시했다. 왜냐하면 내상은 전체 상의 비중에서 50%를 차지하고 있기 때문이다.

상(相)이란 후천적이기 때문에 시대에 따라 변화한다. 의식주의 변화에 따라서 또는 환경의 영향에 의해서 골격의 변화가 생긴다.

현대는 경제력이 커지고 직업이 다양화 되어 직업의 종류도 5만여 종이나 되며 그 분야도 매우 다양하기 때문에 관상에 적용하는 것은 더욱 복잡해졌다.

옛날의 관상은 귀해지느냐 천해지느냐 부자냐 가난하냐, 형벌을 받느냐 하는 아주 간단한 것들이었다.

현대는 많은 종류의 직업과 또 경제적 여건이 넓어짐으로 인하여 그의 판단도 아주 광범위 해졌으나 대체적인 것은 예나 지금이나 별 차이가 없는 것이다.

한번 잘못 이야기한 예언은 그 사람에게 치명적일 수 있다. 그것으로 인하여 인생을 망치는 경우도 있다.

그래서 마의선사는 평범한 사람에게 전수하면 사회에 큰 재앙을 불러올 수 있다고 했다.

마의선사는 후당(後唐)시대 사람으로 화산(華山)에 은거한 신선(神仙)이었다.

그는 제자 진단(陳搏)에게 달마조사(達摩祖師)가 남긴 것들을 정리하여 전수했다고 전하고 있다. 전할 때 유언으로 보통 사람에게는 전하지 말라고 당부했다고도 전한다.

그의 제자 진단은 자가 도남(圖南)이고 호는 부요자(扶搖子)이다. 그도 화산(華山)에 숨어 살았으며 마의선사에게 전수받은 상법(相法)을 혼자서 통달했다.

그가 일찍이 송(宋)나라 태조의 상을 보았는데 뒤에 말을 타고 변(汴)땅으로 가다가 길에서 송(宋)나라 태조가 즉위하였다는 소문을 듣고 크게 웃으며 '이미 천하가 정해졌다'고 하였다 한다. 뒤에 태조의 아들 태종이 불러서 벼슬을 주었으나 받지 않자 태종은 희이(希夷)라는 호를 내렸다고 전한다.

상의 술법은 신통하여 아무에게나 전하지 못하게 했으니 전수받는 사람도 영적인 신통력이 있어야 한다고 했다.

　이『마의상법(麻衣相法)』은 학자들도 반드시 알아야 하는 필수 불가결의 책이다. 그렇다고 상법에 빠져서도 안되고 또 다 그르다고 할 수도 없는 아주 묘한 저서이다.

　맞지 않는다고 하면 적중하고 적중한다고 하면 맞지 않는 청개구리 같은 성질의 것이기도 하다. 어쨌든 학자라면 반드시 한 번은 읽어 두어야 하는 저서이기도 하다.

　본래『마의상법』은 일반 사람들이 읽기에는 난해하다. 나는 5년여의 노력 끝에 그 난해한 것을 쉽게 풀어 써서 일반인들이 쉽게 읽고 곧바로 이해한 다음 거울을 놓고 자신의 상을 자신이 볼 수 있도록 했다.

　스스로 자신의 상을 볼 수 있도록 한 이유는 그 어떤 관상가보다도 자신의 상(相)은 자신이 더 잘 관찰할 수 있다는 생각 때문이다. 가령 아무리 치장을 잘했어도 거울에 비친 자신을 바라보았을 때 어두워보이고 미워보이며 자신의 마음에 들지 않을 때가 있는가 하면 어떤 날은 치장을 하지 않아도 자신의 모습이 밝고 좋아보이는 날이 있기 때문이다.

　이것으로 본다면 기색(氣色)의 좋고 나쁜 것이나 상(相)의 좋고 나쁜 것을 본인이 거울을 통하여 스스로도 판단할 수 있다는 실증이다.

　한 가지 아쉬운 점이 있다면 지금까지 우리나라의 관상은 중국에서 전수된 책에 거의 의존해 왔다. 같은 동양인으로서 형상은 비슷하지만 중국인의 상과 한국인의 상이 미미하게나마 약간씩은 다른데도 불구하고 이것을 비교 연구하여 이론화하고 체계화하는 데는 아직도 미흡하다 하겠다.

　앞으로 많은 연구와 노력이 필요하다고 본다.

　나는 마침 조그만 사업을 핑계삼아 오랫동안 중국에 머무를 기회가 주어져 여건이 허락되는 대로 미력하나마 상(相)에 대한 공부를 진척시켜 보려한다.

　끝으로 변변치 못한 삶을 그나마 보전해 준 여러 주위분들께 감사드리고 십수년동안 어렵고 힘들 때마다 큰 힘과 좌표가 되어 주셨으며 이 책이 발행되는데 처음부터 끝까지 세세한 노고를 아끼지 않으신 자유문고 이준녕 발행인께 특히 깊은 감사를 올린다.
 그리고 오랜동안 별볼일 없는 나그네를 식객으로 따뜻하게 맞아 주고 보살펴 준 익산의 김재선 형님과 설악산의 유희운 벗께 각별한 고마움을 전하고 싶다.
 아울러 앞으로 중국에 머물면서 정진하게 배려해 주신 주식회사 P&N 이재환 사장님께도 감사의 마음을 드린다.
 견문이 좁은 비재(菲才)가 하늘의 이치에 어긋나는 일을 하지나 않았는지 가슴이 조여온다.
 강호(江湖) 제현(諸賢)께 사랑의 매를 청한다.

1998. 10. 3. 개천절에

차 례

머리말… / 3

제1권 상법도와 팔법도(相法圖八法圖) / 19

제1장 상법도(相法圖) / 21

외상(外相)을 바로하는 법… / 21
내상(內相)을 바로하는 법… / 22

1. 13부위총요도(十三部位總要圖)… / 23
2. 유년운기부위도(流年運氣部位圖)… / 24
3. 12궁분지도(十二宮分之圖)… / 25
4. 오성육요오악사독지도(五星六曜五嶽四瀆之圖)… / 26
5. 육부삼재삼정지도(六府三才三停之圖)… / 27
6. 구주팔괘간지지도(九州八卦干支之圖)… / 28
7. 사학당팔학당지도(四學堂八學堂之圖)… / 29
8. 오관지도(五官之圖)… / 30
9. 논인면지지도(論人面痣之圖 : 검은 점)… / 31
10. 남인면지지도(男人面痣之圖)… / 32
11. 논혼문(論痕紋)… / 33
12. 논혼문(論痕紋)… / 34
13. 옥침지도(玉枕之圖)… / 35
14. 여인면지지도(女人面痣之圖)… / 36

제2장 팔법도(八法圖) / 38

1. 위엄이 있고 엄한 상〔威猛之相〕… / 38

8 거울로 보는 관상

2. 온후하고 진중한 상〔厚重之相〕… / 39
3. 맑고 수려한 상〔淸秀之相〕… / 39
4. 옛스럽고 괴상한 상〔古怪之相〕… / 40
5. 고독하고 쓸쓸한 상〔孤寒之相〕… / 40
6. 박약한 상〔薄弱之相〕… / 41
7. 사납고 독한 상〔惡頑之相〕… / 41
8. 속되고 흐리멍덩한 상〔俗濁之相〕… / 42

제2권 마의선생신상(麻衣先生神相卷之一) / 43

제1장 항상 외워야 할 구결(口訣) / 45

13부위총도(十三部位總圖) … / 45
〈십삼부위총도가(十三部位總圖歌)〉 … / 47
유년운기부위가(流年運氣部位歌) … / 50
〈유년운기부위가〉 … / 51
운기구결(運氣口訣) … / 54
식한가(識限歌) … / 55

제2장 관상의 12궁(十二宮) / 57

1. 명궁(命宮 : 양미간의 호칭, 인당(印堂)의 지칭) … / 57
2. 재백궁(財帛宮 : 콧잔등) … / 58
3. 형제궁(兄弟宮 : 두 눈썹) … / 59
4. 전택궁(田宅宮 : 논밭) … / 60
5. 남녀궁(男女宮) … / 61
6. 노복궁(奴僕宮 : 턱) … / 62
7. 처첩궁(妻妾宮 : 눈꼬리, 魚尾) … / 62
8. 질액궁(疾厄宮 : 山根) … / 63
9. 천이궁(遷移宮 : 두 눈썹의 끝) … / 64
10. 관록궁(官祿宮 : 이마의 중앙부분) … / 65

11. 복덕궁(福德宮 : 옆 이마 상단쪽, 天倉)… / 66
12. 상모궁(相貌宮 : 얼굴 윤곽)… / 66
13. 12궁 비결(十二宮祕訣)… / 67

제3장 관총론(官總論 : 오관) / 69

오관총론(五官總論)… / 69
오악(五嶽 : 이마, 코, 좌우 광대뼈, 입)… / 70
사독(四瀆 : 네 개의 큰 강)… / 72
삼주삼주(三主三柱)… / 73
오성육요(五星六曜)… / 73
오성육요결단(五星六曜決斷)… / 77
1. 귀〔耳 : 왼쪽은 금성(金星), 오른쪽은 목성(木星)〕… / 77
2. 입〔口 : 수성(水星)〕… / 77
3. 이마〔額 : 화성(火星)〕… / 78
4. 코〔鼻 : 토성(土星)〕… / 79
5. 자기(紫氣) : 인당(印堂)… / 79
6. 월패(月孛) : 산근(山根)의 왼쪽… / 80
7. 나계성(羅計星 : 나후·계도, 왼쪽 눈썹과 오른쪽 눈썹)… / 80
8. 일월(日月 : 太陽·太陰, 두 눈)… / 81

육부 삼재 삼정(六府三才三停)… / 81
사학당(四學堂)… / 83
팔학당(八學堂)… / 84
인면총론(人面總論)… / 85

제4장 오행과 신기론(神氣論) / 87

오행(五行)의 형태… / 87
오행(五行)의 색(色)… / 87
5가지 형상과 형태의 설명… / 88
형상을 논하다〔論形〕… / 90

신(神 : 혼)을 논하다〔論神〕… / 91
논형유여(論形有餘) … / 94
논신유여(論神有餘) … / 94
논형부족(論形不足) … / 95
논신부족(論神不足) … / 96
소리를 논하다〔論聲〕… / 97
논기(論氣) … / 100

제3권 마의선생신상(麻衣先生神相卷之二) / 103

제1장 상골(相骨 : 골격) / 105
골격(骨格) 관찰… / 105

제2장 상육(相肉 : 살집) / 108
살(肉)을 관찰한다… / 108

제3장 상두발(相頭髮 : 竝髮, 머리) / 110
머리와 머리털을 관찰한다… / 110

제4장 상액(相額 : 이마) / 112
이마를 관찰한다… / 112

제5장 논면(論面 : 얼굴) / 114
얼굴을 논하다… / 114

제6장 논미(論眉 : 눈썹) / 116
눈썹을 논하다… / 116
각각 다른 눈썹의 모양… / 118
1. 교가미(交加眉)는 빈천(貧賤)하다… / 118
2. 귀미(鬼眉 : 귀신 눈썹)는 도둑이 되며 흉(凶)을 주관한다… / 119
3. 소산미(疏散眉)는 재산이 모아졌다 파산하였다 한다… / 119

4. 황박미(黃薄眉)는 가산을 탕진하고 타향에서 죽는다… / 119
5. 용미(龍眉 : 용의 눈썹)는 크게 귀하다… / 120
6. 유엽미(柳葉眉)는 골육간에는 무정하나 자신은 발달한다… / 120
7. 검미(劍眉 : 칼눈썹)는 부귀하고 권세를 누린다… / 120
8. 사자미(獅子眉)는 화평이 결점이지만 부귀하게는 된다… / 121
9. 소추미(掃箒眉)는 복을 누리고 장수를 한다… / 121
10. 첨도미(尖刀眉)는 흉악하고 포악하다… / 121
11. 팔자미(八字眉)는 외롭고 장수한다… / 122
12. 나한미(羅漢眉)는 자식이 늦게 있다… / 122
13. 전청후소미(前淸後疎眉)는 부귀하고 친목에 소홀하다… / 122
14. 경청미(輕淸眉)는 일찍 귀하고 화목하다… / 123
15. 단촉수미(短促秀眉)는 청빈하고 귀(貴)하게 된다… / 123
16. 선라미(旋螺眉)는 수복을 겸하고 무관(武官)이 된다… / 123
17. 일자미(一字眉)는 부귀한데 반드시 형벌이 있다… / 124
18. 와잠미(臥蠶眉)는 귀(貴)하지만 화목이 부족하다… / 124
19. 신월미(新月眉)는 크게 귀하고 형제도 귀하게 된다… / 124
20. 호미(虎眉)는 복있고 장수하나 정이 없으면 부자가 된다… / 125
21. 소소추미(小掃箒眉)는 부자로 살지만 인정이 없다… / 125
22. 대단촉미(大短促眉)는 선조를 본받게 된다… / 125
23. 청수미(淸秀眉)는 부귀하고 인정도 넘쳐난다… / 126
24. 간단미(間斷眉)는 형벌이나 파산을 하게 된다… / 126

제7장 상목(相目 : 눈) / 127

눈을 관찰한다… / 127
여러 가지 모양의 눈〔眼〕… / 132
1. 용안(龍眼 : 용의 눈)은 크게 귀하게 된다… / 132
2. 봉안(鳳眼 : 봉황의 눈)은 크게 귀하게 된다… / 132
3. 우안(牛眼 : 소의 눈)은 거부(巨富)가 된다… / 132
4. 공작안(孔雀眼 : 공작새눈)은 부귀하다… / 133
5. 후안(猴眼 : 원숭이의 눈, 사람과 비슷하다)은 부귀하다… / 133
6. 귀안(龜眼 : 거북이눈)은 장수한다… / 133

7. 상안(象眼 : 코끼리눈)은 부귀하다… / 134
8. 작안(鵲眼 : 까치눈)은 신의가 있다… / 134
9. 원앙안(鴛鴦眼 : 원앙새눈)은 부자가 되고 또 음탕하다… / 134
10. 명봉안(鳴鳳眼 : 우는 봉새의 눈)은 귀하게 된다… / 135
11. 수봉안(睡鳳眼 : 봉이 조는 눈)은 청귀(淸貴)하다… / 135
12. 서봉안(瑞鳳眼 : 상서로운 봉새눈)은 귀하게 된다… / 135
13. 사안(獅眼 : 사자눈)은 부귀하다… / 136
14. 호안(虎眼 : 호랑이눈)은 위엄이 있다… / 136
15. 관형안(鸛形眼 : 황새눈)은 귀하게 된다… / 136
16. 아안(鵝眼 : 거위눈)은 안온하고 중후하다… / 137
17. 안목(鴈目 : 기러기눈)은 부귀하다… / 137
18. 음양안(陰陽眼)은 부귀하다… / 137
19. 저안(猪眼 : 돼지눈)은 흉악하다… / 138
20. 사안(蛇眼 : 뱀눈)은 아주 잔인하다… / 138
21. 도화안(桃花眼 : 복숭아꽃눈)은 음란하다… / 138
22. 취안(醉眼 : 취한 눈)은 음란하다… / 139
23. 학안(鶴眼 : 학의 눈)은 귀하게 된다… / 139
24. 양안(羊眼 : 양의 눈)은 흉악하다… / 139
25. 합안(鴿眼 : 비둘기눈)은 욕심이 많고 음란하다… / 140
26. 난안(鸞眼 : 난새의 눈)은 발랄한 기상이 있다… / 140
27. 낭목(狼目 : 이리눈)은 포악하고 흉악하다… / 140
28. 복서안(伏犀眼 : 물소눈)은 인자하고 대귀(大貴)한다… / 141
29. 어안(魚眼 : 물고기눈)은 요절할 운명이다… / 141
30. 마안(馬眼 : 말눈)은 피로에 멍들고 가난하다… / 141
31. 녹목(鹿目 : 사슴눈)은 부귀하다… / 142
32. 웅목(熊目 : 곰눈)은 반드시 잘 죽지 못한다… / 142
33. 노사안(鷺鷥眼 : 해오라기눈)은 맑고 맑아 가난하다… / 142
34. 원목(猿目 : 긴팔원숭이눈)은 사기나 거짓이 많다… / 143
35. 연목(燕目 : 제비눈)은 신의가 있다… / 143
36. 자고목(鷓鴣目 : 자고새눈)은 조심하는 것이 부족하다… / 143
37. 하목(蝦目 : 두꺼비눈)은 둥글고 드러났다… / 144
38. 해목(蟹目 : 게눈)은 의식이 풍족하다… / 144
39. 묘목(猫目 : 고양이눈)은 한가한 것을 좋아한다… / 144

제8장 상비(相鼻 : 코) / 145

코를 관찰한다… / 145
코를 관찰할 때의 모형(相鼻形模)… / 149
1. 용비(龍鼻 : 용코)는 크게 귀(貴)를 누린다… / 149
2. 호비(虎鼻 : 호랑이코)는 큰부자가 된다… / 149
3. 산비(蒜鼻 : 마늘코)는 부자가 된다… / 150
4. 성낭비(盛囊鼻 : 큰주머니코)는 부귀를 누린다… / 150
5. 호양비(胡羊鼻 : 오랑캐양코)는 부귀를 누린다… / 150
6. 사비(獅鼻 : 사자코)는 부귀를 누린다… / 151
7. 현담비(懸膽鼻)는 부귀를 누린다… / 151
8. 복서비(伏犀鼻 : 엎드린 물소코)는 대귀(大貴)하리라… / 151
9. 후비(猴鼻 : 큰원숭이코)는 가난하게 산다… / 152
10. 응취비(鷹嘴鼻 : 매부리코)는 험악한 사람이다… / 152
11. 구비(狗鼻 : 개코)는 좀도둑이 된다… / 152
12. 즉어비(鯽魚鼻 : 붕어코)는 가난하고 천하게 산다… / 153
13. 우비(牛鼻 : 소코)는 큰부자가 되리라… / 153
14. 절통비(截筒鼻 : 대통을 쪼갠 코)는 부귀를 누린다… / 153
15. 편요비(偏凹鼻 : 오목한 코)는 가난하고 요절하리라… / 154
16. 고봉비(孤峯鼻 : 외로운 봉우리코)는 고독하게 된다… / 154
17. 삼만삼곡비(三彎三曲鼻 : 세번 튕기고 세번 굽은 코)는 고독하다… / 154
18. 검봉비(劍鋒鼻 : 칼날코)는 고독하리라… / 155
19. 장비(獐鼻 : 노루코)는 의리가 없다… / 155
20. 성비(猩鼻 : 성성이코)는 의리가 있다… / 155
21. 노척비(露脊鼻 : 뼈가 앙상한 코)는 빈천하게 된다… / 156
22. 노조비(露竈鼻 : 콧구멍이 들여다 보이는 코)는 가난하다… / 156
23. 녹비(鹿鼻 : 사슴코)는 인자하다… / 156
24. 원비(猿鼻 : 긴팔원숭이코)는 가히 사귀면 안된다… / 157

제9장 상인중(相人中 : 인중) / 158

인중(人中 : 코밑에서 입 사이)을 관찰한다… / 158

제10장 상구(相口 : 입) / 161

입을 관찰한다… / 161
입의 모양을 관찰한다… / 164
1. 사자구(四字口 : 넉사자입)는 부귀를 누린다… / 164
2. 방구(方口 : 모난입)는 귀하게 된다… / 164
3. 앙월구(仰月口 : 위로 굽은 달 입)는 부귀하게 된다… / 165
4. 만궁구(彎弓口 : 휘어진 활 같은 입)는 부귀를 누린다… / 165
5. 저구(猪口 : 돼지입)는 흉하고 가난하다… / 165
6. 취화구(吹火口 : 불을 부는 듯한 입)은 가난하고 요절한다… / 166
7. 추문구(皺紋口 : 주름잡힌 입)는 고독한 상이다… / 166
8. 앵도구(櫻桃口 : 앵두입)는 부와 귀를 누린다… / 166
9. 우구(牛口 : 소입)는 부와 귀를 누린다… / 167
10. 용구(龍口 : 용의 입)은 귀함을 누린다… / 167
11. 호구(虎口 : 호랑이입)는 부자가 된다… / 167
12. 양구(羊口 : 양의 입)는 흉하고 가난하게 된다… / 168
13. 후구(猴口 : 원숭이입)는 복을 받고 장수를 누린다… / 168
14. 점어구(鮎魚口 : 메기입)는 가난하고 천박하다… / 168
15. 즉어구(鯽魚口 : 붕어입)는 가난하고 요절하게 된다… / 169
16. 복선구(覆船口 : 엎어진 배입)는 가난하고 고생을 한다… / 169

제11장 상순(相脣 : 입술) / 170
입술을 관찰한다… / 70

제12장 상설(相舌 : 혀) / 172
혀를 관찰한다… / 172

제13장 논치(論齒 : 치아) / 174
이를 논하다… / 174

제14장 상이(相耳 : 귀) / 176
귀를 관찰한다… / 176

귀의 형태를 살핀다… / 179
1. 금이(金耳 : 쇠귀)는 부귀를 누린다… / 179
2. 목이(木耳 : 목성(木星)의 귀)는 가난하다… / 179
3. 수이(水耳 : 수성(水星)의 귀)는 부귀를 누린다… / 179
4. 화이(火耳 : 화성(火星)의 귀)는 외롭고 장수한다… / 180
5. 토이(土耳 : 토성(土星)의 귀)는 부귀를 누린다… / 180
6. 저이(猪耳 : 돼지귀)는 외롭고 가난하다… / 180
7. 저반이(低反耳)는 요절한다… / 181
8. 수견이(垂肩耳 : 어깨까지 드리운 귀)는 크게 귀하다… / 181
9. 첩뇌이(貼腦耳 : 뇌에 붙은 귀)는 처복이 있다… / 181
10. 개화이(開花耳)는 가난하다… / 182
11. 기자이(棋子耳 : 바둑돌귀)는 부귀를 누린다… / 182
12. 호이(虎耳 : 호랑이귀)는 간사하다… / 182
13. 전우이(箭羽耳 : 화살깃 귀)는 재산을 없애고 가난하다… / 183
14. 선풍이(扇風耳 : 부채귀)는 재산을 탕진한다… / 183
15. 서이(鼠耳 : 쥐귀)는 도둑질을 좋아한다… / 183
16. 여이(驢耳 : 당나귀귀)는 장수를 누린다… / 184

제4권 달마조사상결비전 / 185
(達磨祖師相訣祕傳卷之三)

제1장 서론 / 187

서론(序論)… / 187

5가지의 법(法)… / 188
제1법 상주신(相主神 : 눈 속의 신기(神氣))… / 188
제2법 신주안(神主眼)… / 190
제3법 인신(人身)… / 191
제4법 인면(人面)… / 192
제5법 택교(擇交)… / 194

제2장 달마총결(達磨總訣) / 195
총결 제1(總訣第一)… / 195
총결 제2(總訣第二)… / 198
총결 제3(總訣第三)… / 200
1. 눈의 광채가 삼탈(三脫)이 있다… / 208
2. 신색(神色)은 3가지 의심이 있는 것이다… / 208
총결 제4(總訣第四)… / 209
총결 제5(總訣第五)… / 212

제5권 마의선생신상 / 219
(麻衣先生神相卷之三)

제1장 논사지(論四肢 : 사지를 논하다) / 221
사지(四肢 : 팔다리)를 논하다… / 221

제2장 논수(論手) / 222
손을 관찰하다… / 222

제3장 논장문(論掌紋) / 226
손바닥의 무늬를 논하다… / 226

제4장 논수배문(論手背紋) / 228
손등의 무늬를 관찰한다… / 228
손의 무늬(手紋 : 손금)… / 229

1. 사계문(四季紋)… / 229
2. 대인문(帶印紋)… / 229
3. 병부문(兵符紋)… / 230
4. 금화인문(金花印紋)… / 230
5. 배상문(拜相紋)… / 230
6. 안진문(鴈陣紋)… / 231
7. 쌍어문(雙魚紋)… / 231
8. 육화문(六花紋)… / 231
9. 현어문(懸魚紋)… / 232
10. 사직문(四直紋)… / 232
11. 천인문(天印紋)… / 232
12. 기부문(奇扶紋)… / 233
13. 보훈문(寶暈紋)… / 233
14. 삼일문(三日紋)… / 233

15. 금귀문(金龜紋)… / 234
16. 필진문(筆陣紋)… / 234
17. 옥주문(玉柱紋)… / 234
18. 삼기문(三奇紋)… / 235
19. 삼봉문(三峯紋)… / 235
20. 미록문(美祿紋)… / 235
21. 입신문(立身紋)… / 236
22. 옥정문(玉井紋)… / 236
23. 학당문(學堂紋)… / 236
24. 거륜문(車輪紋)… / 237
25. 학당문(學堂紋)… / 237
26. 이학문(異學紋)… / 237
27. 소귀문(小貴紋)… / 238
28. 천희문(天喜紋)… / 238
29. 복후문(福厚紋)… / 238
30. 천자문(川字紋)… / 239
31. 절계문(折桂紋)… / 239
32. 삼재문(三才紋)… / 239
33. 천금문(千金紋)… / 240
34. 이괘문(離卦紋)… / 240
35. 진괘문(震卦紋)… / 240
36. 음덕문(陰德紋)… / 241
37. 은하문(銀河紋)… / 241
38. 화개문(華蓋紋)… / 241
39. 감어문(坎魚紋)… / 242
40. 주산문(住山紋)… / 242
41. 지혜문(智慧紋)… / 242
42. 산광문(山光紋)… / 243
43. 색욕문(色欲紋)… / 243
44. 난화문(亂花紋)… / 243
45. 은산문(隱山紋)… / 244
46. 일야문(逸野紋)… / 244
47. 화주문(花酒紋)… / 244
48. 도화문(桃花紋)… / 245
49. 색로문(色勞紋)… / 245
50. 원앙문(鴛鴦紋)… / 245
51. 화차문(花釵紋)… / 246
52. 도화문(桃花紋)… / 246
53. 화류문(花柳紋)… / 246
54. 투화문(偸花紋)… / 247
55. 어문(魚紋)… / 247
56. 화개문(花蓋紋)… / 247
57. 조천문(朝天紋)… 248
58. 노복문(奴僕紋)… / 248
59. 생지문(生枝紋)… / 248
60. 극모문(剋母紋)… / 249
61. 처첩문(妻妾紋)… / 249
62. 일중문(一重紋)… / 249
63. 극부문(剋父紋)… / 250
64. 월각문(月角紋)… / 250
65. 과수문(過隨紋)… / 250
66. 탐심문(貪心紋)… / 251
67. 삼살문(三煞紋)… / 251
68. 주작문(朱雀紋)… / 251
69. 망신문(亡神紋)… / 252
70. 겁살문(劫煞紋)… / 252
71. 주식문(酒食紋)… / 252
72. 독조문(獨朝紋)… / 253

제5장 논족(論足) / 254

발을 논한다… / 254

발바닥 무늬를 논한다… / 255

제6권 마의선생석실신이부 / 257
(麻衣先生石室神異賦)

제1장 개요 / 259
제2장 비전상법(祕傳相法) / 261
상법비전해석(相法祕傳解釋) … / 261

제7권 마의선생신상(麻衣先生神相卷之四) / 321

제1장 종합관찰(綜合觀察) / 323
제2장 금쇄부(金鎖賦) / 341
제3장 은시가(銀匙歌) / 346

제8권 상형기색부(相形氣色賦) : 新增 / 353

제1장 형모, 기, 색을 살피다 / 355
얼굴의 삼정(三停) … / 355

제2장 논상정길기(論上停吉氣) / 358
상정길기(上停吉氣)를 논하다… / 358

제3장 논중정길기(論中停吉氣) / 365
중정길기(中停吉氣)를 논하다… / 365

제4장 논하정길기(論下停吉氣) / 372
하정길기(下停吉氣)를 논하다… / 372

제5장 논상정흉기(論上停凶氣) / 375
상정흉기(上停凶氣)를 논하다… / 375

제6장 논중하이정흉기(論中下二停凶氣) / 383
중하이정흉기(中下二停凶氣)를 논하다… / 383

제1권 상법도와 팔법도
(相法圖, 八法圖)

제1장 상법도(相法圖)
제2장 팔법도(八法圖)

제1장 상법도(相法圖)

외상(外相)을 바로하는 법

자신의 상(相)을 바로잡는 9가지의 행동준칙이 있다.
사람이 걸음을 걸을 때(발을 옮기는 데)는 무거운 것을 들었다가 공손하게 놓는 듯이 신중하게 해야 한다.
손을 사용할 때에나 사용하지 않을 때 손의 자태는 항상 공손하게 해야 한다.
눈으로 사물을 바라볼 때에는 반드시 단정히 하여 곁눈질 하거나 사특한 빛을 없애야 한다.
입(口)의 모양은 반드시 반듯하게 다물고 방정한 모습을 나타내야 한다.
목소리는 반드시 고요하고 정중하여야 한다.
머리의 모습은 반드시 곧게 세워서 기울어지지 않아야 한다.
사람의 기품은 반드시 단정하고 엄숙함을 유지해야 한다.
서있는 태도는 반드시 중후하고 덕스러워야 한다.
얼굴의 안색은 반드시 온화하고 장중하여야 한다.

이상의 9가지를 자신의 몸가짐에 적용하면 자연스런 군자의 기상을 유지할 수 있으며 외상(外相)의 변화도 가져온다.

(足容必重하고 手容必恭하고 目容必端하며 口容必止하고 聲容必靜하며 頭容必直하며 氣容必肅하고 立容必德하며 色容必莊이나 是謂九容이라)

내상(內相)을 바로하는 법

심덕(心德)을 바르게 갖는 9가지의 방법이 있다.
사물을 관찰하는 눈은 반드시 명확하고 투명하게 가져야 한다.
사물의 소리를 들을 때에는 반드시 정확하고 확실하게 들어야 한다.
얼굴의 표정은 항상 온화하게 할 것을 생각해야 한다.
모습은 반드시 공손하고 단정한 것을 생각해야 한다.
말은 반드시 바르고 충성스런 말을 해야 한다.
일을 맡을 때에는 반드시 공경하고 신중을 기해야 한다.
의심이 가는 것들은 반드시 묻고 정확히 알아야 한다.
분노가 일어났을 때에는 반드시 분노의 뒤에 일어날 어려운 상황을 생각해야 한다.
무엇을 습득했을 때에는 그것이 반드시 의로운 것인가를 생각해야 한다.

이러한 9가지의 생각을 하게 되면 심덕(心德)이 바로 서서 활덕(活德)을 얻게 되는 것이며 내상(內相)의 변화를 얻어서 좋은 결과를 얻을 수 있다.

(視思必明하며 聽思必聰하며 色思必溫하며 貌思必恭하고 言思必忠하며 事思必敬하고 疑思必問하고 憤思必難하며 見得思義라 是謂九思라)

마의선생(麻衣先生)의 관상을 보는 도록은 모두 14개가 있다.
다음에 그 14개의 도록을 살펴 보자.

1. 13부위총요도(十三部位總要圖)

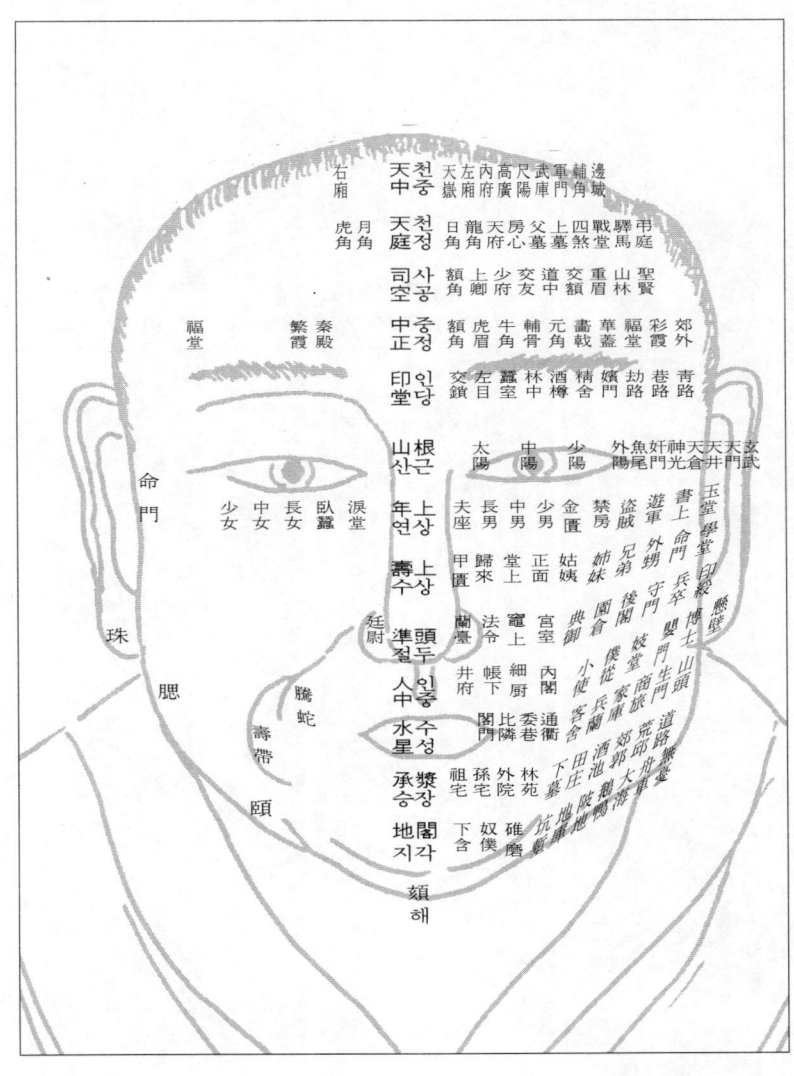

2. 유년운기부위도(流年運氣部位圖)

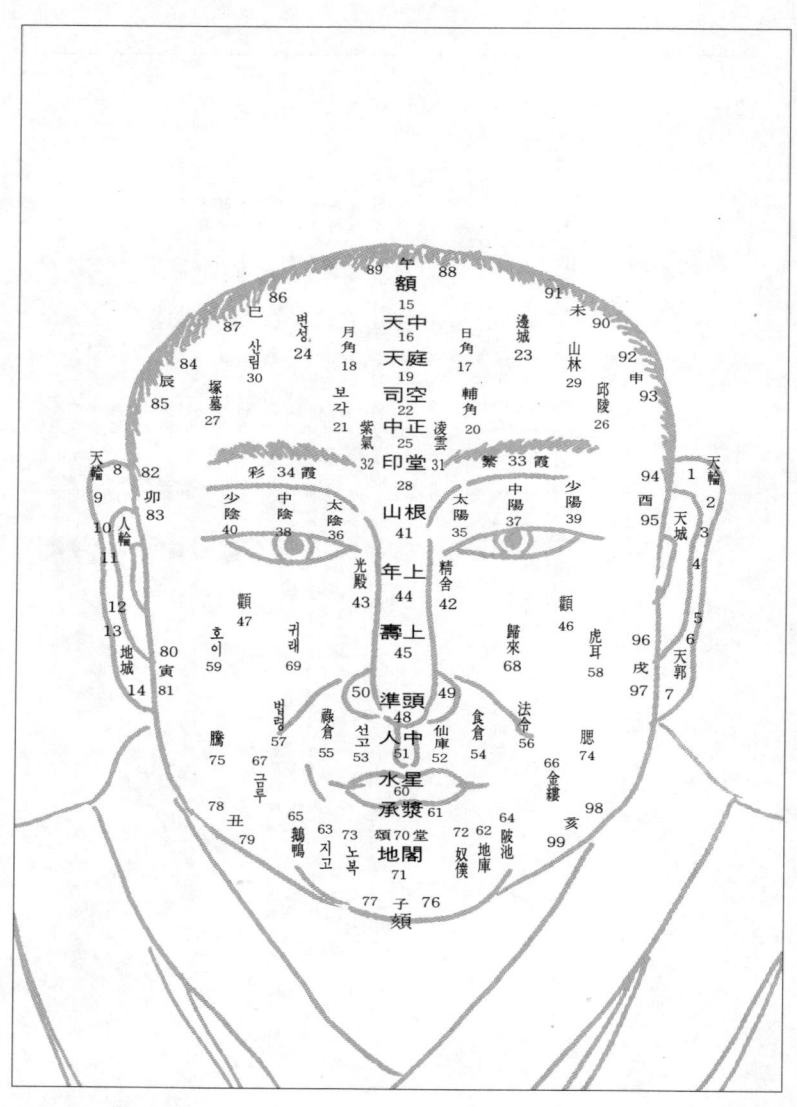

3. 12궁분지도(十二宮分之圖)

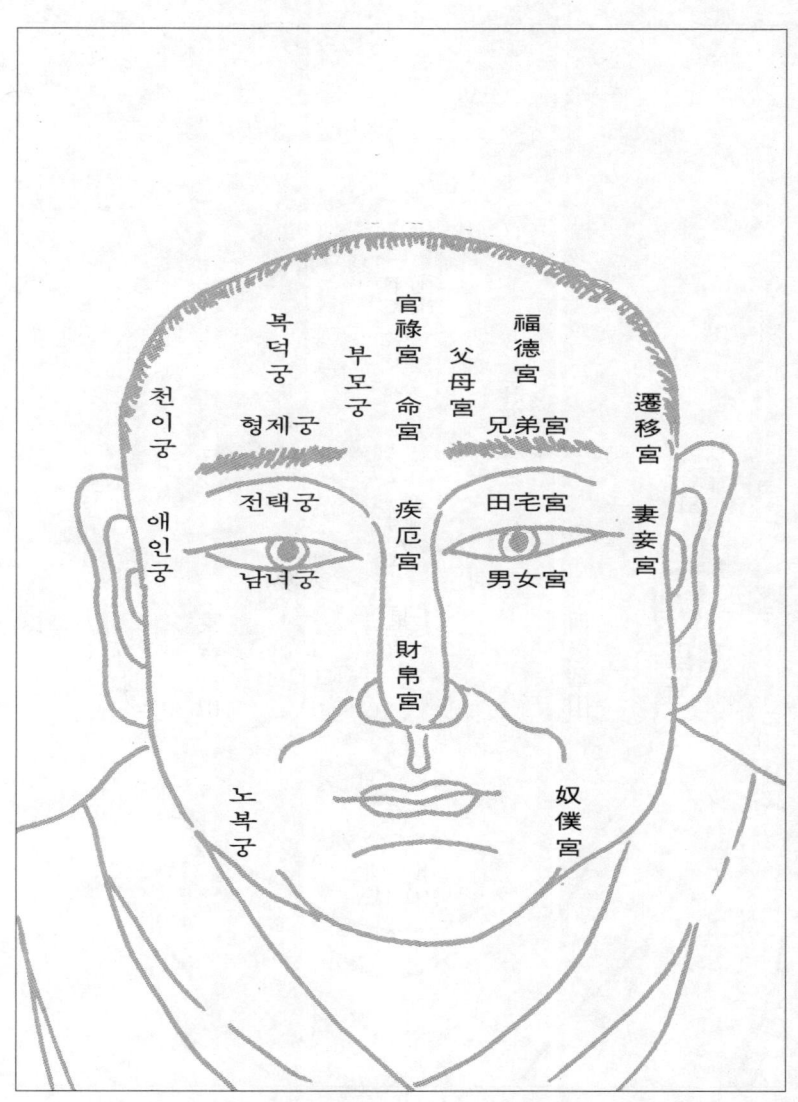

4. 오성육요오악사독지도
(五星六曜五嶽四瀆之圖)

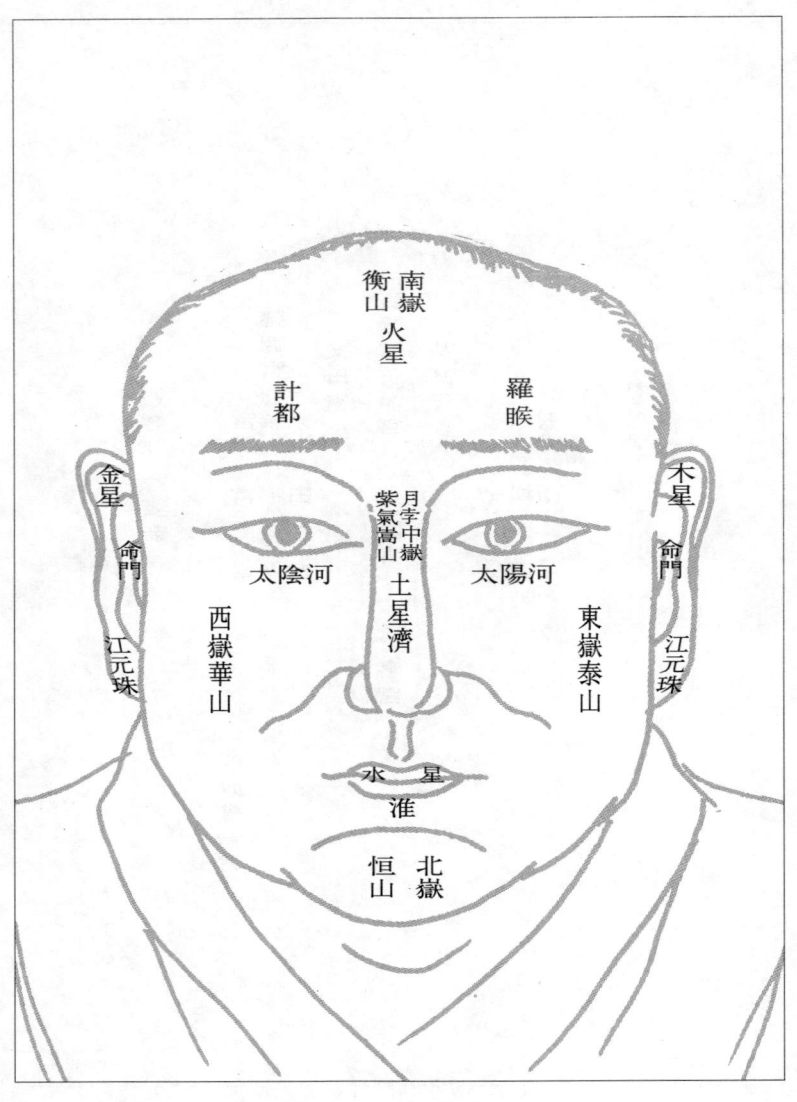

5. 육부삼재삼정지도(六府三才三停之圖)

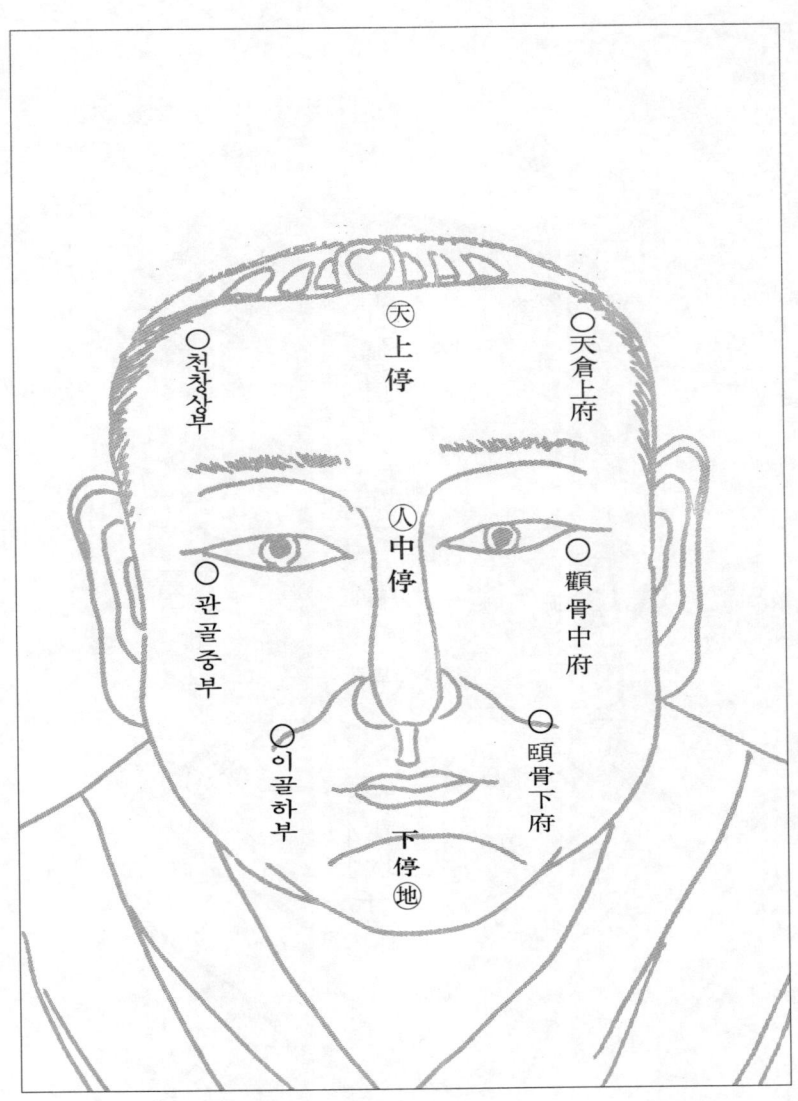

6. 구주팔괘간지지도(九州八卦干支之圖)

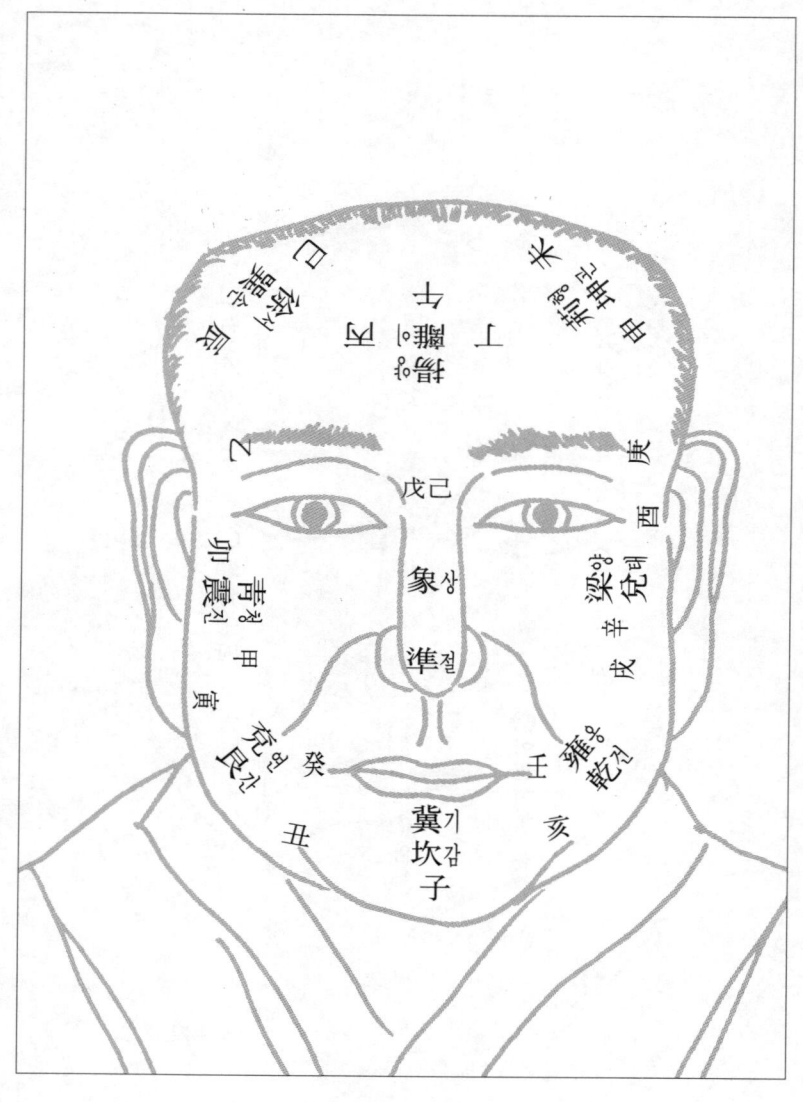

7. 사학당팔학당지도(四學堂八學堂之圖)

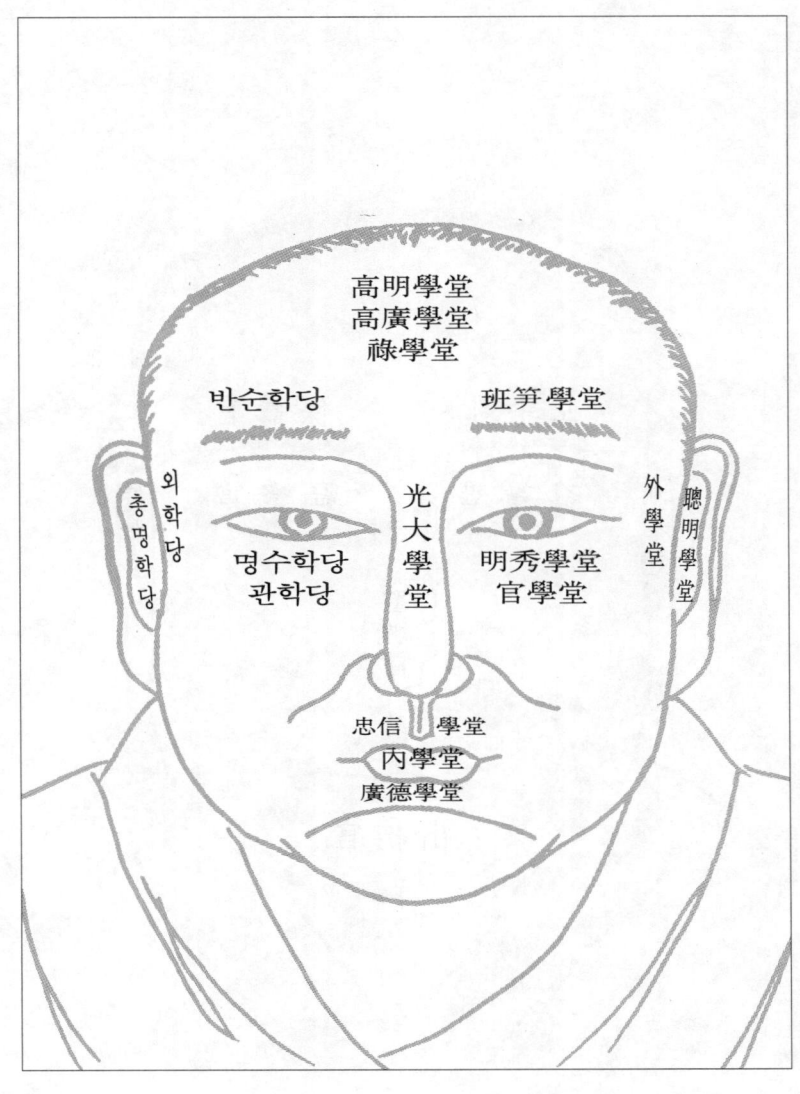

8. 오관지도(五官之圖)

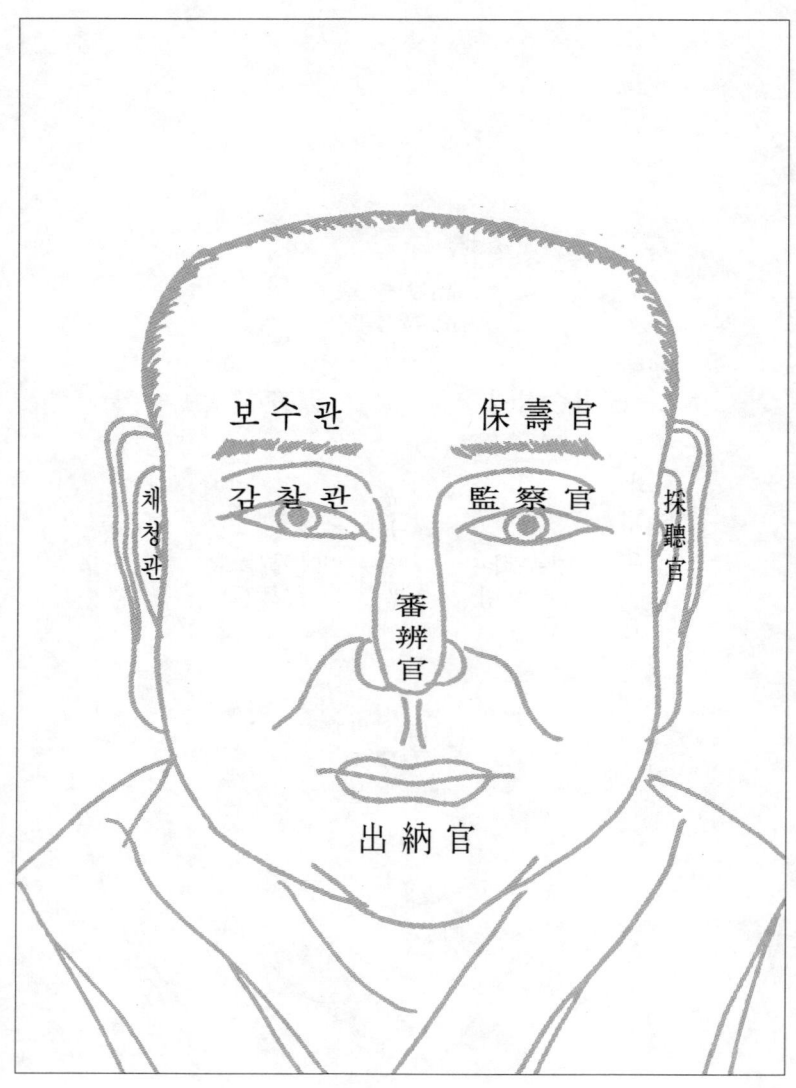

9. 논인면지지도(論人面痣之圖 : 검은 점)

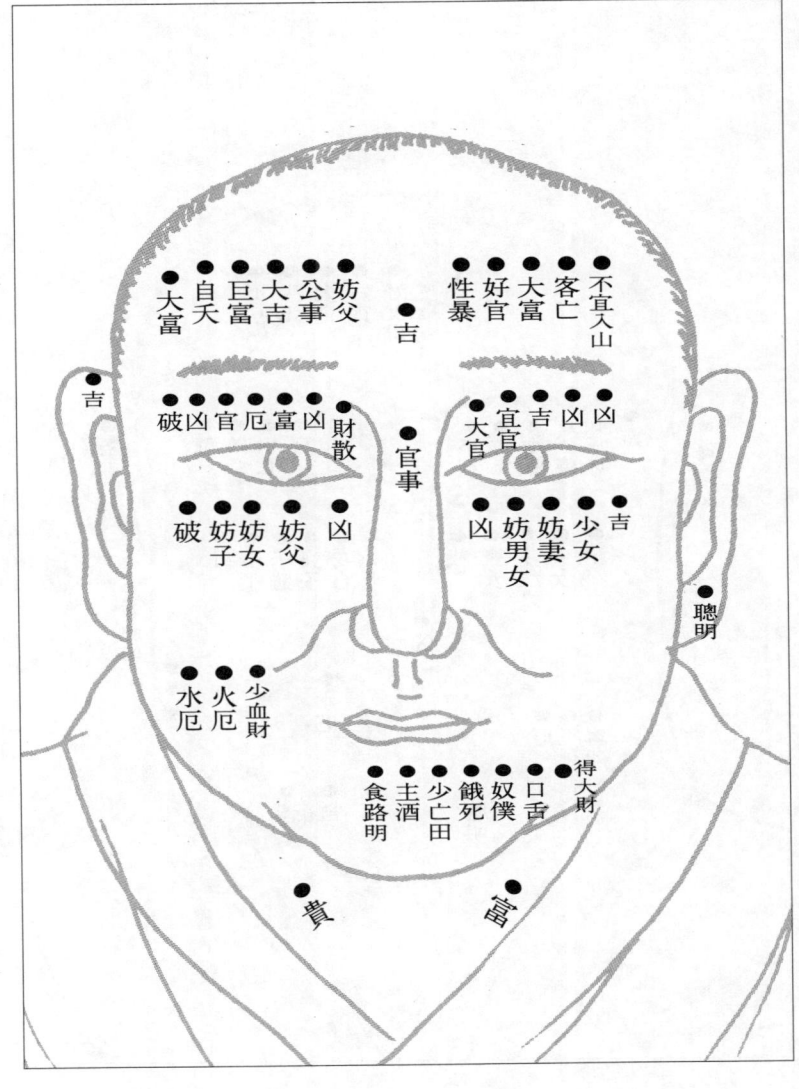

10. 남인면지지도(男人面痣之圖)

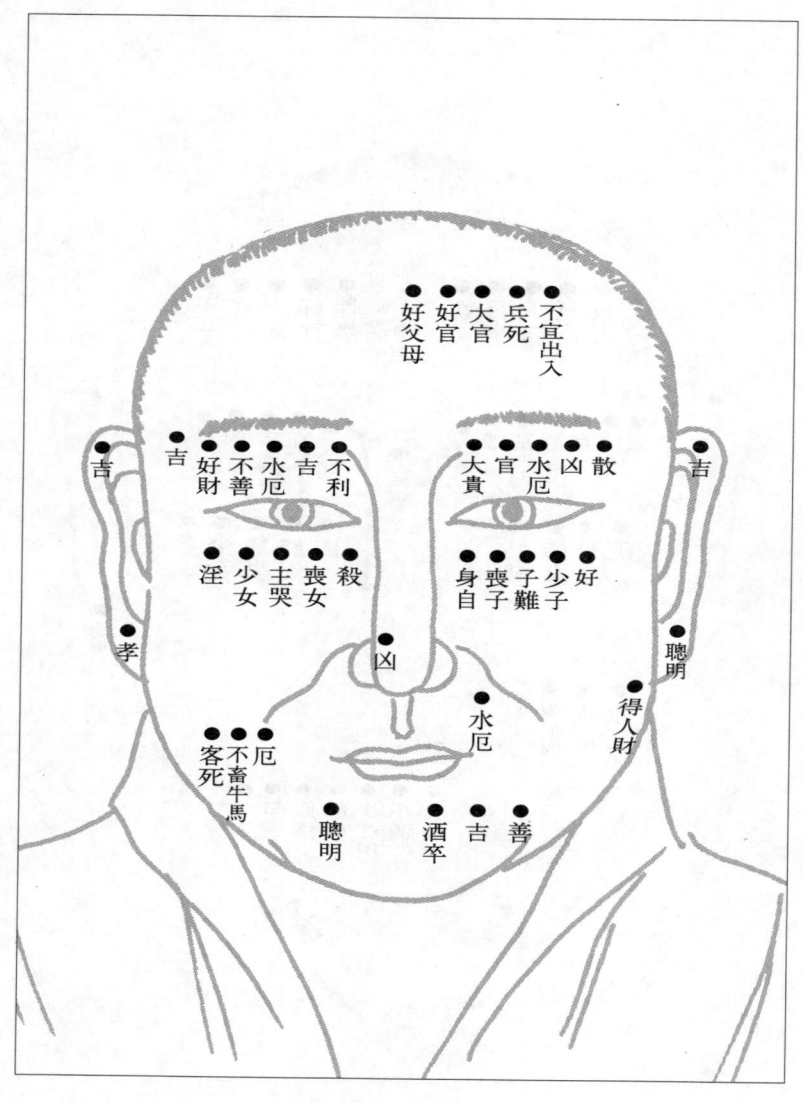

11. 논흔문(論痕紋)

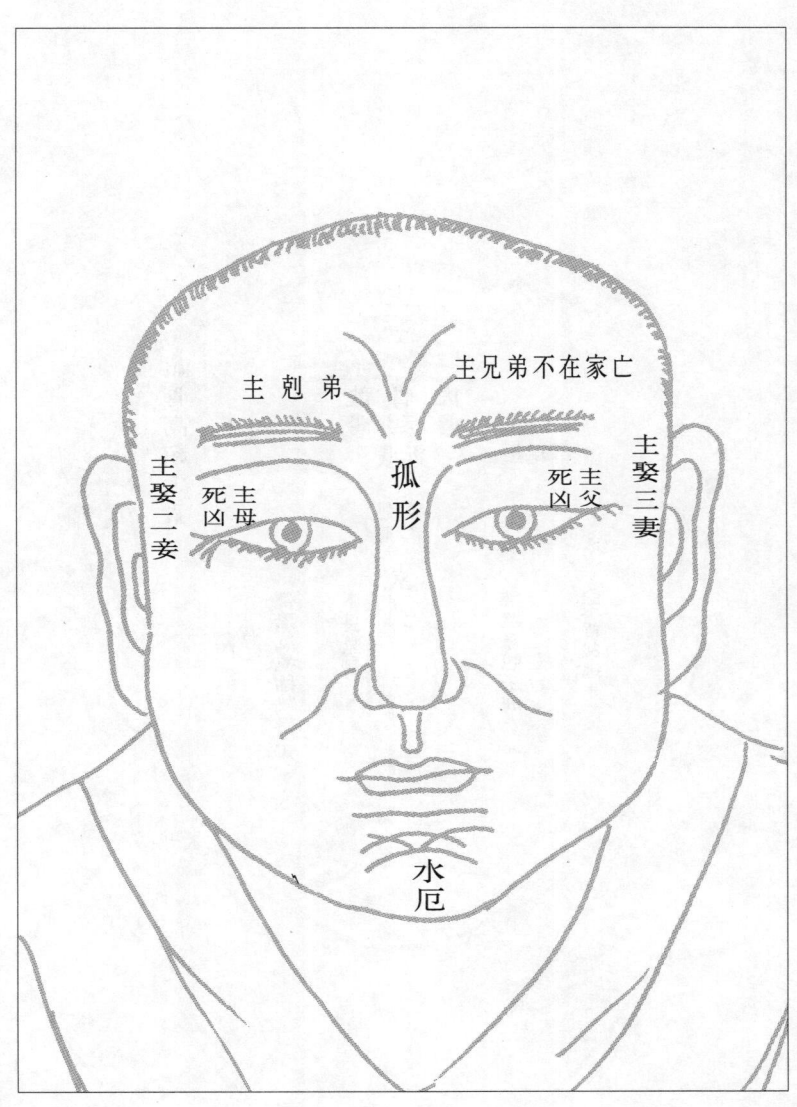

12. 논흔문(論痕紋)

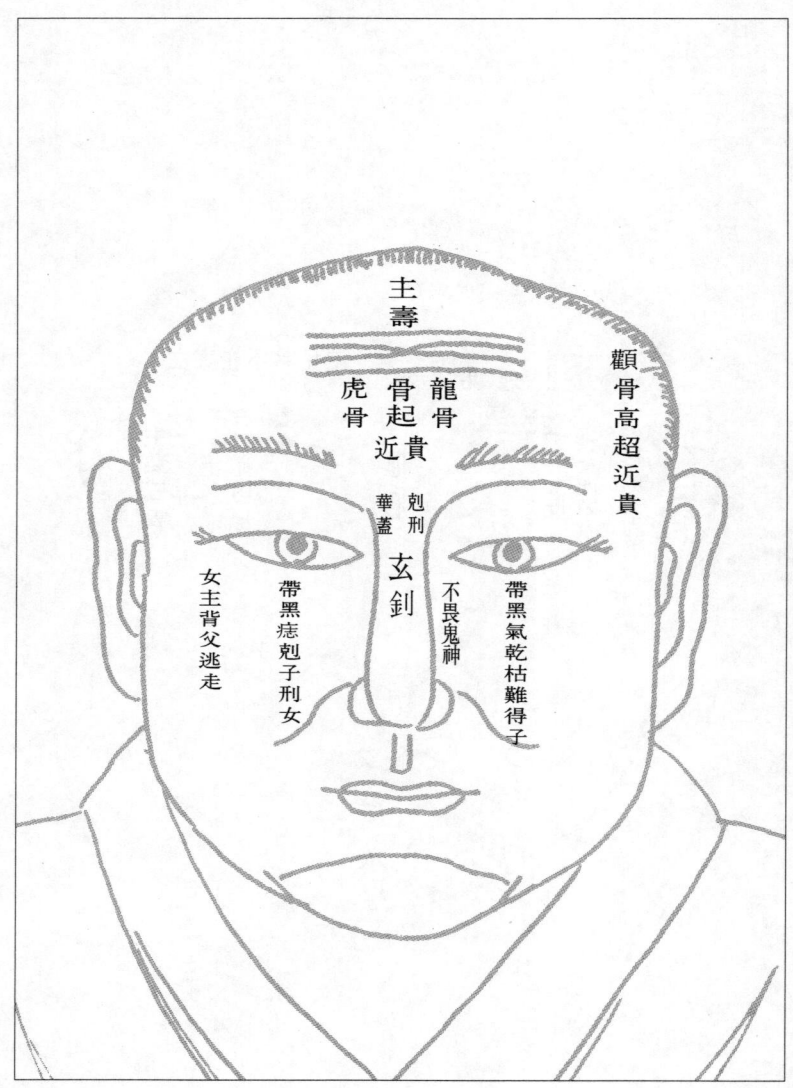

13. 옥침지도(玉枕之圖)

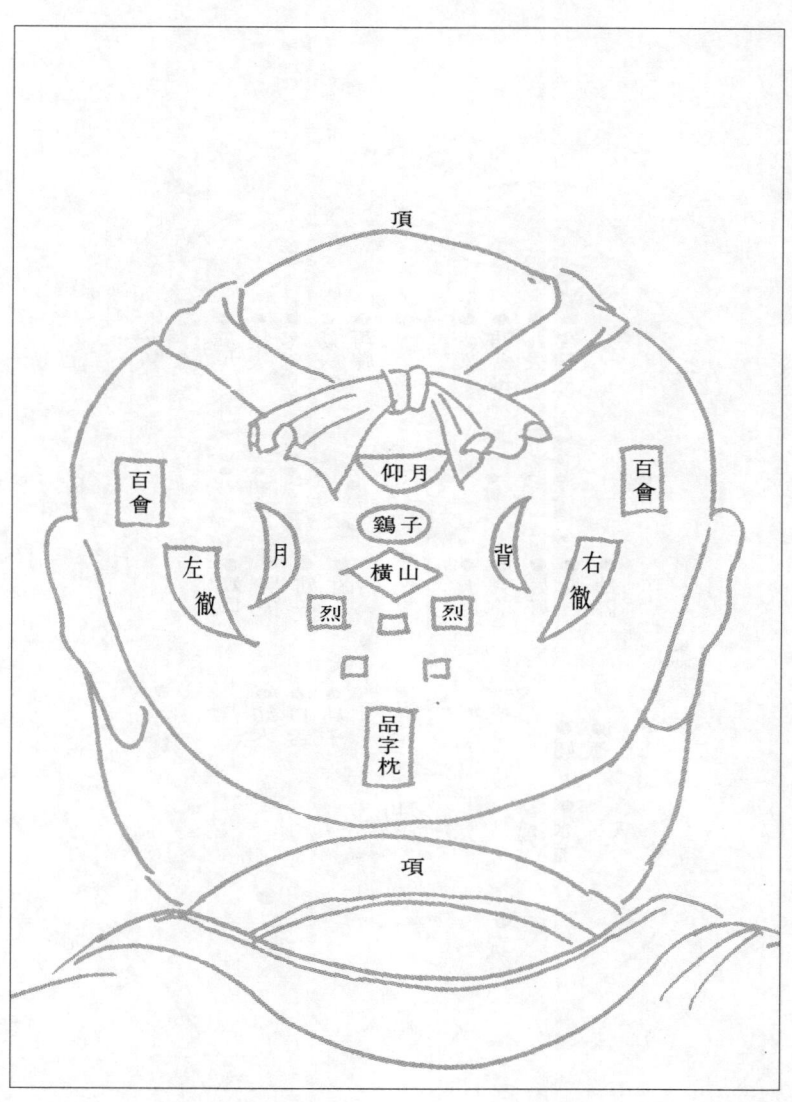

14. 여인면지지도(女人面痣之圖)

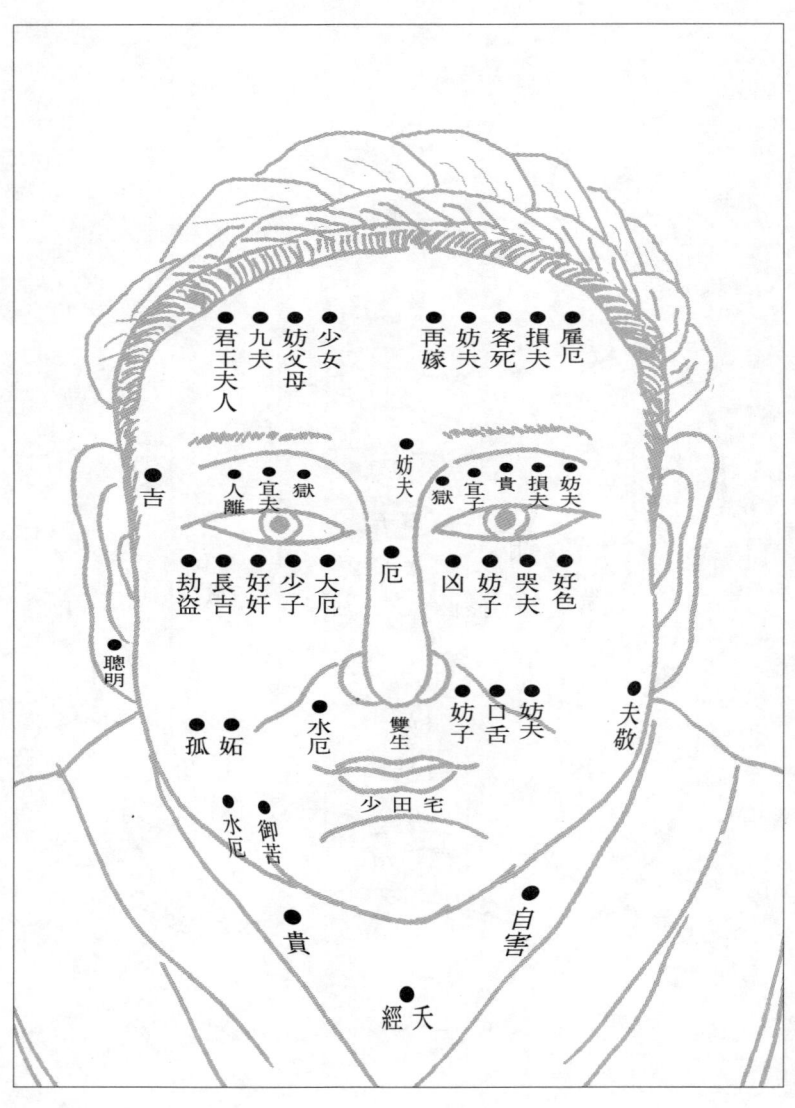

인간은 자신의 신체에서 오성(五聲 : 宮商角徵羽)이 맑고 깨끗하여 각각 그 바른 것을 얻으면 귀한 사람이 된다. 모든 관상(觀相)이란 오성(五聲)이 바른 것을 얻은 것을 종합하여 말한 것이다.

단전(丹田 : 소리)은 겨드랑이 아래에 있는 것이다. 사람이 소리가 시들하면 굳세고 강한 기운이 없다.

자웅(雌雄)이란 남녀(男女)를 분별하는 것이다. 형상으로써 목(木)에 비교하는 설이 있고 신(神)은 토(土)에 비유하는 설이 있다.

혈맥(血脈)은 또한 1만22개의 연속이다. 이 혈맥이 기(氣)의 호흡을 통하게 한다. 또 천지(天地)의 기(氣)와 인품의 준칙이 합치되면 그것은 천지와 다르더라도 그 이치는 합치되는 것이다.

공보(公輔)는 재상(宰相 : 정승)의 도량을 말한 것이며 덕을 포용한 군자를 말한 것이다.

제2장 팔법도(八法圖)

사람의 상(相)을 살피는 8가지 방법이 있다.
그 8가지는 위(威)·후(厚)·청(淸)·고(古)·고(孤)·박(薄)·악(惡)·속(俗)으로 구분되는데 아래에 도록과 함께 보자.

1. 위엄이 있고 엄한 상[威猛之相]

첫번째를 위(威: 위엄)라고 한다.

존엄(尊嚴)하고 두렵게 하여 사람들이 그 사람 앞에서는 위축되는 것을 위(威)라고 하며 권력을 갖는다.

이는 굳센 매가 토끼를 나꿔채면 온갖 새들이 저절로 놀라는 것과 같고 성난 호랑이가 산에서 날뛰면 온갖 짐승들이 스스로 두려워하는 것과 같다.

대개 신색(神色)이 엄숙하여 모든 사람들이 저절로 두려워하는 인물이다.

당나라의 태종(太宗)이 여기에 해당하는 인물이다.

2. 온후하고 진중한 상〔厚重之相〕

두번째를 두터움이라고 한다.

몸체와 형상이 두툼하고 묵직한 것을 후(厚)라고 하는데 복(福)과 녹봉을 갖게 된다. 그의 도량이 넓은 바다와 같고 그의 기국(器局)이 일만섬을 싣는 거대한 군함과 같아서 끌어당겨도 끌려오지 않고 흔들어대도 전혀 움직임이 없는 인물이다.

3. 맑고 수려한 상〔淸秀之相〕

세번째를 청(淸: 맑음)이라고 한다.

맑은 사람이란 정신이 고매하여 빼어난 것을 청(淸)이라고 이른다. 곧 계림일지(桂林一枝: 청귀(淸貴)하고 빼어나다)와 같고 곤륜편옥(崑崙片玉: 여러 재사(才士)나 문사(文士)들 중

매우 뛰어남)과 같아서 깨끗하고 아름다워 한 점의 티끌로도 더럽히지 못하는 것이다. 그러나 혹 맑으면서도 돈후하지 못하면 천박한 상에 가까운 것이다.

4. 옛스럽고 괴상한 상〔古怪之相〕

네번째는 고(古：옛스럽다)라고 한다.

고(古)라는 것은 뼈대의 생김이 바위의 모서리처럼 울퉁불퉁한 것을 말하는 것이다. 울퉁불퉁하여 고풍스럽지만 맑지 않으면 비속한 것에 가깝다. 그러나 고풍스러우면서도 맑고 깨끗하면 귀하게 된다.

5. 고독하고 쓸쓸한 상〔孤寒之相〕

다섯째는 고(孤：고독한 모양)라고 한다.

고(孤：쓸쓸한 것)라는 것은 형상과 뼈대가 고독하고 쓸쓸하게 보이는 것이다.

목이 길고 어깨가 움츠러들고 다리가 삐뚤어져 몸체가 한쪽으로 기울어져 있다.

앉아 있을 때는 흔들

리는 듯하고 걸어다닐 때에는 물건을 움켜쥔 것 같다.
 또 물가에 외로이 서있는 학이나 비를 맞고 서있는 백로와 같아서 살아서 움직이는 것이 모두 고독하고 외롭고 쓸쓸하게 보이는 상(相)이다.

6. 박약한 상〔薄弱之相〕

 여섯번째를 박(薄)이라고 한다.

 박(薄)이라는 것은 몸체와 모습이 약하고 열등하게 보이는 것이다. 형상은 가볍고 기운은 겁먹은 듯하여 얼굴색이 어둡고 암울하게 보인다.

 신(神)이 드러나 감춰지지 아니하여 한 척의 돛단배가 풍랑이 일렁이는 바다 위에 떠있는 것과 같다.

 그러므로 보는 사람들에게 모두 그의 미약하고 안쓰러운 듯한 것을 알게 하는 상이다.
 가난하거나 또는 천민이며 혹 재물을 가졌더라도 반드시 요절할 상(相)이다.

7. 사납고 독한 상〔惡頑之相〕

 일곱번째를 악(惡)이라고 한다.〈도면 뒤쪽 참조〉
 악(惡)이란 것은 몸체와 모습이 흉포하고 독하여 뱀이나 쥐의 형상과 같고 승냥이나 이리가 우는 소리와 같은 것이다. 혹은 성질이 포악하고 신경질적이며 뼈의 일부분에 결함이 있는 것으로 다 흉악하고 포악한 상(相)이다.

족히 아름답지 못한 것이다.

흉포한 것으로 남에게 해악을 끼칠 뿐이다.

8. 속되고 흐리멍덩한 상〔俗濁之相〕

여덟번째는 속(俗 : 보통이라는 뜻으로 세련되지 못한 것을 말한다) 이다.

속(俗)이라는 것은 형상과 모습이 어둡고 탁한 것으로 시장 안의 상점에서 파는 물건과 같이 천박하고 비속한 것이다.

비록 의식이 넉넉할지라도 또한 앞날이 막혀 하는 일마다 거슬리는 것이 많아 항상 순탄하지 못한 상(相)이다.

제2권 마의선생신상
(麻衣先生神相卷之一)

제1장 항상 외워야 할 구결(口訣)
제2장 관상의 12궁(十二宮)
제3장 관총론(官總論 : 오관)
제4장 오행과 신(神) 기(氣) 론(論)

제1장 항상 외워야 할 구결(口訣)

13부위총도(十三部位總圖)

13개의 부위(部位)라는 것은 사람의 얼굴을 중앙의 머리 위에서 턱끝까지 일직선으로 그어 13개 부위로 나누어 관상학적 학술용어를 붙인 것이다.

13개의 부위는 위로부터 천중(天中) 천정(天庭) 사공(司空) 중정(中正) 인당(印堂) 산근(山根) 연상(年上) 수상(壽上) 절두(準頭) 인중(人中) 수성(水星) 승장(承漿) 지각(地閣)이다.

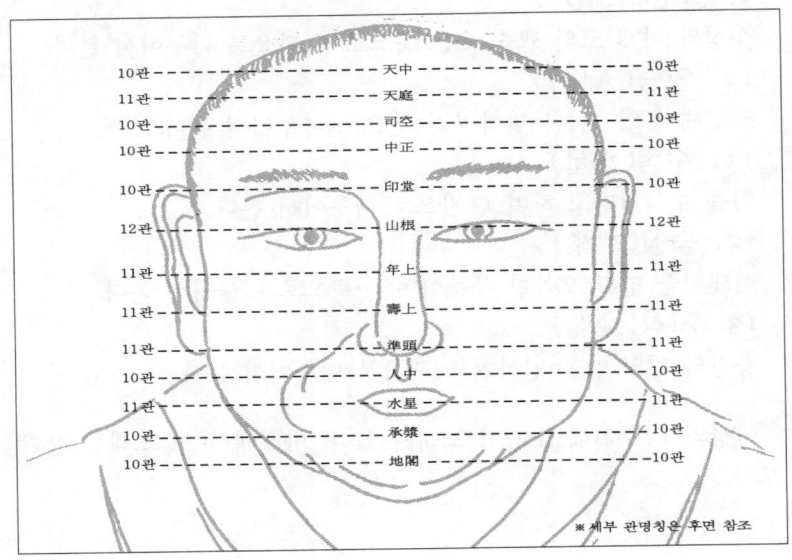

1. 천중(天中)
이마 중앙의 제일 상단부분(그림참조)으로 한쪽이 10관씩이다.
2. 천정(天庭)
천중의 아래이며 한쪽이 11관으로 나누어서 본다.
3. 사공(司空)
천정의 바로 아래이며 한쪽이 10관으로 나누어서 본다.
4. 중정(中正)
이마의 인당(印堂) 위이며 한쪽이 10관으로 나누어서 본다.
5. 인당(印堂)
중정의 아래 두 눈썹사이를 이르며 10관으로 나누어서 본다.
6. 산근(山根)
인당의 두 눈사이 오목한 곳을 말하며 12관으로 나누어서 본다.
7. 연상(年上)
산근의 아래 코의 상단이며 11관으로 나누어서 본다.
8. 수상(壽上)
연상의 아래 코의 중앙이며 11관으로 나누어서 본다.
9. 절두(準頭)
수상의 아래 코의 뾰족 솟은 곳으로 11관으로 나누어서 본다.
10. 인중(人中)
코밑에서 입사이를 말하며 10관으로 나누어서 본다.
11. 수성(水星)
입을 수성이라고 하며 11관으로 나누어서 본다.
12. 승장(承漿)
아랫입술 밑의 오목한 부분이며 10관으로 나누어서 본다.
13. 지각(地閣)
승장의 밑의 턱을 말하며 10관으로 나누어서 본다.

이상의 13부위에 소속된 노래가 있다. 아래에서 그 노래를 살펴 보자.

〈십삼부위총도가(十三部位總圖歌)〉

제1은 천중(天中)으로부터 좌(左 : 남자)와 우(右 : 여자)로 천악(天嶽)을 상대하며 좌상(左廂 : 우는 우상) 내부(內府)를 서로 따라서 이어진다. 고광(高廣) 척양(尺陽) 무고(武庫)는 동일하고 군문(軍門) 보각(輔角) 변성(邊城)이 순서를 보태게 된다.

제2는 천정(天庭)으로부터 좌와 우로 일각(日角 : 오른쪽은 月

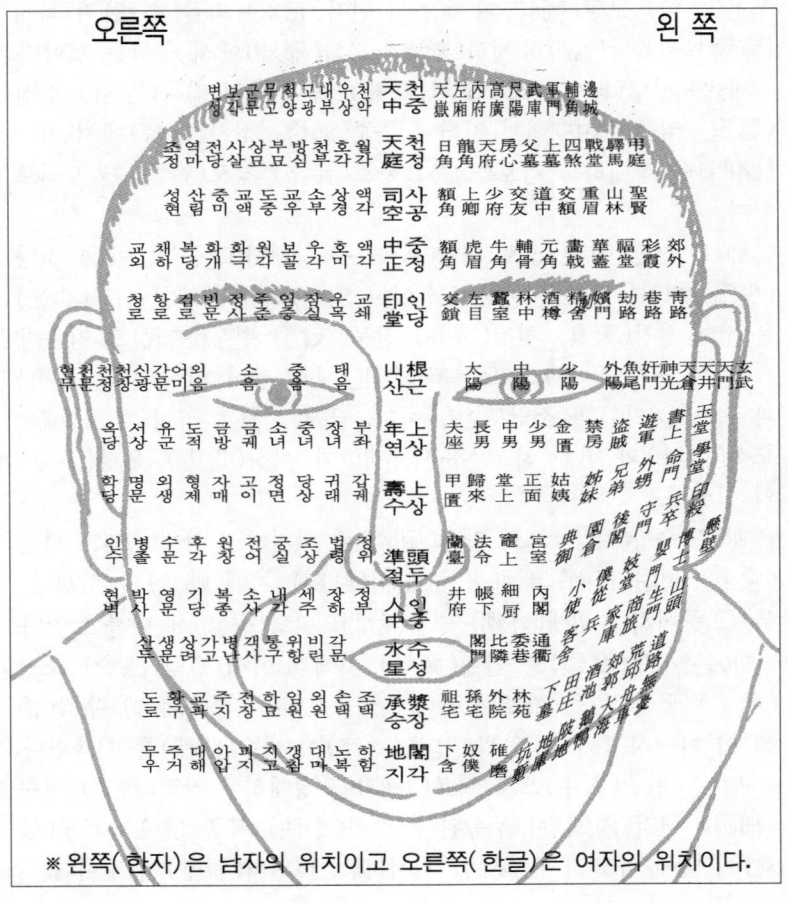

※ 왼쪽(한자)은 남자의 위치이고 오른쪽(한글)은 여자의 위치이다.

角)으로 연결되어 용각(龍角 : 오른쪽은 虎角) 천부(天府) 방심(房心) 부묘(父墓)에서 상묘(上墓) 사살(四煞) 전당(戰堂)으로 연결되어 역마(驛馬) 조정(弔庭)으로 선과 악한 것을 구분한다.
　제3은 사공(司空)으로 좌우에는 액각(額角)을 앞에 놓고 상경(上卿) 소부(少府)가 서로 이어져서 교우(交友) 도중(道中) 교액(交額)을 좋아하여 중미(重眉) 산림(山林)으로 성현(聖賢)을 보게 된다.
　제4는 중정(中正)으로 액각(額角)을 머리에 하고 호미(虎眉) 우각(牛角) 보골(輔骨)과 놀면서 원각(元角) 화극(畵戟)과 화개(華蓋)는 복당(福堂) 채하(彩霞) 교외(郊外)에서 구하는 것이다.
　제5는 인당(印堂)으로 교쇄(交鎖) 속에 있어 좌목(左目) 잠실(蠶室) 임중(林中)에서 일어나 주준(酒樽) 정사(精舍)에서 빈문(嬪門)을 상대하고 겁로(劫路) 항로(巷路) 청로(靑路)가 꼬리로 한다.
　제6은 산근(山根)으로 태양(太陽)을 상대하고 중양(中陽) 소양(少陽) 외양(外陽)을 아울러서 어미(魚尾) 간문(奸門) 신광(神光)을 접해 천창(天倉) 천정(天井) 천문(天門) 현무(玄武)로 감춘다.
　제7은 연상(年上)으로 부좌(夫座)에서 삼이 되어 장남(長男)과　중남(中男)과 소남(少男)이다. 금궤(金匱), 금방(禁房)에서 도적(盜賊)과 함께 하고 유군(遊軍)과 서상(書上) 옥당(玉堂)의 집이다.
　제8은 수상(壽上)으로 갑궤(甲匱)에 의지하고 귀래(歸來) 당상(堂上) 정면(正面)의 때이다. 고이(姑姨) 자매(姉妹)가 형제(兄弟)를 좋아하니 외생(外甥) 명문(命門) 학당(學堂)에 터를 두었다.
　제9는 절두(準頭)로 난대(蘭臺) 위에 있어서 법령(法令) 조상(竈上) 궁실(宮室)이 왕성하다. 전어(典御) 원창(園倉) 후각(後閣)이 이어지고 수문(守門) 병졸(兵卒)이 인수(印綬)를 기록한다.
　제10은 인중(人中)으로 정부(井府)를 상대하여 장하(帳下) 세주(細廚) 내각(內閣)이 부속된다. 소사(小使) 복종(僕從) 기당(妓堂)이 앞에 하고 영문(嬰門) 박사(博士) 현벽(懸壁)이 길이다.

제11은 수성(水星)으로 각문(閣門)을 상대하니 비린(比隣) 위항(委巷) 통구(通衢)로 이른다. 객사(客舍) 병란(兵闌) 및 가고(家庫)는 상여(商旅) 생문(生門) 산두(山頭)에 붙인다.

제12는 승장(承漿)으로 조택(祖宅)에서 편안하고 손택(孫宅) 외원(外院) 임원(林苑)에서 보며 하묘(下墓) 전장(田庄) 주지(酒池)가 위이고 교곽(郊郭) 황구(荒邱) 도로(道路)가 곁에 한다.

제13은 지각(地閣)으로 하함(下含)이 따르니 노복(奴僕) 대마(碓磨) 갱참(坑塹)이 위태하다. 지고(地庫) 피지(破池) 및 아압(鵝鴨)은 대해(大海) 주거(舟車) 무우(無憂)가 의심스럽다.

유년운기부위가(流年運氣部位歌)

유년이란 흐르는 세월의 운수를 말한다.

신수를 보는 데는 남자는 얼굴의 왼쪽을 보는 것이요, 여자는 얼굴 부위의 오른쪽을 보는 것이다.

천륜(天輪) 인륜(人輪) 지륜(地輪)은 귀를 상중하(上中下)로 나눈 것이요, 난대(蘭臺)는 코의 왼쪽에 있고 정위(廷尉)는 코의 오른쪽에 있다. 시(腮)는 얼굴의 뼈와 살이다.

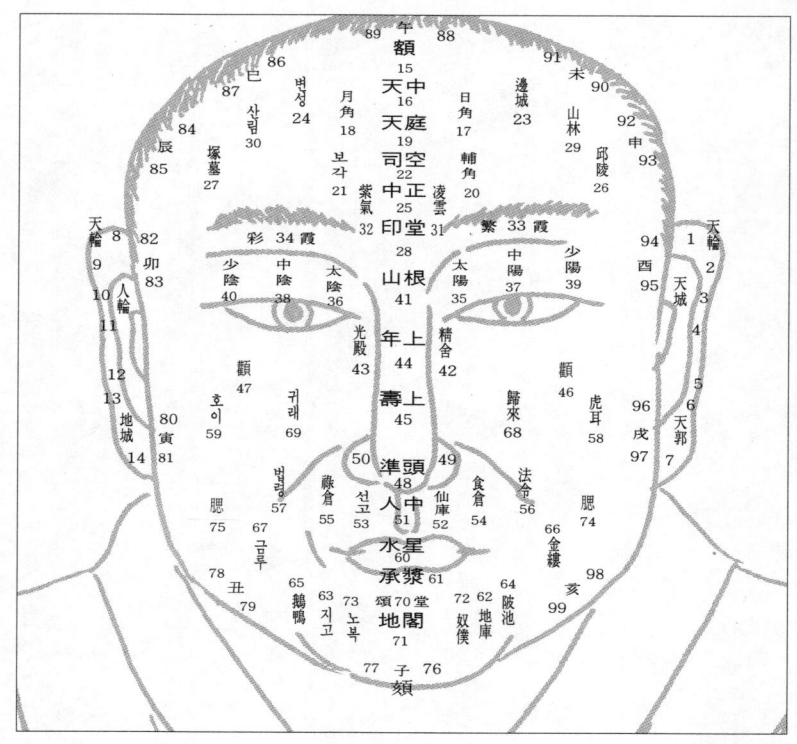

〈유년운기부위가〉

유년 운수의 기운이 움직이는 것을 알고자 하면 남자는 얼굴의 왼쪽을 기준하고 여자는 얼굴의 오른쪽을 기준하여 각각 형체를 나눈다.

천륜(天輪 : 귀의 상단)은 1세나 2세 때의 초년 운수이다. 3세나 4세에는 모두가 흘러서 천성(天城)에 이른다.

천곽(天郭 : 귀의 하단)에 구슬을 드리운 것은 5세 6세 7세의 운수이고 8세나 9세에는 천륜(天輪)의 위에 다시 머무른다.

인륜(人輪 : 오른쪽 귀의 상중의 중간)은 10세나 11세의 운수이고 귀의 둘레가 서로 상반되면 반드시 형벌을 만난다.

12세 13세와 14세는 모두 지륜(地輪 : 귀의 하단)으로 장수하는 것과 복(福)받는 것과 편안한 것이 모인다.

15세에는 화성(火星)이 정액(正額 : 이마 중앙)에 있게 되고 16세에는 천중(天中)에서 골격이 이루어진다.

17세 18세에는 일각(日角)과 월각(月角)에서 하고 운세는 19세에서 천정(天庭)으로 응한다. 보각(輔角)은 20세와 21세에 해당하고 22세는 사공(司空)에 이르게 된다.

23세 24세에는 변성(邊城)의 땅에서 하고 25세에는 중정(中正)에서 상봉한다.

26세에는 위의 구릉(邱陵)에서 주재하고 27세에는 총묘(塚墓)에서 보는 것이다.

28세에는 인당(印堂)의 평평한 곳에서 만나고 29세 30세에는 산림(山林)의 부위이다.

31세에는 능운(凌雲)에서 헤아리고 32세에는 자기(紫氣)가 생기는 데서 만난다.

33세에는 번하(繁霞) 위에서 행하여지고 34세에는 채하(彩霞)가 밝아지는 것이다.

35세에는 태양(太陽)의 자리로 오르고 36세에는 태음(太陰)으로 모여든다.
 중양(中陽)이 바르게 자리하면 37세이고 중음(中陰)이 38세에 형통하게 된다.
 소양(少陽)은 당년 39세이고 소음(少陰)은 40세에 모름지기 진실된 것을 본다.
 산근(山根)의 길이 멀면 41세이고 42세에는 정사(精舍)의 궁(宮)을 일으킨다.
 43세에 광전(光殿)에 오르고 44세에 연상(年上)에 더해진다.
 수상(壽上)은 또 45세에 만나고 46세 47세에는 관궁(顴宮)에 해당한다.
 절두(準頭 : 코 우뚝솟은 곳)는 48세에 기꺼이 살고 49세에는 난대(蘭臺) 속으로 들어간다.
 정위(廷尉)에서는 서로가 50세에 만나고 인중(人中)에서는 51세에 사람을 놀라게 한다.
 52세 53세에는 선고(仙庫)에서 살고 54세에는 식창(食倉)에서 가득하다.
 55세에는 녹창(祿倉)의 쌀을 청하여 얻고 56세 57세에는 법령(法令)이 밝아진다.
 58세 59세에는 호이(虎耳)에서 만나게 되고 60세에는 수성(水星)에서 만난다.
 승장(承漿)은 정히 61세에 살게 되고 지고(地庫)는 62세 63세에 만난다.
 64세에는 피지(陂池) 안에 살게 되고 65세에는 아압(鵝鴨)의 우는 곳에 있다.
 66세 67세에는 금루(金縷)를 뚫고 귀래(歸來)는 68세 69세를 헤아린다.
 70세에는 송당(頌堂)에서 만나고 지각(地閣)에서는 자주 71세를 더한다.
 72세 73세에는 노복(奴僕)이 많아지고 시골(腮骨)은 74세 75세를 함께 한다.

76세 77세에는 자해(子頦)의 위치에서 살피고 78세 79세에는 축우(丑牛 : 소)에서 밭을 간다.

태공(太公 : 80세)의 나이에 한 살을 더하면 다시 인호(寅虎)에 임하여 서로 두루 신령스럽게 된다.

82세 83세에는 묘토(卯兎)의 궁에서 보고 84세 85세에는 진용(辰龍 : 용)으로 행한다.

86세 87세에는 사사(巳蛇 : 뱀)의 가운데에서 하고 88세 89세에는 오마(午馬 : 말)가 가볍다.

90세 91세에는 미양(未羊 : 양)이 밝아지고 92세 93세에는 후(猴 : 원숭이)에 결실을 맺는다.

94세 95세에는 닭의 소리를 듣게 되고 96세 97세에는 견(犬 : 개)이 짖는 달이다.

98세 99세에는 해(亥 : 돼지)에서 삼키는 것이니 만약 인간이 100세를 넘는 운세를 묻게 되면 차례로 수를 세어서 장생(長生)을 보존하는 것이다.

한 바퀴를 돌아서 다시 처음부터 그의 얼굴로 돌아오는 것이다.

주름살이나 사마귀 등의 결함은 재앙이 가볍지 않다.

한정된 운수는 함께 상충되어서 밝고 어두운 것이 분별되는 것으로 다시 파패(破敗)를 만나면 죽음(陰府의 아래)으로 소속되게 된다.

또 겸하여 기운과 색(色)이 서로 형극(刑剋)하게 되면 골육간의 상쟁이 있어서 스스로 고독하게 된다.

그러나 만약 운세가 좋은 부위를 만나게 되면 때에 따라서 기색이 좋아지고 밝게 빛나리라.

오악(五嶽)과 사독(四瀆)이 서로 당기게 되면 만리를 요동치고 지위가 비등하게 된다.

어떤 사람이 신선(神仙)의 진실되고 신묘한 비결을 터득하고 사람들과 만나서 담소하면 세상 사람들이 놀라리라.

운기구결(運氣口訣)

※ 운기는 운명의 뜻. 구결은 입으로 전하는 비결.

수(水 : 물)는 일수(一數 : 한 운수)를 나타내고 금(金 : 쇠)은 3세이다. 〔水形一數金三歲〕

토(土 : 흙)는 두터워서 오직 4세(四歲)를 미루어본다. 〔土厚惟將四歲推〕

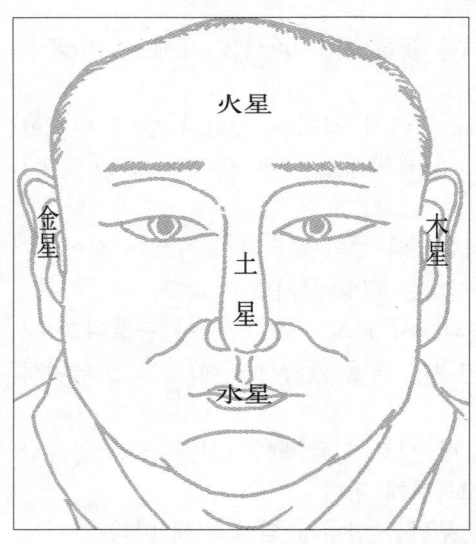

화(火 : 불)는 5년(五年)을 일으켜 셈하고 순수(順數)와 역수(逆數)를 구하니 〔火起五年求順逆〕

목(木 : 나무)은 2세(二歲)를 나타내니 다시 무엇을 의심하리오. 〔木形二歲復何疑〕

금(金)과 수(水)가 겸하면 상(上)과 하(下)가 따르나니 〔金水兼之從上下〕

만약 수(水)와 화(火)라고 이른다면 반대로 구하는 것이다. 〔若云水火反求之〕

토(土)는 절두(準頭 : 코끝)로부터 처음으로 한계를 맞나니 〔土自準頭初主限〕

한 바퀴를 돌면 다시 시작하여 편안하고 위태한 것이 정해진다. 〔週而復始定安危〕

식한가(識限歌)

※ 한계를 아는 것.

8세 18세 28세는 아래로는 산근(山根)에 이르고 위로는 발(髮 : 머리털)에 이른다.〔八歲十八二十八은 下至山根上至髮이라〕

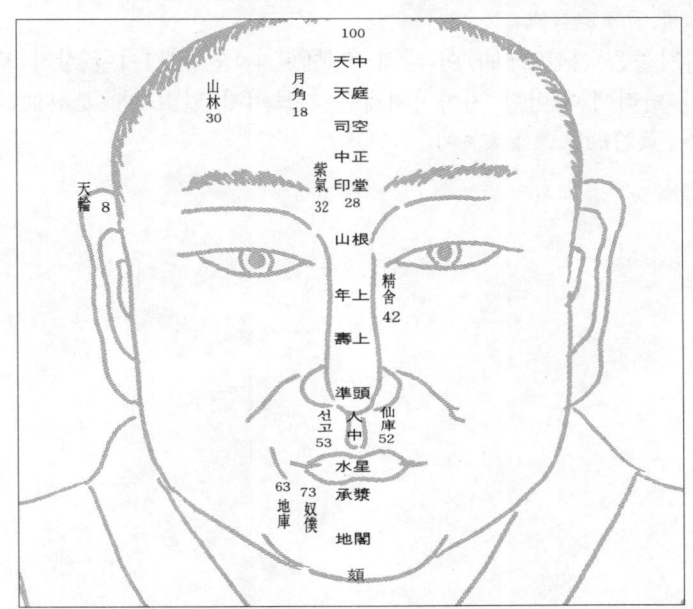

활계(活計 : 살아날 계책)가 없으면 양두(兩頭 : 두 줄)가 없어지니 30세에 인당(印堂)에 살(殺)을 두르지 않는다.〔有無活計兩頭消하니 三十印堂莫帶殺이라〕

32세 42세 52세는 산근(山根)에서 오르락 내리락 하다 절두(準頭)에서 중지한다.〔三二四二五十二는 山根上下準頭止라〕

화가(禾稼 : 곡식)와 녹마(祿馬)가 서로 당연하기를 요하나니 무식한 사람이 함부로 가리키지 말게 하라.〔禾稼祿馬要相當이니 不

識之人莫亂指하라〕

  53세 63세 73세는 얼굴에 들어서서 지각(地閣)의 문에 오게 된다.〔五三六三七十三은 人面排來地閣門이라〕

  한곳 한곳을 쫓아서 자세히 미루어보면 재앙과 복을 간파할 수 있으니 화성(火星)은 100세에 인당(印堂)에 보태진다.〔逐一推詳看禍福하니 火星百歲印堂添이라〕

  위와 아래를 둘로 나누어서 귀하고 천한 것을 나누나니 창고(倉庫)를 평분(平分)하여 있고 없는 것을 정한다.〔上下兩截分貴賤하니 倉庫平分定有無라〕

  이것들은 신선(神仙)이 남긴 진본(眞本)인 비결이니 장차 오랑캐의 난리에 평범한 지아비에게는 가르치지 말라.〔此是神仙眞祕訣이니 莫將胡亂敎庸夫하라〕

제2장 관상의 12궁(十二宮)

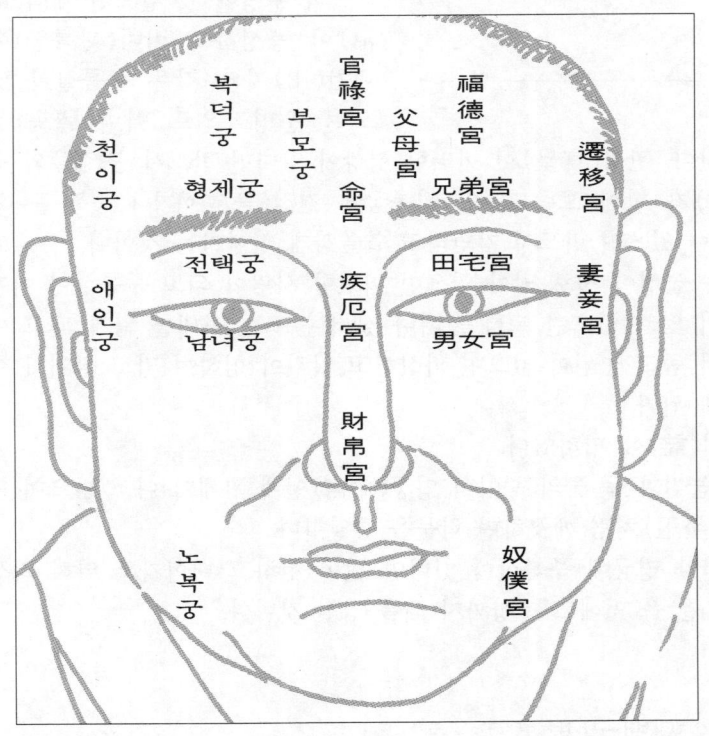

1. 명궁(命宮 : 양미간의 호칭, 印堂(印堂)의 지칭)

명궁(命宮)이란 것은 두 눈썹 사이의 산근(山根) 위에 자리한다. 명궁이 광채가 나고 밝아서 거울과 같으면 학문에 모두 통달

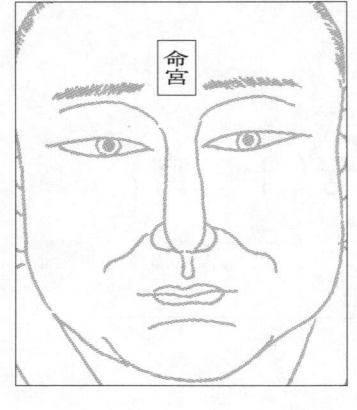

하고 산근(山根)이 평평하고 가 득하면 복과 수(壽)를 주관하게 된다.

토성(土星 : 콧대)이 산이 우뚝 솟은 것처럼 또는 학이 한 발을 들고 있는 듯하면 재성(財星)을 붙잡아 두는 것이다.

눈이 분명한 것 같으면 재백(財帛)이 풍성하고 이마(관록궁)에 내천(川)자와 같은 주름살이 있으면 운명적으로 역마(驛馬)를 만난다. 관성(官星)이 이러한 형상이 있다면 반드시 부(富)와 귀(貴)가 함께 보존되지만 관록궁에 결점(곧 파이거나 움푹 들어간 것)이 있으면 반드시 가난하고 쓸쓸하게 살아가는 것이다.

두 눈썹이 서로 닿아 있으면 미천한 사람이 되고 주름살이 어지러이 엉켜 있으면 고향을 떠나 살거나 또는 아내를 잃게 되고 이마가 좁고 눈썹이 없으면 파산하고 앞길이 험하여 먹고 살기가 힘들게 된다.

시(詩)에 말하였다.

"눈썹과 두 눈의 중앙이 명궁(命宮)인데 광채가 나고 밝으며 형옥(瑩玉)처럼 깨끗하면 학문을 통달한다.

만약 명궁에 주름살이 있다면 길이 험하고 나아가도 막혀 가산(家産)을 없애고 조상까지 해를 입힐 것이다."

2. 재백궁(財帛宮 : 콧잔등)

코는 재성(財星)이다. 토수(土宿 : 天倉, 地庫, 金甲, 二陰, 井竈의 총칭을 재백(財帛)이라 한다. 모름지기 풍만하고 밝고 윤택해야 재물이 여유가 있고 홀연히 마르고 꽉 끼어 어둡고 검으면 재물이 궁핍하고 없다)의 위치에 자리한다.

콧대가 대나무의 대롱을 쪼갠 것과 같고 쓸개를 달아매 놓은 것 같은 것은 1천 창고와 1만의 상자를 가진 부자와 같고 또 코가 일직선으로 솟아 풍성하고 성대하면 일생동안 재물이 왕성하고 부귀할 것이다.

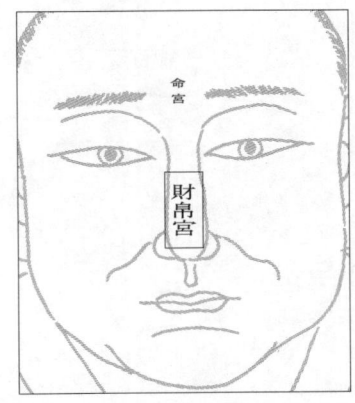

중정(中正)이 편벽되지 않으면 모름지기 영원히 도도(滔滔)할 것이며 매의 부리처럼 끝이 뾰족하면 재물을 없애고는 가난하고 쓸쓸하게 살 것이다.

콧구멍이 하늘을 우러러 보면 주로 하루 걸러 먹을 양식도 부족하게 된다. 정주(부엌)가 공허하게 되면 반드시 집안에는 쌓아둘 것이 없게 된다.

시(詩)에 말하였다.

"코는 재성(財星)을 맡았으니 형옥(瑩玉)이 융성함과 같이 하고 양쪽 가의 부엌을 공허하게 하지 말라.

하늘을 향한 들창코는 재물과 곡식이 없는 것이요, 지각(地閣 : 턱)이 서로 마주보는 듯하면 갑궤(甲匱)가 풍성하리라."

3. 형제궁(兄弟宮 : 두 눈썹)

형제궁(兄弟宮)은 두 눈썹에 자리하고 있다. 나(羅 : 왼쪽 눈썹)와 계(計 : 오른쪽 눈썹)에 속한다.

눈썹이 길어서 눈을 지나가면 3, 4명의 형제가 있으며 형벌을 받는 일이 없다. 눈썹이 빼어나고 성기며 줄기가 자연스럽고 단정하여 초생달과 같으면 형제가 우애하여 영원토록 뛰어나다. 만약 짧고 조악하면 동기간이나 친척간에 이별하게 된다.

눈썹이 둥글어 눈을 가리면 형제간의 우애가 반드시 없으며 두

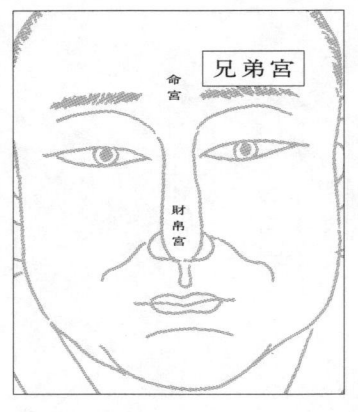

가지 모양의 눈썹털을 하면 서로 어머니가 다르다. 서로 이어져 누렇고 박하면 스스로 고향을 등지고 타향살이를 한다. 눈썹털이 돌아 맺히고 굽었으면 형제가 쥐와 뱀 같이 사이가 나쁘게 된다.

시(詩)에 말하였다.

"두 눈썹으로 형제를 위하는데 부드럽고 가볍고 길면 형제가 태어나 성장하면서 4, 5명 이상이다. 양각(兩角 : 두 뿔)이 가지런하지 못하면 모름지기 어머니를 달리하고 두 눈썹이 서로 이어져 누렇고 박하면 고향을 잃고 타향살이를 하리라."

4. 전택궁(田宅宮 : 논밭)

전택궁(田宅宮)이라는 것은 두 눈(兩眼)에 위치하는 것으로 가장 두려운 것은 붉은 힘줄이 눈동자를 침범한 것이다. 초년부터 가산을 흩어버리며 늙음에 이르러서는 양식도 없고 술 한잔 대접할 수도 없게 된다.

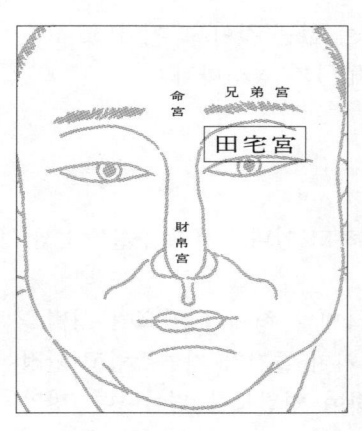

눈동자가 옻칠을 한 것처럼 새까맣다면 평생토록 산업이 번창하고 봉황의 눈에 눈썹이 높게 붙으면 삼주(三州)와 다섯 고을을 두고 세금을 걷을 것이다. 음(陰)과 양(陽)이 뼈만 앙상한 것처럼 생기면 전택을 보존하지 못하고 눈동자가 붉게 충혈되었거나 흰창이 너무 많으면 집안의 재산을 다

탕진하게 된다.
　시에 말하였다.
　"눈동자는 논과 밭으로 궁(宮)을 삼나니 맑고 빼어나며 분명하게 모양이 한결같아야 한다. 만약 음과 양이 앙상한 가지처럼 드러나면 부모의 가산을 모두 날리게 된다."

5. 남녀궁(男女宮)

남녀궁(男女宮)이란 두 눈의 아래에 위치하며 이름하여 누당(淚堂)이라고 한다. 태양(太陽) 중양(中陽) 소양(少陽)의 삼양(三陽)이 평평하고 충만하면 자손들이 번창하며 복록이 많다. 은은(隱隱:그윽한 모양)하고 누에가 누운 듯하면 자손들이 청렴하고 귀하게 된다.

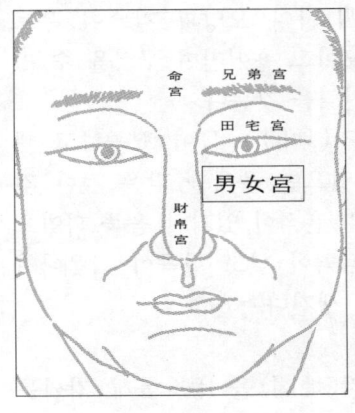

　누당(淚堂)이 깊이 들어가면 아들과 딸의 인연이 없고 검은 사마귀나 비껴진 주름이 있으면 늙어서 자손들이 불효를 하게 된다.
　〔입이 불을 부는 형상을 하면 홀로 난초향기 가득한 방에 앉을 것이다.(여인복이 있다)
　만약 인중(人中)이 평평하고 풍부하면 자손을 두기 어렵고 하릴없이 늙게 된다.〕
　시에 말하였다.
　"남녀궁(男女宮)은 삼양(三陽:태양, 중양, 소양)의 와잠(臥蠶)에서 일어나니 형연(瑩然)히 광채를 발하면 아이들이 좋아한다. 침을 매단 것처럼 주름이 어지럽게 남녀궁을 침범하면 묵은 빚을 일생동안 감당하지 못한다."

6. 노복궁(奴僕宮 : 턱)

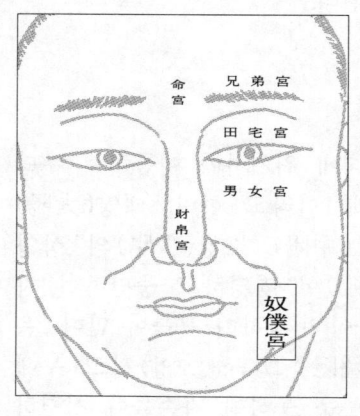

노복궁(奴僕宮 : 하인)이란 지각(地閣 : 턱)에 자리한다. 수성(水星)과 가까우며 얼굴이 둥글고 풍만하면 부하들이 떼지어 무리를 이룬다.

금(金)의 기운이 모이는 도움을 받으면 한 번 부르면 1백 사람이 대답하는 것이다. 입의 모양이 넉 사(四)자의 모양과 같으면 부르면 모이고 흩어지면 꾸짖을 수 있는 권력을 갖는다.

지각(地閣 : 턱)이 뾰족하고 삐뚤어졌으면 은혜를 받은 것이 깊은데도 도리어 원한을 이룬다. 상처의 흔적이 있거나 음푹 파였으면 부하(노복)들이 신의가 없으며 담벽이 낮고 한쪽이 기울어져 있으면 은혜가 원수로 이루어져 틈이 생긴다.

시에 말하였다.

"노복궁(奴僕宮)은 모름지기 지각(地閣)을 풍요롭게 감싸는 것이니 수성(水星)의 양쪽 끝이 서로 용납하지 않는 것이다. 만약 말한 3곳이 하나도 응하는 것이 없으면 짝짝이고 파이고 주름지고 상처가 있는 모든 것이 같지 않은 것이다."

7. 처첩궁(妻妾宮 : 눈꼬리, 魚尾)

처첩궁(妻妾宮)이란 양 눈의 꼬리부분에 자리하며 간문(奸門)이라고 부른다. 광채가 나고 주름살이 없으면 반드시 아내를 보호하고 4가지 덕(四德 : 元亨利貞)을 온전하게 한다.

풍만하고 융성하고 평평하고 가득하면 아내를 얻은 뒤 재물이 집안에 가득해지고 관성(顴星 : 관골)이 우뚝 솟으면 아내로 인하여 관록을 얻는다.

간문(奸門 : 눈꼬리)이 깊이 패이면 항상 신랑의 기분으로 살고 어미(魚尾 : 눈꼬리)에 주름살이 많으면 아내가 사납게 죽는다.

간문(奸門)이 어둡고 검푸르면 스스로 생이별을 부르고 사마귀와 옆으로 비낀 주름살이 있으면 밖으로 다른 여자와 간통을 즐기고 마음에 음욕이 많은 것이다.

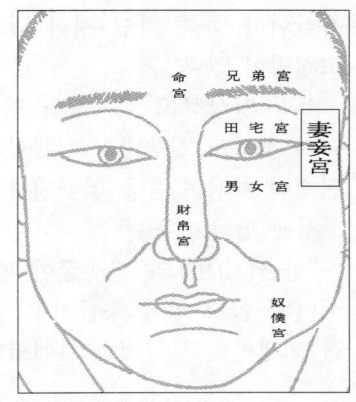

시에 말하였다.

"간문(奸門)이 빛나고 윤택하여 처궁(妻宮)을 보호하면 재물이 곳간에 가득하고 처음부터 끝까지 재물이 있다. 만약 간문이 어둡고 검푸르며 비낀 주름살과 검은 사마귀가 있으면 방탕하고 음란한 곳으로 내달을 것이다."

8. 질액궁(疾厄宮 : 山根)

질액궁(疾厄宮)이란 인당(印堂)의 아래이다. 위치가 산근(山根 : 코의 시작하는 부분)에 자리한다. 그곳이 융성하고 풍만하면 조상의 봉록이 다함이 없고 연이어서 복서(伏犀 : 엎드린 물소형상)와 접하면 문장(文章 : 문학)을 주업으로 한다.

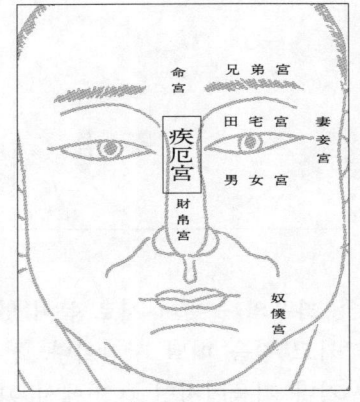

밝고 밝은 광채가 나면 오복(五福 : 壽, 富, 康寧, 攸好德, 考終命)을 두루 갖추고 연상(年上)과 수상(壽上)이 높고 평평하면 화목한 가정을 서로 지키며 상처나 주

름살이나 음푹 파인 것이 있으면 해마다 묵은병(오래 앓는 병)과 고질병이 있다.
　뼈만 앙상하고 뾰족하니 삐뚤어졌으면 평생동안 고생에서 벗어나지 못하고 질액궁의 기색이 연기나 안개가 낀 것 같으면 재앙과 곤액이 자신의 몸을 얽어맨다.
　시에 말하였다.
　"산근(山根)의 질액궁이 평평하게 솟으면 일생동안 재앙이 일어나지 않고 만약 주름지고 상처가 있으며 뼈만 앙상하면 평생토록 고생만하고 성취하기 어렵다."

9. 천이궁(遷移宮 : 두 눈썹의 끝)

　천이궁(遷移宮)은 두 눈썹의 끝에 자리한다. 천창(天倉)이라고도 부른다.

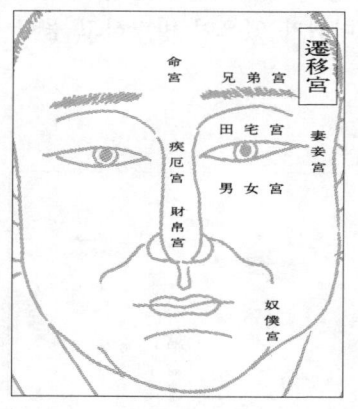

　이곳이 융성하고 가득하며 풍성하고 차면 호화스런 생활로 근심이 없다.
　어미(魚尾)의 자리가 평평하면 늙어서도 남에게 부러움을 사게 되고 역마궁(驛馬宮)이 솟아 있으면 모름지기 귀한 벼슬로 사방을 유람하게 된다.
　액각(額角 : 옆 이마)이 꺼지고 들어갔으면 늙어서 빈터에 머물러 살곳을 구하기가 어렵다.

　좌우의 눈썹이 서로 붙어 있으면 이 사람은 선대의 업을 파산시키고 집을 떠날 사람이다. 천정(天庭)이나 지각(地閣)이 편벽되거나 기울어지면 10번에서 9번은 변화한다. 살아 생전의 상이 이와 같은 사람은 가문을 옮기지 않으면 반드시 이장을 하게 된다.
　시에 말하였다.

"천이궁은 나누어 천창(天倉)에 있으니 이곳이 꺼지고 파였으면 평생동안 빈터에서 머물게 된다. 어미(魚尾)가 말년에 서로 응하지 않으면 이로 인하여 유람다니는 벼슬을 하더라도 끝에는 평범해진다."

10. 관록궁(官祿宮 : 이마의 중앙부분)

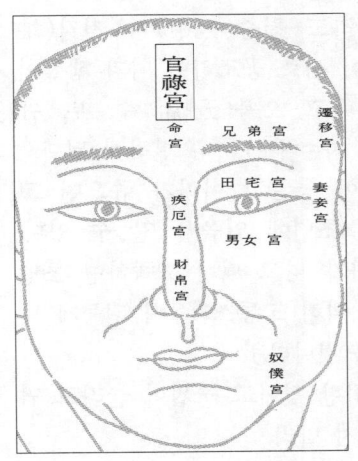

관록궁(官祿宮)이란 중정(中正)에 위치한다.

위로는 이궁(離宮 : 中正의 사이)과 합하고 물소가 엎드린 것처럼 이마를 꿰뚫고 있으면 일생동안 공판정(公判庭)에 나아갈 일이 없다.

역마궁(驛馬宮)에 일찍 돌아가면 벼슬을 버리고 물러나더라도 소란스럽고 관록궁이 광채를 발하여 빛나고 깨끗하면 승승장구하여 모든 사람을 뛰어오른다.

이마의 모서리가 당당(堂堂 : 가득차다) 하면 죄를 저질러도 높은 관리를 만나 잘 풀릴 것이다.

관록궁에 주름살이나 상처의 흔적이 있어 깨졌으면 항상 잘못된 일을 불러들이고 눈알이 붉은 잉어의 색깔과 같으면 징역형이나 매맞아 죽는 형벌로 죽게 된다.

시에 말하였다.

"관록궁은 영화로운 것을 보는 궁이니 잘 살펴 보아야 할 것이다. 산근(山根)과 창고(倉庫)는 서로 마땅한 것을 필요로 하니 홀연히 밝고 맑아서 결점이 없으면 관리로서 영화롭고 오래도록 귀하고 장수할 것이다."

11. 복덕궁(福德宮 : 옆 이마 상단쪽, 天倉)

복덕궁(福德宮)이란 천창(天倉)에 위치한다. 복덕궁은 밑으로 지각(地閣)까지 연결되고 오성(五星 : 火星, 水星, 金星, 木星, 土星)이 모여 서로 공조하는 듯하면 평생동안 복과 관록이 물흐르듯이 순탄하고 천중(天中)과 지각(地閣)이 서로 공조하면 덕과 행실이 뛰어나고 오복(五福 : 수, 부, 귀, 강녕, 자손다수)이 온전하게 된다.

턱이 둥글고 이마가 좁으면 고생이 초년에 있음을 알 수 있다. [이마가 넓고 턱이 뾰족하면 초년에는 막혀 고통스러우나 뒤늦게 빛을 볼 것이다.]

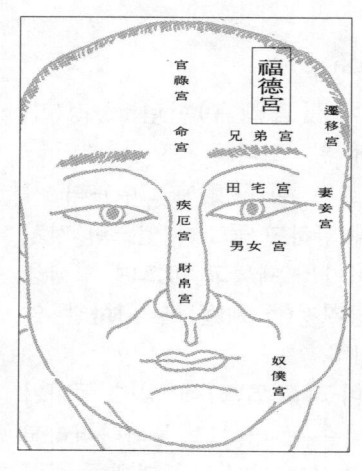

눈썹이 높고 눈이 솟으면 더욱 평범한 것이고 눈썹이 눌리고 귀가 번쩍 들려 있으면 복과 녹은 말하지 말라.

시에 말하였다.

"복덕궁은 천창(天倉)이다. 지각(地閣)이 둥글고 오성(五星)이 밝게 비치면 복이 계속 이어진다. 만약 복덕궁이 결함이 있거나 지각이 뾰족하게 깎였으면 의식(衣食)이 보통이나 다시 온전하지 못하리라."

12. 상모궁(相貌宮 : 얼굴 윤곽)

상모궁(相貌宮)이란 먼저 오악(五嶽 : 이마, 코, 좌우 광대뼈, 턱)을 관찰하는 것이다. 이 오악이 가득하고 풍성하면 이러한 사람은 부귀와 영화가 번성한다.

다음은 삼정(三停 : 上停, 中停, 下停＝이마, 코, 턱)이 잘 갖추어졌나 분별하는 것이다. 이 삼정이 잘 갖추어졌으면 평생동안 현달할 것을 보장한다.

오악이 모여 솟아 있으면 관록이 있어 자주 영전하고 앉아 있는데도 위엄이 깃들어 있으면 사람들이 존중한다.

이마는 초년의 운세를 맡고 있고 코는 중년의 운세를 맡은 것이며 지고(地庫)와 수성(水星), 이 곳이 말년의 운수를 맡고 있는 것이다. 이 모든 곳들(이마, 코, 입)이 결함이 있으면 흉악하게 되는 것이다.

시에 말하였다.

"상모궁은 상정(上停)과 하정(下停)을 가리킨 것이니 삼정(三停 : 이마, 코, 턱)이 평등하면 다시 상생(相生)한다. 만약 한곳이라도 돌아져서 균등한 곳이 없으면 좋고 나쁜 것이 중간에 고쳐지게 될 것이다."

13. 12궁 비결(十二宮祕訣)

부모궁(父母宮)이란 일월각(日月角 : 左는 日角, 右는 月角으로 눈썹 위의 옆이마 아래이다)을 논한 것으로 모름지기 높고 둥글어야 한다.

부모궁이 밝고 깨끗하면 부모가 장수하고 건강하며 파이고 들어가 있으면 어려서 양친을 잃게 되는 것이요, 어둡고 침침하면 부모에게 질병이 있게 된다.

왼쪽 각(角)이 편벽되면 아버지에게 해롭고 오른쪽의 월각(月角)이 편벽되면 어머니에게만 해롭다. 이러한 각자의 편벽됨이 있

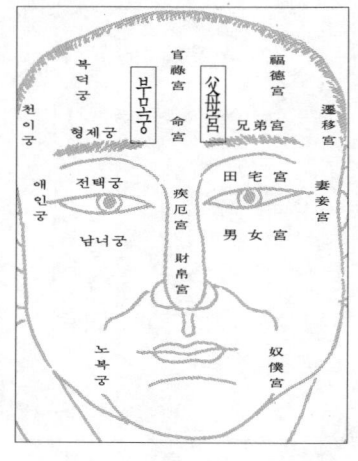

으면 혹은 한 아버지에 어머니를 달리하며 혹은 새로운 아버지에게 시집가는 어머니를 따르게 되며 또는 조상을 등지고 스스로 가정을 이루게 된다.

이러한 상태는 첩첩이 재앙과 이변이 있으니 다만 마땅히 거짓 양자라도 가야 바야흐로 형벌과 재난을 면하게 된다.

또 이르기를 나후(羅睺 : 왼쪽 눈썹)와 거듭되고 계도(計都 : 오른쪽 눈썹)가 겹쳤으면 부모를 두 번 섬기게 되고 혹은 아버지는 음란하고 어머니도 음란하여 더불어 밖으로 간통(奸通)할 것이며 또 아버지를 해치고 어머니를 해롭게 할 것이다.

머리가 기울어지고 이마가 좁은 것은 대다수가 첩의 아들이며 혹은 간통하여 얻은 자식이다.

또 이르기를 왼쪽 눈썹이 높고 오른쪽 눈썹이 낮으면 아버지는 살아 있더라도 어머니가 먼저 죽고 왼쪽 눈썹이 위로 하고 오른쪽 눈썹이 아래로 하였으면 아버지가 먼저 죽고 어머니가 자식을 버리고 시집갈 것이다.

이마가 깎인 듯하고 눈썹과 엉켰으면 부모를 일찍 포기하게 된다. 이것을 격각(隔角)이라고 하며 얼굴이 반쪽 같이 보이면 정이 없는 것이다.

일각과 월각이 이마로 들어갔으면 부모가 함께 영화롭고 다시 조상의 음덕을 받으며 부모가 이름을 날린다.

부모궁의 기색이 푸르면 주로 부모에게 우환이 있고 또 구설수나 형벌의 재해가 있다. 검거나 흰색을 띠면 주로 부모가 함께 사망하며 붉고 누런색을 띠면 부모에게 기쁜 경사가 있게 된다.

제3장 관총론(官總論 : 오관)

오관총론(五官總論)

※오관(五官)은 귀〔耳〕, 눈썹〔眉〕, 눈〔眼〕, 코〔鼻〕, 입〔口〕을 말한다.

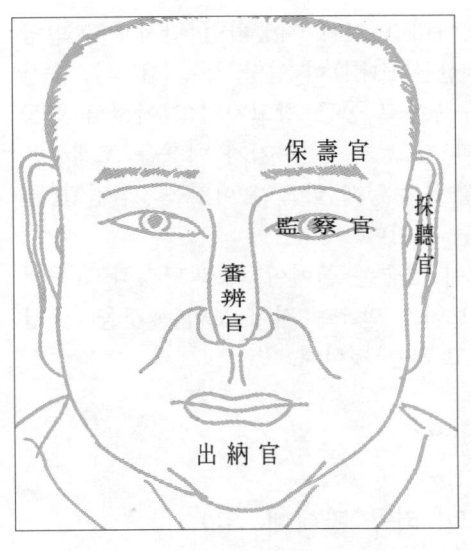

첫째가 귀인데 채청관(採聽官)이라 하고 둘째가 눈썹인데 보수관(保壽官)이라 하고 셋째가 눈인데 감찰관(監察官)이라 하고 넷째가 코인데 심변관(審辨官)이라 하고 다섯째가 입인데 출납관(出納官)이라 한다.

대총부(大總賦)에 이르기를 "일관(一官)이 10년의 귀하고 현달한 것을 이루고 일부(一府)가 10년의 부자와 풍부함으로 나아간다."고 하였다.

다만 오관(귀, 눈썹, 눈, 코, 입)의 가운데서 1관(一官)만 얻으면 가히 10년의 귀함을 누리고 오관이 모두 갖추어지면 귀함을 늙어 죽도록 누리게 될 것이다.

귀는 모름지기 선명한 색을 띠어야 한다. 높이 솟아서 눈썹보다 높고 윤곽이 뚜렷하게 완성되어 살을 붙인 것처럼 두툼하고 명문(命門)이 관대한 자를 '채청관(採聽官)'이 이루어졌다고 이르는 것이다.

눈썹은 모름지기 너그럽고 넓으며 맑고 긴 것을 요한다. 두 눈썹이 귀밑머리에 닿은 듯하고 혹은 물소뿔을 달아맨 것과 같으며 초생달 모양과 같고 머리와 꼬리가 풍성하여 높이 이마 가운데 있으면 이것을 '보수관(保壽官)'이 이루어졌다고 하는 것이다.

눈은 모름지기 잘 감추어져서 드러나지 않고 흑과 백이 분명하며 동자가 단정하고 광채가 사람을 쏘는 것 같으며 혹은 모양이 가늘고 길며 1촌을 다하면 이것을 '감찰관(監察官)'이 이루어졌다고 하는 것이다.

코는 모름지기 콧대가 뻗어내린 것이 기둥처럼 단정하고 인당(印堂)이 평평하고 넓으며 산근(山根)이 인당, 연상(年上), 수상(壽上)을 연결하여 높고 우뚝하고 둥근 창고처럼 일어서서 형상이 쓸개를 달아매 놓은 것과 같고 가지런하기가 대롱을 쪼개놓은 것과 같이 하며 선명한 색깔에 누렇게 밝으면 이것을 '심변관(審辨官)'이 이루어졌다고 하는 것이다.

입은 모름지기 모나고 크며 입술은 붉어야 하고 단정하고 두터우며 활과 같아 열면 크게 보이고 닫으면 작아 보이는 것을 '출납관(出納官)'이 이루어졌다고 하는 것이다.

오악(五嶽 : 이마, 코, 좌우 광대뼈, 입)

※ 오악(五嶽=五岳)이란 얼굴의 솟은 부분을 중국의 제일 높은 동서남북중앙의 산을 선택하여 얼굴에 나누어 붙인 것이다.

이마〔額〕는 형산(衡山 : 南岳)으로 삼고 턱〔頦〕을 항산(恒山 : 北岳)으로 삼고 코〔鼻〕를 숭산(嵩山 : 中岳)으로 삼고 좌관(左顴 : 왼쪽 광대뼈)을 태산(泰山 : 東岳)으로 삼고 우관(右

顴 : 오른쪽 광대뼈)을 화산(華山 : 西岳)으로 삼는다.

중악(中岳 : 코)은 높고 융성한 것을 요하고 동악(東岳 : 왼쪽 광대뼈)은 모름지기 우뚝 솟아 모여서 응하여야 한다.

융성하지 않고 높지 않으면 세력이 없어서 소인(小人)이 되고 또한 수명도 길지 못한 것이다.

중악이 얇아 세력이 없으면 사악(四岳)의 주인이 없게 된다. 비록 별도의 좋은 곳이 있더라도 크게 귀하지 못하고 위엄이나 중요한 권세가 없으며 수명도 길지 못하다.

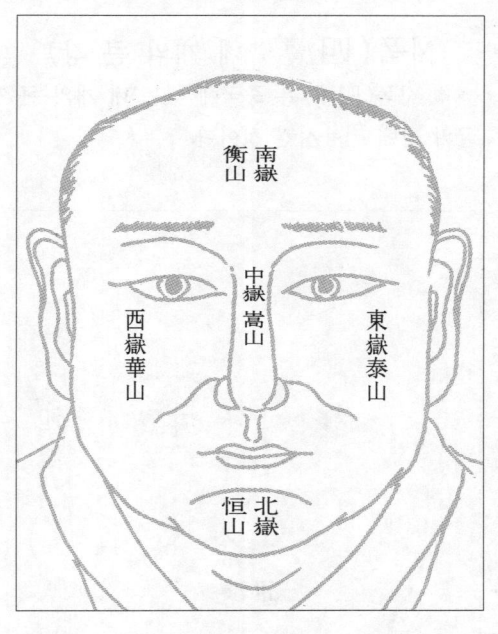

중악이 또 길지 못한 것은 중간 수명에 그치고 뾰족하고 얇으면 만년에 파산하게 되고 우두머리가 되어도 뜻대로 되는 일이 적다.

남악(南岳 : 이마)이 기울어져 있으면 주로 파산하게 되어 가장(家長)으로는 마땅하지 않다.

북악(北岳 : 턱)이 뾰족하고 결함이 있으면 말년에도 성공할 수가 없으며 종신토록 귀하게 되지 못한다.

동악과 서악(東岳西岳 : 양쪽 광대뼈)이 기울어지고 세력이 없으면 마음이 악독하고 자애심이 없게 된다.

오악은 모름지기 서로 모이는 것을 요하는 것이다. 곧 돌아오르는 듯해야 하는 것이다.

사독(四瀆 : 네 개의 큰 강)

※ 사독(四瀆)은 중국에 있는 네 개의 큰 강을 뜻하며 이것을 사람 얼굴의 상에 적용시킨 것이다.

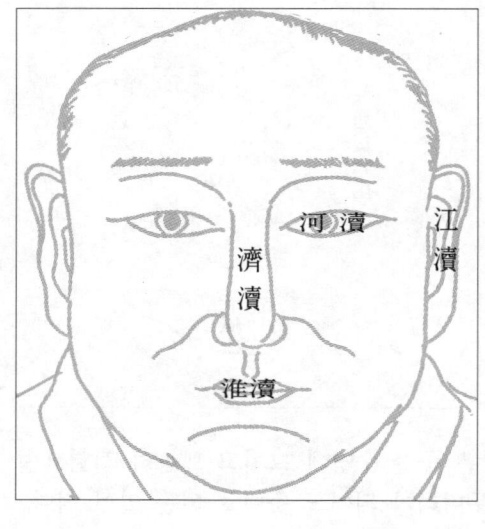

귀(耳)를 강독(江瀆)이라고 하고 눈(目)을 하독(河瀆)이라고 하며 입(口)을 회독(淮瀆)이라고 하고 코(鼻)를 제독(濟瀆)이라고 한다.

사독(四瀆 : 네 개의 큰 강)은 깊고 멀어 성취하려면 물이 흐르는 것이 순하고 제방이 적당하고 급하지 않아야 재물과 곡식이 이루어짐이 있고 또 재물이 소모되지 않으며 많이 저축이 되는 것이다.

귀(耳)를 강독(江瀆)이라고 하는 것이다. 귀는 구멍이 넓고 깊어서 겹으로 성(城)을 쌓아 굳게 도와주어 총명함이 있으면 가업이 파산하지 않는 것이다.

눈(目)을 하독(河瀆)이라 하는 것이다. 눈이 깊으면 장수하고 작고 길면 귀하게 되며 빛나면 총명하고 엷으면 단명하고 혼탁하면 정체됨이 많으며 둥글면 요절하는 것으로 크지도 작지도 않아야 귀하게 되는 것이다.

입(口)을 회독(淮瀆)이라고 하는 것이다. 입은 모나고 넓으며 입술이 서로 덮어져야 한다. 위가 엷으면 덮어지지 않고 아래가 엷으면 실어지지 않나니 수명도 없고 늦은 복도 없다. 덮어지지 않으면 가산을 없애게 된다.
코〔鼻〕는 제독(濟瀆)이다. 풍성하고 성대하고 빛나고 둥글 것을 요구한다. 파손되지 않고 하늘을 보지 않으면 집안이 반드시 부유하게 되는 상(相)이다.

삼주삼주(三主三柱)

※ 삼주(三主)는 이마와 코와 턱을 가리키고 삼주(三柱)는 머리를 수주(壽柱), 코를 양주(梁柱), 발을 동주(棟柱)라고 한다.

이마가 뾰족하면 초년에 재앙을 입고 코가 뾰족하면 중년에 도망다니게 된다. 말년의 복록을 알고자 한다면 지각(地閣 : 턱)이 각지고 높아야 좋은 것이다.
머리를 수주(壽柱)라고 하는 것이요, 코를 양주(梁柱 : 동량)라고 하고 발을 동주(棟柱)라고 한다.

오성육요(五星六曜)

※ 오성(五星 : 木火土金水)이란 얼굴부위에 오행(五行)을 붙인 명칭이요, 육요(六曜)는 얼굴의 자기(紫氣) 나후(羅睺) 계도(計都) 월패(月孛) 태음(太陰) 태양(太陽) 부위를 뜻한다.

화성(火星 : 이마)은 모름지기 모〔方〕나야 하는 것이다. 방(方)이란 금과 옥처럼 훌륭한 문장이다.
토성(土星 : 코)은 모름지기 두터운 것을 요하니 후(厚)란 오래 살 수 있는 수명이 된다.

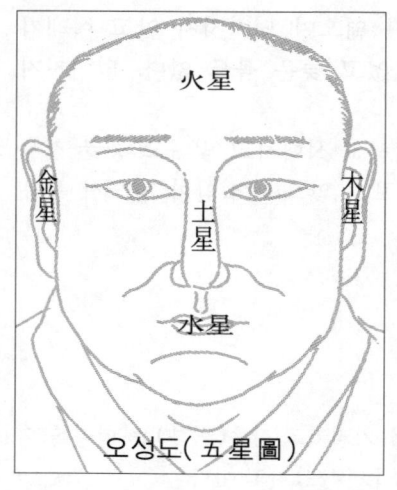

오성도(五星圖)

목성(木星 : 왼쪽 귀)은 모름지기 모이는 것을 요하는 것이다. 오복(五福)이 함께 서로 풍요한 것이다.

금성(金星 : 오른쪽 귀)은 모름지기 백(白 : 흰)을 얻어야 한다. 관리의 직위를 끝까지 얻을 수 있는 것이다.

수성(水星 : 입)은 모름지기 붉은 것〔紅〕을 얻어야 한다. 홍(紅)이란 반드시 3공(三公)을 뜻하는 것이다.

자기(紫氣)는 인당에 있는데 모름지기 둥글어야 한다. 둥근 것은 높은 벼슬에 있다.

나후(羅睺)는 왼쪽 눈썹인데 모름지기 길어야 한다. 장(長)이란 천창(天倉)을 먹을 수 있다. 계도(計都)는 오른쪽 눈썹인데 모름지기 가지런해야 한다. 제(齊)란 아내나 아이들을 둔 것이다.

월패(月孛)는 산근(山根)인데 곧아야 한다. 곧은 것이란 의식(衣食)을 둘 수 있다.

태음(太陰)은 오른쪽 눈인데 검어야 한다. 검은 것은 관직을 가질 수 있다.

태양(太陽)은 왼쪽 눈인데 광채가 있어야 한다. 광채라는 것은 복과 녹이 강성해지는 것이다.

화성(火星)은 이마이다. 이마가 훤하고 넓으며 머리털이 윤성하고 깊게 보이는 자는 녹봉과 지위와 의식(衣食)이 있으며 자식을 4명이나 5명 둔다. 그 사람됨이 예능과 학문이 있고 부모는 높고 귀하게 되는데 이것을 생명궁(生命宮)이라 한다.

화성(火星)의 힘을 얻어 사람의 운명에 논과 밭이 있게 되고 수명은 99세를 산다.

이마가 뾰족하고 보잘 것 없으며 주름살이 많은 자는 화성이 결함이 있는 것이다. 이에 귀하지 못하고 자식이 없으며 비록 한두명의 자식이 있을지라도 늙어서는 자식의 덕을 보지 못한다. 먹고 사는 것이 보통이고 또 형제의 힘도 얻지 못하며 삼방(三方)에 주인이 없어서 수명을 덜고 파산한다.

자기성(紫氣星)은 인당(印堂) 아래이다. 인당이 분명하고 곧은 주름이 없으며 둥글어 구슬같이 생겼으면 사람이 반

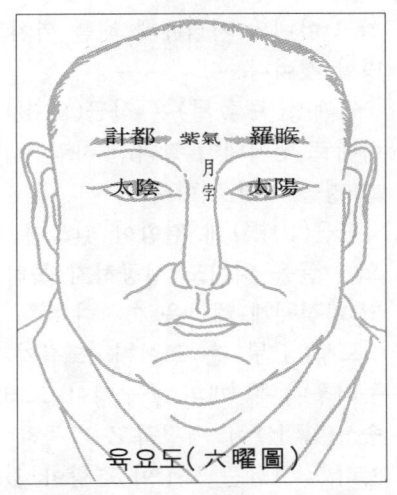

육요도(六曜圖)

드시 귀하게 된다. 흰색이 은은한 빛을 띠면 크게 부귀할 것이요, 누런 사람은 의식이 넉넉하다.

좁고 평평하지 못하며 안으로 숨은 주름이 있는 자는 길하지 못하니 비록 2, 3명의 자식을 두더라도 힘을 보지 못하고 두터운 녹봉도 없고 전택에 손해만 끼칠 것이다.

나후성(羅睺星)과 계도성(計都星)은 양쪽 눈썹이다. 두 개의 눈썹이 성기고 검으며 눈을 지나쳐 귀밑머리까지 닿은 사람은 벼슬을 할 상(相)이다. 자식이나 부모가 다 귀하게 되고 친척들도 또한 귀하게 된다. 이것은 나후성과 계도성이 명령을 받은 것이다.

눈썹이 서로 이어졌고 빛깔이 황적색이며 거기다 짧으면 골육이나 자손들이 많이 죄를 지어 죽게 된다.

태음(太陰)과 태양(太陽)은 좌우의 눈이다. 흑과 백이 분명하며 길고 가늘게 둘로 나누어져서 귀밑머리까지 닿으며 검은 눈동자가 많고 흰 눈동자가 적으며 광채가 나는 이러한 사람은 마땅히 태어나서 음과 양의 이성(二星)의 기운을 빛나게 할 것이니 크게 귀할 것이다. 또 두 눈이 함께 순하면 골육들이 모두 귀하게 된다.

검은 눈동자가 적고 흰 눈자위가 많으며 황적색(黃赤色)이면 이러한 사람은 이성(二星)이 결함된 것이다. 부모에게 손해를 끼

치고 아내와 자식에게 해를 끼치고 가산을 없애며 재앙이 많고 단명할 것이다.

　월패성(月孛星)은 산근(山根)이다. 인당(印堂)을 따라서 곧게 아래로 뻗어내려 갈라진 사람은 마땅히 월패성(月孛星)을 만나서 그 명을 비칠 것이다.

　산근(山根)에 결함이 있으면 자손이 불길하고 재앙과 액이 많으며 글을 읽어도 성공하지 못하고 산업을 파산시키고 아내를 잃고 자식에게 해악을 끼친다.

　토성(土星)은 코이다. 모름지기 절두(準頭 : 코끝)가 풍성하고 두터우며 두 개의 콧구멍이 드러나지 않아야 하며 연상(年上)과 수상(壽上)이 평평하고 가득하여 곧게 나서 편벽되지 않았으면 이러한 사람은 토성이 결함이 없고 명을 받은 것이다. 아울러 삼방(三方)이 가득하면 복과 녹봉과 수명이 길다.

　중악(中嶽)인 토성이 바르지 않고 절두가 뾰족하고 드러나 보이며 다시 절두가 높으면 이러한 사람은 중악의 토성이 결함이 있는 것이다. 빈천하고 가업을 일으키지 못하고 심성이 곧지 못한 사람이다.

　금성(金星)과 목성(木星)은 좌우의 귀를 말한다. 귀는 모름지기 귓바퀴(귀의 윤곽)가 분명한 것을 요하고 그 색깔은 홍백색이어야 한다. 크고 작고를 가리지 않고 귓구멍이 넓어야 하며 생김새는 단정하여 뒤로 젖혀졌거나 뾰족하지 않고 크고 작은 것이 같아야 한다. 또 높아서 눈썹과 눈보다 위에 있어야 하며 백색이 은빛을 띠면 크게 좋은 것이다. 이러한 사람은 태어나서 금성과 목성의 기운을 빛나게 할 것이다. 녹봉받는 것을 일찍부터 할 것이다.

　만약 달라붙거나 뒤로 젖혀지고 혹은 크고 혹은 작으면 금성과 목성이 결함이 있는 것이다. 이러한 사람은 논과 밭과 모든 재산을 잃게 되고 배움도 없을 것이다.

　수성(水星)은 입이다. 내학당(內學堂)이라고 이름한다.

　입술은 모름지기 붉어야 하고 입은 넓고 사각이 져야 한다. 인중(人中)은 깊어야 하며 입안의 치아가 단정하면 문장이 있고 관리가 되어 녹봉을 먹는다. 만약 입술과 이가 거칠고 입의 각이 드리워졌으며 누런 색깔이면 빈천한 상(相)이다.

오성육요결단(五星六曜決斷)

※ 앞에서 오성(五星)과 육요(六曜)를 설명하였다. 여기는 오성과 육요의 구결(口訣)이다.

1. 귀〔耳 : 왼쪽은 목성(木星), 오른쪽은 금성(金星)〕여자는 반대.
금성(金星)과 목성(木星)으로 두 개를 이루어 성곽 같은 귓바퀴가 있고 바람의 문이 손가락 하나를 용납하여 총명을 주관한다.
〔金木成雙郭有輪하고 風門容指主聰明이라〕

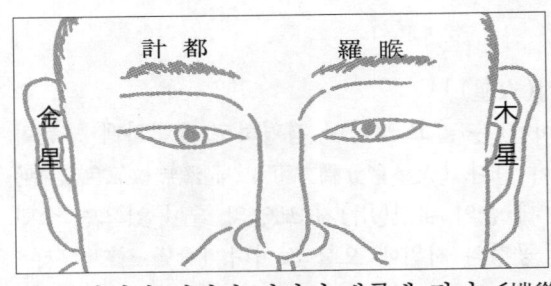

단정하고 쫑긋 솟아 곧게 모여 나후(羅睺)와 계도(計都) 위에 하면 부귀와 영화가 나날이 새롭게 된다. 〔端聳直朝羅計上이면 富貴榮華日日新이라〕

금성과 목성이 꽃이 핀 것처럼 뒤로 젖혀졌으면 일생동안 가난하고 귓바퀴가 윤곽이 까져 있으면 어려움과 고통이 있게 된다. 〔金木開花一世貧이니 輪翻郭反有艱辛이라〕

이와 같은 귀를 가진 자도 벼슬을 한 자가 있으나 끝마치도록 별 진전 없이 일생을 마쳤다. 〔於中若有爲官者나 終是區區不出塵이라〕

2. 입〔口 : 수성(水星)〕

입을 다물면 넉사〔四〕자에 입술은 주홍빛과 같고 두 꼬리가 능

선을 만들어 위로 향하여 둘러지면〔口含四字似朱紅하고 兩角生稜向
上宮이면〕

이는 문장과 총명한 준사(俊士)로 정해진 것이다. 소년시절에
과거에 급제하여 삼공(三公)에
오를 것이다.〔定是文章聰俊士라
少年及第作三公이요〕

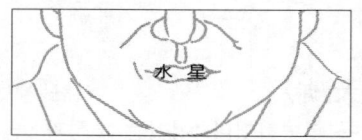

수성(입)에 가는 주름이 많고
양쪽 머리가 드리워지고 뾰족하거나 엷거나 능선이 없으면 이러
한 사람은 걸인(乞人)이다.〔水星略綽兩頭垂하고 尖薄無稜是乞兒라〕

만약 입의 모양이 삐뚤어지고 기울어졌으며 왼쪽과 오른쪽이 다
르면 이러한 사람은 옳고 그른 것과 간교하고 사기치는 것을 편의
대로 한다.〔若是偏斜居左右하면 是非奸詐愛便宜다〕

3. 이마〔額 : 화성(火星)〕

화성궁(火星宮 : 이마)은 넓고 모나며 평평하고 윤택하게 주름이
없고 기색이 새로워야 한다.〔火星宮分潤方平하고 潤澤無紋氣色新이라〕

뼈가 솟아 오르고 세 줄의 내천〔川〕자 모양의 줄이 있으면 소년
에 과거에 급제하여 공경의 지위에 오를 것이다.〔骨聳三條川字樣이
면 少年及第作公卿이요〕

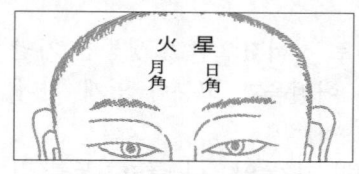

화성(이마)이 뾰족하고 좁으면
이러한 사람은 항상 떠돌이 신세
이니 주름살이 문란하게 가로 세
로 엉켜 있으면 이러한 사람은
귀양살이나 감옥생활을 한다.〔火
星尖狹是常流니 紋亂縱橫主配囚라〕

붉은 힘줄 두 줄기가 일각과 월각에 침범하면 전쟁에서 다치거
나 군법에 처해지거나 타향에서 죽게 된다.〔赤脈兩條侵日月이면 刃
兵赴法死他州라〕

4. 코〔鼻 : 토성(土星)〕

토수(土宿 : 토성, 코)가 단정하고 둥글며 대롱을 쪼갠 것과 같고 콧구멍 둘레가 심히 두텁게 보이면 곧 삼공(三公 : 정승)의 지위에 오른다. 〔土宿端圓似截筒하고 竈門孔大卽三公이라〕

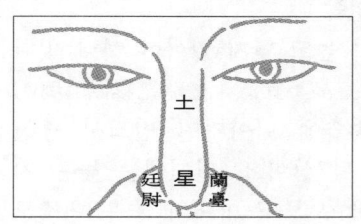

좌우 코 옆〔蘭臺, 廷尉〕이 풍부하고 서로 응하면 반드시 이름을 날리고 성스러운 총명을 드날리리라. 〔蘭臺廷尉來相應하면 必主聲名達聖聰이라〕

토성(코)이 왜곡되거나 비뚤어지면 고통과 어려움이 따르고 코끝이 뾰족하고 엷으면 외롭고 가난하게 된다. 〔土宿歪斜受苦辛이오 準頭尖薄主孤貧이라〕

옆에서 보면 낚시처럼 굽거나 매의 부리와 같으면 마음 속이 간특하고 반드시 사람을 해치게 된다. 〔傍觀勾曲如鷹嘴면 心裏奸謀必害人이라〕

5. 자기(紫氣) : 인당(印堂)

자기궁(紫氣宮 : 인당)은 속이 윤택하고 둥글어야 한다. 제왕을 껴안은 것(솟아 오른 것)과 같으면 이러한 사람은 영웅이거나 현명한 사람이다. 〔紫氣宮中潤又圓하고 拱朝帝主是英賢이라〕

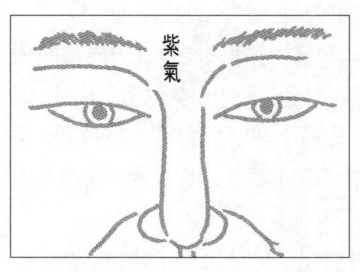

왼쪽과 오른쪽의 코 언저리가 서로 응대해 오면 말년에는 관직이 오르고 영화가 왕성하여 재물도 풍족하게 될 것이다. 〔蘭臺廷尉來相應하면 末主官榮盛有錢이라〕

자기궁(인당)이 속이 좁거나 또는 뾰족하고 조금 짧고 뺨이 없거

나 다시 수염이 아주 적으면〔紫氣宮中窄又尖하고 少短無腮再少髥이면〕
 젊어서부터 사람됨이 진실하지도 않고 학문도 없어 의식은 점점 궁하게 되고 다시 더 몰락하게 된다.〔自小爲人無實學하고 衣食蕭條更沒添이라〕

6. 월패(月孛) : 산근(山根)의 왼쪽

 월패(月孛 : 산근의 왼쪽)는 마땅히 높고 낮지 않아야 하니 빛나고 빛나는 광채가 유리 같으면〔月孛宜高不宜低니 瑩然光彩似琉璃면〕

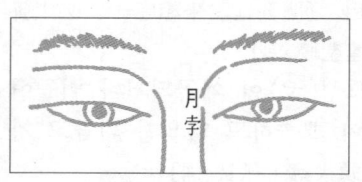

벼슬에 나아가면 반드시 충신이 될 상이요, 말년에는 높은 지위에 오르고 아내의 좋은 내조도 있게 된다.〔爲官必定忠臣相이오 末主高官有好妻라〕

 월패궁의 속이 좁고 또 뾰족하면 집안의 재산을 일찍 파산시키고 모든 일에서 항상 들들 볶일 것이다.〔月孛宮中狹又尖이면 家財早破事相煎이니〕
 벼슬을 한들 어찌 영화나 많은 봉록을 얻을 수 있을까? 월패궁에 이르는 해에는 매우 살기가 더욱 어려워지리라.〔爲官豈得榮高祿이리오 孛位當生困歲年이라〕

7. 나계성(羅計星 : 나후·계도, 왼쪽 눈썹과 오른쪽 눈썹)

 나후와 계도성은 눈썹이 수려하고 또 길어야 한다. 모양이 분명

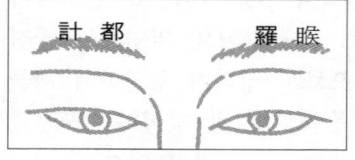

하고 살을 붙인 것처럼 하여 삼양(三陽 : 태양, 중양, 소양)과 응하면〔羅計星君秀且長하고 分明貼肉應三陽이면〕

 이러한 모양의 사람은 관직에 있지 않더라도 은혜와 의(義)가 드러나서 먼 곳까지 이름을 떨치

리라. 〔不惟此貌居官職이라도 恩義彰名播遠方이라〕

나후와 계도가(두 눈썹) 드물고 성기며 또 뼈가 높이 솟았으면 사람됨이 성질이 급하고 흉악한 나쁜 짓을 좋아하게 된다. 〔羅計稀疎骨聳高하면 爲人性急愛凶豪라〕

수양버들처럼 늘어진 눈썹이 간문에까지 이르면 형제와 친척들을 모두 모여 살게 하는 상이다. 〔奸邪狀似垂楊柳니 兄弟同胞有旋毛라〕

8. 일월(日月 : 太陽·太陰, 두 눈)
왼쪽 눈과 오른쪽 눈의 분명한 것이 태양과 같아야 하고 정신의 광채가 일반적으로 강성하면 〔日月分明似太陽하고 精神光彩一般强하면〕

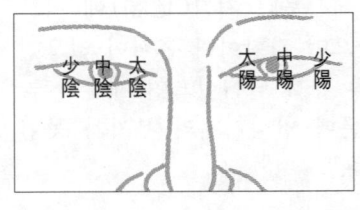

벼슬에 나아가 정승에 이르지는 못할지라도 적당한 지위에 올라 시랑(장관)은 될 것이다. 〔爲官不拜當朝相이라도 也合高遷作侍郞이라〕

두 눈이 사시이거나 눈동자에 붉은 핏줄이 지나가고 다시 눈망울이 외롭게 드러났거나 또 신령스러움이 없어 보이면 〔日月斜窺赤貫瞳하고 更兼孤露又無神하면〕

두 눈이 마르고 어두우면 전쟁이나 쇠붙이에 생명을 잃을 것이니 성장하기를 기대하지 말라. 나쁜 일에 생명을 마칠 것이다. 〔陰陽枯暗因刃死니 莫待長年主惡終이라〕.

육부 삼재 삼정(六府三才三停)

육부(六府)라는 곳은 양쪽 좌우의 보골(輔骨 : 옆 이마), 양쪽 좌우의 관골(顴骨 : 광대뼈), 양쪽 좌우의 이골(頤骨 : 좌우 턱뼈)을 말한다.

육부에는 다 살이 도톰하게 쪄서 팽팽하여야 하고 그냥 팽팽한 상태에서 낮아 보이거나 하면 좋지 않다.

『영대비결(靈臺祕訣)』이라는 책에 말하였다.

"위에 2부는 좌우 보각(輔角)에서부터 천창(天倉)에 이르는 곳이요, 중앙의 2부는 명문(命門)에서부터 호이(虎耳)에 이르는 곳이

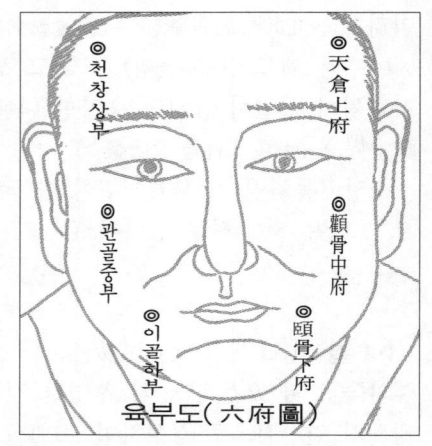

육부도(六府圖)

요, 아래의 2부는 이골(頤骨 : 턱뼈)에서부터 지각(地閣)에 이르는 곳이다. 6부(六府)가 두툼하고 곧으며 결함이나 흔적이 없으면 재물이 왕성할 것이다. 천창(天倉)이 높게 일어섰으면 재물과 녹봉이 많고 지각(地閣)이 모나고 바른데 만섬지기의 부자가 못된 자는 관상의 이론이 맞지 않는 것이다."

삼재(三才)라는 것은 천지인(天地人)의 3가지를 뜻한다.

액(額 : 이마)은 천(天)이라 한다. 하늘은 넓고 둥글고자 하는 것이다. 이름하여 '하늘(天)'을 두었다고 하는 것은 귀한 것을 뜻한다.

코(鼻)를 사람(人)이라고 한다. 사람이란 바르고 가지런하고자 한다. 이름하여 '인(人)'을 두었다고 하는 것은 수(壽 : 장수)를 뜻한다.

턱(頤)을 땅(地)이라고 한다. 땅은 모나고 넓고자 하는 것이

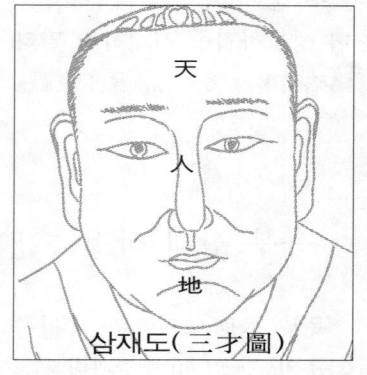

삼재도(三才圖)

다. 이름하여 '지(地)'를 두었다고 하는 것은 부(富)를 뜻한다.

삼정(三停)이란 상정(上停), 중정(中停), 하정(下停)을 뜻한다.
머리털이 있는 곳에서 인당(印堂)에 이르는 곳을 상정(上停)이라고 하는데 초년의 운수를 맡는다. 산근(山根)에서부터 절두(準頭)에 이르는 곳을 중정(中停)이라고 하는데 중년(中年)의 운수를 주관한다. 인중(人中)에서부터 지각(地閣)에 이르는 곳

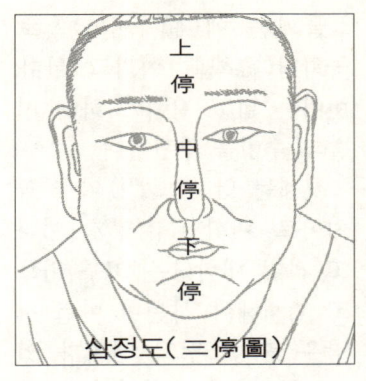
삼정도(三停圖)

을 하정(下停)이라고 하는데 말년(末年)의 운수를 주관한다.
또는 발제(髮際 : 머리털이 있는 곳)에서 눈썹까지를 상정(上停)이라고 하고 눈썹에서 절두까지를 중정(中停)이라고 하고 절두에서 지각까지를 하정(下停)이라고 한다.
『비결』에 말하였다. "상정(上停)이 길면 젊어서 길하고 번창하며 중정이 길면 군왕과 가까이하고 하정이 길면 늙어서 길하고 상서로우며 삼정(三停)이 평등하면 부귀하고 영화를 누리고 삼정이 균등하지 못하면 고아가 되거나 요절하거나 빈천하게 된다."
시에 말하였다. "얼굴 위의 삼정(三停)을 자세하게 살펴라. 이마는 높고 모름지기 이문(耳門)은 너그러워야 하는 것이니 학당(學堂)과 삼부(三部)를 어떻게 감당하여 정할 것인가. 빈 곳에 문장이 있으니 관직에 나아가지 못할 것을 두려워한다."

사학당(四學堂)

※ 사학당(四學堂)은 눈, 이마, 양쪽 치아, 이문(耳門)의 앞을 말한다.

첫째는 눈으로 관학당(官學堂)이라고 한다. 눈은 길고 맑은 것을 요구한다. 관직의 지위를 주관한다.

둘째는 액(額 : 이마)으로 녹학당(祿學堂)이라고 한다. 이마는 넓고 길어야 하며 벼슬과 수명을 주관한다.

셋째는 당문(當門)의 양쪽 치아로 내학당(內學堂)이라고 하며 내학당은 고루 바르고 빽빽해야 하는데 이런 사람은 충성스럽고 신의가 있고 효도하며 공경한다. 성기고 결함이 있고 작으면 주로 미친 것 같거나 망령된 사람이다.

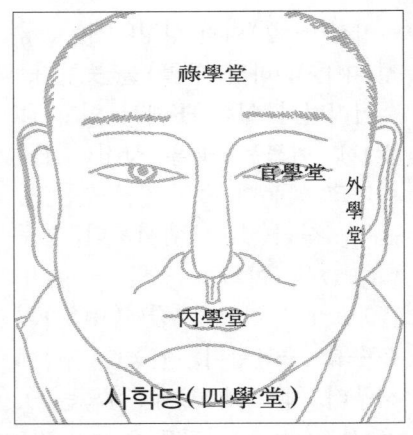

사학당(四學堂)

넷째 이문(耳門)의 앞을 외학당(外學堂)이라고 한다. 이문의 앞은 풍만하고 빛나고 윤택해야 하나니 만약 어둡고 침침하면 어리석거나 우둔한 사람이다.

팔학당(八學堂)

※ 팔학당〈그림참조〉은 머리(둥근곳), 액각(額角), 인당(印堂), 안광(眼光), 귀(耳), 이(齒), 혀(舌), 양 눈썹의 여덟 곳의 부위를 말한다.

첫째는 고명부학당(高明部學堂)인데 머리는 둥글고 이골(異骨 : 우뚝 솟은 머리뼈)이 솟아 올라야 한다.

둘째는 고광부학당(高廣部學堂)인데 액각(額角 : 이마의 모서리)은 밝고 윤택하며 뼈가 두둑하게 솟아 모나야 한다.

셋째는 광대부학당(光大部學堂)인데 인당은 평평하고 밝으며 흠집이 없어야 한다.

넷째는 명수부학당(明秀部學堂)인데 안광(眼光)은 검은빛이 많으며 사람을 숨겨 감추어야 한다.

다섯째는 총명부학당(聰明部學堂)인데 귓바퀴는 붉고 하얗고 노란색을 띠어야 한다.
여섯째는 충신부학당(忠信部學堂)인데 이는 가지런하고 빽빽하며 희기가 흰눈과 같아야 한다.
일곱째는 광덕부학당(廣德部學堂)인데 혀는 길어서 코끝에 이르고 붉고 주름이 있어야 한다.

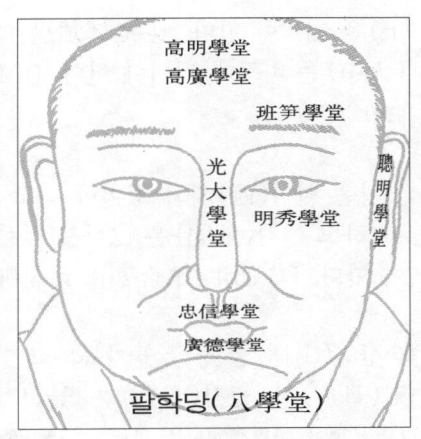

여덟째는 반순부학당(斑笋部學堂)인데 비낀 무늬(눈썹)가 중간에서 단절되고 물굽이처럼 휘어져서 둘이 똑같아야 한다.

인면총론(人面總論)

천정(天庭:이마 위쪽)은 솟아 오르고자 하고 사공(司空:天庭의 밑)은 평평해야 한다. 중정(中正)은 넓고 커야 하고 인당(印堂)은 맑아야 한다. 〔天庭欲起司空平이오 中正廣濶印堂淸이라〕

산근(山根)은 단절되지 않아야 하고 연상(年上)과 수상(壽

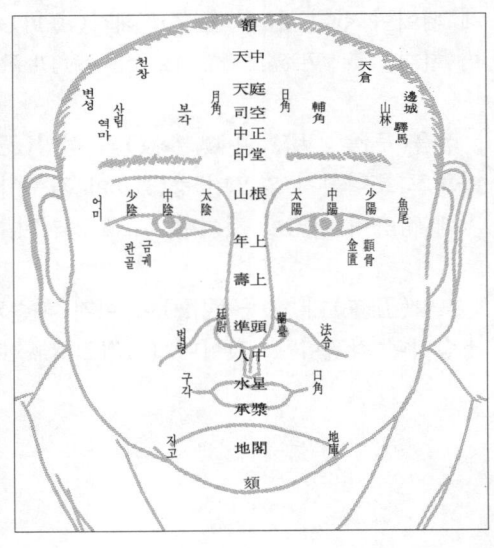

上)은 넓어야 한다. 절두(準頭)는 가지런하고 둥글어야 하고 인중(人中)은 바르게 되어야 한다. 〔山根不斷年壽潤이오 準頭齊圓人中正이라〕

입은 넉사(四)자와 같아야 하고 승장(承漿 : 입술 밑턱)은 넓어야 하고 지각(地閣)은 모아져 돌아가야 하고 창고(倉庫)와 응해야 한다. 〔口如四字承漿潤이오 地閣朝歸倉庫應이라〕

산림(山林)은 둥글어 가득하고 역마(驛馬)는 풍성해야 한다. 일각(日角)과 월각(月角)은 높고 변지(邊地)는 고요해야 한다. 〔山林圓滿驛馬豊이오 日月高兮邊地靜이라〕

태음과 태양은 살이 많아야 하고 어미(魚尾)는 길어야 한다. 정면의 관골(顴骨)은 신비스러운 광채가 있어야 한다. 〔陰陽肉多魚尾長이오 正面顴骨有神光이라〕

난대(蘭臺)는 평평하고 가득하여야 하며 법령(法令)은 올바르게 되어야 한다. 금궤(金匱), 해각(海角)은 휘황한 누런색이 있어야 한다. 〔蘭臺平滿法令正이오 金匱海角生徹黃이라〕

삼음(三陰 : 太陰, 中陰, 少陰)과 삼양(三陽 : 太陽, 中陽, 少陽)이 마르고 초라하지 않으면 용(龍)이 감추어지고 호랑이가 엎드려서 이에 정승이 마땅할 것이다. 〔三陰三陽不枯焦하면 龍藏虎伏仍相當이오〕

오악(五嶽)과 사독(四瀆)이 이겨 파손되지 않으면 이런 인간은 정승이나 장관이 될 것이다. 〔五嶽四瀆無剋破하면 便是人間可相郞이라〕

제4장 오행과 신기론(神氣論)

오행(五行)의 형태

목(木 : 나무)은 파리(瘦 : 비쩍 마르다)하다.
금(金 : 쇠)은 모나(方)다.
수(水 : 물)는 살찐(肥) 것을 주관한다.
토(土 : 땅)는 모양이 두터워(敦厚) 거북의 등과 같다.
화(火 : 불)는 위는 뾰족하고 아래는 넓다.
 이상의 목, 금, 수, 토, 화의 5가지 모양으로 사람의 형상을 자세히 살펴서 유추해야 한다.

오행(五行)의 색(色)

목(木)은 색이 청(靑)이다. 방위는 동쪽이다.
화(火)는 색이 홍(紅)이다. 방위는 남쪽이다.
토(土)는 색이 황(黃)이다. 방위는 중앙(中央)이다.
수(水)는 색이 흑(黑)으로 이는 진실한 용모이다. 방위는 북쪽이다.
금(金)은 색이 백(白)으로 근본을 형용한 것이다.
 이상의 5가지로 사람의 안색은 분류되어 있어서 서로 동일하지가 않다.

5가지 형상과 형태의 설명

대저 사람은 정(精)은 수(水 : 물)에서 받고 기(氣)는 화(火 : 불)에서 받아서 태어나는 것이다.

이 정(精)이 합해진 뒤에 신(神 : 신령스러움)이 생겨나고 신(神)이 생겨난 후에 형상(形象)이 완전히 갖추어지는 것이다.

이 완전히 갖추어진 외형이라는 것은 금목수화토(金木水火土)의 상(相)도 있고 나는 새나 달리는 짐승의 상(相)도 있는 것이다.

금(金)은 모난 것을 싫어하지 않고 목(木)은 파리한 것을 미워하지 않고 수(水)는 비대한 것을 미워하지 않고 화(火)는 뾰족한 것을 미워하지 않고 토(土)는 탁(濁)한 것을 미워하지 않는다.

금(金)과 같으면 금(金)의 모양을 얻어야 굳세고 굳센 것이 깊게 된다.

목(木)과 같으면 목(木)의 모양을 얻어야 재물이 넉넉하게 된다.

수(水)와 같으면 수(水)의 모양을 얻어야 문학(文學)이 귀하게 된다.

음양오행활동도(陰陽五行活動圖)

화(火)와 같으면 화(火)의 모양을 얻어야 기지와 과단성이 나타난다.

토(土)와 같으면 토(土)의 모양을 얻어야 돈과 곡식이 두텁게 된다.

그러므로 풍성하고 두텁고 엄숙하고 삼가는 자는 부자가 안되면 귀하게라도 되고 얕고 엷고 가볍고 조급한 자는 가난하지 않으면 요절하게 되는 것이다.

아들이나 딸들의 기운은 화평하고

사랑스럽고자 하는 것이고 형체와 모습은 엄숙하고 단정하고자 하는 것이다.

이와 같은 아들이나 딸들은 부자가 안되면 귀하게라도 된다.

금(金)의 형상은 맑고 작으며 단단하고 모나며 바른 것이다. 형체가 짧은 것을 부족(不足)이라고 이르고 살집이 단단한 것을 유여(有餘)하다고 이르는 것이다.

오운육기(五運六氣) 음양순환도

시에 말하기를 "부위로는 중정(中正)이 중요한 곳이니 삼정(三停 : 上停, 中停, 下停)이 모나게 두른 것이다. 금(金)의 형상을 한 사람이 금격(金格)으로 들어오면 스스로 입신양명하리라."라고 하였다.

목(木)의 형상은 솟아 감추어서 파리하고 솟아 올라 곧고 길며 마디를 드러내고 머리가 웅성하고 이마가 솟았다. 혹 뼈대가 무겁고 비대하며 허리와 등이 납작하고 얇으면 목(木)의 형상이 좋은 것은 아니다.

시에 말하기를 "모서리진 것 같은 형상에 파리한 뼈대이고 늠름하면서 다시 길쭉하게 닮았다. 수려한 기운이 눈썹과 눈에 나타났으면 모름지기 늦게 큰 빛을 보리라."라고 하였다.

수(水)의 형상은 일어날 때는 뜨는 것 같고 넓고 두터우며 형상이 엎드려 아래로 달리는 것은 그 형상이 진실한 것이다.

시에 말하기를 "눈썹이 성기고 또 눈이 크며 귀의 윤곽은 둥근 것을 요한다. 이러한 관상을 진수(眞水)라고 이름하나니 평생동안 복이 자연스럽다."라고 하였다.

　화(火)의 형상은 위는 뾰족하고 아래는 넓고 위는 예리하고 아래는 풍부하며 그 성질은 조급하고 위로 날며 색깔은 붉은 것이 화(火)의 형상이다.

　시에 말하기를 "화(火)의 형모(形貌)를 알고자 할진대 아래는 넓고 머리는 뾰족한 것이다. 행동거지가 전혀 정해지지 않고 턱의 주위에 다시 수염이 적은 것이다."라고 하였다.

　토(土)의 형상은 비대하고 돈후하여 무겁고 충실하고 배는 융성하고 허리는 두터워 그 형상이 거북과 같은 것이다.

　시에 말하기를 "단정하고 두텁고 이에 깊고 무거우며 편안하고 자상하여 큰 산과 같은 것이다. 마음 속의 꾀를 측량하기 어렵고 신의가 사람들에게 두텁다."라고 하였다.

형상을 논하다〔論形〕

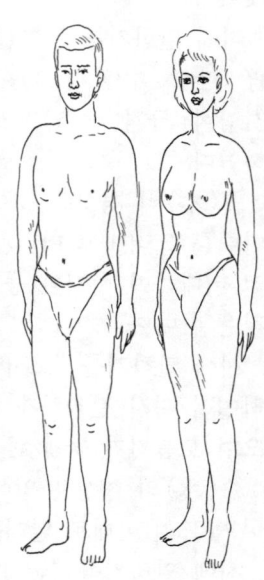

　사람은 음과 양의 기운을 받아서 하늘과 땅의 형상을 본받고 금목수화토의 자질을 받아서 만물의 영장(靈長)이 된 것이다.

　그러므로 머리는 하늘을 모방하였고 발은 땅을 본떴으며 눈은 해와 달을 본떴고 성음(聲音)은 우레를 본떴다. 혈맥은 강하(江河:양자강과 황하)를 본떴으며 골절(骨節)은 금석(金石)을 본떴고 코와 이마는 산악(山嶽)을 본떴으며 호발(毫髮:털과 머리털)은 초목(草木)을 본떴다.

하늘은 높고 멀고자 하는 것이요, 땅은 모나고 두텁고자 하는 것이요, 해와 달은 빛나고자 하는 것이요, 우레는 소리가 진동하고자 하는 것이요, 강하(江河)는 윤택하고자 하는 것이요, 금석(金石)은 견고하고자 하는 것이요, 산악은 높고자 하는 것이요, 초목은 빼어나고자 하는 것이니 이것은 다 대강을 말한 것이다.

곽림종(郭林宗)이 사람을 관찰하는 8가지 방법을 두었는데 이상과 같은 것이다.

신(神 : 혼)을 논하다〔論神〕

대저 형상은 혈(血 : 피)을 기르고 혈은 기(氣)를 기르고 기는

혼〔神〕을 기른다. 그러므로 형상이 온전하면 혈이 온전하고 혈이 온전하면 기(氣)가 온전하고 기가 온전하면 혼〔神〕이 온전한 것이다.

이에 형상을 알아야 능히 혼〔神〕을 길러서 기(氣)를 의탁하여 편안하게 하는 것이다.

기(氣)가 편안하지 못하면 혼〔神〕이 사나워지고 불안하게 되는 것이다. 능히 그 혼〔神〕을 편안하게 하는 것은 오직 자신을 닦은 군자(君子)들일 뿐이다.

잠에서 깨어나면 신(神 : 혼)은 눈에서 놀고 잠을 자면 신(神 :

혼)은 마음에 있게 되는 것이다.
 이 형상은 나와서 신(神 : 혼)에 있다가 형상의 밖이 되어 해와 달의 빛과 같아서 밖으로 만물을 비추고 그 신(神 : 혼)은 진실로 일월의 안에 있는 것이다.
 눈이 밝으면 신(혼)이 맑고 눈이 어두우면 신(혼)이 흐리멍덩해진다.
 맑으면 귀하게 되고 탁하면 천하게 된다.
 맑으면 깨어있는 상태가 많고 잠이 적으며 탁하면 깨어있는 상태가 적고 잠이 많게 된다.
 능히 그 깨어있고 잠자는 것을 유추하는 자는 가히 그 귀하고 천한 것을 알 것이다.
 대저 꿈의 경계라는 것은 대개 신(혼)이 마음에서 놀고 있는 것으로 멀리 노는 것을 본다면 또한 오장(五臟)과 육부(六腑)의 사이와 귀와 눈의 보고 듣는 것의 사이를 벗어나지 않는 것이다.
 그 노는 것의 경계와 다만 보는 일로 혹은 서로 느껴 이루어지고 혹은 일을 만나서 발생하는 것으로 이것 또한 나의 몸에 있는 것이다.
 꿈속에서 보이는 일은 나의 몸속에서 작용하는 것이요, 내몸 밖의 일에서 나오는 것은 아닌 것이다.
 백안선사(白眼禪師)는 "꿈을 해석한 것이 다섯 경지가 있다. 첫째가 영경(靈境)이요, 둘째가 보경(寶境)이요, 셋째가 과거경(過去境)이요, 넷째가 현재경(現在境)이요, 다섯째가 미래경(未來境)이다."라고 했다.
 신(혼)이 처참해지면 꿈이 생겨나고 신(혼)이 고요하면 꿈의 경계가 사라진다. 대저 그 형상을 바라면 혹은 깜짝 놀라서 맑아지고 혹은 명랑해져서 밝아지며 혹은 꿈쩍하지 않고 있다가 신중해지는 것은 신(혼)이 안에서 발동하여 겉으로 나타나는 것이다.
 신(혼)이 맑아 화락하고 밝게 빛나는 것은 부하고 귀한 상(相)이다. 어둡고 유약하며 탁하고 굳게 맺힌 자는 짧고 경박한 상(相)이다.

차갑고 고요한 자는 그 신(혼)이 편안하고 허(虛)하며 조급한 자는 그 신(혼)이 처참한 것이다.
시에 말하였다.
"신(혼)이 안으로 형상하여 살아서 그 모습을 볼 수 없지만 기(氣)와 신(혼)을 기르는 것은 생명의 뿌리라고 한다.
기(氣)가 씩씩하고 혈(血)이 화평하면 편안하고 확고하며 혈(血)이 마르고 기(氣)가 흩어지면 신(혼)의 광채가 달아난다.
아름답게 나타나고 맑게 빼어나서 심신(心神)이 상쾌하면 기(氣)와 혈(血)이 조화를 이루어 신(혼)이 혼미하지 않다.
신(혼)의 맑고 탁한 것이 형상으로 밖에 나타나서 능히 귀하고 천한 것을 정한다는 것은 가장 적당한 논평이다."
신(혼)은 드러나려 하지 않으니 드러나면 신(혼)이 돌아다니게 되는데 반드시 흉한 것이다.
신(혼)이 귀한 것은 안으로 숨은 것이니 은연(隱然 : 위엄이 있는 모양)하여 바라보면 두려워 복종하려는 마음이 있어서 가까이하면 신(혼)이 기뻐하고 나아가는 것은 귀(貴)한 것이다.
무릇 상(相)이란 것은 차라리 신유여(神有餘 : 혼이 여유있다)하고 형부족(形不足)이언정 가히 형유여(形有餘 : 형상이 여유있다)하고 신부족(神不足)해서는 안되는 것이다.
신(혼)이 여유가 있으면 귀하고 형상이 여유가 있는 자는 부자가 된다.
또 신(혼)은 놀라지 않게 하여야 한다. 신(혼)이 놀라면 수명을 단축시킨다. 신(혼)은 조급하지 않게 하여야 한다. 조급하게 하면 잘못되는 일이 많아진다.
또 모름지기 사람의 그릇과 지식을 관찰하는 데에는 그릇이 크면 능히 용납하는 덕이 거대하고 지식이 높으면 능히 깨달은 마음이 신령스러워진다.
그릇이 얕고 지식이 낮으면 비록 여유로운 재물이 있어서 군자인 척하더라도 소인(小人)됨을 벗어나지 못할 것이다.

논형유여(論形有餘)

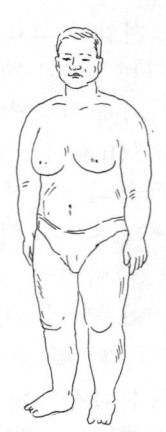

형상이 여유로운 자는 머리의 꼭대기는 둥글고 두터우며 배와 등은 풍부하고 융성하며 이마는 가득차서 네 곳이 모나고 입술은 붉고 치아는 희며 귀는 둥글어 바퀴를 이루고 코는 곧아 쓸개를 매단 듯하고 눈은 흑과 백이 분명하고 눈썹은 수려하고 성기어 길다.

어깨는 넓고 배꼽은 두터우며 가슴은 앞이 평평하고 넓으며 배는 둥글고 아래로 쳐져서 행동하거나 앉아 있거나 단정하게 보이고 오악(五嶽)이 모아져 솟았으며 삼정(三停)이 서로 균등하고 살은 단단하고 뼈는 가늘며 손은 길고 발은 모났다. 바라보면 우뚝 선 것처럼 다가오고 가까이서 보면 즐거운 듯 앉아 있다.

이러한 상은 다 '형유여(形有餘)'라고 이른다. '형유여'는 사람이 장수하고 병이 없으며 부귀와 번영을 누리는 상(相)이다.

논신유여(論神有餘)

신(혼)이 여유가 있는 자는 눈빛이 맑고 광채가 나며 돌아보아도 눈동자가 기울지 않고 눈썹이 빼어나고 길며 정신이 용솟음쳐 움직이고 얼굴빛이 맑고 밝으며 행동거지가 점잖다.

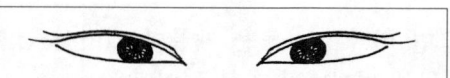

근엄한 자세로 멀리 보면 가을날의 태양이 서리가 내린 투명한 하늘을 비추는 것과 같고 홀로 우뚝 선 모습으로 가까운 곳을 주시

하는 것이 화창한 바람이 봄꽃을 피게 하는 것과 같다.
 일에 임하여서는 강직하고 굴하지 않아 사나운 호랑이가 깊은 산속에서 활보하는 것과 같다. 대중과 함께 하여서는 우뚝 솟아서 붉은 봉황이 구름 속에서 노니는 것과 같다.
 그가 앉아 있으면 경계에 세운 돌이 움직이지 않는 것과 같고 그가 누워 있으면 집에 들어간 까마귀가 요동하지 않는 것과 같다. 그가 행동하면 그 힘찬 모습은 평탄한 물이 도도히 흐르는 듯하고 그가 서있을 때에는 밝은 모습이 외로운 봉우리가 우뚝 솟아오른 듯하다.
 말을 하면 성난 목소리가 나지 않고 성질은 조급하고 망령되지 않으며 기쁘거나 화나는 일이 그 마음을 움직이지 못하고 영화와 치욕이 그 지조를 움직이지 못한다.
 만가지 태도의 어지럽고 잘못된 것이 앞에 있더라도 마음이 항상 한결같은 것을 가히 신유여(神有餘 : 신(혼)이 여유가 있음)라고 이르는 것이다.
 신유여(神有餘)한 사람은 다 최상의 귀인(貴人) 상이다. 흉하거나 재앙이 그 몸에 들어가기가 어렵고 하늘의 녹봉이 길이길이 다할 것이다.

논형부족(論形不足)

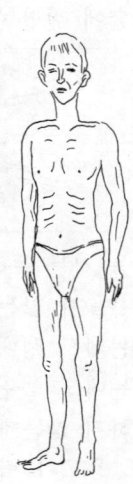

 형(形)이 부족한 사람은 머리의 정수리가 뾰족하고 좁으며 어깨에서 팔꿈치까지가 좁고 기울어졌다. 허리와 갈비가 성기며 가늘고 팔꿈치마디가 짧고 촉박스럽다.
 손바닥이 얇고 손가락이 성기다. 입술이 굼뜨고 이마가 매질한 것처럼 파였으며 콧구멍이 하늘을 보고 귀는 뒤로 젖혀졌다.

허리는 낮고 가슴은 가라앉았다. 한쪽 눈썹은 굽어졌고 한쪽 눈썹은 곧으며 한쪽 눈은 높고 한쪽 눈은 낮다.
 한쪽 눈동자는 크고 한쪽 눈동자는 작으며 한쪽 광대뼈는 높고 한쪽 광대뼈는 낮다. 한쪽 손에는 주름살이 있고 한쪽 손에는 주름살이 없으며 잠을 자면서 눈을 뜨고 잔다. 남자가 여자의 목소리를 내고 누런 이를 드러낸다.
 입은 얇고 뾰족하다. 정수리가 대머리로 머리털이 없다. 눈은 깊어서 눈동자를 볼 수가 없다.
 걸어다닐 때에는 삐딱하게 걷고 안색이 바람을 맞은 듯 겁을 먹었다. 머리는 작고 몸은 크며 상체는 짧고 하체는 길다.
 이러한 사람을 형부족(形不足)이라고 한다. 형부족(形不足)한 자는 병이 많고 단명하며 복이 없고 빈천한 상이다.

논신부족(論神不足)

 신부족(神不足: 혼이 부족함)한 자는 술에 취하지 않았는데도 술에 취한 듯하여 항상 술에 의한 병이 있는 듯하다.

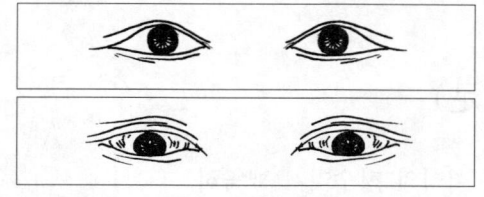

근심하지 않는데도 근심이 있는 것 같아 항상 근심스럽고 슬퍼하는 것 같다.
 잠을 자지 않는데도 잠을 자는 듯하여 겨우 잠들면 문득 깨어난다.
 울지 않는데도 우는 것과 같이 홀연히 깜짝 놀란다. 성내지 않는데도 성내는 듯하며 기쁘지 않은데도 기쁜 듯하다. 놀라지 않았는데도 놀란 듯하며 어리석지 않은데도 어리석은 듯하다. 두려워하지 않는데도 두려워하는 듯하며 행동거지가 혼란스럽다.
 용모가 탁하여 물들인 듯하며 신색(神色)이 처량하여 항상 크게 실책을 범한 듯하다. 황홀하고 장황하여 항상 공포에 떠는 듯하다. 언어가 적막하고 위축되어 부끄러워 숨기는 듯하다. 체모가 낮고 꺾여 능욕을 당한 듯하다.

얼굴색은 처음에는 선명하다가 뒤에는 침침하고 말은 처음에는 유쾌하다가 뒤에는 어두워진다.

이러한 사람을 신부족(神不足) 한 사람이라고 한다.

신부족(神不足) 한 사람은 감옥을 들락거리고 횡액들이 계속되며 관직에 나가도 또한 그 지위를 잃게 되는 것이다.

소리를 논하다〔論聲〕

대저 사람에게는 소리가 있는데 종과 북과 같은 울림이 있는 것이다. 사람의 그릇이 크면 소리가 광대하고 사람의 그릇이 작으면 소리가 짧다. 신(혼)이 맑으면 기(氣)가 고르게 되고 기가 고르게 되면 소리가 깊고 원만하고 화창한 것이다. 신(혼)이 탁하면 기가 촉박해진다. 기가 촉박해지면 소리가 허둥지둥해지고 가볍게 쉰 목소리가 난다.

그러므로 귀인(貴人)의 목소리는 많이 단전(丹田 : 배꼽 아래 한 치쯤 되는 곳)의 속에서 나와 심기(心氣)와 더불어 서로 통하여 혼연(뒤섞여 혼합됨)히 밖으로 이르는 것이다.

단전(丹田)이란 소리가 나오는 근원이다.

설단(舌端 : 혀끝)이란 소리를 표현하는 곳이다.

대저 뿌리가 깊으면 나타내는 소리가 중후하고 뿌리가 얕으면 나타내는 소리가 경박한 것이다. 이것으로 소리가 뿌리에서 발동하여 혀끝에서 나타나는 것을 알 수 있는 것이다.

대저 맑고 원만하며 견고하고 진실하다. 완만하고 세차며 급하면서 고르다. 길고 힘이 있으며 용맹하고 절도가 있다. 크게 하면 큰 종소리와 같고 높이면 악어껍질로 만든 북소리가 진동하는 것과 같다. 작게 하면 맑은 물이 흘러내리는 소리나 거문고를 연주하는 소리와 같다.

그 색을 보면 수연(粹然 : 순수한 모양)한 후에 움직이고 그 말소리와 함께 오래한 후에 응하는 것은 다 귀인(貴人)의 상(相)이다.

소인(小人)의 말소리는 모두가 다 혀끝 위에서 나와서 몹시 촉박하고 급하여 도달하지 못하니 무엇으로 법칙을 삼을 것인가?

조급하고 쉰 소리가 나며 느리고 껄끄럽다. 깊으면서 침체되어 있고 얕으면서 메말라 있다.

대개 소리가 크면 흩어지고 흩어지면 깨어진다. 혹은 가볍고 무거운 것이 고르지 않고 소리가 맑아 멀리 들리는데 절도가 없다.

혹은 원망이 있는 듯하고 난폭하며 번잡하고 어지러워 떠있다. 혹은 종이 깨지는 소리와 북이 찢어지는 울림과 같고 또 겨울 까마귀가 새끼에게 먹이를 먹이는 소리와 거위와 오리가 목이 메인 것과 같다. 혹은 병든 원숭이가 짝을 구하고 외로운 기러기가 무리를 잃은 것과 같다.

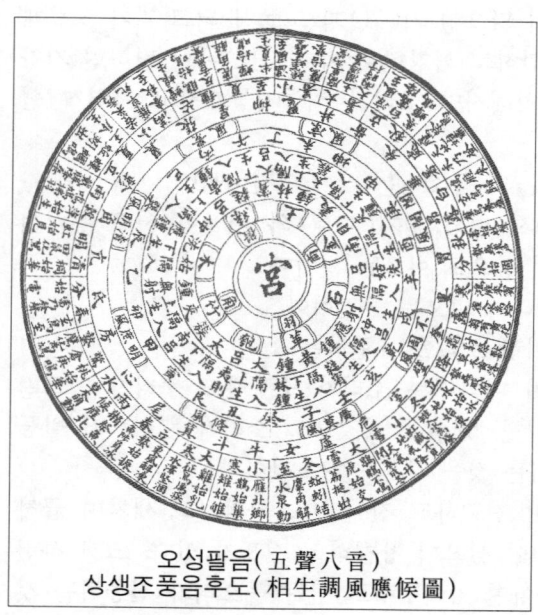

오성팔음(五聲八音)
상생조풍음후도(相生調風應候圖)

가늘어 지렁이가 신음하는 소리와 같고 경망하여 푸른 벌레가 밤에 떠들썩한 것과 같다. 개가 짖는 소리와 같고 양이 우는 소리와 같은 것들은 모두가 다 천박한 상(相)이다.

남자가 여자의 목소리를 가졌으면 단조롭고 빈천한 것이다. 여자가 남자의 목소리를 가졌으면 또한 방해가 되며 몸집이 크고 소리가 작은 사람은 흉한 것이다.
 혹은 건조하고 가지런하지 않은 것을 나망성(羅網聲 : 그물)이라 한다. 크고 작은 것이 고르지 않은 것을 자웅성(雌雄聲 : 혼합)이라 한다.
 혹은 먼저는 더디고 뒤에는 급하며 혹은 먼저는 급하고 뒤에는 더디며 혹은 소리가 그치지 않았는데 기(氣)가 이미 끊어지고 혹은 마음이 움직이지 않았는데 얼굴색이 먼저 변하는 이러한 사람들은 다 천박한 상(相)이다.
 대저 신(혼)은 안에서 정하여지고 기(氣)는 밖에서 화(和)한 연후에야 가히 모든 사물을 접하는 것이다. 쓸데없는 말이 아닌 다음에야 말이란 선후의 차례가 있어야 하고 낯빛도 또한 변하지 않아야 하는 것이다.
 진실로 신(혼)이 불안하고 기(氣)가 고르지 않으면 그의 소리는 선후의 차례를 잃어 말하는 낯빛이 흔들리는데 이것은 아름답지 못한 상(相)이다.
 대저 사람이 오행(五行 : 금목수화토)의 형체를 받으면 소리의 기운도 또한 오행의 형상이 있는 것이다. 그러므로 토성(土聲)은 깊고 두터우며 목성(木聲)은 높고 울리며 화성(火聲)은 메마르고 사나우며 수성(水聲)은 막힘없이 빠르며 금성(金聲)은 고르고 윤택한 것이다.
 또 이르기를 소리가 가벼운 사람은 일을 결단하는데 능력이 없고 소리가 깨진 사람은 일을 시작하여도 성취함이 없다. 소리가 탁한 사람은 좋은 일을 도모하여도 성사되지 못하고 소리가 낮은 사람은 멍청하여 학식이 없다.
 소리가 맑고 차서 골짜기에 물이 흐르는 것과 같은 사람은 지극히 귀하고 소리가 나올 때 맑고 밝아 스스로 깨달아도 항아리 속에서 울리는 것과 같은 사람은 5가지 복록을 전부 갖춘 사람이다.
 시에 이르기를 "목성(木聲)은 높게 부르짖고, 화성(火聲)은 건조하며, 고르고 윤택한 금성(金聲)이 최고로 부유하고 풍요로운 것이다. 토성(土聲)은 깊은 항아리 속에서 울리는 것 같은 것이요,

수성(水聲)은 막힘없이 빨라 나부끼는 듯한 운치가 있다. 귀인(貴人)의 음과 운치는 단전(丹田)에서 나오니 기질에서는 목구멍이 넓어야 소리가 또한 좋은 것이다. 가난하고 천한 것은 입술과 혀 끝을 떠나지 못하니 일생동안 분주한 것은 말로 감당치 못하리라."고 하였다.

소리는 크고 형상이 없어 기(氣)에 의탁하여 나오는 것이다.

천한 사람은 떠서 탁하고 귀한 사람은 맑고 넘치며 크게 부드러우면 겁이 많고 너무 강하면 끊어진다. 산이 가로막아도 서로 들리며 원만하고 길며 결함이 없으면 이러한 사람은 귀인(貴人)이다. 멀리까지 풍절(風節)이 보이는 것이다.

체구가 작은데 소리가 웅장하면 지위가 삼공(三公)에 이른다. 체구가 크고 소리가 작으면 단명하고 요절한다. 소리가 깨진 징소리와 같으면 전답이나 가산을 없애고 소리가 불처럼 조급하면 세파에 휩쓸려 의지할 곳이 없다.

남자가 암소리(여자 목소리)를 내면 가산을 날리고 여자가 숫소리(남자 목소리)를 내면 남편의 지위가 편안하지 못하다.

논기(論氣)

대개 돌 속에 옥이 쌓이면 산이 빛난다. 모래가 금(金)을 품고 있으면 개울이 아름답게 된다. 이러한 것은 지극히 정교한 보배가 색으로 나타나고 기(氣)로 발하는 것이다.

대저 형(形)이라는 것은 모양이다. 기(氣)는 모양을 채우는 것으로 모양이 기(氣)로 인하여 넓어지는 것이다. 신(혼)이 완전하면 기(氣)가 너그러워지고 신(혼)이 편안하면 기(氣)가 고요하여 얻고 잃는 것이 그 기(氣)에서 사나워지지 않고 기뻐하고 성내는 것이 그 신(혼)을 놀라게 하지 못하는 것으로 덕으로 용납하게 되는 것이며 양(量)으로 헤아림이 있는 것이니 이러한 사람을 중후하고 복이 있는 사람이라고 한다.

형(形)은 재목과 같아서 소태나무 가래나무 가시나무 녹나무 가시나무〔荊棘 : 가시나무의 총칭〕와의 다름이 있다.

신(神 : 혼)은 흙과 같아서 재목을 잘 다스려 그 그릇으로 쓰는 것이다. 소리〔聲〕는 그릇과 같아서 그 소리를 들은 연후에야 그 그릇의 아름답고 추악한 것을 아는 것이다.

기(氣)는 말(馬)과 같아서 말이 달릴 때 길이 좋고 나쁜 지역이 있는 것이다.

기(氣) 순환도

군자(君子)는 그 재목을 잘 기르고 그 덕을 잘 운용하고 또 그 그릇을 잘 다스리고 그 말을 잘 부린다. 소인(小人)은 이와 반대되는 행동을 하는 것이다.

그 그릇이 너그러우면 모든 사물을 용납하며 화합하면 사물과 접촉할 수 있다. 강하면 사물을 억제할 수 있고 맑으면 사물을 나타낼 수 있다. 바르면 사물을 다스릴 수 있다.

너그럽지 못하면 협소해지고 화합하지 못하면 거스른다. 굳세지 못하면 나약해지고 맑지 못하면 탁해진다. 바르지 못하면 편벽된다.

그 기(氣)의 얕고 깊은 것을 보고 그 빛의 조급하고 고요한 것을 살피고 군자(君子)인가 소인(小人)인가를 판단하는 것이다.

기(氣)가 자라 펴지고 화목하여 사나워지지 않으면 복을 받고 장수하는 사람이 되는 것이다.

급하고 촉박스러워 고르지 못하고 사납게 얼굴색에 나타내는 사람은 소인이고 천박한 사람이 되는 것이다.

『의경(醫經)』에 말하였다.

"한 번 내쉬고 한 번 들이마시는 것을 일식(一息)이라고 하는데 보통 사람은 하루 낮밤동안에 1만3천50식(息)이다."

지금 사람의 호흡을 관찰하면 빠르고 서서히 하는 것이 동일하지 않아서 혹은 급한 사람은 10번을 호흡하는 동안에 더딘 사람은 7번에서 8번에 지나지 않는다.

늙고 살이 찐 사람은 호흡이 빠르고 어리고 야윈 사람은 호흡이 느리다. 그러므로 아마도 옛 사람의 말씀이 다 이치에 맞지는 않는 것 같다.

대저 호흡은 얼굴의 겉에서 발동하여 길하고 흉한 징조가 되는 것이다.

그 흩어지는 것이 머리의 털과 같고 그 모여지는 것이 기장 쌀알과 같아서 바라보면 형(形)이 있고 만지면 자취가 없는 것이다. 진실로 정밀한 뜻으로 관찰하지 않으면 재앙과 복이 증거가 없게 되는 것이다.

기(氣)는 들고 나는 것이 소리가 없어서 귀가 스스로 살피지 못하는 것이다.

혹은 누워 있는데도 숨소리가 없는 사람을 구식기상(龜息氣象 : 거북이 숨의 기상)이라고 한다. 호흡하는데 기(氣)가 가득차서 몸체가 흔들리는 사람은 가까운 시일 안에 죽을 징조이다.

맹자(孟子)는 만종(萬鍾 : 1만섬)의 봉록을 돌아보지 않았는데 능히 기(氣)를 기른 사람이다.

자신의 욕심을 위해 이익을 다투어 발끈 화를 내 그 낯빛을 위태롭게 하고 그 기(氣)를 사납게 하는 사람은 또한 무엇을 논할 것인가?

시(詩)에 말하였다.

"기(氣)는 형(形)의 근본이다. 잘 살펴 어질고 어리석은 것을 볼 것이다. 소인(小人)은 많이 조급하고 초조한 것이요, 군자(君子)는 관대하고 용서하는 것이다. 사납고 거스르면 재앙의 상(相)이 이르고 깊고 침착하면 복이 남음이 있는 것이다. 누가 삼공(三公)과 장관을 헤아려 알 것인가. 하늘에서 받는 것은 큰 호수와 같은 것이다."

제3권 마의선생신상
(麻衣先生神相卷之二)
— 각 부위(各部位)의 상(相) —

제1장 상골(相骨 : 골격)
제2장 상육(相肉 : 살집)
제3장 상두발(相頭髮 : 머리)
제4장 상액(相額 : 이마)
제5장 논면(論面 : 얼굴)
제6장 논미(論眉 : 눈썹)
제7장 상목(相目 : 눈)
제8장 상비(相鼻 : 코)
제9장 상인중(相人中 : 인중)
제10장 상구(相口 : 입)
제11장 상순(相脣 : 입술)
제12장 상설(相舌 : 혀)
제13장 논치(論齒 : 치아)
제14장 상이(相耳 : 귀)

제1장 상골(相骨 : 골격)

골격(骨格) 관찰

골절(骨節 : 뼈의 마디)은 금석(金石)을 본뜬 것이다. 높으면서 가로지르지 않아야 하고 둥글면서 거칠지 않아야 한다. 몸이 야윈 사람은 뼈가 드러나지 않아야 한다.〔살이 뼈를 돕지 못하고 뼈가 드러나면 어려움이 많고 재앙이 있는 사람이다〕

살이 찐 사람은 살을 드러내지 않아야 한다.〔침체된 사람이다. 가득차지 않아야 한다. 혹 살이 너무 찌고 상상 이상으로 비대한 사람은 사인(死人)의 상(相)이다〕

뼈와 살이 서로 알맞아야 하고 기(氣)와 혈(血 : 피)이 서로 응하여야 하는 것이다.

뼈만 앙상하고 축 늘어진 자는 가난하지 않으면 요절한다.〔등이 가로지르고 체구가 편벽되고 뼈가 앙상하고 어깨가 축 늘어진 사람이다. 대개 사물이 온전하지 못하여 가난하면 오래 살고 부자이면 요절한다. 그러므로 가난하지 아니하면 요절한다고 했다〕

일각(日角 : 왼쪽 눈썹 위)의 왼쪽과 월각(月角 : 오른쪽 눈썹 위)의 오른쪽에 뼈가 있어 곧게 솟았으면 금성골(金城骨)이라고 한다. 이러한 사람은 지위가 삼공(三公 : 정승)에 이른다.

인당(印堂)에 뼈가 있어 위로 천정(天庭)에 이르면 천주(天柱)라고 이름한다. 또 뼈가 천정(天庭)을 따라서 이마를 꿰뚫으면 복서골(伏犀骨)이라고 이름한다. 이러한 사람은 지위가 공경(公卿 : 정승이나 장관)에 이른다.〔비록 기이한 골격이라도 또한 모름지기

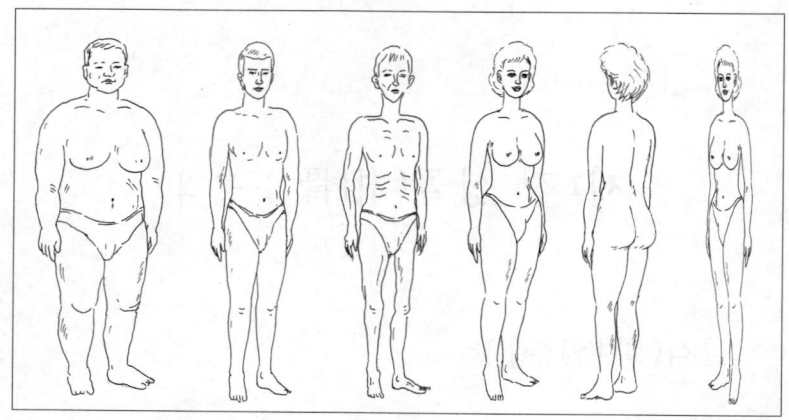

　그 색상(色相)이 알맞아야 바야흐로 그 그릇을 성취하나니 진실로 모든 지위가 맞지 않으면 비록 부귀하더라도 오래가지 못한다]
　얼굴 위에 뼈가 높이 솟아 있는 것을 관골(顴骨 : 광대뼈)이라고 이름한다. 이 관골은 권세를 주관한다. 관골이 서로 연결되어 귀로 들어간 것을 옥량골(玉梁骨)이라고 이름한다. 이 옥량골이 수명을 주관한다.
　어깨에서 팔꿈치까지를 용골(龍骨)이라고 한다. 이 용골은 임금을 상징한다. 이 용골은 길고 커야 한다.
　팔꿈치에서 팔목까지를 호골(虎骨)이라고 한다. 이곳은 신하를 상징한다. 이 호골은 짧고 가늘어야 한다.
　골(骨 : 뼈)이란 높고 펴져야 하며 둥글고 단단해야 하며 곧고 응하여야 한다. 마디는 견고하고 거칠지 않은 것이 다 견실(堅實)한 상(相)이다.
　관골(顴骨)이 귀밑머리까지 들어간 것을 역마골(驛馬骨)이라고 한다. 왼쪽 눈의 위를 일각골(日角骨)이라 하고 오른쪽 눈 위를 월각골(月角骨)이라 한다. 뼈가 귀와 가지런한 것을 장군골(將軍骨)이라 한다.
　일각(日角)이 메마르고 둥근 것을 용각골(龍角骨)이라 한다. 두 도랑 밖을 거오골(巨鰲骨)이라 한다.

이마 중정(中正)의 양쪽 가장자리가 용각골(龍角骨)이 된다.
 또 이르기를 뼈는 우뚝 솟지 않고 또 드러나지 않으며 또 둥글고 맑고 겸하여 빼어난 기(氣)를 요구하는 것이다.
 뼈는 양(陽)이요, 살은 음(陰)이다. 음(陰)이 많지 않으면 양(陽)이 붙지 못하는 것이다. 만약 음과 양이 뼈와 살에서 고르게 되면 소년시절에 귀하지 않으면 종신토록 부자일 것이다.
 뼈가 솟은 자는 요절하고 뼈가 드러난 자는 힘이 없다. 뼈가 연약한 자는 장수는 하지만 편안하지는 못하다. 뼈가 가로지른 자는 흉하고 뼈가 가벼운 자는 빈천하다. 뼈가 속된 사람은 어리석고 탁하다. 뼈가 앙상한 자는 궁하고 천박하다. 뼈가 둥근 자는 복이 있다. 뼈가 외로운 자는 부모가 없다.
 또 이르기를 목골(木骨)은 수척하고 푸르면서 검은 빛깔을 하고 양쪽 머리가 거칠고 크면 곤궁하고 액이 많은 것을 주관한다.
 수골(水骨)이 양쪽 머리가 뾰족하면 부귀를 가히 말할 수 없다.
 화골(火骨)이 양쪽 머리가 조악하면 덕이 없고 천하며 남의 종이 된다.
 토골(土骨)이 뼈가 크고 피부가 거칠고 두터우면 자식이 많고 또 부자로 살고, 살과 뼈가 굳고 단단하다면 장수는 하지만 즐거움이 없는 것이다.
 혹 가마가 두각(頭角)의 뼈에 나있는 사람은 늙어서 복록을 누리고 혹 가마가 이마턱에 나있는 자는 늙어서 부자가 된다고 했다.
 시에 말하였다.
 "귀인(貴人)의 골절(뼈의 마디)은 가늘고 둥글고 긴 것이니 뼈 위에 근육이 없고 살은 또 향기로워야 하는 것이다.
 임금의 뼈가 신하와 더불어 서로 응하여 도움을 받으면 지위가 없는 것을 근심하지 말라. 천창(天倉) 녹을 먹으리라.
 뼈가 거칠면 어떻게 풍족한 의식을 얻으리오 녹봉과 지위는 인연이 없으니 또 구하지 말라.
 용골(龍骨)과 호골(虎骨)이 모름지기 서로 이기고 빠짐이 없어야 하나니 힘줄이 뼈 위를 얽으면 빈천하여 근심을 견뎌야 한다."

제2장 상육(相肉 : 살집)

살(肉)을 관찰한다

사람의 살(肉)이란 피를 만들고 뼈를 감춘다. 그의 형상은 토(土)와 같다. 모든 생물을 태어나게 하고 모든 생물들을 성장하게 하는 것이다.

사람의 살은 풍부는 하되 유여(有餘 : 여유가 있다) 하지는 않아야 한다. 수척하기는 하여도 부족하지는 않아야 한다.

유여(有餘)하면 음(陰)이 양(陽)을 이기는 것이다. 부족하면 양이 음을 이기는 것이다. 음과 양이 서로 이기는 것은 한쪽으로 치우친 상(相)이다.

사람의 살은 단단하고 실(實)해야 하며 곧고 우뚝 솟아야 한다.

살은 뼈 속에 있지 않는 것이므로 음(陰)의 부족(不足)이 되는 것이다.

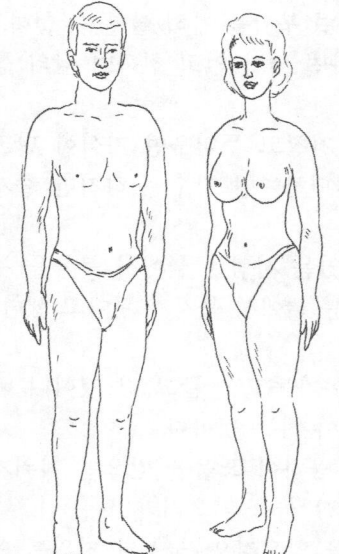

뼈는 살의 밖에서 살고자 하지 않는 것이므로 양(陽)이 유여(有餘)하다고 하는 것이다.

그러므로 사람이 살이 찌면 숨이 짧아지고 말이 살이 찌면 숨이 차진다. 이로써 살은 많고자 하지 않고 뼈는 너무 가늘어서는 안 되는 것이다.

너무 많이 살이 쪄서 숨이 차면 빨리 죽을 징조이다. 살은 가로로 퍼지지 않아야 한다. 가로로 퍼지면 성질이 굳세고 비뚤어지는 것이다.

살은 늘어지지 않아야 한다. 늘어지면 성질이 나약하고 막힘이 있다.

살은 찌되 어지럽게 주름살이 드러나지 않아야 한다. 주름살이 드러나고 가득찬 자는 금방 죽을 징조이다.

살은 향기롭고 따뜻해야 하며 희고 윤택해야 한다. 피부는 가늘고 미끄러워야 하는 것이니 이것은 다 아름다운 바탕이다.

살색이 어둡고 메마르며 피부는 검고 냄새가 나며 혹이 많아 흙덩이 같으면 영상(令相 : 귀한 상)이 아니다.

만약 신(혼)이 지간(枝幹 : 손발과 몸체)과 걸맞지 못하고 근육이 뼈를 묶지 못하고 살이 몸체에 붙어있지 못하고 피부가 살을 감싸지 못하면 빨리 죽음으로 갈 것이다.

시에 말하였다.

"귀인(貴人)은 살이 섬세하고 미끄럽기가 이끼와 같으니 붉고 희게 빛나며 응고되었으면 부와 귀가 도래한다. 손으로 어루만지면 솜과 같고 또한 따뜻하면 일생동안 흉한 재앙이 적을 것이다.

살이 단단하고 피부가 거칠면 가장 견디기 힘드나니 급하기가 북을 졸여맨 것 같으면 생명이 길기가 어렵다. 검은빛이 많고 붉은빛이 적은 살결은 막힘이 많고 몸 전체에 모두 털이 난 사람은 성질이 급하고 강직하다.

귀인(貴人)이나 공(公)이 보상(輔相)을 알고자 하는데는 지초나 난초를 옆에 차지 않더라도 자연히 향이 나는 것이다.〔살은 음(陰)이고 골(骨 : 뼈)은 양(陽)이다. 음이 유여(有餘)하면 피를 만들고 양(陽)이 유여하면 기(氣)를 만든다)"

제3장 상두발(相頭髮 : 竝髮, 머리)

머리와 머리털을 관찰한다

사람의 머리는 몸 전체 중에서 제일 존귀한 곳이며 모든 뼈의 우두머리이고 모든 양기(陽氣)가 모이는 곳이며 금목수화토(金木水火土) 오행(五行)의 근본이다.

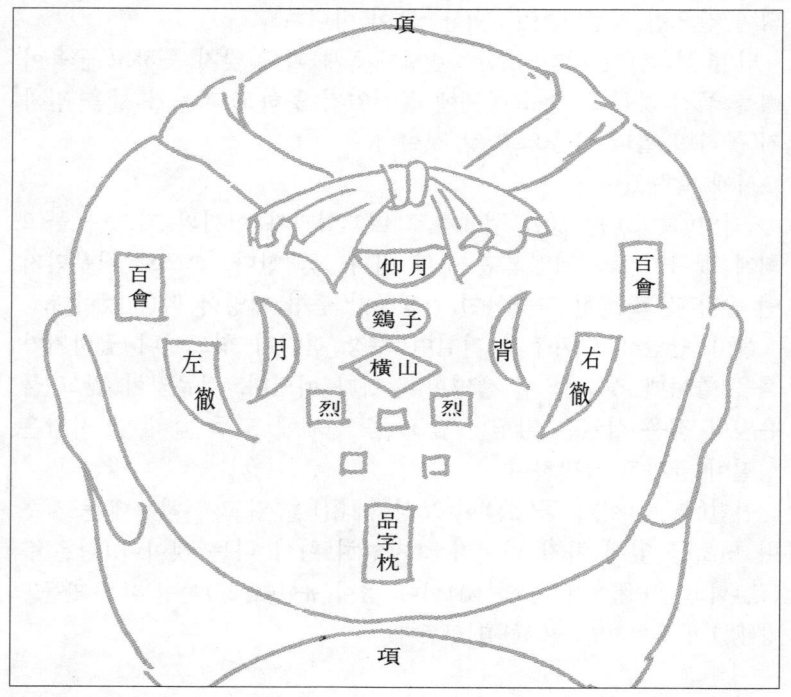

높은 곳에 있으며 둥근 것은 하늘의 덕을 본뜬 것이며 그의 뼈(머리뼈)는 풍부하고자 하여 일어나고 높고자 하여 볼록한 것이며 피부는 두터워야 하고 이마는 넓어야 하는 것이다.

머리통이 짧으면 두터워야 하고 길면 모나고자 하는 것이다. 이마가 볼록한 사람은 고귀(高貴)하고 푹 들어간 사람은 단명하기도 하고 오래 살기도 하며 머리의 피부가 얇은 사람은 가난하고 천하게 되고 머리의 살이 모서리가 있는 사람은 크게 귀하게 된다. 머리의 오른쪽이 푹 들어간 사람은 어머니에게 해를 끼치고 왼쪽이 푹 들어간 사람은 아버지에게 손해를 끼친다.

귀의 뒤에 뼈가 있는 것을 수골(壽骨)이라고 이름한다. 수골이 솟은 사람은 오래 살고 푹 들어간 사람은 오래 살기도 하고 요절하기도 한다.

태양혈(太陽穴)에 뼈가 있는 것을 부상골(扶桑骨)이라고 이름한다. 또 양쪽 귀 위에 뼈가 있는 것을 옥루골(玉樓骨)이라고 한다. 이 옥루골은 부와 귀를 함께 주관한다.

다니면서 머리를 흔들지 말아야 하고 앉아있을 때에는 머리를 낮게 하지 않아야 하는 것이다. 이러한 것은 다 가난하고 천한 상(相)이다.

시(詩)에 말하였다.

"아버지와 어머니를 위하기 어려운 자는 좌우의 머리가 편벽된 자요, 벼슬을 하고 수명을 누리는 것은 스스로 해를 연장시키는 것이다. 머리털이 성기고 피부가 얇은 이는 다 가난한 상(相)이다. 머리 위에 각골(角骨)이 있으면 무후(武侯:제후)에 봉해지고 뇌의 뒤에 산을 이은 듯이 뼈가 솟으면 부귀(富貴)가 흐르는 것이다.

침골(枕骨)이 다시 생기면 종신토록 복을 누리고 위는 뾰족하고 아래가 짧으면 천한 사람의 머리이다.〔머리는 군주의 높은 지위와 같다. 바르고 편벽되지 않아야 한다. 머리가 크고 어깨가 있으면 부귀하고 장수하며 머리가 크고 어깨가 없으면 외롭고 괴롭게 생을 마친다.〕"

제4장 상액(相額 : 이마)

이마를 관찰한다

사람의 이마를 화성(火星)이라고 한다. 천정(天庭), 천중(天中), 사공(司空)의 자리가 함께 이마에 있다. 이 이마를 귀하고 천한 상태를 담당하는 기관이라고 한다.

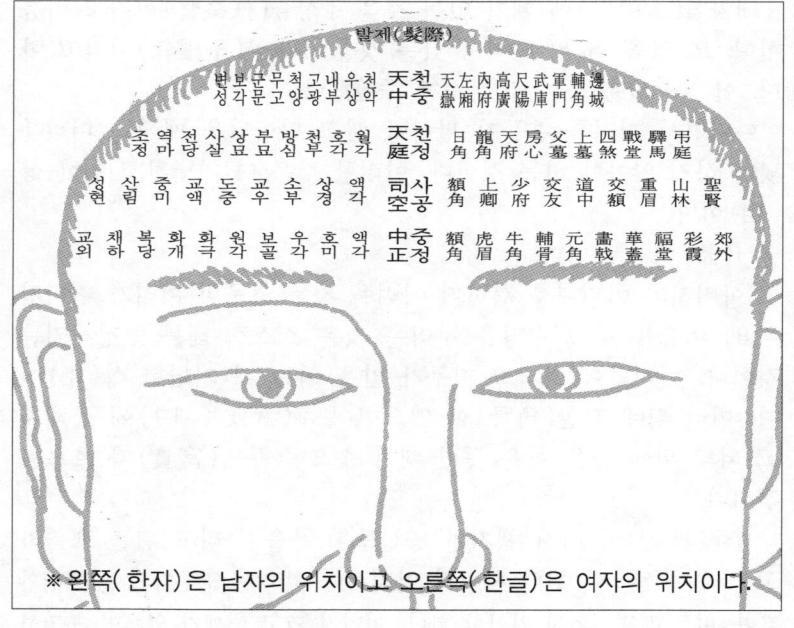

※ 왼쪽(한자)은 남자의 위치이고 오른쪽(한글)은 여자의 위치이다.

이마의 뼈는 융성해야 한다. 그러나 우뚝 솟아서 넓어야 하고 오주(五柱 : 다섯 기둥)가 정수리로 들어가면 귀하여 천자(天子 :

제왕)가 된다.

　이마의 높은 것이 벽을 세운 것과 같고 그 이마의 넓은 것이 간을 엎어 놓은 것과 같으며 밝고 윤택하고 모나고 긴 사람은 귀하고 장수할 상(相)이다.

　이마의 왼쪽이 편벽된 사람은 아버지에게 해를 끼치고 오른쪽 이마가 편벽된 사람은 어머니에게 손해를 끼친다.

　시에 말하였다.

　"이마 앞이 불쑥 솟아 융성하고 두터우면 결정적으로 벼슬을 하여 관직과 봉록이 오르게 된다.

　좌우가 편벽되고 이지러진 사람은 참으로 천박한 상(相)이다. 어려서부터 부모와 이별하게 된다.

　발제(髮際:이마에서 머리털이 난 끝)가 풍성하고 두둑하게 뼈가 일어나 높으면 말을 잘하고 웅변이 좋아서 성품이 영웅스럽다. 천창(天倉)의 좌우가 풍부하면 귀하게 되고 일각(日角)과 월각(月角)이 일어섰으면 벼슬은 장관급에 이른다.

　중정(中正)의 뼈가 솟아 있으면 2천석의 부자이고 이마가 푹 꺼져 있으면 아들이나 딸에게 슬픔이 있다.

　여인(女人)이 이러한 상이면 두 번 시집가는 것이요, 남자도 비록 벼슬이 있으나 일찍 관직에서 물러난다.

　인당(印堂)이 윤택하고 뼈가 일어나 높으면 젊어서부터 관록을 먹고 장관의 지위를 맡으리라. 달을 우러러보는 문성(文星)이 이마 위에 있으면 귀하게 되고 얼굴이 둥글고 광택이 나면 영웅호걸이 된다."

　〔이마가 작으면 먼저 아버지에게 해롭고 이마가 뾰족하면 어머니가 반드시 먼저 죽는다. 이마가 너그러우면 종신토록 귀하게 되고 이마가 작으면 집의 가산을 줄어들게 한다.

　3곳이 풍부하고 두둑하면 귀하고 3곳이 결함이 있는 자는 천박한 상이다. 중정(中正)에 결함이 있으면 남자는 직위에서 물러나고 여자는 두 번 시집가게 된다.〕

제5장 논면(論面 : 얼굴)

얼굴을 논하다

　사람의 얼굴은 인체 각 부(部)의 신령이 사는 것을 배열하고 오장육부(五臟六腑)의 신비스런 길을 통하도록 하였으며 천(天)·지(地)·인(人) 삼재(三才)의 상(象)이 이루어진 것을 유추하여 한 몸의 얻고 잃는 것을 정하여 놓은 것이다.
　그러므로 오악(五嶽 : 衡山, 嵩山, 泰山, 華山, 恒山)과 사독(四瀆 : 江河淮濟)은 서로 모여들어야 한다. 삼정(三停)의 모든 부위는 풍만하여야 한다. 용모는 단정하고 신(혼)은 고요하며 기(氣)가 고른 자는 부귀할 터전이다.
　만약 기울어져서 바르지 않고 쓰러져 결함이 생기고 얼굴의 윤택이 어둡고 흐리며 기색과 용모가 추악한 자는 빈천한 상(相)이다.
　이로써 얼굴의 빛이 희기가 비계가 응고된 것 같고 검은 것이 옻칠을 한 것과 같으며 누런 것이 삶은 밤과 같고 붉은 것이 진홍색과 같은 사람은 다 크게 부귀할 것이다. 만약 얼굴빛이 너무 붉어서 불빛과 같은 자는 수명이 짧고 갑자기 죽는다.
　털의 빛이 풀잎이 우거진 것처럼 혼탁하고 메말라서 기세가 없으며 티끌처럼 생겼으면 가난하고 요절하게 된다.
　얼굴빛이 화가 나면 푸른색이나 쪽빛으로 변하는 자는 남을 독살할 사람이다.
　얼굴에 3곳(이마뼈와 양쪽 관골)이 주먹처럼 튀어나온 사람은 남자는 자식을 이겨서 가난하고 여자는 남편을 이겨서 천한 것이다.
　얼굴이 둥근 보름달과 같아서 맑고 수려하여 광채가 사람을 쏘아보는 것 같은 사람은 조하지면(朝霞之面 : 아침놀)이라고 이른다. 이러한 사람은 남자는 공작(公爵)이나 제후(諸侯)나 정승의 상(相)이고 여자는 왕비나 정승의 부인이 될 상이다.

얼굴의 피부가 두꺼운 자는 성질이 순일하고 효도하며 얼굴의 피부가 얇은 자는 성질이 민감하고 가난하다.

몸체는 비대하고 얼굴이 야윈 자는 생명이 길고 성질이 느긋하며 몸은 수척하고 얼굴이 비대한 자는 명이 짧고 성질이 급하다.

얼굴이 희고 몸체가 검은 자는 성질이 평이하고 천하며 얼굴이 검고 몸체가 흰 자는 성질이 어렵고 귀(貴)하다.

그러므로 얼굴이 누런 참외와 같은 자는 부귀영화를 누리고 얼굴이 푸른 참외와 같은 자는 어질고 현명하며 자랑하기를 좋아한다.

시에 말하였다.

"콧대가 높게 일어나니 어찌 보통 사람이겠는가? 중년(中年)에 주름살이 많으면 장수하지 못할 것이다. 지각(地閣 : 턱)이 풍부하고 둥글면 부동산이 많고 천정(天庭 : 이마)이 평평하고 넓으면 자손이 번창하리라."

또 말하였다.

"정면으로 대좌하여 귀가 보이지 않는 자는 묻노니 뉘집 아들인가?〔대귀(大貴)하다〕정면으로 대좌하여 뺨이 보이지 않는 자는 이러한 사람은 어느 곳에서 왔는가?〔크게 불길한 사람이다.〕"

또 말하였다.

"얼굴이 거칠고 몸이 섬세한 사람은 복되고 얼굴이 섬세하고 몸이 거친 사람은 일생동안 가난하다. 비록 옥루(玉樓)가 있을지라도 세로로 된 머리털이 없으면 일생동안 의리도 없고 또한 부모도 없게 된다."

〔사람의 평생동안 부귀빈천, 장수, 요절이 모두 얼굴에 나타나 있다. 얼굴이 희고 몸이 검으면 농사를 짓게 되고 얼굴이 검고 몸이 희면 조상의 전택을 팔아먹는다. 얼굴이 거칠고 몸이 섬세하면 일생동안 부귀하고 얼굴이 섬세하고 몸이 거칠면 가난하고 외롭다.〕

제6장 논미(論眉 : 눈썹)

눈썹을 논하다

대저 사람의 눈썹이란 아름답다(아양떨다)라는 뜻이다.

양쪽 눈의 취개(翠蓋 : 물총새의 깃으로 만든 일산)이며 사람 얼굴의 윤곽을 잡아주는 의표(儀表 : 師表)이다.

또 눈의 화려한 꽃이다. 어질고 어리석은 것을 판단하는 것을 주관한다.

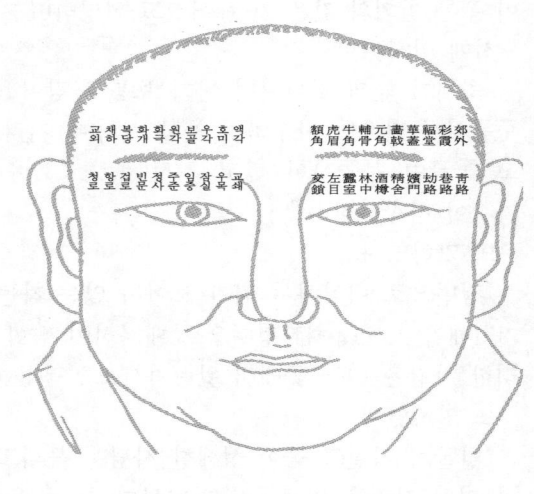

그러므로 눈썹은 맑고 섬세하고 평평하고 넓어야 한다. 눈썹이 빼어나고 긴 자는 성품이 총명하다. 거칠고 두텁고 거슬러 나고 어지럽고 짧거나 줄어든 자는 성품이 흉악하다.

또 눈썹이 눈보다 긴 자는 부귀하고 짧고 눈을 덮지 못한 자는 재물이 드물고 궁핍하다. 높이 치솟은 자는 기(氣)가 강하고 높이 떠서 솟아있는 자는 성품이 호방하며 꼬리가 아래로 드리워진 자는 성품이 나약하고 눈썹의 머리가 서로 교차된 자는 가난하고 박정하여 형제에게 해를 끼친다. 눈썹이 거꾸로 난 자는 어질지 못하여 처자를 해치고 눈썹의 뼈가 모서리처럼 솟은 자는 흉악하고 막히는 일이 많다.

눈썹 속에 검은 사마귀가 있는 자는 총명하고 귀하고 현명하며 눈썹이 높아서 이마 가운데 있으면 크게 귀하다. 눈썹 가운데 흰 털이 있는 자는 장수하며 눈썹 위에 곧은 줄이 많이 있는 자는 부귀하고 눈썹 위에 가로줄이 많이 있는 자는 가난하고 괴롭다.

눈썹 위에 결함이 있는 자는 간사한 이들이 많고 눈썹이 박약하여 없는 것과 같은 사람은 교활하고 망령됨이 많다.

이로써 눈썹이 우뚝 솟구쳐 수려하면 권세와 위엄이 있고 녹봉이 두터우며 눈썹의 털이 길고 화려하면 오래 사는 것을 의심할 여지가 없다. 눈썹의 털이 윤택하면 부차가 되고자 하면 쉽게 얻는다. 양눈썹이 서로 붙거나 분명치가 않으면 어린 나이에 무덤으로 돌아간다.

눈썹이 활과 같이 휘어진 자는 성품이 선하고 큰 뜻이 없으며 눈썹이 초생달과 같으면 총명함이 뛰어나다. 눈썹이 늘어져서 실과 같으면 음탕하고 자식이 없으며 눈썹이 통통하여 나비 눈썹같이 굽었으면 색을 좋아하는 것이 심하다.

눈썹이 길어 눈보다 길면 충직하여 관록을 먹는다. 눈썹이 눈보다 짧으면 심성이 고독하다. 눈썹의 머리가 서로 붙어 있으면 형제가 따로따로 산다. 눈썹의 털이 섬세하게 일어났으면 어질지 않으면 귀하게 된다. 눈썹의 모서리가 귀밑머리까지 들어갔으면 사람됨이 총명하고 준수하다. 눈썹의 털에 가마가 있으면 형제가 수없이 많다. 눈썹의 털이 너울거리면 남자형제는 적고 여자형제는 많다. 눈썹이 덮이거나 눈썹이 치붙으면 두 눈이 하늘을 보고 눈썹이 높고 곧으면 몸은 깨끗한 관직에 종사하고 눈썹의 머리에 주름이 끊어졌으면 가다가 막히고 진전하지 못한다.

시에 말하였다.

"눈썹은 인륜(人倫)의 자기성(紫氣星)이다. 모서리가 높고 성기고 엷으며 수려하고 또 깨끗하면 일생동안 명예가 모든 사람들의 위에 오르고 관록을 먹고 집안은 영화를 누려 대단한 이름을 날리리라. 눈썹이 짙고 털이 두꺼우면 사람이 천박한 사람이 많고 눈썹이 거스르고 털이 거칠면 가히 논하지 못할 사람이다. 만약 긴 눈썹이 있으면 90세를 넘기고 수심어린 모습에 짧고 촉박하면 부동산이 적다."

〔눈썹이 맑고 수려하며 길면 천하에 이름을 날리고 눈썹의 모서리 뼈가 높고 길면 도망다니거나 파도를 만난다. 눈썹이 세로무늬가 있으면 부모가 생존하기가 어렵고 눈썹이 흩어져서 진하고 낮으면 일생동안 외롭고 가난하다. 눈썹의 머리가 서로 붙어 있으면 한생명 보존하기가 어렵고 눈썹의 털이 붓끝 같이 생겼으면 장수한다.

눈썹이 짧으면 집안의 형제가 없고 눈썹이 짙고 길어 눈을 지나치면 5, 6명의 형제가 있다. 눈썹이 거슬러 털이 나면 어려서 고아가 되고 여자가 이와 같으면 반드시 지아비를 해친다. 양눈썹이 서로 붙어 있으면 사람이 액운이 많다. 엷고 흩어져 어지러우면 형제가 없다. 눈썹 뼈의 모서리가 높으면 효심이 없다. 양쪽의 눈썹이 통통하면 음탕하다.〕

각각 다른 눈썹의 모양

1. 교가미(交加眉)는 빈천(貧賤)하다.

사람이 교가미(그림)를 가지면 형제는 1, 2명 정도이다.

 교가미란 최고로 협오스러운 보기싫은 눈썹으로 서로 뒤엉켜 있어 크게 흉한 것을 주관한다.

중년(中年)에 감옥에 들어가는 일을 면치 못한다.

집안의 재산을 다 없애고 자주 형제들에게 손해를 끼친다. 아버지는 서쪽에서 살고 어머니는 동쪽에서 지내며 여러 형제들도 흩어질 상(相)이다.

2. 귀미(鬼眉 : 귀신 눈썹)는 도둑이 되며 흉(凶)을 주관한다.
사람이 귀미를 가지면 도둑이 되고 흉하게 되며 형제는 3, 4명
이 있을 상(相)이다.

귀신의 눈썹은 조악하고 눌렸으며 눈알이 선하지 못하다. 거짓으로 인자한 척하지만 속으로는 독을 품고 있다. 온갖 생활이 진득한 것이 없고 항상 남의 것을 도둑질하려는 마음을 가지고 있어서 일생동안 도둑질에서 손을 떼지 못한다.

3. 소산미(疏散眉)는 재산이 모아졌다 파산하였다 한다.
소산미(疏散眉)는 글자 그대로 성기고 흩어져서 가지런하지 않은 눈썹이다. 이러한 눈썹을 가지면 1, 2명의 형제가 있는데 모였다 흩어졌다 하며 재물도 모았다 없앴다를 자주한다.

평생동안 사업의 실패와 성공을 자주하며 자신이 재물을 쓰는 것은 부족하지 않지만 항상 여유는 없다. 외모는 온화하고 속마음은 담담하며 여유가 없으면 처음에는 가득하고 종말에는 빈털털이로 다시 재기하지는 못하는 형이다.

4. 황박미(黃薄眉)는 가산을 탕진하고 타향에서 죽는다.
황박미는 눈썹의 빛이 누렇고 박약하며 길이가 짧고 성기고 흩어진 눈썹이다. 이러한 눈썹을 가진 사람은 형제들이 형벌을 받고 죽거나 타향에서 죽을 형(型)이다.

눈썹이 짧고 성기고 흩어지고 눈이 길면 초년에 재물이 있으나 오래가지 못하고 허세만 부린다. 부위가 비록 좋더라도 발전하여 오래가지 못한다. 신(혼)이 어둡고 기(氣)가 탁하여 타향에서 죽을 상(相)이다.

5. 용미(龍眉 : 용의 눈썹)는 크게 귀하다.

사람이 용의 눈썹을 가지면 크게 귀하게 된다. 형제는 12형제가 있을 상(相)이다.

용의 눈썹은 수려하고 중앙이 활처럼 굽었고 털이 또 드문드문하면 형제 6, 7명이 함께 다 조정의 관직에 오른다. 부모는 장수하고 형제들은 모두 고르게 귀하게 되어 모든 무리에서 뛰어나 천하에 기특한 명성을 날린다.

6. 유엽미(柳葉眉 : 버들잎 눈썹)는 골육간에는 무정하나 자신은 발달한다.

사람이 버들잎 모양의 눈썹을 가지면 형제는 3, 4명이 있다. 이러한 눈썹을 가진 사람은 골육간에는 무정하지만 타인에게는 정이 있고 자신은 출세를 한다.

눈썹이 조악하고 탁하다. 탁한 가운데 맑은 것을 띠면 친척과의 정이 소홀하고 자식도 늦게야 둔다. 친구를 사귀는 데는 신의가 있고 귀인(貴人)의 눈으로 자신은 발달하여 세상에 이름을 떨치는 형이다.

7. 검미(劍眉 : 칼눈썹)는 부귀하고 권세를 누린다

검미(劍眉)를 가진 사람은 부귀와 권세를 누리고 4, 5명의 형제가 있게 된다. 검미는 눈썹의 모양이 칼처럼 생겼다.

눈썹의 모양이 산의 수풀과 같고 수려하고 또 길면 권세와 위엄과 지혜와 지식이 있어서 군왕(君王)을 보좌한다. 비록 부자는 되지 못하더라도 청빈(淸貧)하고 귀

하게 되며 자손들이 줄줄이 이어지고 장수하고 편하게 지낸다.

8. 사자미(獅子眉)는 화평이 결점이지만 부귀하게는 된다.

사람이 사자미(獅子眉)를 가지면 화평이 부족하지만 부귀는 누린다. 4, 5명의 형제가 있다.

눈썹의 털이 거칠고 탁하며 눈이 높게 있다. 이러한 상을 가진 사람은 출세가 아주 늦다. 사자미를 가진 배우자를 얻으면 부귀를 일생동안 누리고 늙어서까지 영화를 누리며 이름도 빛난다.

9. 소추미(掃箒眉)는 복을 누리고 장수를 한다.

사람이 소추미를 가지면 복(福)과 장수를 누린다. 7, 8명의 형제가 있으나 다 흩어져 없어진다.

소추는 앞은 맑고 뒤는 성기고 눈썹이 비와 같이 달아 없어지면 형제들이 정이 없고 마음은 투기와 사기를 친다. 한두 사람의 형제가 후사가 없을 것이요, 늙어서는 재물이 쪼들리게 된다. 비와 같이 달아 없어져서 노후에 편치 못한 형이다.

10. 첨도미(尖刀眉)는 흉악하고 포악하다.

사람이 첨도미(尖刀眉)를 가졌으면 성질이 흉악하고 포악하다. 2, 3명의 형제가 있다.

첨도미는 눈썹이 조악하고 악살(惡煞)이 있으며 마음이 간악하고 험하면서 사람을 보면 얼굴에 거짓으로 온화한 것처럼 한다. 자신의 고집을 앞세우는 효웅(梟雄 : 사납고 날쌔다)으로

성질이 흉악하고 포악하여 항상 형벌을 받고 결국은 형벌로 자신이 죽게 된다. 뱀과 같은 눈이다.

11. 팔자미(八字眉)는 외롭고 장수한다.

사람이 팔자미(八字眉)를 가지면 외롭게 되고 오래는 산다. 형제는 없어도 재물은 넉넉하게 된다.

눈썹의 머리는 성기고 꼬리는 흩어지고 간문(奸門 : 눈꼬리 끝)이 눌렸으면 늙어서 여러번 결혼을 하나 인연을 맺지는 못한다. 재물은 일생동안 자신의 뜻에 만족할 만큼 있으나 자식은 종내 없어서 죽으면 울어줄 사람(양자)를 두게 될 상이다.

12. 나한미(羅漢眉)는 자식이 늦게 있다.

나한미(羅漢眉)를 가진 사람은 늙어서 첩에게 자식 하나 얻고 삼형제가 있을 상이다.

나한미를 가진 상은 크게 좋지 않다. 아내도 늦게 얻고 자식도 늦게 얻으며 일찍부터 심한 고생을 한다. 만년에 첩을 얻어서 아들을 낳고 아내는 아이를 낳지 못하며 고독하고 쓸쓸할 상이다.

13. 전청후소미(前淸後疎眉)는 부귀하고 친목에 소홀하다.

앞에는 맑고 뒤는 성기어 있는 것을 뜻하며 이러한 사람은 부귀하지만 화목에는 소홀하다. 3, 4명의 형제가 있다.

눈썹이 맑은데 꼬리가 흩어졌으며 흩어진 가운데도 맑으면 젊은 나이에 공명을 얻고 재물이 넉넉할 것이다. 중년이나 말년에 명예와 재산이 이루어져서 집안

에 명예가 깃들고 찾아오는 사람도 많으며 집안을 빛낼 형이다.

14. 경청미(輕淸眉)는 일찍 귀하고 화목하다.
사람이 경청미(輕淸眉)를 가지면 일찍부터 귀(貴)해지고 형제들과도 화목한다. 5, 6명의 형제가 있게 된다.

눈썹이 맑고 활처럼 휘어져 길고 꼬리가 뛰놀듯 성기면 일찍부터 출세하여 군주의 측근에 있게 된다. 자신은 영화롭고 형제간에도 정이 두텁고 순하며 친구를 사귀어도 한결같아 시종일관이다.

15. 단촉수미(短促秀眉)는 청빈하고 귀(貴)하게 된다.
사람이 단촉수미(短促秀眉)를 가지면 청렴결백하고 귀하게 된다. 1, 2명의 형제가 있게 된다.

단촉수미는 빼어나고 짧은 눈썹으로 장수하고 또 고귀(高貴)하게 되니 아름다운 이름이 과거급제 명부에 오르고 용모가 준수하고 영웅과 호걸의 상(相)이다. 평생동안 손님과의 약속을 어기지 않고 충효하고 인자하고 청렴하며 자손이 또한 고귀하게 된다는 상(相)이다.

16. 선라미(旋螺眉)는 수복을 겸하고 무관(武官)이 된다.
사람이 선라미(旋螺眉)를 가지면 복과 장수를 누리고 무관(武官)으로 크게 출세할 것이다. 1, 2명의 형제가 있다.

선라미란 이 세상에서 아주 희귀하다. 권위가 있는 사람이 이 눈썹을 가져야 하며 보통 사람이 가지면 좋지 못하다. 영웅이 이러한 눈썹을 가지면 하늘의 명과 응하여 천하를 제패할 상이다.

17. 일자미(一字眉)는 부귀한데 반드시 형벌이 있다.
　사람이 일자미(一字眉)를 가지면 부와 귀를 누리는데 반드시 형벌이 따르게 된다. 형제는 없다.

　　　　　　　　　일자미란 한일(一)자 형으로 털이 맑고 머리와 꼬리가 다 덮은 것 같이 생기면 부귀하여도 뽐내지 않고 장수하고 또 고귀해진다. 소년시절
부터 발달하여 과거에 일찍 오르고 부부가 똑같이 일자미를 가지면 백년해로 하게 된다.

18. 와잠미(臥蠶眉)는 귀(貴)하지만 화목이 부족하다.
　사람이 와잠미(臥蠶眉)를 가지면 귀하게는 되는데 화목함이 없다. 4, 5명의 형제가 있을 상이다.

　　　　　　　　와잠미는 눈썹이 활처럼 휘고 누에가 잠자는 것처럼 수려하게 생긴 것으로 마음 속이 공교로워서 기관에 잘 응하는 기회주의
자이다. 일찍부터 장원급제하여 출세하지만 형제간에는 서로 친하게 지내지 못할까 두려워하는 것이다.

19. 신월미(新月眉)는 크게 귀하고 형제도 귀하게 된다.
　사람이 신월미(新月眉)를 가지면 자신은 크게 귀하고 형제들도 함께 귀해진다. 6, 7명의 형제가 있을 상이다.

　　　　　　　　신월미란 눈썹이 맑고 눈이 수려하며 초생달처럼 가장 아름다운 눈썹을 말한다.
　또 좋은 눈썹의 꼬리가 천창(天倉)까지 거슬러갔다. 형제간에 화목하고 다 부귀하게 되며 아무해나 과거에 급제하여 조정에 배수하게 된다.

제3권 마의선생신상 125

20. 호미(虎眉)는 복이 있고 장수하나
    정이 없으면 반드시 부자가 된다.
사람이 호미(虎眉 : 호랑이눈썹)를 가지면 복이 있고 오래 산다.
또 인정이 없으면 부자로도 살게 된
다. 3, 4명의 형제가 있다.
호미란 거칠고 또 위엄이 있는
것으로 평생동안 담력이 있고 베
풀기를 좋아한다. 부자가 되지 않으면 끝
내는 크게 귀하게 되고 나이는 100세를 넘게 되지만 단지 형제간
의 우애는 없을 격이다.

21. 소소추미(小掃箒眉)는 부자로 살지만 인정이 없다.
소소추미(小掃箒眉)의 눈썹을 가진 사람은 부자가 되지만 인정
이 없게 된다. 6, 7명의 형제가 있다.
소소추미는 작은 빗자루 같아서 질기
도 하고 크기도 한 듯하나 털은 조잡
하지 않고 천창(天倉)으로 가지런
히 올라가 꼬리가 마르지 않은 것
이다. 형제들이 서로 정을 배반하고 남과 북으로 갈리며 골육간에
서로 송사를 하여 형제가 없는 것만 같지 못한 상이다.

22. 대단촉미(大短促眉)는 선조를 본받게 된다.
사람이 대단촉미(大短促眉)를 가지면 선조를 본받아서 출세한
다. 8, 9명의 형제가 있을 상이다.
눈썹이 짧고 수려하며 털이 깨끗
하고 꼬리는 약간 누렇고 눈썹의
머리가 뻗친 최고로 좋은 눈썹이
다. 이러한 눈썹을 가지면 재물은 쌓
을 곳이 없을 정도로 많고 자식은 준수하고 아내와는 화락하
며 형제간의 우애도 아주 좋은 격이다.

23. 청수미(淸秀眉)는 부귀하고 인정도 넘쳐난다.

청수미(淸秀眉)를 가진 사람은 부귀가 넘쳐 흐르고 인정도 많으며 3, 4명의 형제가 있을 상이다.

청수미란 눈썹이 맑고 활같이 휘었으며 길고 순하게 천창(天倉)을 지나쳤다. 대개 눈이 귀밑머리로 들어가며 다시 맑고 길게 된다. 총명하여 일찍부터 과거에 오르고 동생은 공손하고 형은 우애하여 이름이 아름답게 빛난다.

24. 간단미(間斷眉)는 형벌이나 파산을 하게 된다.

사람의 눈썹이 간단미(間斷眉)를 가지면 형벌을 받거나 가산을 탕진하게 된다. 2, 3명의 형제가 있을 격이다.

간단미란 눈썹이 누런 것도 같고 옅은 것도 같으면서 얽힌 무늬가 있으면 형제간의 인연이 없고 있으면 반드시 형상(刑傷)을 면치 못한다. 재물은 들었다 나갔다 하여 흥패가 많고 먼저 아버지를 해롭게 하고 뒤에는 어머니를 해롭게 하는 형이다.

제7장 상목(相目 : 눈)

눈을 관찰한다

하늘이나 땅의 거대한 것이라도 태양이나 달의 빛을 받아서 밝아진다. 그러므로 태양이나 달은 천지 만물의 거울이 된다.

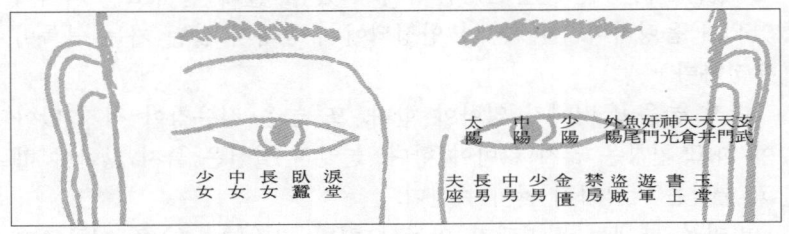

인체(人體)에 있어서 눈(眼)은 몸 전체의 해와 달(거울)이다. 왼쪽 눈은 태양이 되어서 아버지를 상징하고 오른쪽 눈은 달이 되어서 어머니를 상징한다.

잠을 자면 신(神 : 혼)은 마음에 의지하고 잠에서 깨면 신(혼)은 눈에 의지하는 것이다. 눈이란 신(혼)이 노닐고 편안히 쉬는 집이 되는 것이다.

눈의 선악(善惡)을 관찰할 줄 알면 그 신(神)의 맑고 흐린 것도 아는 것이다.

눈이 길고 깊으며 광채가 나고 윤택한 자는 크게 귀하고 검은 것이 옻칠로 점을 찍은 것 같으면 총명하고 문장(文章)이 있다. 얇게 함축하여 드러나지 않고 작연(灼然)히 광채가 있는 자는 부귀하다. 가늘고 깊은 자는 장수한다.

성품을 감춘 것이 은벽하고 들떠서 눈알이 드러난 자는 요절한다. 눈이 크고 볼록하고 둥글며 성난 사람 같이 튀어나온 사람은 수명이 짧다.

눈이 볼록 튀어나와 흘겨보는 자는 음탕하고 도벽이 있다. 눈이 흐리고 편벽되게 성난 것 같은 자는 바르지 못한 사람이다. 붉은 핏줄이 눈동자를 가로지른 자는 나쁘게 죽는다.

뚫어지게 보아도 겁이 없으면 그 신(神)은 씩씩한 것이다. 양의 눈을 한 자는 외롭고 성질이 거칠다. 눈이 짧고 작은 자는 천박하고 멍청하다. 위로 치뜬 자는 성질이 급하다.

눈 아래에 와잠(臥蠶)이 있는 자는 귀한 아들을 낳는다. 부인의 눈이 흑과 백이 분명한 자는 용모가 중후하다. 눈 아래에 붉은빛이 있는 자는 산액(産厄)의 염려가 있다. 몰래 훔쳐보는 기색이 있으면 음탕하다. 신(神)이 안정되어 유동하지 않는 자는 복록이 온전하다.

대저 눈은 드러나지 않아야 한다. 또 눈은 검은창이 적지 않아야 하고 흰창은 많지 않아야 한다. 눈알의 실선은 붉지 않아야 하고 눈빛은 딱딱하지 않아야 한다.

바라볼 때에는 편벽되지 않아야 한다. 신(神:혼)은 피곤하지 않아야 한다. 현기증이 있으면 뒤집어지지 않게 해야 하고 광채가 나면 달아나지 않게 해야 한다.

눈은 혹은 둥글고 작고 짧고 깊은 것은 좋지 못한 상(相)이다.

두 눈의 사이를 자손궁(子孫宮)이라고 이름한다. 풍만해야 하고 결함이 없어야 한다.

『비결』에 말하였다.

"눈이 수려하고 길면 반드시 군자(君子)에 가깝고 눈이 붕어와 같으면 반드시 집안이 비대해진다. 눈이 크고 얼굴에 광채가 있으면 부동산이 늘어난다. 눈의 머리에 흠집이 있으면 가산이 줄어들고 눈이 드러나 네 곳에 흰창이 많으면 전쟁에 나가면 군대는 패하고 병사들은 죽게 된다.

눈이 봉황이나 난새의 눈과 같으면 반드시 높은 벼슬에 오른다. 눈이 세모가 졌으면 그 사람은 반드시 악인이다. 눈이 짧고 눈썹이 길면 더욱 부동산이 많아진다.

눈알이 볼록 튀어나오면 반드시 요절한다. 붉은 실선이 눈동자를 침범하면 관액이 계속되고 눈이 붉고 눈동자가 누렇다면 반드시 소년에 사망한다.

눈의 광채가 번개와 같으면 귀한 것을 말할 필요가 없다.(몹시 귀하다)

눈의 길이가 1촌(一寸)이면 반드시 군좌을 보좌한다. 용의 눈동자에 봉황의 눈을 가지면 반드시 두터운 녹을 먹는다.

눈이 매섭고 위엄이 있으면 만인이 귀의한다. 눈이 활처럼 휘어 있으면 반드시 간웅(奸雄 : 간악한 영웅)이다. 눈이 양의 눈과 같으면 골육간에 서로 싸운다. 눈이 벌눈과 같으면 나쁘게 죽거나 고독한 것이다.

눈이 싸우는 닭눈과 같으면 사납게 죽을 것을 의심할 수 없다. 눈이 뱀의 눈동자와 같으면 사납고 악독하고 외롭거나 형벌을 당한다. 눈의 꼬리가 서로 쳐져 있으면 부부간에 서로 이별한다. 눈꼬리가 하늘로 치켜진 사람은 복록이 계속되고 여인이 양의 눈에 사방의 흰창이 많으면 외간 남자와 정을 통한다.

눈빛이 모두 노랗게 통하였으면 인자하고 안쓰러워하고 충성되고 진실하다. 눈에 흑과 백이 분명하면 반드시 아침 조회에 참여한다(대신이 된다).

여자의 눈이 흑과 백이 분명하면 반드시 청렴하고 정순하다. 눈자위가 희고 길고 가늘면 가난하기가 짝이 없다.

눈밑에 한일(一)자가 있으면 평소의 하는 일이 매우 분명하다. 눈밑에 어지러운 주름살이 있으면 여자도 많고 자녀들도 많다.

눈밑에 와잠(臥蠶 : 잠자는 누에모양)이 있으면 여자는 귀한 아들을 낳는다. 눈밑에 물기가 반짝이면 간음하고 뒤에 탄식한다.

오른쪽 눈을 소녀(小女)라고 하는데 남편을 두렵게 하고 왼쪽 눈을 소남(小男)이라고 하는데 아내를 두렵게 한다. 그 남자와 여자에 따라서 조심하면 빈틈이 없다.
  눈의 길이가 1촌5푼(一寸五分)이면 문장과 무예를 겸하여 일세의 걸출한 인물이 된다."
  또 말하였다.
  "붉은 눈에 금빛 눈동자는 육친(六親)을 인정하지 않는다. 까마귀눈에 작고 흰자위가 많으면 감옥살이를 하지 않으면 파산하고 가난하게 된다."
  시(詩)에 말하였다.
  "눈은 태양과 달과 같이 분명하여야 한다. 봉황의 눈에 용의 눈동자는 간절히 맑아야 한다.
  가장 두려운 것은 누런 눈에 붉은 핏줄이 있는 것이다. 일생동안 흉하고 해로워 살 길이 전혀 없다. 솟아 오르고 크며 양의 눈동자는 반드시 흉하다. 자신이 외롭고 의지할 곳이 없으면 재물도 없다.
  가늘고 깊이 파인 눈은 심복이 없고 사시의 사람은 가히 만나지 말라."
  눈알은 신체의 주인이다. 태양과 달의 누대로 돌아오면 모든 별들이 천상(天上)에서 복종하고 모든 상(象)들이 하늘이 열린 것을 훤히 볼 것이다. 수려하고 아름다운 눈은 관직과 영화가 이르고 눈이 맑으면 항상 부귀는 오는 것이다.
  눈이 둥글고 다시 볼록 튀어 나오지는 말지어다. 이따금씩 재앙을 피하게 되리라. 눈 안에 흰창이 많은 여자는 남편을 죽이고 남자아이도 흰창이 많으면 또한 어리석은 것이다.
  다시 눈알이 누렇고 또 붉은 핏줄이 있으면 남자는 더욱 나쁘고 여자는 남편을 해롭게 한다. 눈이 깊숙히 들어간 사람은 재물이 궁핍하며 여자는 부모상을 당하고 남편도 해롭게 하고 자식도 건강하지 못하다.
  다시 입 안이 드러나 보이면 아주 가난하고 타향에서 죽게 된다.
  눈속에 검은 동자만 있는 것 같으면 여자는 간사한 이가 많고 두 눈이 모난 듯 둥글면 장수할 얼굴이다.

만약 검은 눈동자가 둥글고 크면 어진 선비를 많이 알고 자신도 어질다.

그대의 왼쪽 눈을 보면 비록 작은 것 같으나 나는 그대가 장남인 것을 알 것이다.

눈꺼풀이 얇지 않게 둘러져 있는 듯이 보이면 여인은 용감하게 말을 잘할 것이다.

두 눈 밑에 사마귀가 분명하게 있으면 집에 식량이 있어도 중이나 도인이 되는 팔자다.

왼쪽 눈의 바로 밑에 사마귀가 돌아 올라갔으면 제후, 백작, 자작이나 공경의 봉함을 받을 것이다.

눈밑에 가로로 비낀 살이 잠자는 누에 같으면 그대는 오래지 않아 자손의 대가 끊길 것이다. 다시 여기에 주름살이 눌려 흠집이 많으면 자식을 이겨서 자손이 끊긴다.

눈의 길이가 1촌(一寸)이면 제후나 백작의 봉함을 받고 용의 눈썹에 봉황의 눈은 사람이 얻기 어려운 것이다.

흑백이 분명하면 신의가 흐르고 닭의 눈동자에 쥐의 눈을 가지면 모두 도둑놈이다.

두 눈이 빛나면 모두 귀인(貴人)이다. 호랑이처럼 바라보고 사자처럼 보면 나라의 장군이다.

소의 눈은 자비롭고 거북의 눈은 막힌 것이다. 뱀의 눈동자에 양의 눈을 가진 자와는 이웃을 하지 말라. 훔쳐보는 눈으로 사람을 보는 것은 도둑이거나 전쟁에서 죽는다.

쥐가 바라보거나 호랑이와 고양이가 엿보는 것 같은 눈도 또한 이와 같다.

호랑이의 눈동자는 전해오는 말로는 인자하지 않다고 한다. 원숭이와 같은 흰눈동자를 가진 자는 미쳐서 죽는다.

왼쪽 눈이 작은 것은 그대가 아내를 두려워하는 것을 알겠다. 물고기의 눈을 가진 자는 병영에서 죽거나 옥사를 한다.

두 눈이 크고 작은 것이 같지 않으면 무엇을 불러 오는가? 이러한 사람은 형제간이 날때부터 부모가 다르다.

여러 가지 모양의 눈(眼)

1. 용안(龍眼 : 용의 눈)은 크게 귀하게 된다.
용(龍)의 눈을 가진 사람은 크게 귀하게 되며 관직은 최고의 경지에 오른다.

눈의 흑과 백이 분명하고 정신이 강하고 영채가 길고 눈이 크며 기와 신(神)이 감추어져 있다. 이와 같은 눈을 가지면 부와 귀는 대단한 경지에 이르고 마침내는 많은 녹봉을 받고 천자(天子)를 보좌하는 최고의 지위에 오르게 되는 격(格)이다.

2. 봉안(鳳眼 : 봉황의 눈)은 크게 귀하게 된다.
봉(鳳)의 눈을 가진 사람은 크게 귀하게 되고 총명이 모든 사람을 뛰어넘는다. 공자와 같은 성인(聖人)이 봉황의 눈이라고 했다.

봉(鳳)의 눈은 영채가 길고 귀한 것을 스스로 성취한다. 눈의 모습이 빛나고 수려하며 기(氣)가 번득이며 또 신(神)이 맑다. 총명하고 지혜가 많아서 공명(功名)을 이룬다. 세상의 모든 사람보다 매우 뛰어나서 모든 영웅을 압도하는 상(相)이다.

3. 우안(牛眼 : 소의 눈)은 거부(巨富)가 된다.

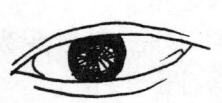

소의 눈을 사람이 가지면 거부(巨富)가 되고 곡식이 쌓이고 돈이 썩어날 정도로 부자가 된다.
눈이 크고 눈동자가 둥글며 보는 것이 바람과 같다. 또 보는데 멀고 가까운 곳이 서로 같지 않다.

재물을 일으키는 것이 수백억대이고 차질이 없으며 수명도 솜이 늘어나는 것처럼 길어서 종신토록 복과 녹을 누린다.

4. 공작안(孔雀眼 : 공작새눈)은 부귀하다.
공작새의 눈을 사람이 가지고 태어나면 남편은 화목하고 부인은 온순하다.

눈에는 영채와 밝은 빛이 있고 눈동자는 검고 빛난다. 푸른 빛이 많고 흰창이 적으며 쏘아보는 빛이 강렬하다. 이러한 눈은 본래 청렴하고 청결하며 온화하고 따뜻한 성품을 겸하여 어려서부터 말년까지 운세가 융성하여 이름을 세상에 날리게 되는 상이다.

5. 후안(猴眼 : 원숭이의 눈, 사람과 비슷하다)은 부귀하다.
원숭이의 눈을 가지고 태어난 사람은 일생동안 부귀하게 살며 일생동안 생각을 많이 하는 사람이다. 원숭이는 사람과에 속한다.

검은 눈동자가 위로 오르고 주름살이 겹겹이 잡혔으니 기계를 움직이는 직업을 갖는 것이 아주 마땅하다. 이러한 상은 부자가 되고 귀하게 될 것을 완벽하게 갖춘 것이다. 과일을 먹는 것을 아주 좋아하고 앉아 있을 때에는 머리를 숙인다.

6. 귀안(龜眼 : 거북이눈)은 장수한다.
거북의 눈을 사람이 가지고 태어나면 장수한다. 또 나면서부터 죽을 때까지 복을 누린다.

거북이의 눈은 눈동자가 둥글고 수려한 기운을 감추고 있다. 눈의 윗꺼풀에 섬세한 주름이 여러 개가 있다. 이러한 눈을 가진 사람은 복과 수명이 풍부하고 오래오래 살아서 그의 복과 수명이 자손들에게도 따른다.

7. 상안(象眼 : 코끼리눈)은 부귀하다.
사람이 코끼리의 눈을 가지고 태어나면 부와 귀를 누리고 복록과 수명도 길게 된다.

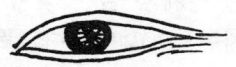

코끼리의 눈은 위와 아래가 주름살이 있고 수려한 기운이 많다. 눈의 영채가 길고 눈이 가늘며 또한 인자하고 화평하게 보인다. 이러한 사람은 때에 따라 부귀를 묘하게 성취하니 오래 살고 맑고 태평하여 인생을 즐겁게 보낸다.

8. 작안(鵲眼 : 까치눈)은 신의가 있다.
까치눈을 가지고 태어난 사람은 신의가 있고 부귀하게 산다.

까치의 눈은 위에는 주름이 있고 수려하고 또 길다. 평생동안 진실하고 또 충성되고 어질다. 젊은 시절부터 발달하나 오히려 평범하고 담담하게 지내다가 말년에 가서는 시운이 길하고 번창하게 된다.

9. 원앙안(鴛鴦眼 : 원앙새눈)은 부자가 되고 또 음탕하다.
원앙새의 눈을 가지고 태어나면 부자가 되고 또 부자가 되면 음란해진다.

원앙새의 눈은 수려하나 눈동자가 붉고 윤택하며 비단같은 줄이 있다. 눈은 둥글고 약간 드러난 듯하며 도화색(桃花色)을 띠었다. 부부간에 정이 순하고 또 화순하고 아름다우나 부와 귀가 다 자기에게 돌아오면 음탕하고 난잡하게 될까 두려운 상(相)이다.

10. 명봉안(鳴鳳眼 : 우는 봉새의 눈)은 귀하게 된다.
 봉새가 우는 형상의 눈을 가진 사람은 귀한 것을 나타낸다. 또 뜻이 고상하고 관리로 진출하면 높은 지위에 오른다.

　　　　　봉새가 우는 형상의 눈은 위의 눈꺼풀에 잔주름이 있고 또 눈이 분명하다. 보고 듣는 것이 또렷또렷
해서 신(神 : 혼)이 드러나지 않는다. 이러한 눈을 가진 사람은 중년(中年)에 장가를 들면 귀인(貴人)을 만나게 되어 영화가 문중이나 선조를 빛나게 하며 새로운 중시조가 될 상(相)이다.

11. 수봉안(睡鳳眼 : 봉이 조는 눈)은 청귀(淸貴)하다.
 봉새가 조는 눈을 가지고 태어난 사람은 맑고 귀한 상이며 그의 사람됨이 온유하고 정대(正大)하다.

　　　　　봉새가 조는 눈은 평평하고 바라보는 것이 편벽되지 않고 기울어지지도 않으며 웃음띤 안색이 평화로운 얼굴로 수려한 기운이 화려하
게 보인다. 타고난 성품이 아무나 용납하여서 도량이 넓다. 모름지기 부귀를 알지만 자신을 과시하는데 만족하게 여길 뿐이다.

12. 서봉안(瑞鳳眼 : 상서로운 봉새눈)은 귀하게 된다.
 상서로운 봉황새의 눈을 가지고 태어난 사람은 귀하게 되고 화평하여도 한쪽으로 흐르지는 않는다.

　　　　　상서로운 봉황새의 눈은 태양과 달(日月 : 좌우 눈)이 분명하고 두 모서리가 가지런하며 두 개의 주름살이 길고 수려하며 웃으면 가늘고 가늘
어진다. 또 흐르듯 하면서도 움직이지 않고 신광(神光)이 있으면 한림원(翰林苑 : 학술원)에 들어가 명성을 날리고 비서실(청와대)

로 들어가는 격(格)이다.

13. 사안(獅眼 : 사자눈)은 부귀하다.
사자의 눈을 가지고 태어나면 그 사람은 부귀하고 충성스러우며 효도하고 곧고 청렴하다.

사자의 눈은 눈이 크고 위엄이 있으며 성품이 약간 미친 듯 하지만 거친 눈썹이 이를 따라서 또 단정하고 장엄하게 보인다. 탐내지도 않고 혹독하지도 않으며 인정(仁政 : 어진 정치)을 베푼다. 부귀와 영화는 물론 복과 장수와 건강까지 겸한 상이다.

14. 호안(虎眼 : 호랑이눈)은 위엄이 있다.
호랑이의 눈을 가진 사람은 위엄이 있어 보이는데 정상적이지 못한 부와 귀를 누리게 된다.

호랑이의 눈은 눈이 크고 눈동자가 누렇고 맑은 금색(金色)이다. 눈동자는 보통 사람보다 짧고 때때로 둥글기도 하다. 성품이 강직하고 침중하여 근심이 없다. 부와 귀는 죽을 때까지 있으나 자식의 손실을 보게 된다.

15. 관형안(鸛形眼 : 황새눈)은 귀하게 된다.
황새의 눈을 가진 사람은 귀하게 된다. 또 중년의 나이에 출세를 한다.

황새의 눈은 윗층의 주름이 수려하고 간문(奸門)까지 이르렀으며 흑과 백이 분명하고 눈동자가 수려하고 맑다. 똑바로 보면서 편벽됨이 없고 사람을 사랑할 줄 안다. 이러한 상은 고명(高明)하고 광대(廣大)한 것으로 귀하고 영화롭게 된다.

16. 아안(鵝眼 : 거위눈)은 안온하고 중후하다.
거위의 눈을 가진 사람은 성품이 안온하고 중후하다. 자애롭고 선하여 경사가 있다.

거위의 눈은 여러 겹의 주름이 있고 수려하며 주름이 천창(天倉)까지 뻗었다. 사물을 보는 것이 분명하고 신(神)이 다시 길게 뻗었다. 흰자위가 적고 검은창이 많아 심성이 또 착하다. 줄줄이 복과 수명이 이어져서 늙어서까지 편안하게 된다. 관직은 대신(大臣)의 지위까지 오를 것이다.

17. 안목(鴈目 : 기러기눈)은 부귀하다.
사람이 기러기의 눈을 가지면 부귀가 따르고 의기(義氣)가 쌓이게 된다.

기러기눈은 눈동자가 옻칠을 칠한 것처럼 검고 금황색(金黃色)을 띠로 둘렀다. 위와 아래가 다 주름무늬가 하나씩 길게 되어 있다. 이러한 눈을 가진 사람은 관직이 장관의 지위에 오르고 공손하며 또 온화하다. 형제간에도 출세한 사람들이 많아 아름다운 이름을 남긴다.

18. 음양안(陰陽眼)은 부귀하다.
음양안(陰陽眼)이란 두 눈의 눈동자가 하나는 크고 하나는 작은 것을 말하며 음양안을 가지면 부귀하는데 부하면 또 거짓말을 잘 하여 남을 속인다.

두 눈의 자웅(음양)의 눈동자가 하나는 크고 하나는 작다. 정신이 빛나고 남을 볼 때 곁눈질하는 것과 같이 보인다. 마음은 삐뚤어졌으며 입은 옳고 성실한 진실성이 없다. 부자가 되는데 간사한 꾀가 많고 귀하게 되어도 사치하지는 않는다. 이러한 눈을 가진 사람은 권모술수에 능하여 남의 원망도 많이 듣는다.

19. 저안(猪眼 : 돼지눈)은 흉악하다.
사람이 돼지눈을 가지고 태어나면 흉악하다. 또 죽으면 반드시 시체를 찢기게 된다.

돼지눈이란 흰자위는 혼탁하고 눈동자는 드러나 검은창은 몽롱하다. 주름이 두텁고 껍질이 관대하여 성질이 포악하고 흉하다. 부귀할지라도 형벌을 받고 재앙을 받는다. 10가지 나쁜 죄악을 범하여 법으로도 용납할 수 없게 된다.(너무 큰 범죄를 저질러 용서할 여지가 없다)

20. 사안(蛇眼 : 뱀눈)은 아주 잔인하다.
사람이 뱀눈을 가지고 태어나면 아주 잔인하고 윤리도 없고 의에도 어긋나는 행동을 하게 된다.

뱀의 눈은 사람에게 독기가 보이고 그 독기가 뱀과 같다. 눈동자는 붉고 둥글게 튀어나오고 붉은 핏줄이 띠를 둘렀다. 크게 간사하고 크게 사기를 쳐서 이리나 범과 같이 무섭다. 이러한 눈을 가진 사람은 아들이 아버지를 해친다고 할 수 있다.

21. 도화안(桃花眼 : 복숭아꽃눈)은 음란하다.
복숭아꽃눈을 가지고 태어나면 음란하고 시도때도 없이 음란한 일을 자행한다.

복숭아꽃눈이란 남자나 여자가 다 마땅하지 않다. 사람을 만나면 요염하게 미소를 보내고 눈에는 물기가 미세하게 있다. 눈의 껍질은 눈물에 젖은 듯하고 또 곁눈질로 보면 이러한 사람은 환락만을 즐기고 즐기면 또 농락하고 음란이 끝이 없다.

22. 취안(醉眼 : 취한 눈)은 음란하다.

취한 듯한 눈은 음란을 주관하고 모든 일에 성공하는 것이 없다.
취한 눈이란 붉은빛과 누런빛이 섞여서 술에 취한 듯 광채가 난다. 취한 듯도 하고 어리석은 듯도 하여 마음이 어둡고 멍해 보인다. 여자는 음란한 것을 탐하고 남자는 반드시 도둑놈이 된다. 이러한 사람은 승려나 도사(道士)가 되어도 또한 음란한 짓을 하게 된다.

23. 학안(鶴眼 : 학의 눈)은 귀하게 된다.

학의 눈을 가지고 태어나면 귀하게 되고 또 뜻과 기운이 고상하고 현명하다. 학의 눈은 눈이 수려하고 정신이 맑으며 흑과 백이 아주 맑다. 신(神 : 혼)을 감춘 것이 드러나 보이지 않고 공명을 나타내게 된다. 높고 높은 뜻과 기(氣)는 하늘까지 채우고 부귀는 정승의 반열에 오르게 되는 상이다.

24. 양안(羊眼 : 양의 눈)은 흉악하다.

사람이 양의 눈을 가지고 태어나면 흉악한 사람이 된다. 또 반세기 안에 조상도 욕을 보이게 된다.

양의 눈은 검은 눈동자가 엷고 가늘게 누런빛이 있으며 신(神 : 혼)이 맑지 않고 또 눈동자에 비단결 모양의 무늬가 있고 동자가 침침하다. 조상에게 물려받은 재물이 있으나 다 날리고 조상의 제사를 지낼 재물도 없게 되어 중년이나 말년에는 더욱더 가난해진다.

25. 합안(鴿眼 : 비둘기눈)은 욕심이 많고 음란하다.

비둘기의 눈을 가지고 태어나면 탐욕스럽고 음란하며 총명하더라도 성취하는 것이 적다.

 비둘기눈은 눈동자가 누렇고 작으며 모양이 둥글다. 머리를 흔들고 무릎을 털고 앉아 있으면 편벽된 사람이다. 남자와 여자를 가리지 않고 다 음란하고 실상은 적고 허황된 것만 많아 마음이 탐심이 많다.

26. 난안(鸞眼 : 난새의 눈)은 발랄한 기상이 있다.

난새의 눈을 가지면 발랄한 기상이 있고 넓고 넓어서 크게 부자도 된다.

 난새의 눈은 절두(準頭 : 코끝)가 둥글고 크며 눈이 가늘고 길다.

걸음이 빠르고 언사가 아름답고 또 진실하다. 몸은 귀하게 되어 군주의 곁에 있게 되며 장차 크게 쓰일 것이다. 이러한 눈을 가지면 무슨 근심이 있을 것이며 이러한 사람을 휭앵무새에 비유하는 것이다. 아주 좋은 눈을 의미하는 것이다.

27. 낭목(狼目 : 이리눈)은 포악하고 흉악하다.

사람이 이리의 눈을 가지고 태어나면 포악하고 흉악하며 부자가 되어도 좋게 죽지 못한다.

 이리의 눈은 눈동자가 누렇고 바라보면 눈동자가 뒤집어진 것 같다. 사람됨이 탐욕스럽고 비루하며 스스로 만연해 한다. 행동이 창황하여 어긋남이 많고 정신이 어지러워 두려워하고 광폭하고 미친 듯한 모습으로 평생을 살아간다.

28. 복서안(伏犀眼 : 물소눈)은 인자하고 대귀(大貴)한다.

엎드린 물소의 눈을 가지고 태어나면 사람이 인자하고 맑고 깨끗하며 크게 귀하게 된다.

물소의 눈은 머리가 둥글고 눈이 크며 양쪽의 눈썹이 짙고 귀 속에는 긴털이 있고 신체는 두텁고 풍만하다. 이러한 눈을 가진 사람은 신용을 쌓아가면 정승의 반열에 오른다. 부와 귀는 정하여져 있고 수명도 소나무와 같이 오래 살 수 있다.

29. 어안(魚眼 : 물고기눈)은 요절할 운명이다.

사람이 물고기의 눈을 가지고 태어나면 일찍 죽고 또 빨리 죽는 것이 자신의 운명이다.

물고기눈은 눈알이 불거지고 신(神)이 침침하며 눈물기가 있는 것과 같아 눈동자가 원근(遠近)의 초점이 없고 흐릿한 것 같이 보이는 것이다. 이러한 눈을 가지면 다 일찍 죽고 날마다 가르침을 받아도 일찍 죽어 탄식만 남을 뿐이다.

30. 마안(馬眼 : 말눈)은 피로에 멍들고 가난하다.

말의 눈을 가지고 태어나면 일평생 피곤한 빛이 서리고 가난에 찌들어 일생을 마치게 된다.

말의 눈은 눈껍질이 너그럽고 삼각형으로 이루어져 눈동자가 드러나서 빛이 난다. 종일토록 근심이 있고 누당(淚堂 : 눈밑)이 항상 물기가 있다. 얼굴은 수척하고 살결은 쭈글거리고 하여 가히 탄식할 만하다. 형벌로 아내를 잃고 자식도 잃어서 자신은 죽을 때까지 분주하게 일생을 외롭게 보내게 되는 것이다.

31. 녹목(鹿目 : 사슴눈)은 부귀하다.

사슴의 눈을 가지고 태어나면 부귀하게 되고 성품이 급하고 의리가 높다.

사슴눈은 눈동자가 검고 위와 아래의 눈꺼풀에 주름이 길게 있다. 걸음걸이는 나는 듯하고 성질은 또 강직하다.

의로써 산림(山林 : 재야)에 숨어 살아 빛을 보지 못하면 자연히 복과 녹이 찾아와 보통 사람과 다르게 된다.

32. 웅목(熊目 : 곰눈)은 반드시 잘 죽지 못한다.

곰의 눈을 가지고 태어나면 반드시 일생을 잘 마치지 못한다.

곰의 눈은 눈동자가 둥글고 또 그렇다고 돼지의 눈과는 다르다. 무턱대고 힘만 세어 흉포하고 어리석다.

앉아 있어도 오래하지 못하고 호흡이 급하다. 놀기만 좋아하고 별 소득이 없으므로 망하여 아무 것도 없게 된다.

33. 노사안(鷺鶩眼 : 해오라기눈)은 맑고 맑아 가난하다.

해오라기눈을 가진 사람은 맑고 깨끗하지만 너무 맑아서 가난을 면하지 못하고 쓸쓸하다.

해오라기눈은 누렇고 몸은 깨끗하여 먼지 하나도 용납하지 않는다.

행동은 요동치고 위축되며 천성은 진실하다. 눈썹은 쭈그러들고 신체는 길며 다리는 수척하고 가늘면 비록 일시적으로는 큰 부자가 되었더라도 가난하게 살게 된다.

34. 원목(猿目 : 긴팔원숭이눈)은 사기나 거짓이 많다.
긴팔원숭이눈을 가진 사람은 거짓말과 사기를 잘 친다. 헛된 이름을 좋아하고 의리도 있다.

긴팔원숭이눈은 가늘고 누렇고 위의 눈꺼풀이 잘 감겨지지 않는다.

열어놓은 마음은 항상 교활하고 의심과 시기심이 많다. 헛된 이름을 좋아하고 자식도 많으며 영악한 성품이 갖추어져 있어 마침내 재주있는 사람이 되려고 하지만 다 얻지 못한다.

35. 연목(燕目 : 제비눈)은 신의가 있다.
제비눈을 가지고 태어나면 신의가 있고 민첩하지만 자식의 덕도 없고 의식도 넉넉하지 못하다.

제비눈은 입이 적고 입술은 붉으며 다시 머리를 흔든다. 눈이 깊고 흑과 백이 분명하고 눈빛이 명랑하다.

말이 많고 본받는 것이 급하며 신용이 있고 기교가 있으나 기교는 헛수고에 불과하다. 노력하면 먹고는 살 수 있다.

36. 자고목(鷓鴣目 : 자고새눈)은 조심하는 것이 부족하다.
자고새(꿩과의 새)의 눈을 가지고 태어나면 조심성이 부족하고 최고의 부자는 되지 못한다.

자고새눈은 눈이 붉고 누렇고 얼굴에는 붉은빛을 띠었다. 머리를 흔들면서 걸음을 걸으며 용모는 보잘 것 없다.

몸이 작고 귀가 작으며 항상 땅을 보고 걷는데 일생동안을 풍요롭게 살지는 못하는 상이다.

37. 하목(蝦目 : 두꺼비눈)은 둥글고 드러났다.
두꺼비의 눈을 가지고 태어나면 눈이 둥글고 튀어나왔으며 일생 동안 조심하면 큰부자가 된다.

두꺼비눈은 조심조심하고 용모가 탁연(卓然 : 높이 솟았다)하여 영웅의 풍모가 정정(挺挺 : 바르고 바르다)하며 스스로 당당하다.

화(火)가 들은 해에는 막히는 일이 많고 수(水)가 들은 해에는 뜻을 이루게 된다. 말년이 비록 영화롭게 되지만 수명이 연장해 주지 않는다.(오래 살지 못한다)

38. 해목(蟹目 : 게눈)은 의식이 풍족하다.
게눈을 가지고 태어나면 의식이 풍족하지만 사납고 사나워서 불효를 하게 된다.

게눈은 눈동자가 드러나고 또 사납고 멍청하게 보인다. 평생동안 천성적으로 부여받은 성품이 강호(江湖 : 강과 호수)를 좋아한다.

자식은 있으나 자신을 공양할 자식을 두지 못하고 불효자식만 있을 뿐이다. 자식복이 없는 상이다.

39. 묘목(猫目 : 고양이눈)은 한가한 것을 좋아한다.
고양이 눈을 가지고 태어나면 한가한 것을 좋아하고 귀(貴)한 데 가까우며 숨은 부자가 된다.

고양이눈은 눈동자가 누렇고 얼굴의 모양이 둥글다. 온순한 성품에 소금에 절인 생선을 좋아한다.

재주도 있고 힘도 있어서 맡겨진 임무를 감당해 낼 수 있으며 항상 높은 사람의 친구를 얻어서 일생동안 함께 이웃하고 사는 상이다.

제8장 상비(相鼻 : 코)

코를 관찰한다

사람의 코는 상학(相學)에서는 재백궁(財帛宮)이며 오악(五嶽)으로 나누었을 때는 중악(中嶽 : 嵩山)에 해당한다. 그의 형상은 토(土 : 흙)에 속한다. 코는 얼굴을 대표(表 : 나타내다)하는 곳이고 폐(肺 : 허파)의 영묘한 싹(폐는 뿌리, 코는 싹)이다. 그러므로 폐가 공허하면 코가 잘 통하고 폐가 가득 차면 코가 꽉 막히는 것이다.

그러므로 코가 잘 통하고 막히고 하는 것으로써 폐의 공허하고 가득찬 것을 알 수 있는 것이다.

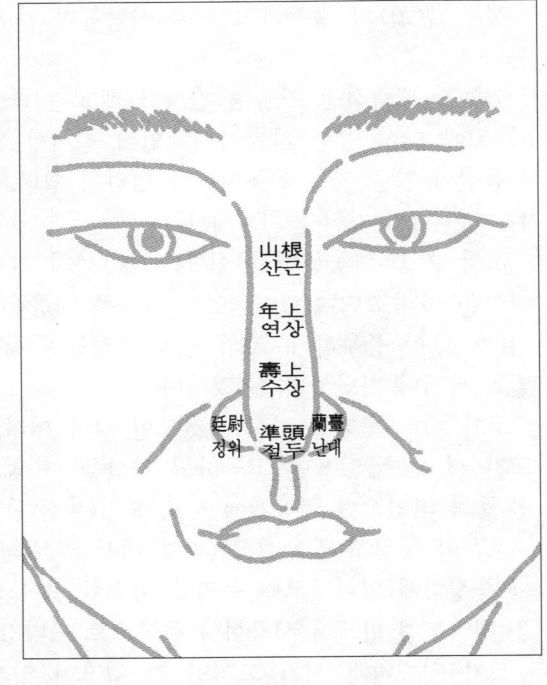

절두(準頭 : 코끝)는 둥글어야 하고 콧구멍은 드러나거나 뻔히 보이지 않아야 한다. 또 난대(蘭臺)와 정위(廷尉)의 두 부위가 서로 응하면 부와 귀를 누릴 사람이다.

연상(年上)이나 수상(壽上)의 두 부위도 다 코가 주관하는 것으로 수명의 길고 짧은 것도 코가 주관한다.

코가 윤택하고 풍성하게 일어난 사람은 귀하게 되지 않으면 장수와 복을 받는 것이요, 코에 점이 있거나 검거나 마디가 옆은 사람은 천하게 되지 않으면 요절할 상이다.

코가 융성하고 높으며 콧대가 들보처럼 확실한 자는 장수한다. 코가 쓸개를 매달아 놓은 것 같거나 대나무통을 쪼개 놓은 것처럼 곧은 자는 부하고 귀하게 산다. 단단하고 뼈가 있는 자는 장수할 상(相)이다.

절두(準頭)가 풍부하고 크면 사람들과 사귀는데 해를 주지 않는다.

절두가 뾰족하고 가늘면 간사한 계교를 좋아한다. 검은 사마귀가 코에 많이 있는 자는 모든 일에 진척이 없고 막힌다. 가로로 주름살이 많은 자는 교통사고를 당하기 쉽다. 세로로 주름살이 있는 자는 남의 자식을 기르게 된다.

코의 기둥이 둥글면서 인당(印堂)까지 꿰뚫은 자는 아름다운 여인을 아내로 맞이한다. 코가 대나무 대롱을 쪼갠 것 같으면 의식(재물)이 풍부하다. 코의 구멍이 하늘로 들쳐져 들여다 보이면 일찍 죽거나 가난하게 살 것이다.

코가 매의 부리와 같이 생겼으면 남의 머리골을 빼먹는 것이다. 코가 세 번 굽었으면 고독하고 가산을 다 없앨 것이다. 코가 세 번 움푹 파였으면 골육간에 서로 포기(버린다) 한다.

코끝이 둥글고 곧으면 밖(타향)에서 의식(재물)을 얻는다. 코끝이 풍성하게 일어났으면 부귀를 비교할 곳이 없다. 코끝이 붉은빛을 띠었으면 반드시 서쪽이나 동쪽으로 왔다갔다 한다.

코가 위태하게 뼈가 드러난 것 같으면 일생동안 풍파가 있다. 코끝에 살이 늘어졌으면 음란에 빠져 있어도 부족하다. 코끝이 둥글고 비대하면 의식(재물)이 풍부하다. 코끝이 뾰족하고 엷으면 외롭고 가난하고 줄어들어 약하게 된다.

콧대가 천정(天庭:이마)까지 솟으면 온 천하에 이름을 날린다. 코의 기둥이 뼈가 없으면 반드시 요절한다. 코가 드러나 콧기둥이 보이면 타향에서 죽는다. 코끝이 뾰족하거나 삐뚤어졌으면 그 사람의 마음도 삐뚤어졌다.

코끝은 항상 윤택하여야 한다.

산근(山根)은 짧게 끊어지지 않아야 한다. 코끝이 곧게 껴안으면 부귀가 다함이 없다.

코의 기둥이 높고 위태로우면 형제의 덕이 미약하고 코의 기둥이 곧지 않으면 계속 사기를 칠 사람이다. 코의 구멍이 밖으로 나왔으면 비방을 받거나 흉한 해를 입고 코 위에 검은 사마귀가 있으면 병이 음부(陰部)에 있고 코 위에 가로줄이 있으면 우환과 액운이 그치지 않는다.

코의 기둥이 평평하지 않으면 타성(他姓:처가)에 의탁하여 산다. 코의 기둥이 단조롭고 엷으면 사납고 악하기 마련이다.

코가 쭈그러든 주머니같이 생겼으면 늙음에 이르러서 길하고 번창해진다.

코가 사자코와 같으면 총명하고 사리에 통달한 선비가 된다. 코가 높고 우러러 보이면 벼슬길에 나아가면 승승장구한다. 코 위가 광택이 나면 부귀가 집안에 가득해진다.

코의 끝이 짧고 작으면 뜻과 기운이 천박하고 적다. 코의 기둥이 넓고 길면 반드시 재주가 많다. 코가 곧고 두터우면 아들이 제후(諸侯)가 될 것이다.

코가 결함이 있거나 파손되면 고독하고 굶주리게 된다.

시(詩)에 말하였다.

"코가 쓸개를 매달아 놓은 것 같으면 몸이 귀하게 될 것이다.

토(土:흙, 코)가 빛나면 살아있는 땅과 같은 것으로 적당한 자리를 얻은 것이다.

산근(山根)이 이마까지 뻗어 일어났으면 영화와 귀함이 정하여져 있어서 정승의 지위에 오른다. 코끝이 뾰족하고 적으면 사람이 빈천하다.

콧구멍이 들여다 보이는 자는 집안에 쌓아둔 재물이 없으리라. 또 굽어서 매의 부리 같은 코를 두려워하는데 일생동안 간사한 꾀가 말로 다할 수 없으리라.

코끝이 뾰족하고 엷으면 가장 궁벽하고 파란이 많다. 코 위에 가로로 주름이 있거나 사마귀가 있으면 액운이 많다. 콧구멍이 들여다 보이면 가난하고 수명도 짧은 것이다. 코가 길면 수명이 길어서 백년은 살리라.

코가 편벽되어 왼쪽으로 갔으면 아버지가 먼저 죽을 것이요, 오른쪽이 편벽되어 기울면 어머니를 잃을 것이다.

콧구멍이 크면 재물이 모이지 않고 코끝이 둥글고 두터우면 오래도록 부자가 되리라.

산근(山根)에 푸른색을 주로 띠면 젊어서 요절하게 되고 법령(法令)에 주름이 깊으면 죽이기를 좋아하게 된다. 코끝이 갈고리와 같으면 재물도 있고 장수도 하나니 코가 늘어진 것이 쓸개를 매달아 놓은 것 같으면 재산은 해마다 많아지리라.

코끝에 사마귀가 있으면 음부(陰部)에도 있는 것이요, 코의 위와 아래에 사마귀가 있으면 음부의 좌우도 마찬가지리라. 콧등 위에 사마귀가 있으면 음부의 둔덕에도 있는데 이것은 신비한 공력이 있는 것이리라.

법령(法令)의 주름살 가운데 사마귀가 있는 것은 자식에게 나쁘다. 왼쪽에 있으면 아버지가 죽어도 알지 못하고 오른쪽에 있으면 어머니가 죽어도 또한 임종을 보지 못한다. 이러한 것은 만개 중의 하나라도 착오가 없을 것이다.

사악(四嶽 : 이마, 좌우 관골, 턱)이 낮고 평평하고 코만 홀로 우뚝 솟으면 가난하고 재물은 흩어지는 것을 서로 불러들이는 것이요, 치아가 드러나 보이고 목줄기가 맺혀 있으며 코의 구멍이 들여다 보이면 반드시 굶주려서 1, 2년 안에 죽으리라."

코를 관찰할 때의 모형(相鼻形模)

1. 용비(龍鼻 : 용코)는 크게 귀(貴)를 누린다.

용의 코를 가진 사람은 대귀(大貴)하게 되고 1백년 동안 아름다운 이름을 날린다.

용의 코는 풍만하고 융성하며 콧대가 가지런하고 산근(山根 : 줄기)이 곧게 솟아 엎드려 있는 물소와 같다.

코의 기둥도 모나고 바르며 편벽되거나 굽은 것이 없으면 지위는 군왕에 이르고 천하를 호령할 것이다.

2. 호비(虎鼻 : 호랑이코)는 큰부자가 된다.

사람이 호랑이의 코를 가지고 태어나면 큰부자가 된다. 또 그의 부(富)가 점점 커져서 이름도 날리게 된다.

호랑이코는 둥글고 융성하며 콧구멍이 드러나지 아니하니 난대(蘭臺)와 정위(廷尉)가 또한 모름지기 없는 것과 같다.

편벽되지도 않고 왜곡되지도 않아서 산근(山根 : 줄기)이 거대하면 부귀로 이름이 세상에 알려지고 이 세상에서 보기드문 대장부가 될 것이다.

3. 산비(蒜鼻 : 마늘코)는 부자가 된다.

마늘 밑둥같은 코를 가지고 태어나면 부자가 되고 중년이 넘어서는 더욱 영화로워진다.

산근(山根)과 연상(年上)과 수상(壽上)이 함께 평평하고 작으며 난대(蘭臺)와 정위(廷尉)와 절두(準頭)가 다 흙더미를 쌓은 것 같은 것이다. 형제가 정이 깊고 마음 속이 나쁜 독기가 없다. 이러한 모양의 코는 늦은 중년(中年)에서부터 가운(家運)이 더욱 왕성해지리라.

4. 성낭비(盛囊鼻 : 큰주머니코)는 부귀를 누린다.

사람이 큰주머니에 물건이 가득 들은 주머니코를 가지고 태어나면 부귀가 따르고 중년이 넘어서면 영화가 더욱 빛나리라.

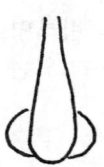

성낭비는 코가 큰주머니에 물건을 가득 넣어 부푼 것과 같아 난대(蘭臺)와 정위(廷尉)가 작고 양쪽 변이 부엌과 같고 또한 둥글고 가지런하다.

처음부터 끝까지 모두 재물이 성대하게 갖추어지고 공명도 얻게 되며 과거에도 급제하여 시어사(侍御史)가 될 것이다.

5. 호양비(胡羊鼻 : 오랑캐양코)는 부귀를 누린다.

오랑캐양의 코를 가지면 부귀를 누리고 재산과 이름이 함께 아름다워지는 상이다. 오랑캐양의 코는 코가 크고 절두(準頭 : 코끝)가 풍만한 것이니 난대와 정위도 또 함께 동등하다.

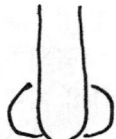

산근(山根)과 연상(年上)과 수상(壽上)이 뼈가 튀어나오지 않았으면 일세를 풍미하는 귀한 사람이요, 부는 옛날 한나라의 만석군(萬石君)인 석숭(石崇)과 같으리라.

6. 사비(獅鼻 : 사자코)는 부귀를 누린다.

사자의 코를 사람이 가지고 태어나면 부귀를 누린다. 완전한 형태로 닮아야 부귀를 누리고 관직에도 진출할 수 있다.

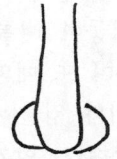

사자코는 산근(山根)과 연상(年上)과 수상(壽上)이 대략 낮고 평평하며 코끝 위가 풍요롭고 크며 난대(蘭臺)와 정위(廷尉)가 똑같으며 사자의 코와 형상이 정확히 같아야 부귀를 누린다. 그렇지 못하면 재물이 들어왔다 나갔다 하게 된다.

7. 현담비(懸膽鼻)는 부귀를 누린다.

사람의 코가 쓸개를 매달아 놓은 것처럼 생기면 부귀를 누리고 복과 녹도 함께 얻을 수 있다.

현담비는 코가 쓸개를 매단 것처럼 절두가 가지런하고 산근(山根)이 단절되지 않고 편벽되거나 쏠리는 것도 없다.

난대(蘭臺)와 정위(廷尉)가 모호하고 작으면 부귀와 영화는 장년기에나 응하게 될 것이다.

8. 복서비(伏犀鼻 : 엎드린물소코)는 대귀(大貴)하리라.

엎드려 있는 물소의 코와 같은 코를 가지면 크게 귀하게 되고 재주도 모든 영웅들보다 뛰어나리라.

엎드린 물소의 코는 천정(天庭)에서 중정(中正)까지 곧게 뻗고 산근(山根)이 곧게 뻗어 인당까지 융성한 것이다.

살점이 많지도 않고 뼈도 드러나지 않으면 신(神)이 맑고 벼슬은 삼공(三公 : 정승)의 지위에 오르게 될 것이다.

9. 후비(猴鼻 : 큰원숭이코)는 가난하게 산다.

사람이 큰원숭이의 코를 가지고 태어나면 지극히 가난하고 의심이 많고 인색하기도 하게 된다.

큰원숭이(사람 닮은 것) 코는 산근(山根)과 연상(年上)과 수상(壽上)이 평평하고 크며 난대와 정위가 다시 분명한 것이다. 코끝은 풍만하고 붉으며 콧구멍을 드러내지 않으면 비록 부귀를 누리게 되지만 간교한 정이 있는 것이 두렵다. 하늘로 들쳐진 코는 아주 가난하게 산다.

10. 응취비(鷹嘴鼻 : 매부리코)는 험악한 사람이다.

매의 부리를 닮은 코를 사람이 가지고 태어나면 아주 사람이 험악하고 또 매우 간교하고 음험하다.

매부리코는 코의 기둥이 뼈를 드러내고 코끝이 뾰족하며 또 매의 부리와 형상이 같아 머리와 입술 주변도 같은 것이다. 난대와 정위가 함께 짧고 쭈그러들었으면 이러한 사람은 사람의 마음과 골을 쪼아먹는 상으로 간악하고 편벽되어 있다.

11. 구비(狗鼻 : 개코)는 좀도둑이 된다.

사람이 개의 코를 가지고 태어나면 좀도둑이 되며 평생 도둑질로 생계를 이어가며 의리를 내세운다.

개의 코는 연상과 수상 부위의 뼈가 봉우리 같이 일어나고 절두(準頭)와 난대와 정위 부위의 콧구멍이 비어있는 것처럼 들여다 보인다. 이러한 코를 가진 사람은 의리가 있다고 볼 수 있으나 오직 남의 것을 훔치기를 좋아하는 도둑으로 끼니 때마다 곤궁할 상이다.

12. 즉어비(鯽魚鼻 : 붕어코)는 가난하고 천하게 산다.
붕어코를 가지고 태어나면 지극히 가난하고 천박하게 살고 남에게 빌붙어 살며 극히 평범한 사람이다.

붕어코는 연상과 수상이 높이 솟아 물고기 등뼈처럼 생기고 산근이 가늘고 작으며 절두가 늘어져 있다.

이러한 형상은 동기간에 정이 없다. 눈동자의 흰자위가 드러나 보이면 일생동안 먹고 입는 것도 걱정하게 된다.

13. 우비(牛鼻 : 소코)는 큰부자가 되리라.
소의 코를 가지고 태어나면 큰 부자가 되고 사물을 포용하고 사람들도 포용하게 된다.

소의 코는 풍부하고 가지런하며 산근(山根)이 또 깊고 난대와 정위가 또 분명하게 생겼다.

연상이나 수상이 높지 않고 또 연하지도 않으면 부자가 되어 금괴가 쌓이고 가도(家道)를 일으켜 세우리라.

14. 절통비(截筒鼻 : 대통을 쪼갠 코)는 부귀를 누린다.
대통을 쪼갠 것 같은 코를 가지면 부귀를 누리고 성품이 곧고 중년에는 가정이 화평하리라.

절통비는 공명과 부귀가 대통을 쪼갠 것처럼 아름답다.

절두가 가지런하고 곧으며 편벽되고 기울어지지 않았다.

산근(山根)이 가늘고 연약하며 연상과 수상이 가득하면 중년이 되어서 부귀를 누리고 크게 가업을 성취할 것이다.

15. 편요비(偏凹鼻 : 오목한 코)는 가난하고 요절하리라.
편벽되고 오목한 코를 가지고 태어나면 가난하거나 요절하게 되며 또 천하게 되지 않으면 반드시 요절한다.

오목한 코는 연상과 수상이 낮고 눌려 산근(山根)이 작고 코와 얼굴이 서로 균형을 이루지 못하고 그릇된 것이 있다. 절두와 난대와 정위가 조금이라도 보이면 요절하지도 않고 가난하지도 않으며 질병이 항상 갈마들 것이다.

16. 고봉비(孤峯鼻 : 외로운 봉우리코)는 고독하게 된다.
외로운 봉우리처럼 생긴 코는 고독을 즐기고 영화와 치욕이 계속된다.

고봉비는 코끝에 살이 없고 콧구멍이 열려져 있다. 양쪽의 관골이 낮고 작으며 코가 높이 솟은 것이다.
고봉비를 가지면 비록 코가 크더라도 재물이 쌓이지 않는 것이니 만약 중이 되면 이러한 슬픔은 면하게 되리라.

17. 삼만삼곡비(三彎三曲鼻 : 세번 튕기고 세번 굽은 코)는 고독하다.
3번 퉁겨지고 3번 굽은 코를 가지면 고독하게 되고 과부나 홀아비가 되어 후사도 없게 된다.

삼만삼곡비는 3번 퉁겨진 것을 반음(反吟)이라고 하고 코가 3번 굽은 것을 복음(伏吟)이라고 한다.
반음이 서로 보이면 대를 이을 자식이 완전히 없는 것이요, 복음이 서로 나타나면 눈물을 흘리게 되리니 외로움을 달랠 길이 없다는 상이다.

18. 검봉비(劍鋒鼻 : 칼날코)는 고독하리라.
칼날과 같은 코를 가지면 고독하게 되고 속이는 꾀를 가지고 있어 흉악하게 되리라.

검봉비는 코의 기둥이 뼈가 드러나고 칼의 등과 같은 것이다. 절두에는 살이 없고 콧구멍이 열려 있는 것이다.
형제와도 인연이 없고 자식을 다 잃게 되고 피로하고 피곤하여 남에게 붙좇아서 외롭고 고단하게 살게 되리라.

19. 장비(獐鼻 : 노루코)는 의리가 없다.
노루코를 닮은 사람은 의리가 박약하고 탐욕스럽고 시기하며 의리를 배반하게 된다.

노루코는 코가 작고 절두가 뾰족하고 콧구멍이 훤히 드러나 보이고 금궤(金匱)와 갑궤(甲匱) 두 궤의 살이 주름으로 얽혀 있으면 아무런 공로가 없고 선조의 유업도 지키기가 어렵다. 4번 가운데 3번을 전복시키니 머뭇거리고 또 머뭇거리게 된다.

20. 성비(猩鼻 : 성성이코)는 의리가 있다.
성성이의 코를 닮은 사람은 의리가 있고 부귀하며 놀기를 좋아한다.

성비는 성성이로 사람과 흡사한 원숭이과의 동물이며 그의 형상이 코의 기둥은 높고 눈썹과 눈의 상이 서로 닿을 듯하며 거친 머리털이 있다.
얼굴은 넓고 입술은 쳐들리고 신체는 넓고 두터우면 너그럽고 덕을 중히 여기며 영웅과 호걸을 귀하게 여긴다.

21. 노척비(露脊鼻 : 뼈가 앙상한 코)는 빈천하게 된다.

뼈가 앙상한 코는 빈천하게 산다. 또 간악하고 하류민(下流民)에 속한다.

노척비는 코가 야위어 뼈가 앙상해 보이는 코로 산근이 작고 형용이 거칠며 속되고 뼈와 신(神)이 침침하다. 코에는 살이 있어야 만물이 번성하는데 흙이 없으면 잎이 다 떨어지는 것이다. 이러한 상의 코는 비록 평온하더라도 외롭고 가난함을 면치 못할 것이다.

22. 노조비(露竈鼻 : 콧구멍이 들여다 보이는 코)는 가난하다.

콧구멍이 훤히 들여다 보이는 코는 가난하고 식구들도 생활이 펴지지 않는다.

노조비는 구멍이 크고 코가 높으며 구멍이 또 길면 모름지기 집안의 의복과 식량이 적은 것을 알 수 있는 것이다. 노조비를 가진 사람은 간난과 고통을 받고 수고로우며 빌붙어 사는 것이다. 또 오래도록 타향살이를 해도 별 소득도 없고 타향에서 죽을 것이다.

23. 녹비(鹿鼻 : 사슴코)는 인자하다.

사슴의 코를 가지고 태어나면 인자하고 부귀를 누리며 의리를 좋아한다.

사슴코는 코가 풍성하고 가지런하며 절두가 다시 둥그렇게 생겨서 인정이 너그럽고 걸음은 급하며 인의(仁義)는 완전하다. 놀라고 의심하고 앉았다 일어났다 하는 것이 일정한 규칙이 없으나 복과 녹이 증진하고 자연적으로 얻어지는 상이다.

24. 원비(猿鼻 : 긴팔원숭이코)는 가히 사귀면 안된다.

긴팔원숭이의 코를 가진 사람은 사귀면 손해이며 질투와 시기와 음모와 사기를 치게 된다.

원비는 코의 구멍이 작고 입은 매우 뾰족하고 미치광이처럼 발광하고 경박하고 조급하며 존엄한 모습이 하나도 없는 것이다. 성품은 신령스러우나 성내기를 좋아하고 근심이 많다.

원비를 가진 사람은 꽃과 과일을 만지기를 좋아하며 암암리에 남을 속인다.

제9장 상인중(相人中 : 인중)

인중(人中 : 코밑에서 입 사이)을 관찰한다

대저 인중(人中 : 코밑에서 입 사이)이란 절두(準頭 : 코끝) 밑에서 윗입술까지의 사이를 말하는 것으로 한 몸체의 구혁(溝洫 : 물도랑)의 상(相)이다.

인체는 물이 흐르는 도랑의 물이 잘 소통되면 물의 흐름이 막히지 않으며, 그 도랑이 얕고 좁고 깊지 않으면 물이 막히고 흐르지

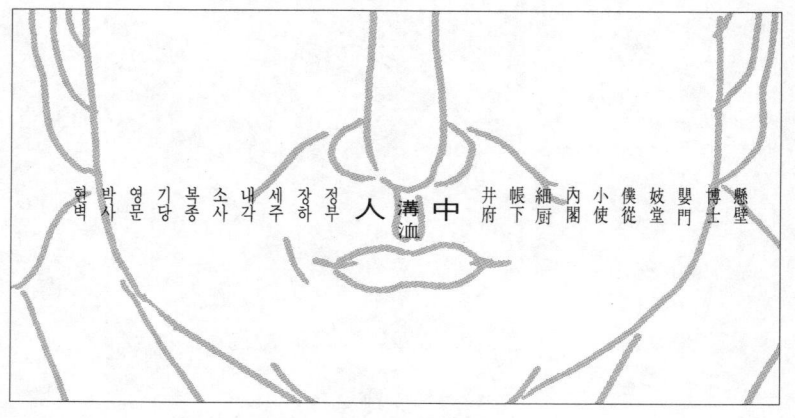

않는 것이다.

대저 사람의 상(相)은 인중(人中)의 길고 짧은 것으로 수명의 길고 짧은 것을 정하는 것이다. 인중의 넓고 좁은 것으로 아들과

딸의 많고 적은 것을 판단하는 것이므로 인중이란 수명(壽命)과 남녀(자녀)의 수를 보는 궁도(宮圖)이다.

이로써 인중은 길어야 하고 짧으면 안되는 것이다. 또 중앙의 골이 깊어야 하고 밖은 넓어야 하고 곧고 삐뚤어지지 않아야 하며 넓고 아래로 쳐진 것은 다 좋은 상(相)이라 할 수 있다.

인중(人中)이 혹 가늘거나 좁은 사람은 의식(衣食 : 재물)이 부족하다. 인중이 가득하고 평평한 사람은 일이 지지부진하며 재앙이 있고 막힘이 있다.

위가 좁고 아래가 넓은 사람은 자손이 많다. 위가 넓고 아래가 좁은 사람은 자손이 적다.

위와 아래가 함께 좁고 중심이 넓은 사람은 자식들이 병과 고통이 있으며 성취하기가 어렵다. 위와 아래가 곧고 깊은 사람은 자식들이 많다.

위와 아래가 평평하고 얕은 사람은 자식을 낳지 못한다. 인중이 깊고 긴 사람은 장수한다.

얕고 짧은 사람은 요절하거나 죽게 된다.

인중에 굴곡이 있는 사람은 신용이 없는 사람이다.

인중(人中)의 끝이 곧은 사람은 충성되고 의리가 있는 선비이다. 인중이 바르고 늘어진 사람은 부자가 되고 장수한다. 인중이 젖혀지고 쭈그러진 사람은 요절하고 가난하다.

인중이 밝기가 대나무를 쪼갠 것과 같은 사람은 2천석(二千石)의 녹봉을 받는다. 인중이 가늘고 바늘을 매단 것처럼 생긴 사람은 자식이 없고 빈궁하다.

인중의 위에 검은 사마귀가 있는 사람은 아들이 많다. 인중의 아래에 검은 사마귀가 있는 사람은 딸이 많다.

인중의 중간에 검은 사마귀가 있는 사람은 결혼한 아내를 바꾸고 자식을 기르는 것이 어렵다. 인중의 양쪽에 검은 사마귀가 있는 사람은 쌍둥이를 낳는다.

인중에 가로주름이 있는 사람은 늙어서도 자식이 없다. 인중에 주름이 곧게 서있는 사람은 남의 아들을 키울 것이다. 세로의 주름이 있는 사람은 아들을 낳으면 고질병이 있다.

　인중이 만만(漫漫)하여 평평한 것도 같고 없는 것도 같은 사람은 이러한 것을 경함(傾陷)이라고 한다. 이러한 사람은 늙어서도 대를 이을 자식이 없고 궁핍하고 고생을 겪을 상(相)이다.

　인중의 왼쪽이 한쪽으로 기울면 아버지를 잃고 인중의 오른쪽이 한쪽으로 기울면 어머니를 잃는다.

　시(詩)에 말하였다.

　"인중(人中)은 우물의 부위인데 물이 가로주름이 있거든 매양 배를 타는데 이르러도 배가 앞으로 나아갈 수가 없다. 인중이 왼편으로 편벽되면 아들을 낳고 오른쪽으로 기울면 딸을 낳고 위와 아래가 평평하면 자손들이 성공하지 못한다.

　절두(準頭) 아래의 얼굴면을 인중(人中)이라 이르나니 구혁(溝洫)이 모두 다 이곳으로 통하게 되어 있는 것이다.

　만약 인중이 기울거나 마르고 또 좁으면 자손들이 분수가 없고 자신은 외롭고 곤궁하게 되리라.

　인중이 평평하고 얕고 짧으면 무엇으로 채울 것인가? 신의도 없고 자손도 없어서 보는 사람이 혐오한다. 만약 인중이 곧고 깊어 길이가 1촌(一寸)이면 아들과 딸이 정해져 있고 세월이 가면서 차츰 더 많아지리라."

　〔천지인(天地人)의 삼재(三才)를 얼굴에서 나눌 때 인(人)이 중(中)이 되는 것으로 인중(人中)이라고 명칭하였다.〕

제10장 상구(相口 : 입)

입을 관찰한다

구(口 : 이하 입)는 언어(言語 : 말)를 구사하는 문이고 음식을 먹는 기구이다. 입이란 천하의 모든 사물을 조화시키는 관문(關門)이며 또 마음의 외호(外戶 : 出納官)가 되고 상과 벌을 내는 곳이고 옳고 그른 것이 집합하는 곳이다.〔입은 오행(五行)에서 수성(水星)에 해당하고 사독(四瀆)에서는 회독(淮瀆)이라고 한다.〕

입은 단정하고 두터워서 망령되고 거짓되지 않는 것을 구덕(口德 : 입의 덕)이라고 한다. 비방하고 꾸짖고 말이 많은 것을 구적(口賊 : 입의 도적)이라고 이른다.

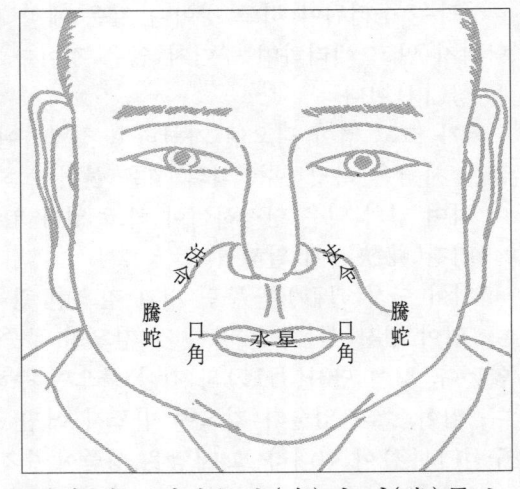

입이 모나고 넓으며 능선이 있는 사람은 수(壽)와 귀(貴)를 누린다. 입의 모양이 각궁(角弓 : 활)처럼 생긴 사람은 관직에 나아가 성공한다. 입이 가로로 넓고 두터운 사람은 복(福)과 부(富)를 누린다. 입이 바르고 편벽되지 않으며 두텁고 엷지 않은 사람은 의식이 넉넉하다. 입이 넉사(四)자와 같은 사람은 재물이 풍족하다.

입이 뾰족하고 뒤집어지고 편벽되고 엷은 사람은 빈천하다. 말하지 않아도 입이 움직이고 또 말의 입과 같으면 굶주려 죽는다.
　입이 검붉은 사람은 막히는 일이 많다. 입이 열려서 다물어지지 않고 이가 드러난 사람은 기회가 주어지지 않는 사람이다. 입에 검은 사마귀가 있는 사람은 술이나 음식이 따른다.
　입이 붉은 단(丹)을 머금은 것 같은 사람은 춥고 배고프지 않다. 입이 한일(一)로 다물어진 사람은 빈천하고 박복하다.
　입안에 주먹이 들어갈 수 있을 정도로 큰입을 가진 사람은 장군이나 정승이 될 것이다.
　입이 넓고 풍부하면 제후(諸侯)의 녹봉을 받을 것이다. 사람이 없는데 홀로 이야기하는 사람은 천한 것이 쥐와 같을 것이다.
　입술은 입과 혀의 성곽(城郭)이고 혀는 입의 창이나 칼과 같은 것이다.
　성곽은 두터워야 하고 창이나 칼은 예리해야 한다. 두터우면 함락되지 않고 예리하면 무디지 않은 것이다. 이러한 것은 아주 좋은 상(相)이다.
　혀가 크고 입이 작으면 가난하고 천박하여 요절한다. 입이 작고 짧은 사람은 가난하다. 입의 색은 붉어야 하고 입의 소리는 맑아야 하며 입의 덕은 단정하여야 하고 입과 입술은 두터워야 한다.
　『비결(祕訣)』에 말하였다.
　"입이 단사(丹砂)를 뿌린 것과 같으면 관록을 먹고 영화를 누린다. 입이 단사(丹砂)를 바른 것 같으면 굶주림과 서글픔을 느끼지 않는다. 입이 단사(丹砂)와 같이 붉으면 부하고 귀한 것이 마땅하다. 입이 소의 입술과 같으면 반드시 어진 사람일 것이니 특별한 구덕(口德)이 아니라 그 사람은 성품이 순진할 것이다.
　입이 각궁(角弓 : 활)과 같으면 벼슬이 삼공(三公 : 정승)의 지위에 오른다. 입의 양쪽 끝이 아래로 처져 있으면 의식(衣食)이 궁핍하다. 입에 입술이 보이지 않으면 무관으로 높은 지위에 오른다. 입의 끝이 높고 낮으면 자신의 편의대로 속이거나 사기를 친다. 입이 뾰족하고 튀어나온 사람은 걸인이 되어서 불쌍하게 된다.

입에서 입술이 보이지 않으면 육해공(陸海空)의 삼군(三軍)을 진압한다. 입이 쭈그러뜨린 주머니와 같으면 굶주려 죽거나 양식이 없게 되고 비록 자식이 있으나 반드시 별거하여 따로 살 것이다. 입이 소라와 같으면 항상 홀로 노래부르기를 좋아한다.

용의 입술과 봉황의 입은 벗으로 삼지 않는다. 이러한 상(相)은 말은 좋으나 마음이 마땅하지 않아 항상 거칠고 더러운 생각을 품고 있는 것이다.

입이 단적(丹赤)과 같으면 미인이 방에 들어가지 않는다. 여자의 입이 이와 같으면 또한 지아비를 가련하게 만든다.

입이 너그럽고 혀가 얇으면 마음 속으로 음악을 좋아하는 사람이다. 이와 같은 사람은 영원히 흉악한 것이 없다. 입가에 자주색이 있으면 재물을 탐하는데 방해하는 것이 있다.

입에서 말이 나오기 전에 입술이 먼저 움직이면 간악하고 음란한 것이 마음에 있어서 항상 불만을 품고 있다. 입 가운데 검은 사마귀가 있으면 먹고 마시는 것이 다 아름답다."

시(詩)에 말하였다.

"귀한 사람은 입술이 붉고 주사(朱砂)를 뿌린 것 같으며 여기에 넉사(四)자를 더하면 부귀와 영화가 넉넉한 사람이다. 빈천한 입은 쥐와 같아서 항상 검푸른 빛으로 집과 재산을 다 날리고 집에 살지 못하리라.

수성(水星 : 입)이 제자리를 얻어 입이 네모지면 부귀와 영화가 집안을 풍요하게 하고 자식은 번창하리라. 입의 위와 아래가 각각 편벽되고 능선의 모서리가 얇으면 말할 때마다 비방하고 훼손하며 크게 방어하기 어렵다. 입안이 네모진 사람은 믿음과 진실이 있는 사람이요, 입의 양쪽 끝이 낮고 처졌으면 사나운 소리가 나온다.

입술에 주름이 많은 사람을 자세히 살펴라. 푸르고 얇은 주름이 내천(川)자면 굶어 죽어서 이름이 나리라.

입이 불을 부는 형상과 같으면 자손들이 적고 왼쪽이 편벽되면 아내를 잃고 며느리도 죽게 되며 사업도 머뭇거린다. 오른쪽 입술이 단단하게 되면 물려받은 재산을 전부 날린다. 검은 사마귀가 입술에 있으면 약독에 자주 중독되게 된다.
 입이 불을 부는 형상을 하면 집안에 자식이 없고 얼굴에 3개의 주름이 나란히 있으면 의(義)로운 아들을 둔다. 혀 위가 항상 푸르면 결단하기 어려우니 형제간이나 동기간에도 따로 산다.
 입이 붉고 모가 나면 많은 토지와 재산을 두고 입이 불을 부는 듯한 형상을 하면 늙어서 고독하게 된다. 입 위에 주름이 났으면 성공을 기약할 수 있다. 가볍고 경박한 입과 입술을 가진 사람은 남을 잘 설득한다."

입의 모양을 관찰한다

1. 사자구(四字口 : 넉사자입)는 부귀를 누린다.
 넉사자(四字)입은 부하고 귀하며 모든 사람들보다 뛰어난 인물이다. 입의 꼬리가 광채가 나고 밝으며 위아래 입술이 가지런하고 양쪽의 머리가 약간씩 올라가고 밑으로 쳐지지 않았다. 이러한 사람은 총명하고 또 재주와 학식이 많아서

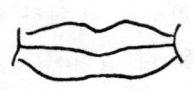

부(富)도 누리고 귀(貴)하게도 되어 높은 지위에 오르게 된다.

2. 방구(方口 : 모난입)는 귀하게 된다.
 모난 입을 가지면 귀하게 되고 녹봉은 1천섬의 녹봉을 받는다. 모난 입은 입술이 가지런하고 이가 밖으로 드러나지 않았다. 입술이 붉고 광채와 윤기가 있으며 주사(硃砂 : 단사)와 같다. 웃으면 이가 보이지 않는다.

이가 깨끗하고 또 하얗다. 이러한 사람은 부와 귀가 정해져 있고

또 영화도 누리리라.

3. 앙월구(仰月口 : 위로 굽은 달 입)는 부귀하게 된다.
앙월구는 부와 귀를 누리고 많은 녹봉도 누리고 살 수 있다.

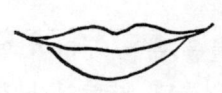
입이 달을 우러러보는 것과 같다. 위는 활을 올려놓은 것과 같고 이가 희고 입술은 붉으며 그 빛이 단사(丹砂)를 칠한 것 같다. 이러한 사람은 문장이 배속에 가득하고 명성이 값어치가 있어 아름답다. 마침내는 부하고 귀해져서 조정의 중신(重臣)에 이를 것이다.

4. 만궁구(彎弓口 : 휘어진 활 같은 입)는 부귀를 누린다.
만궁구는 활이 휘어진 것처럼 생긴 것으로 부귀를 누리고 특별히 영달하여 이름을 떨친다.

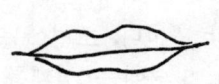
입의 모양이 휘어진 활과 같아서 상현달의 절반을 메운 것 같다. 양쪽의 입술이 풍부하고 두꺼우며 빛깔이 붉고 선명하다. 이러한 입술을 가진 사람은 정신이 맑고 기운이 상쾌하며 끝까지 등용이 된다. 또 부하고 귀하게 되어 중년이 넘으면 복록이 자연히 따르게 된다.

5. 저구(猪口 : 돼지입)는 흉하고 가난하다.
돼지입과 같이 생긴 입을 말한다. 저구(猪口)를 가지면 흉(凶)하고 가난하고 마침내는 비명(非命)으로 횡사한다.

돼지입은 위의 입술이 길고 거칠며 넓다. 아래 입술은 뾰족하고 작으며 입의 꼬리에서 침을 흘린다. 이러한 입술을 가진 자는 사람을 잘

꾀이고 남을 비방하기 좋아하고 마음이 간사하고 험악하여 뒤떨어져 길가에서 생활하게 되고 항상 밖으로 돌게 된다.

6. 취화구(吹火口 : 불을 부는 듯한 입)는 가난하고 요절한다.
불을 부는 듯한 입은 가난하고 요절하며 겉만 화려하고 실상은 없는 사람이다.

입의 모양이 불을 부는 듯하며 열려 있어 닫히지 않는다. 주둥이가 뾰족하면 의식을 구하기가 어렵다. 태어나서 이러한 입을 가지면 가난하고 요절하는 것이다. 남몰래 가르쳐 보아도 다 없어지고 또 휴식하게 된다.

7. 추문구(皺紋口 : 주름잡힌 입)는 고독한 상이다.
입술에 주름이 있는 입은 고독하고 남에게 빌붙어 사는 인생이다.

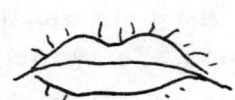

입술 위가 주름살이 있어서 말할 때는 통곡하는 것과 같다. 그러나 오래는 사는데 항상 고독할 뿐이다. 초년에는 편안하게 살지만 말년에는 실패를 하고 만약 자식 하나가 있을지라도 멀리 떨어진 곳에서 살게 되거나 옥살이를 하게 된다.

8. 앵도구(櫻桃口 : 앵두입)는 부와 귀를 누린다.
앵두와 같이 붉은 입술은 부와 귀를 누리고 총명하며 학문에도 뛰어나다.

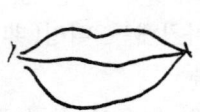

앵두입은 크고 입술이 연지를 찍어 바른 것처럼 붉고 이가 석류알처럼 빽빽하고 가지런한 것이다.
웃으면 연꽃이 핀 것과 같아 인정이 화창하고 총명하여서 모든 사람보다 뛰어나 장관의 반열에 오르는 상(相)이다.

9. 우구(牛口 : 소입)는 부와 귀를 누린다.

우구(소입)는 부와 귀를 누리고 복과 수(壽)도 누리고 산다.

우구는 위와 아래의 입술이 두텁고 또 풍부한 것이다. 평생동안 의복과 녹봉이 번창하게 되는 상이다. 또 탁한 속에서도 홀로 맑아서 마음이 공교로워 부하고 귀하고 편안하고 장수하는 것이 오직 우뚝 선 소나무와 같은 상(相)이다.

10. 용구(龍口 : 용의 입)는 귀함을 누린다.

용구(용의 입술)는 아주 높은 관직에 올라서 최고의 귀함을 누리게 된다.

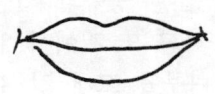

용의 입은 아래위의 입술이 풍부하고 또 가지런하다. 입이 빛나고 밝으며 입의 꼬리가 다시 맑고 기특하다. 불러들이면 모이고 일갈하면 흩어져 자유자재로 사람을 부리고 옥대(玉帶)를 허리에 두르고 높은 지위에 오르는 세상에서 드문 귀(貴)를 누리리라.

11. 호구(虎口 : 호랑이입)는 부자가 된다.

호랑이입을 가지면 최고의 부자가 되고 덕(德)과 위엄이 함께 이루어진다.

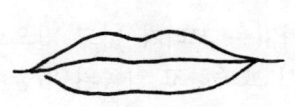

호랑이의 입은 넓고 커서 거두어 들이는 것이 있다. 모름지기 이 입을 가지면 가히 주먹이 들어갈 수 있다. 호랑이입을 가지고도 귀하게 되지 못하면 또 큰 부자가 된다. 옥(玉)을 쌓고 황금을 쌓아서 평생을 편안하게 살 것이다.

12. 양구(羊口 : 양의 입)는 흉하고 가난하게 된다.
양의 입은 흉하고 가난하게 살 것이며 세월이 흘러가면 더 허망해진다.

양의 입이란 수염이 없고 길며 또 뾰족하다. 양쪽의 입술이 또 얇고 사람들이 꺼리게 된다. 입이 뾰족하여 음식을 먹는 모양이 개의 모양과 같아서 천박하고 또 가난하고 흉하고 또 막히는 일이 많다.

13. 후구(猴口 : 원숭이입)는 복을 받고 장수를 누린다.
원숭이입은 복을 받고 장수를 누리는데 아끼고 또 지극히 인색하다.

원숭이의 입은 양쪽의 입술이 즐거운 듯하고 또 길어서 입술 가운데 대나무를 쪼갠 것 같은 것이 좋은 것이다.
평생동안 의식과 녹봉이 다 넉넉하고 학의 나이나 거북의 나이와 같이 오래 살고 복받고 장수하며 건강하게 살리라.

14. 점어구(鮎魚口 : 메기입)는 가난하고 천박하다.
메기입은 가난하고 천박하며 억울한 죄를 뒤집어 쓰고 떠돌아다닐 것이다.

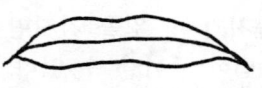

메기입은 꼬리가 넓고 밑으로 처져서 뾰족하고 양쪽의 입술이 얇게 매달아 논 것처럼 생기고 또 둥글지 못하다.
메기입과 같이 생긴 입을 가진 사람은 가난하고 천박하다. 잠깐 동안은 한 목숨을 유지해 가지만 죽을 때는 순식간에 숨을 거두게 된다.

15. 즉어구(鯽魚口 : 붕어입)는 가난하고 요절하게 된다.
붕어입을 가지면 가난하고 요절하게 되며 쓸데없이 세상을 살아 가는 것이다.

붕어입은 작아서 가난하고 궁할 상이다. 일생동안 의식이 풍성하지 못하고 다시 기운이 탁하고 신색이 마르고 음습하면 일생동안 실패가 많고 표류하게 되며 평생운은 통하지 않는다.

16. 복선구(覆船口 : 엎어진 배입)는 가난하고 고생을 한다.
엎어진 배 같은 입을 가지고 태어나면 가난하고 심한 고생을 하며 사업에 실패하여 방랑생활을 하게 된다.

복선구는 입의 꼬리가 가지런하여 배가 엎어진 것과 같고 양쪽 입술이 쇠고기 색깔과 서로 같다. 사람이 이러한 입술을 가지면 대부분 걸인이 되거나 일생동안 가난하고 고통스러워 그것을 다 말할 수가 없을 정도이다.

제11장 상순(相脣 : 입술)

입술을 관찰한다

입술이란 입의 성곽(城郭)이요, 혀가 들고 나는 곳이다. 한 번 열리고 한 번 다무는 데에 있어서 영광과 치욕이 관계되는 것이 입술이다.

그러므로 입술은 두터워야 하고 얇지 않아야 한다. 또 모가 나야 하고 쭈그러들지 않아야 한다.

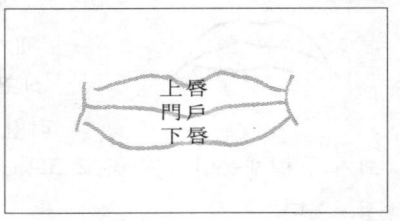

입술 색깔이 붉기가 단사(丹砂)와 같은 사람은 귀하게 되고 부자가 된다. 입술이 푸르기가 쪽빛구슬 같이 푸르스름한 자는 재앙이 많고 요절한다. 입술 색깔이 어둡고 검은 사람은 질병으로 고통받다 부끄럽게 죽는다. 입술 색깔이 자주빛 광채를 띤 자는 의식을 상쾌하게 즐긴다. 입술이 희고 예쁜 사람은 귀한 아내를 맞아들인다. 입술 색깔이 누렇고 붉은 자는 귀한 아들을 낳는다.

입술이 볼품없이 오그라든 자는 요절한다. 입술이 얇고 약한 자는 가난하고 천박하게 된다. 윗입술이 긴 자는 먼저 아버지를 여의고 아랫입술이 긴 자는 먼저 어머니를 잃는다.

윗입술이 얇은 자는 언어가 교활하고 사기를 친다. 아랫입술이 얇은 자는 가난하고 굼뜨고 막히는 일이 많다.

입술이 위와 아래가 두터운 사람은 충성되고 신의가 있는 사람이다. 아랫입술과 윗입술이 함께 얇은 사람은 말이 망령되고 용렬한 사람이다.

윗입술과 아랫입술이 서로 닫혀지지 않는 사람은 가난하고 도둑질을 한다.

윗입술과 아랫입술이 서로 잘 맞는 사람은 언어가 정직한 사람이다. 용의 입술을 가진 사람은 부하고 귀하게 된다. 양의 입술을 가진 자는 가난하고 천박하게 된다.

입술이 뾰족하고 오그라든 자는 가난하여 굶어 죽는다. 입술이 아래로 늘어진 사람은 외롭고 쓸쓸하게 된다.

입술에 주름살이 있으면 자손이 많게 된다. 입술에 주름살이 없으면 성품이 고독하다. 그러므로 입술이 닭의 간처럼 생기면 늙어서 가난하고 쓸쓸하게 된다.

입술이 푸르고 검으면 길거리에서 굶어 죽는다. 입술 색깔이 붉게 빛나면 스스로 풍족함을 구하지 않아도 풍족해진다. 입술 색깔이 담흑색(회색)이면 독살을 당한다. 입술이 평평하고 일어나지 않았으면 굶어 죽어서 의지할 사람이 없다. 입술이 이그러지거나 파이면 아주 천박한데 속이지는 않는다. 입술이 길고 이가 짧은 사람은 명이 길어 잘 죽지 않는다. 입술이 바르지 못하고 삐뚤어졌으면 말이 횡설수설한다.

제12장 상설(相舌 : 혀)

혀를 관찰한다

　대저 혀의 방도(方道)는 안으로는 정기(精氣 : 丹元)와 더불어 힘을 함께하여 큰소리를 내고 밖으로는 입술과 함께 방울과 같이 소리를 내게 된다.
　그러므로 입 안에서는 영액(靈液 : 침)을 잘 만들어내서 인체의 혼(魂 : 神)과 합해지게 되어 마음 속의 비밀스런 것을 뜻을 통하여 전달하는 마음의 배와 노가 되는 것이다.
　이로써 혀는 생명의 중요한 기관이며 한 몸의 얻고 잃는 것이 의탁하는 곳이다. 그러므로 옛사람들은 혀가 단정하고 추한 것을 평가하고 그 망령되게 활동하는 것을 경계하였다.
　혀의 모양은 단정하여야 하고 예리하여야 하며 길고 큰 사람은 제일 좋은 상(相)이다.
　혀가 좁고 긴 사람은 사기를 치거나 도둑질을 한다. 거칠고 짧은 사람은 머뭇거리고 일에 진척이 없다. 크고 얇은 사람은 헛소리를 많이 하고 뾰족하고 작은 사람은 탐욕이 많은 사람이다.
　혀가 코에까지 이르는 사람은 지위가 제후(諸侯)로서 왕(王)을 할 수 있다. 혀의 튼튼한 것이 손바닥과 같은 사람은 녹봉이 정승의 지위에 오른다. 색깔이 붉고 주사와 같은 자는 귀하고 색깔이 검어 간장과 같은 자는 천하다. 혀의 색깔이 붉어 피와 같은 자는 녹봉을 먹는다. 혀의 색깔이 희어 잿빛과 같은 자는 가난하다.
　혀 위에 곧은 주름이 있는 자는 벼슬이 정승이나 국자감에 이른다. 혀 위에 세로주름이 있는 자는 직책이 문장을 맡는 관리가 된다. 혀에 주름이 전체를 둘러싼 자는 지극히 귀하게 된다.

혀가 풍만하여 입 안에 가득한 자는 지극한 부자가 된다. 혀 위에 비단무늬가 있는 사람은 조정에 출입하는 관리가 된다. 혀 위에 검은 사마귀가 있는 자는 거짓말이 많다. 혀를 뱀처럼 날름거리는 자는 남을 해치는 사람이다. 혀가 끊어져 파인 자는 사업에 막힘이 많다.

말하지 않았는데 혀가 먼저 움직이는 사람은 허망한 말을 잘한다. 말하기 전에 혀를 놀려 침을 바르는 자는 아주 음란한 사람이다.

이로써 혀는 크고 입은 작으면 말을 제대로 맺지 못하고 혀가 작고 입이 크면 언어가 경쾌하며 혀가 작고 짧으면 곧 가난하다.

혀가 작고 길면 벼슬의 운이 아주 좋다. 혀가 엇갈린 주름이 있으면 귀한 기운이 구름을 능가하고 혀에 주름진 무늬가 없으면 보통 사람이다.

대저 혀는 붉어야 하고 검지 않아야 한다. 혀는 적(赤)색을 하여야 하고 희지 않아야 한다. 혀의 모양은 모나고자 하고 혀의 형세는 깊어야 하는 것이다.

제13장 논치(論齒 : 치아)

이를 논하다

이〔齒〕란 모든 뼈들의 정화(精華 : 가장 좋은 것)를 이끌어서 입의 칼날을 만든 것이다. 만물을 옮겨서 변화시키는 것으로 턱의 여섯 부위 가운데 하나가 이이다.

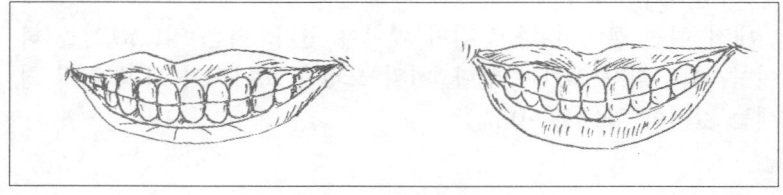

이라는 것은 크고 빽빽해야 하고 길고 곧아야 하며 많고 흰 것이라야 아름다운 것이다.

이가 굳고 단단하고 빽빽하고 확고한 사람은 장수하고 이가 요란하고 겹쳐서 난 사람은 교활하고 방자하다. 이가 밖으로 드러난 자는 갑자기 망한다. 이의 사이가 벌어지고 새는 자는 가난하고 박복하다. 이가 짧거나 떨어져 나간 자는 어리석다. 물기가 없이 말라 보이는 자는 횡사한다.

말할 때 이가 보이지 않는 자는 부하고 귀하게 된다. 장성하여 이가 빠지면 수명을 재촉한다.

위아래의 이를 38개 가진 사람은 왕(王)이나 제후(諸侯)가 되고 36개를 가진 이는 장관이나 또는 큰 부자가 되고 32개를 가진 사람은 중간의 복록을 누리고 30개를 가진 사람은 보통 사람이며 28개를 가진 사람은 아주 천박한 사람들이다.

　이가 밝고 흰 사람은 모든 계획이 백발백중한다. 이가 황금색을 한 자는 천가지를 구하면 천가지가 다 막힌다. 이가 백옥과 같은 사람은 고귀하게 된다. 납이나 은색을 한 자는 맑은 직책에 종사하게 된다.

　이가 석류알과 같은 사람은 복과 녹을 누린다. 이가 칼날처럼 날카로운 자는 장수한다. 이가 멥쌀알 같이 생긴 자는 오래도록 산다.

　이가 오리처럼 생긴 자는 단명한다. 이가 위는 넓고 아래가 뾰족하여 톱니처럼 생긴 자는 성질이 거칠고 육식을 좋아한다.

　이가 위는 뾰족하고 아래가 넓어서 늘어선 뿔과 같은 자는 성질이 비루하고 수유(茱萸)를 좋아한다.

　용의 이를 가진 자는 자손이 현달한다. 소의 이를 가진 자는 자수성가 한다. 쥐의 이를 가진 자는 가난하고 요절한다. 개의 이를 가진 자는 독하고 울분이 많다.

　그러므로 이가 옥을 머금은 것 같으면 하늘에서 복과 녹봉을 받는다. 이가 반짝이는 은과 같으면 부귀하여 가난하지 않다. 희고 빽빽하고 길면 관직에 나아가도 재앙이 없다. 이가 검고 성기면 일생동안 재앙이 많다.

　이가 곧게 1치가 되면 지극히 귀하여 말할 수도 없다. 삐뚤삐뚤하고 가지런하지 않으면 마음이 사기나 거짓을 행하게 된다.

　시(詩)에 말하였다.

　"이가 빽빽하고 방정하면 군자의 선비가 된다. 분명 소인배의 무리들은 이가 성기다. 이의 빛깔이 백옥과 같이 서로 같으면 소년시절부터 과거에 급제하여 서울에 이름을 날리리라.

　입술은 붉고 이가 희면 문장의 선비요, 눈이 수려하고 눈썹이 높으면 이러한 사람은 귀인(貴人)이다.

　이가 가늘고 작고 짧고 성기면 가난하고 또 단명한다. 등불 밑에 온 힘을 쏟아도 노력만 허비할 따름이다."

제14장 상이(相耳 : 귀)

귀를 관찰한다

귀(耳)는 뇌(腦)를 주관하여 심장과 가슴을 통하여 마음을 관리하고 신장(腎臟)의 기후를 관찰하는 것이다.

그러므로 신장의 기운이 왕성하면 귀는 맑고 총명해지고 신장의 기운이 허하면 어둡고 탁한 것이다. 귀의 명성과 명예는 성품에 따라

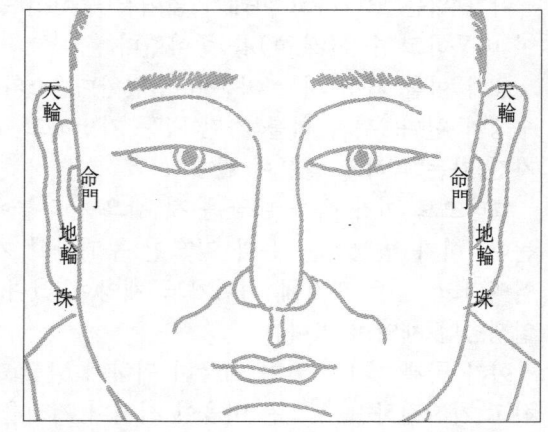

행하므로 두껍고 견고하며 쫑긋하게 솟아서 긴 것은 다 장수할 상(相)이다.

귀의 윤곽이 분명하면 총명하고 귀밑살이 늘어져서 입으로 흐르면 재물을 얻거나 장수를 한다. 귓밥이 두터운 자는 재산이 넉넉하다. 귀안에 털이 있는 자는 장수한다. 귀에 검은 사마귀가 있으면 귀한 자식을 낳고 총명하다. 이문(耳門)이 넓으면 지모가 있고 뜻이 크다. 귀가 붉고 윤택하면 관직에 종사한다. 귀가 희면 이름과 덕망이 있다.

귀가 붉고 검으면 빈천하다. 귀가 얇고 앞으로 향하였으면 전답을 다 팔아 없앤다. 귀가 뒤로 젖혀졌거나 한쪽으로 기울면 살면서 거처할 집이 없다.

왼쪽과 오른쪽의 귀가 크거나 작으면(짝귀) 모든 일이 막히고 방해가 된다. 귀가 밝고 윤택하면 명예가 멀리까지 전파된다. 귀가 더럽고 탄 것 같이 검으면 가난하고 어리석다.

귀가 단단하기가 얼음과 같으면 늙도록 집안이 곡성(哭聲 : 불행한 일)이 없다. 귀가 길고 쫑긋 솟은 자는 관록과 지위가 있다. 귀가 두텁고 둥근 자는 의식이 넉넉하다.

대저 귀한 사람은 귀한 눈을 가져야 하고 귀한 귀는 없으며 천한 사람은 귀한 귀는 있어도 귀한 눈은 없는 것이다.

상(相)을 잘 보는 사람은 먼저 그 기색(氣色)을 보고 뒤에 그 형상을 보는 것이 옳은 것이다.

『비결』에 말하였다.

"귀가 올려 붙어 있으면 명성이 남의 귀에까지 전파되고 양쪽 귀가 어깨까지 늘어지면 귀한 것을 말할 수 없을 정도이다. 귀가 얼굴보다 희면 이름이 천하에 가득하고 바둑돌 같은 귀는 자수성가 하고 귀가 검고 떨어지는 꽃잎 같으면 고향을 떠나 가산을 잃는다. 귀가 얇아 종이 같으면 요절할 것이 틀림없다.

귓바퀴가 복숭아처럼 붉으면 성품이 최고로 영롱하다. 양쪽 귀가 토끼귀 같으면 가난하고 갈 곳도 없다. 귀가 쥐의 귀와 같으면 가난하여 일찍 죽는다. 귀가 뒤집혔거나 윤곽이 없으면 선조의 업을 다 날린다. 귀가 밑의 살이 늘어졌으면 의식이 넉넉하다. 귀가 얇고 뿌리가 없으면 반드시 요절한다. 이문(耳門)이 넓고 넙적하면 총명하고 통달한다. 귀에 뼈가 솟으면 수명이 길지 못하다. 귀밑에 뼈가 둥글면 여유돈이 없이 가난하다.

귀가 눈보다 높으면 선생님으로 녹을 받는다. 귀가 눈썹보다 2촌이 높으면 종신토록 곤궁한 것을 모른다. 귀가 높고 윤곽이 뚜렷하면 또한 편안하게 산다. 귀에 갈고리가 있으면 5품(五品) 이상의 고관이 된다. 이문(耳門)이 두텁게 드리워졌으면 부귀를 오래도록 누린다. 이문(耳門)이 화살통 같으면 집안이 가난하여 의지할 곳이 없다. 귀에 털이 있으면 장수하고 부귀를 누리는데 혹은 재앙에 빠지는 수도 있다.

　귀가 짐승의 귀와 같으면 스스로 편안하고 스스로 방지할 줄 안다. 이문(耳門)이 너그럽고 크면 총명하고 재산이 풍족하다. 이문(耳門)이 얇고 작으면 명이 짧고 적게 먹는다."

　시(詩)에 말하였다.

　"귀의 윤곽이 분명하고 귓밥이 늘어졌으면 일생동안 인과 의로써 생활을 한다. 목성(木星:귀)이 땅을 얻으면 문학을 불러들인다. 스스로 명성이 있어서 이름이 서울에 퍼진다.

　뒤집힌 귀는 정이 없고 가장 불량하다. 또 귀가 화살 깃과 같으면 재물도 적다.

　명문(命門)이 좁고 작으면 생명이 짧다. 귀가 푸르고 검으며 껍질이 거칠면 타향으로 도망간다. 귀가 뇌에 붙어서 윤곽을 이루고 붉은 광채가 있으면 부유하고 또 영화롭게 된다.

　드러나고 젖혀지고 얇고 건조한 귀는 다 가난하고 고생할 귀다. 귀한 것과 영화로운 것을 볼 수 없으면 먼저 귀를 살피고 가난과 고생을 보려면 먼저 귀를 살펴라.

　귀에 털이 길게 나있으면 장수한다. 귀가 얼굴보다 희면 이름이 높다. 귀 위에 잡티가 있으면 귀가 먹어 잘 듣지 못한다. 귀밑에 귓밥이 늘어지고 살색이 광채가 나고 다시 입으로 모아지면 부귀 영화가 창성할 것이다.

　귀가 위로 뾰족하면 이리의 귀로 마음에 살기가 많고 아래로 뾰족하고 색이 없으면 좋지 못하다.

　귓바퀴 부위가 서로 이루어지면 이로움도 있고 명성도 있다. 귀속에 털이 있으면 수명이 더욱 길어진다. 귀가 쭝긋 솟아 입에 모아지면 부귀가 해마다 좋아지고 귀에 검은 점이 있으면 재앙을 불러들이고 나쁜 것을 불러들인다."

〔男:왼쪽 귀는 목(木)이 되고 오른쪽 귀는 금(金)이 된다.〕
〔女:왼쪽 귀는 금(金)이 되고 오른쪽 귀는 목(木)이 된다.〕

귀의 형태를 살핀다

1. 금이(金耳 : 쇠귀)는 부귀를 누린다.

금이(쇠귀)를 가지면 부와 귀를 누리지만 말년에는 아내와 자식을 형벌로 잃을 것이다.

금이는 눈썹보다 높이가 1촌이나 되고 천륜(天輪)이 작다. 귀는 얼굴빛보다 희고 구슬을 늘어뜨린 것 같다.

부귀와 공명이 조정이나 재야(在野)에 널리 알려진다. 다만 자식을 잃어서 말년에는 고독하게 된다.

2. 목이(木耳 : 목성(木星)의 귀)는 가난하다.

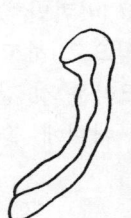

목이(木耳)를 가지면 편안하게 살 수 있는 방벽이 없어서 재물이 없다.

목이는 바퀴는 날으고 곽(郭)은 뒤집혀서 육친(六親)이 멀어지고 또 재물도 집안에 부족하다. 얼굴 부위가 약간 좋으면 남에게 붙쫓아 살고 그렇지 못하면 가난하여 고생하고 꽃을 피어도 열매가 없다.(곧 자식이 없다)

3. 수이(水耳 : 수성(水星)의 귀)는 부귀를 누린다.

수이(水耳 : 물의 귀)를 가지고 태어나면 부귀를 누리고 이름을 천하에 떨치게 된다.

수이는 두텁고 둥글고 높기는 눈썹보다 높고 또 겸하여 뇌에 붙어서 구슬이 늘어진 형태이다.

단단하고 붉고 윤택이 나고 높이 세워 붙은 것 같아 부귀가 조정에서 제일인 대장부가 된다.

4. 화이(火耳 : 화성(火星)의 귀)는 외롭고 장수한다.

화이(火耳 : 불귀)는 외롭고 장수를 누린다. 그러나 늙어서는 편안하게 살지 못하고 외롭다.

화이는 눈썹보다 높이 매어있고 바퀴는 단단하고 곽(郭)은 또 뒤로 뒤집혀졌다. 비록 구슬은 드리워졌으나 자랑할 만큼이 아니다.

산근(山根)과 와잠(臥蠶)이 서로 응하는 것 같으면 말년에 자식도 없고 고독하지만 수명은 길어서 오래 산다.

5. 토이(土耳 : 토성(土星)의 귀)는 부귀를 누린다.

토이(흙귀)를 가지고 태어나면 부귀를 누리고 벼슬의 지위도 높은 지위에 이른다.

토이는 단단하고 두터우며 크고 또 비대하다.

윤택하고 홍자색으로 정승이 마땅하다. 면면히 길게 부귀하고 육친도 넉넉하다. 늙어서도 건강하고 동안(童顔)을 유지하며 좌우에서 보좌할 사람도 있게 된다.

6. 저이(猪耳 : 돼지귀)는 외롭고 가난하다.

저이(돼지귀)를 가지고 태어나는 사람은 외롭고 가난하게 살며 흉하게 죽는다.

돼지의 귀는 성곽은 없고 바퀴만 있어 귀가 비록 두터우나 혹은 앞으로 하고 혹은 뒤로 하며 혹은 구슬을 드리운 것 같다.

그렇지만 부귀를 이루어서 어디에 쓸 것인가?

늙어서 흉액이 많고 재앙과 해악을 면치 못하리라.

7. 저반이(低反耳)는 요절한다.

저반이는 귀가 낮게 붙고 뒤집힌 것으로 요절하며 재산이 모두 흩어지고 전도가 어둡다.

저반이는 귀가 낮게 붙고 곽(郭)이 뒤집혔으며 또 바퀴가 열렸다. 어린 나이에 형벌을 받거나 고아가 되고 또 재산도 없어진다.

응당히 집안의 재물을 두었으나 소모시키고 어느 해인가 죽음을 두려워하여 남의 죽음을 보고 죽게 된다.

8. 수견이(垂肩耳 : 어깨까지 드리운 귀)는 크게 귀하다.

수견이(垂肩耳)를 가지면 크게 귀하게 되고 제왕(帝王)이 될 상이다.

수견이는 귀의 뒤가 풍부하고 귓밥이 어깨까지 내려온 것이다. 위로는 눈썹보다 높고 윤택하며 빛깔이 선명하다.

머리는 둥글고 이마는 넓으며 용모가 특이하면 천하를 호령할 존엄한 인물이 되고 모든 어진 사람들의 추앙을 받을 것이다.

9. 첩뇌이(貼腦耳 : 뇌에 붙은 귀)는 처복이 있다.

첩뇌이(貼腦耳)를 가지면 처복이 많고 또 복과 녹봉도 함께 따른다.

첩뇌이는 양쪽의 귀가 뇌에 붙쫓아서 윤곽이 견고하고 눈썹을 누르고 눈을 누르는 듯하며 이러한 사람은 고상한 현인이다.

육친(六親 : 부모 처자 형제)이 다 고귀하고 복록이 100세까지 전하며 즐거움이 자연스레 이어진다.

10. 개화이(開花耳)는 가난하다.

개화이(開花耳)를 가지면 가난하고 천박한 사람이며 전답을 다 팔아 없앤다.
개화이는 귀의 바퀴가 꽃이 핀 것 같고 얇다. 비록 뼈가 단단하더라도 쓸모가 없다.

거만금의 재산을 마침내는 다 없애고 말년에는 가난하고 고통을 받으며 지난날만 같지 못하게 된다.

11. 기자이(棋子耳 : 바둑돌귀)는 부귀를 누린다.

기자이(바둑돌귀)를 가지면 부귀를 누리고 자수성가를 하여 먼 곳까지 이르게 된다.

기자이는 귀가 둥글고 윤곽이 기쁘게 서로 붙잡는 듯하다. 백수(白手)로 사업을 성공하고 귀(貴)도 도모한다.
선조의 업이 보통이더라도 스스로 창업하여 세우고 중년(中年)에 부귀를 이루어서 도주(陶朱 : 범려로 아주 큰 부자) 만큼의 부자가 될 것이다.

12. 호이(虎耳 : 호랑이귀)는 간사하다.

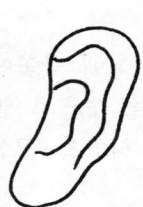

호랑이귀를 가지고 태어나면 사람이 간사하지만 위엄이 있어서 범하기 어려운 사람이다.
호랑이귀는 귀가 작고 윤곽이 다 파괴되었다. 대면하면 귀가 보이지 않고 처음부터 기이하다.

이러한 귀를 가진 사람은 간사한 것이 많고 또한 귀하기도 하고 위엄도 갖추고 있다.

제3권 마의선생신상 183

13. 전우이(箭羽耳 : 화살깃 귀)는 재산을 없애고 가난하다.
전우이를 가지고 태어나면 가산을 탕진하고 가난하며 초년에는 부자이고 늙어서는 가난해진다.

화살에 꽂는 깃과 같은 귀는 위로는 눈썹보다 1치나 높이 붙어 있고 아래로는 화살깃과 같이 드리운 귓밥이 있다.

본래 아버지의 과수원이나 할아버지의 전답이 만마지기나 되는데 점점 다 탕진하고 만년에는 동쪽이나 서쪽으로 달아나게 된다.

14. 선풍이(扇風耳 : 부채귀)는 재산을 탕진한다.
선풍이(扇風耳 : 부채로 부치는 것과 같은 귀)를 가지고 태어나면 가산을 탕진하고 결국에는 객사(客死)하게 된다.

선풍이는 양쪽의 귀가 앞으로 향하고 또 바람을 부치는 형상이다. 모든 재산을 다 탕진하고 선조의 재산까지도 탕진하게 된다. 소년시절에는 복을 누리지만 중년에 들어서 파산하고 말년에는 심히 고통을 받고 외롭게 밖에서 객사(客死)할 것이다.

15. 서이(鼠耳 : 쥐귀)는 도둑질을 좋아한다.
서이(쥐귀)를 가진 사람은 도둑질을 좋아하고 가난하며 흉하고 가산을 탕진한다.

쥐귀는 높게 붙어 있고 뿌리가 뒤집히고 뾰족하다. 비록 눈보다 높이 솟았을지라도 현명하지 않다.

쥐와 같이 도둑질을 잘하고 개와 같이 탐내는 것을 항상 고치지 않아 말년에는 가산을 탕진하고 감옥살이를 하게 된다.

16. 여이(驢耳 : 당나귀귀)는 장수를 누린다.
여이(당나귀귀)를 가지고 태어나면 장수를 누리고 날마다 바쁘게 살아간다.

당나귀귀는 바퀴가 있고 곽(郭)도 있어서 귀가 비록 두터우나 또한 연약하고 또 구슬도 드리워져 있다.

이러한 귀를 가지고 있는 사람은 반드시 가난하게 살고 또 말년에는 흉한 일이 일어나며 일에는 진척이 없게 된다.

제4권 달마조사상결비전
(達磨祖師相訣祕傳卷之三)

제1장 서론
제2장 달마총결(達磨總訣)

제1장 서론

서론(序論)

9년 동안 면벽하여 도(道)를 닦았다. 형상과 체모가 앙상하여 뼈와 가죽만 남게 되었다.
한 줌의 곡식으로 원기를 회복하였으니 이 세상은 겨나 쭉정이 같은 별볼 일 없는 세상이었구나.
저 삼천세계(三千世界 : 무수한 세상)를 생각건대 삼천대천세계(三千大千世界)에서 너와 나는 공(空)이요, 하나의 물(物)에 불과한 것이다.

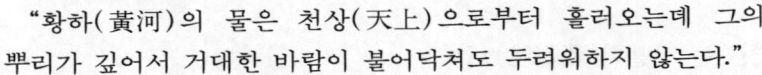

불교(佛敎)의 게(偈)에 말하였다.
"황하(黃河)의 물은 천상(天上)으로부터 흘러오는데 그의 뿌리가 깊어서 거대한 바람이 불어닥쳐도 두려워하지 않는다."
나는 바다를 따라 와서 의발(衣鉢 : 제자에게 도를 전수하면서 주는 옷과 바리)을 모두 전수하였는데 다만 상법(相法 : 相家)을 전수할 사람이 없었다.
그런데 오늘날에 너를 만났으니 나의 임무는 다 마친 것이다. 너는 이것을 전수받아서 모든 중생(衆生)을 구제하라. 혹은 내가 죽은 뒤에라도 너는 망령되게 어리석은 제자에게는 물려주지 말 것이다. 어리석은 제자에게 물려주는 것은 하늘을 거역하는 것이다. 너는 각별히 신중하고 조심하여 명심할 것이다.〔달마조사(達磨

祖師)는 남인도(南印度) 향지국(香至國)의 셋째왕자이다. 중국의 양무제(梁武帝) 때 금릉(金陵)에 갔다가 뒤에 숭산(崇山)의 소림사(少林寺)에서 면벽좌선(面壁坐禪)하기를 9년 동안 하여 도를 깨닫고 선종(禪宗)의 시조가 되었다. 원각대사(圓覺大師)라고도 한다. 상법(相法)도 신인(神人)의 경지에 이르렀다.]

5가지의 법(法)

제1법 상주신(相主神 : 눈 속의 신기(神氣))

※ 제1법은 상(相 : 관상)이다. 정신(精神 : 눈 속)을 근본으로 살펴야 한다. 신(神 : 혼)은 7가지로 살피는 법이 있다.

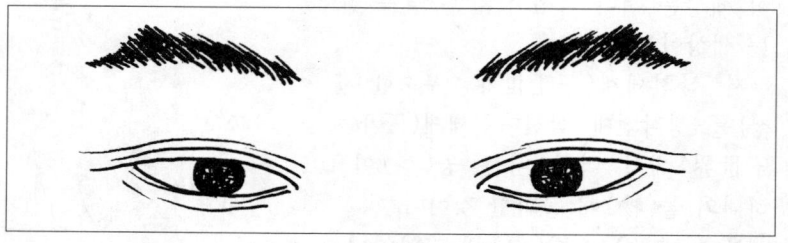

첫째는 장불회(藏不晦)이다.

장(藏)이란 숨어 있어서 드러나지 않는 것이요, 회(晦)란 신(神)이 없는 것을 뜻한다. 곧 신(神 : 눈 속의 신기)은 숨겨져 있어서 없는 듯하지 않아야 한다. 숨겨져 있어서 신비스러워야 한다는 뜻이다.

둘째는 안불우(安不愚)이다.

안(安)이란 편안해 보이고 흔들리지 않는 것이요, 우(愚)란 임기응변 하지 않는 것이다. 곧 신(神)은 편안해 보이고 함부로 내보이지 않는 것으로 필요할 때만 내보이는 것이다. 이러한 것은 최고의 지도자(군주)의 마음〔神〕운용법이다.
셋째는 발불로(發不露)이다.

발(發)이란 드러나는 것이요, 노(露)란 경박하다는 뜻이다. 신(神)은 때에 따라서 드러내더라도 속까지 다 들여다 볼 정도로 경박하게 하여서는 안된다. 완전히 드러내면 기도 허해지고 또 가벼운 사람인 것이다.

넷째는 청불고(淸不枯)이다.

청(淸)이란 신(神:혼)이 사람을 강렬하게 쏘아보아 압도하는 것이요, 고(枯)란 강렬한 눈빛이 죽은 것이다. 곧 한 번 사람을 쏘아보면 그 사람을 눈빛으로 눌러서 승복시키는 것이다. 이러한 사람은 남을 마음으로 승복시키는 사람이다.

다섯째는 화불약(和不弱)이다.

화(和)라는 것은 가히 친밀한 것이요, 약(弱)이란 것은 가히 업신여기는 것이다. 곧 눈(神)의 신령스러움을 사람이 보면 친밀감을 느끼고 업신여기는 눈빛이 없어야 한다. 그러므로 사람이 항상 가까이 한다.

여섯째는 노불쟁(怒不爭)이다.

노(怒)라는 것은 바른 기운이요, 쟁(爭)이라는 것은 거스른 기(氣)이다. 곧 화가 난 것은 기(氣)가 바른 것으로 사(邪)가 침입하여 바른 기(氣)가 올라 온 것이다. 그러나 다투지는 않아야 한다. 다투면 기(氣)를 거슬러서 바른 것을 잃게 되는 것이다. 이것은 신(神:氣)을 다스리는 수양의 요법이기도 하다.

일곱째는 강불고(剛不孤)이다.

강(剛)이란 것은 가히 공경하는 것이요, 고(孤)라는 것은 미워하는 것이다. 신기(神氣)란 공경스러운 것인데 나쁘지 않아야 존경을 받는 것으로 미워하거나 질시를 하는 것이 있으면 외롭게 된다는 것이다. 곧 강렬한 빛은 곧 공경스러운 것이요, 나쁜 것은 외로운 것이다.

이상과 같이 7가지는 인간의 정신을 관찰하는 방법이며 인간의 상법에서는 제일 중요한 것이 심상(心相:정신)이다. 심상을 잘 보면 곧 마음을 읽을 수가 있어 천하도 제압할 수 있다.

제2법 신주안(神主眼)

※ 제2법은 정신(精神)을 보는데 눈을 관찰하는 것이다. 눈을 관찰하는 방법은 7가지가 있다.

첫번째는 수이정(秀而正)이다.

　수(秀)라는 것은 그 광채를 논하는 것이요, 정(正)이라는 것은 본체를 논하는 것이다. 곧 눈이란 수려하게 생겨야 하고 그 모양이 바르게 제 위치에 있어야 한다.

둘째는 세이장(細而長)이다.

　세(細)라는 것은 가느다란 것으로 가느다랗고 길지 않으면 조그마한 재주가 있는 사람이요, 장(長)이란 기다란 것으로 길고 가늘지 않으면 사나운 사람이다.

셋째는 정이출(定而出)이다.

　정(定)이란 안정된 것이며 안정되어서 드러나지는 않아야 한다. 출(出)은 눈망울이 선명하게 보이는 것으로 잘 드러나 보이지 않으면 어리석은 사람이다.

넷째는 출이입(出而入)이다.

　출(出)이란 눈망울이 시원스런 것으로 시원스럽게 보이면 신(神)기가 있는 것이다. 그러나 조금 들어가 있지 않으면 방탕한 사람이다. 곧 잘 드러나 보이면서도 약간 들어간 듯하여 튀어나오지 않아야 한다는 것이다.

다섯째는 상하불백(上下不白)이다.

　눈의 위와 아래가 흰자위가 많지 않아야 한다. 위가 흰자위가 많으면 반드시 간사하고 아래가 흰자위가 많으면 반드시 형벌을 받는다. 위와 아래의 흰자위가 균형을 이루어서 흰자위는 적을 수록 좋다.

여섯째는 시구불탈족신(視久不脫足神)이다.

오래도록 사물을 관찰하여도 벗어나지 않는 것은 신(神)이 풍족한 것이다. 곧 정력도 왕성하여서 사물을 자세히 관찰하여도 피곤한 기색이 없는 것을 뜻한다.

일곱째는 우변불모유양(遇變不眊有養)이다.

이곳저곳으로 눈자위를 자주 돌려도 흐릿하지 않은 것으로 신(神)이 보양을 받기 때문이다. 곧 눈은 마음의 거울로서 마음의 보살핌을 받아 오래도록 사용하여도 눈이 흐릿하지 않은 것을 뜻한다.

이상의 7가지는 눈을 살피는 데 있어 빼놓을 수 없는 것들이다.

제3법 인신(人身)

※ 제3법은 사람의 신체를 10분(分)으로 나누어 보는 것이다.〔얼굴이 6분(分), 몸은 4분(分)으로 총 10분으로 나눈다.〕

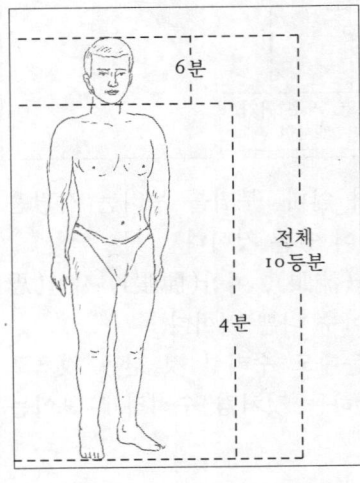

몸 전체를 10등분으로 분류하는 데 얼굴 부분이 6등분을 차지한다.

얼굴은 평평하고 바르며 일그러지거나 파손되지 않아야 6등분에서 제 분수를 얻어 완벽한 것이다.

몸체는 10등분에서 4등분을 차지한다. 몸체는 단단하고 굳세어 가볍고 약하지 않아야 4등분에서 제 분수를 얻은 것이다.

제4법 인면(人面)

※ 제4법은 사람의 얼굴을 10분(分)으로 나누는 것이다.

눈〔眼〕이 5분(分)을 차지한다.

눈은 바르게 생겨야 마음도 또 바르며 일을 시작하여도 진척이 있게 된다. 눈이 바르고 마음이 험악하지 않으며 신(神)이 있어야 하는 것이다. 눈이 바른데도 신(神)이 없으면 일상적인 눈에 불과

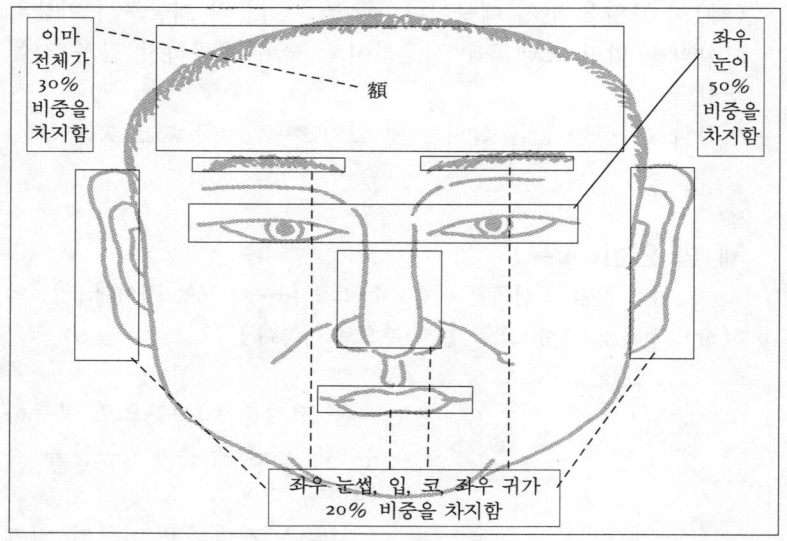

하다. 일을 시작하는 데도 바르지가 않다. 부귀를 누리는 사람은 한 가지 재주만 가졌어도 또한 진척이 있는 것이다.

눈에서 가장 막아야 할 것은 유안(流眼), 여안(麗眼), 사안(思眼)인데 이것은 좋은 것 같으면서 아주 나쁜 것이다.

유안(流眼)이라는 것은 보지 않는데도 수려한 것 같은 것으로 곧 사물을 관찰하지 않는데도 관찰하는 것처럼 수려하게 보이는 것이다.

여안(麗眼)이라는 것은 호색(好色)하는데 신(神)이 있는 것과 같다. 곧 눈웃음을 살살 치며 교태스러운 눈으로 본래 음란한 눈인데 신(神)이 있는 것처럼 보이는 것이다.

사안(思眼)이라는 것은 좋아하고 미워하는 것이 바른 것 같은 것이다. 곧 밖으로는 옳고 그른 것을 구분하는 것 같고 속으로는 간악한 것이 숨어있는 데도 바른 것 같이 보이는 것이다.

이상과 같이 3가지의 눈을 가지면 옳고 그른 것을 분별하는 데도 터럭끝 만큼의 차이가 천지의 차이가 나는 엄청난 결과를 초래하는 것이다.

눈은 5분을 차지하는 것으로 극히 주의하지 않으면 안되는 것이며 아주 어려운 판단이다.

또 얼굴을 10등분으로 나누는데 있어서 이마가 3분(分)을 차지한다.

이마는 넓고 평평하며 주름이 없으면 눈(眼)을 도와 정신(精神)을 갑절로 좋아지게 하는 것이다.

이마가 넓다는 것은 가로로 넓은 것을 말하는 것이요, 이마가 평평해야 한다는 것은 곧은 것으로 말한 것이요, 주름이 없어야 한다는 것은 소년의 이마를 말하는 것이다.

그러나 이마가 비록 곧고 평평하게 가로로 넓다 하더라도 눈에 빼어나고 괴이한 신광(神光)이 없으면 별로 소용이 없는 것이다.

다음은 눈썹(眉)과 입(口)과 코(鼻)와 귀(耳)가 2분(分)의 영향력을 차지한다.

눈썹은 팽팽하여야 하고 코는 단정하고 평평해야 하고 귀는 쫑긋이 솟고 또 밝아야 하고 입은 바다처럼 넓고 활의 모양(입의 모서리가 활끝처럼 올라간 것)이면 만년의 운수가 형통하게 된다.

눈썹이 팽팽하여야 한다고 한 것은 눈썹은 성기고 흩어지지 않아야 하는 것이다. 코가 단정하여야 하는 것은 바른 것이요, 코가 평평하다는 것은 곧은 것을 뜻하는 것이다.

귀가 쫑긋하여야 한다는 것은 솟아 오른 것을 말하고 귀가 밝아야 한다는 것은 능선의 모서리가 분명하여야 한다는 것이다.

입이 바다와 같다는 것은 크게 수습하는 것이 바다와 같아야 한다는 것이며 입의 두 꼬리가 위로 향하여 드러나지 않아서 활이 되는 것이요, 만년 운수는 모두 입을 가리켜 말한 것이다.

제5법 택교(擇交)

※ 제5법 선택해 사귀는 것은 모두 눈(眼)을 관찰하고 선택하는 것이다.

눈이 악한 사람은 인정도 반드시 박정한 것이다. 이러한 사람을 사귀면 반드시 해가 있지만 그러나 눈이 밖으로 노출된 자는 악한 마음은 없는 것이다. 이러한 관계로 자세히 살피지 않을 수 없는 것이다. 귀한 것을 살피는 것도 눈(眼)에 있는 것이다. 눈에 신(神)기가 있으면 귀하게 되고 또 장수하게도 되는 것이다.

부자의 관상을 살피는 것은 코(鼻)에 있는 것이다. 코는 토(土:흙)가 되는 것으로 흙은 금(金)을 낳는 것이다. 흙이 두텁고 풍부하고 융성하면 반드시 금을 감추어서 부자가 되는 것이다.

장수를 살피는 것은 신(神:마음, 신기)에 있는 것이다. 신(神:혼)이 부족하지 않으면 장수하고 또 귀하게 된다. 비록 귀하더라도 또한 신(神)이 부족하면 요절하게 되는 것이다.

온전한 것을 구하는 것은 성(聲:소리)에 있는 것이다. 선비나 농부나 장인(匠人)이나 상인들이 소리가 진실하면 반드시 성공하는 것이요, 진실하지 못하면 끝마침도 없는 것이다.

제일 좋은 관상은 이상의 5가지 법이 제격을 이루어야 하는 것이다. 입이나 귀나 눈썹이나 이마나 손이나 발이나 등이나 복부 등의 사이에 여러 부위가 잘 갖추어졌다고 하더라도 이러한 사람은 보통의 선비를 관찰하는 것에 지나지 않는 것이다.

제2장 달마총결(達磨總訣)

총결 제1(總訣第一)

전세계(十方世界 : 온 천하)의 제자들아, 불(佛)과 법(法)의 도(道)를 완전히 통달하고 정진하여 한 가지 일에 집중하는 경지에 이르러라. 이렇게 하여야 부처의 교법이 항상 돌고 돌아서 세존(世尊 : 석가)의 성상(性相 : 천부의 성질)을 보게 될 것이다. 불법(佛法)에 번뇌하여 색(色 : 욕정)과 신(身 : 욕망)을 불사르라.

신체의 상(相)으로 석가여래(釋迦如來)의 상을 볼 수 있을 것인가? 무릇 상(相)이라는 것은 다 허망(虛妄)한 것이다. 모든 중생(衆生)에게 보이는 것이니 무복아상(無復我相) 인상(人相) 부귀상(富貴相) 수자상(壽者相) 무법상(無法相)이 또한 법상(法相)이 아닌 것이 없는지라. 모든 중생에게 보이는 것이니 마음을 보존하여 상(相)을 취하여야 바야흐로 모든 상(相)을 갖추어 곧 여래를 보는 것이다.

석가여래는 동신(動神)이 있고 정신(靜神)이 있고 출신(出神)이 있고 입신(入神)이 있고 궁신(窮神)이 있는데 이 5가지 신(神)이 완벽하여야 곧 석가여래를 볼 수 있는 것이다.

석가여래는 육안(肉眼)이 있고 천안(天眼)이 있고 혜안(慧眼)이 있고 법안(法眼)이 있고 불안(佛眼)이 있는데 이 5가지의 눈이 완벽하여야 곧 석가여래를 볼 수 있는 것이다.

제자들이 마음을 보는 데에 말하였다.

"나의 조사(祖師)께서 사람을 살피는 신묘함이 모두 '총결 제1절 이귀삼매(總訣第一節二歸三昧)의 이치에 있으나 쉽게 추측할 수 없으므로 감히 망령되게 해석하지 못하고 애오라지 구구한 억측으로 총결제이제삼사절(總訣第二第三四節)의 뜻을 간단히 풀이하노라.' 라고 하였다."

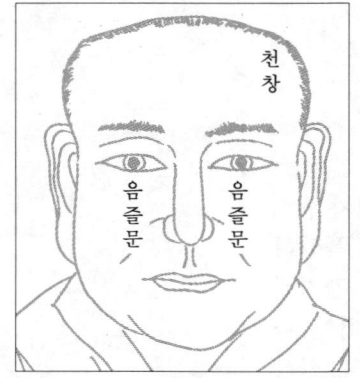

신체를 관찰하는 구절에는 귀, 눈, 입, 코의 모든 신체의 상(相)이 모두 좋을지라도 마음이 좋은 것 같지 못한 것으로 이르기를 "마음을 보존하고 상(相)을 취하여야 곧 상(相)이 있고, 마음이 없으면 상(相)도 마음을 따라서 없어지는 것이다."고 했다.

이것은 상가(相家)에 반드시 음즐문(陰隲紋 : 하늘이 준 것)이 천창(天倉)의 사이에 있는 것이요, '동신(動神 : 신(神)이 동(動)한다)'이라는 구절은 오로지 오행(五行)으로 말한 것이다.

동신(動神)은 오행에서 수(水)이다. 수형(水形 : 물의 형태)을 얻은 자는 움직이는 것이 마땅하다. 그 색은 검다.

정신(靜神)은 오행에서 토(土)이다. 토형(土形 : 흙의 형태)은 고요한 것이 마땅하다. 그 색은 누렇다.

출신(出神 : 신이 나오다)은 오행에서 목(木)이다. 나무는 떨기로 자라는 것을 업으로 삼는다. 목형(木形 : 나무의 형상)을 얻은 자는 길게 닦고 맑고 굳센 것이며 그 색은 푸른 것이다.

입신(入神)은 오행에서 금(金)이다. 사물로 들어가는 것을 의(義)로 삼는다. 금형(金形 : 쇠의 형상)을 얻은 자는 단단하고 작은 것이다. 그 색은 희다.

궁신(窮神)은 오행에서 화(火)이다. 화형(火形 : 불의 형태)을 얻은 자는 뾰족하고 깎여서 그 색이 붉은 것이다.

오행(五行)이 서로 생산하면 신기(神氣)가 화락해지고 오행이 서로 상극(相剋)하면 불화(不和)하게 되는 것이다.

상(相)을 보는 것은 다 먼저 그 형(形)이 정해진 후에야 그 색(色)이 변화하는 것을 따라서 그 따르고 거스르는 것을 판단하면 영험하지 않은 것이 없는 것이다.

만약 하나의 형체를 완전히 갖추어 항상 서로 생산하는 기색이 있어서 도와주면 어디로 향한들 이롭지 아니할 것인가?

육안(肉眼) 구절은 오로지 눈[眼]만을 논한 것이다.

우리 조사(祖師)께서 사람을 관찰하는 데 유독 눈을 중요하게 여겼으므로 특별히 이것을 거용하여 전개하는 것이다.

육안(肉眼)이라는 것은 눈밑의 자녀궁(子女宮)이다. 그 자녀궁에 살집이 가득하고 편안하게 펴져서 투기하지 않는 것이 진실한 육안(肉眼)이 되는 것이다.

이러한 사람은 반드시 크게 귀한 아들을 두어서 자식으로 말미암아 봉작을 받고 영화를 누리게 될 것이다.

하늘의 색깔은 푸르고 푸른 것이다. 눈동자의 푸르기가 하늘색과 같은 자를 천안(天眼)이라고 이르는 것이다. 이러한 사람은 반드시 100세를 누린다.

혜안(慧眼)의 혜(慧)는 총명한 것이다. 이러한 눈을 수려한 눈이라고 한다. 이러한 사람은 반드시 문장이 풍부하고 과거에 합격하여 간관(諫官 : 정책보좌)에 오른다.

법안(法眼)의 법(法)이란 율법이 바른 것이다. 눈이 바르고 사특하지 않으면 그 마음이 단정한 것이다. 이러한 사람은 생사(生死)를 의탁하고 처자(妻子)도 맡길 수 있는 것이다. 선인군자(善人君子)가 이러한 상을 가지면 부귀를 누리고 장수도 할 상(相)이다.

부처는 자비의 마음을 주인으로 삼는 것이다. 눈이 자애(慈愛)로워 보이는 자를 불안(佛眼)이라고 이른다. 이러한 사람은 반드시 의를 좋아하고 인을 베풀며 복이 그 자손에게까지 미치지만 그러나 자안(慈眼 : 佛眼)은 끝까지 식별하기가 어려운 것이다.

자안(慈眼)은 눈동자가 드러나지 않고 유동(流動)하지도 않으며 치켜 뜨지도 않고 또 광채가 사람을 쏘는 듯하지만 가히 친할 수 있고 가히 두려움이 없어야 되는 것이다. 이러해야만 불안(佛眼)과 합치하는 것이다.

총결 제2 (總訣第二)

천정(天庭)이 두둑하고 지각(地閣)이 솟아 오르면 일찍부터 영화롭게 되지만 돌아와 다시 인당(印堂)이 밝은 것을 기다려야 한다.

변성(邊城)이나 역마(驛馬)의 부위가 밝게 열리면 문장으로 나타나서 부모궁의 속에서 살게 된다.〔변성이나 역마는 곧 부모궁(父母宮)에 해당된다.〕※마의상법에서는 변성, 역마는 복덕궁에 해당함.

눈썹이 맑고 귀밑머리까지 들어갔으면 가히 이름을 도모할 만하지만 눈이 보통적인 눈이면 또한 성공할 수가 없는 것이다.

눈썹의 꼬리에 두 줄의 주름이 있어서 간문(奸門)으로 들어갔으면 아내와 첩이 날마다 싸우게 되는 것이다.

간문(奸門)에 곧게 선 주름이 있어서 미각(眉角)을 침범했으면 집안이 변화되어 아내의 활동을 막는다. 인당(印堂)이 밝게 열리고 눈썹이 연결되지 않았으면 30세에 공명이 이루어진다.〔부지(不指)는 눈썹이 연결되지 않은 것이다.〕

눈이 수려하고 신(神: 마음)이 편안하여 봉황의 눈이나 곰의 눈을 하면 부하고 귀한 것이 풍족하게 된다.〔봉황의 눈은 빼어나고 곰 눈의 신기는 지극히 편안해 보인다.〕

눈이 수려하고 신(神)이 있어서 눈동자가 돌출하였으면 미골(眉骨)이 높이 붙어야 한다.〔미골(眉骨)이 높이 붙으면 능히 눈동자가 돌출한 것과 응하는 것으로 또한 가히 과거에 급제하지만 다만 벼슬길에 있어서 험란한 것을 겪어서 오래하지 못한다.〕

누당(淚堂)이 평평하고 가득하여 육안(肉眼: 보통 눈)이 편안한 것을 요구하는 것이다. 그러나 이곳이 조급하게 보이면 자식들이 서로 해치게 된다.

자녀궁(子女宮)의 피부가 터지고 주름이 위로 응하면 반역을 하거나 부모를 죽이는 일에 끝내는 관여하게 된다.

산근(山根)이 단절되면 모든 일에 성취되는 것이 없으니 이것은 죽음의 한계가 분명한 것이다.

연상(年上), 수상(壽上), 절두(準頭)는 모두 높이 솟아 올라야 하나 지나치게 솟아 오르면 자녀를 잃게 되는 것이다.

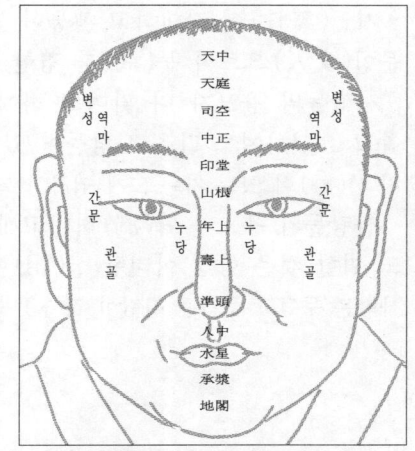

코의 구멍이 번쩍 들쳐져 구멍이 보이고 얇으면 재물이 들고나는 것이 빈번하고 늙어서는 가정을 세우기가 어렵게 된다.

좌우의 관골(顴骨)이 높이 솟아 뼈가 드러나지 않으면 46세에 운수가 발동하게 된다.

관골, 아래턱, 옆턱과 입이 다 정(情 : 풍성한 것)이 있어야 하는 것으로 만년의 운이 이 속에서 나누어지는 것이다.

수염이 맑고 성기며 굳세면 가장 힘이 있고 50세에 명예와 이익을 얻게 되는 것이다.

귀〔耳〕는 어릴 때의 운에 해당하는 것으로 족히 믿을 것이 못되는 것이며 늙어서나 어렸을 때의 정신이 있는 곳이다.〔늙거나 어릴 때 귀가 마르면 반드시 죽는다.〕

오관(五官 : 耳目口鼻眉)이 바르고 크면 모든 일이 이루어지고 5곳이 드러난 것은 또한 모든 사람보다 뛰어난 사람이다.

오로(五露 : 5곳이 드러난 사람)는 수성(水星)이나 화성(火星)의 2가지 유형의 인간에게만 이로운 것이다. 살이 많고 피부가 단단하면 장수하지 못하고 야위고 삐쩍 마르면 죽음이 더욱 확실하다. 뼈대가 거칠고 살이 많고 걸음걸이가 가벼우면 늙어서 편안하지 못하다.

기골(氣骨)이 장대하고 행동이 높으며 눈썹이 한 일(一)자이면 문인(文人)으로써 무(武)를 겸한 것이다.

사람들의 용모가 다 맑다고 하여 귀하게 되는 것은 아니다. 외롭고 요절하여도 맑은 사람들이 있다. 〔맑고 엷은 자는 요절하고 지극히 신(神)이 있는 자는 크게 귀하고 또 외롭게도 된다.〕

사람들의 용모가 탁(濁)하다고해서 어리석다고 웃지 말라. 부하고 귀한 것은 항상 이러한 상(相)에서 나오는 것이다.〔부하고 귀한 사람은 두텁고 무거운 사람이 많다.〕

총결 제3 (總訣第三)

양쪽 눈동자가 항상 서로 싸우면 곡식이 쌓이고 돈궤가 썩을 만큼 많아서 도리어 재앙이 생겨나는 것이다.

'싸우는 것'은 두 눈동자가 가지런히 다투어 산근(山根)의 위치로 향하는 듯한 것이다. 성질이 급하고 마음이 음흉하여 예절을 좋아하지 않으며 부자가 됨으로 인해 재앙을 만나게 되는 것이다.

좌우(左右)의 역마궁(驛馬宮)에 실이 뜨면 뜻을 수고롭게 하고 형체를 수고롭게 하여 남모르는 이익이 많은 것이다.

역마궁의 좌우에 모두 은은하게 누렇고 붉은 실금(실주름)이 떠 있으면 동분서주하는 수고로움이 있음과 동시에 또한 조그마한 이익도 챙길 수 있는 것이다.

선량한 사람이 사나운 눈을 가지면 아내와 아들들이 또한 재앙을 만나게 된다.

사나운 형상에 신(神)도 사납게 보이고 스스로 눈동자가 혹 돌출하고 혹 누런 색깔이거든 모름지기 평소에는 착한 사람으로 코의 절두가 풍륭하고 단정하면 아내로 인하여 재판을 하게 되지만 큰 해로움은 없는 것이다. 이러한 관상을 가진 자는 성질이 포악한 종이나 첩을 들이지 않아야 가히 재앙을 면할 수 있는 것이다.

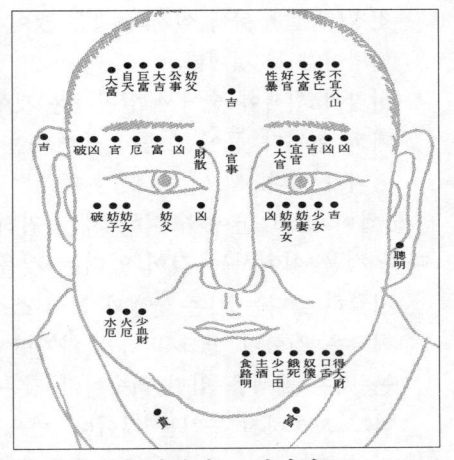

얼굴이 옻칠을 한 듯하고 이(牙: 치아)가 은(銀)과 같은 사람은 기예(技藝: 재능)가 많아 능히 명예를 넓힐 것이다.

재앙이 헤아릴 수 없게 일어나는 것은 반드시 먼저 푸른 기운이 인당(印堂)에 모이기 때문이다.

지위가 홀연히 뛰어오르는 것은 누런빛이 연상(年上)과 수상(壽上)에 떠서 정하여져 나타나는 것이다.

작은 일은 잘되고 큰일은 안되는 것은 다만 자질구레한 형체나 신(神)으로 인한 것이다.

자질구레한 속에서도 또한 맑고 굳세져야 작은 일이라도 이루어진다.

먼저는 막히고 뒤에는 발복하는 것은 반드시 유유히 굳게 참는 사람이다.

이러한 사람의 관상은 반드시 맑고 단단한 것이나 다만 연상(年上)과 수상과 산근(山根)이 항상 막히는(검은색) 색을 띤 것으로 많이 막혀 있으니 그러한 색이 한번 열리면 늦게 복이 일어나는 것이다.

사마귀가 목의 앞에 옷깃 밖으로 나있는 자는 말로써 재앙을 얻는 것이다.

사마귀가 목줄의 아래에 있으면 옷깃의 밖에 한 것이다.

보조개에 감추어지고 가랑이 안으로 되어 있으면 가난한 것으로 말미암아 재물을 얻게 된다.

사마귀가 양물(陽物=男根) 위에 있는 것이다.

눈썹 사이에 푸르고 흰색이 서로 교차되면 사업을 하면 성공하고 패배가 없는 것이다.

눈썹의 사이는 인당(印堂)이요, 청색과 백색이 섞여 나타나 정해지지 않은 색을 교가(交加)라고 하는 것이다.

천창(天倉) 위에 쌀겨와 같은 것이 쌓여 있으면 가산을 날리고 빈털털이가 될 것이다.

천창에 흰색이 숨어서 일어나는 것이 쌀겨와 같고 혹은 때가 아닌데도 한기가 들어 소름이 돋아나면 가산을 탕진하는 것은 의심의 여지가 없다.

눈썹이 맑고 눈이 수려한 자는 귀하지만 누가 지극히 맑고 아름다운 것을 싫어하는 것이 있다는 것을 알 것인가?

지극히 맑다는 것은 눈썹과 눈이 스스로 속기(俗氣)가 있다는 것을 깨달은 것이니 반드시 집을 나가면 자식이 없을 것이요, 아름답다는 것은 채색을 입힌 허수아비 같은 신상(神像)이니 가히 보기만 하고 활동하지 못하는 것이다. 반드시 열매가 없는 꽃이며 장수하지 못한다.

풍부한 등에 거위걸음을 걷는 자는 부자로 살지만 모름지기 육배시행(肉背屍行)의 다름이 있는 것을 알 것이다.

육배(肉背)라는 것은 뼈나 뾰족한 모서리가 전혀 없는 것이요, 시행(屍行)이라는 것은 살은 쪘는데 색이 죽은 흰색을 하고 있는 것을 말하는 것이니 2가지는 다 횡사하거나 급살맞아 죽게 된다.

사공(司空)의 부위가 누렇고 안으로 검은 기운이 숨어 있으면 재물로 인하여 재판을 하게 된다.

호이(虎耳)의 부위가 백색을 띠고 속으로 붉은빛이 반짝이면 갑자기 놀라는 일이 있은 뒤에 재물이 들어오게 된다.

이상의 2가지는 지극히 잘 맞는 것이나 오직 기색(氣色)을 판단하기가 어려운 것이니 황백색으로 주관을 삼아서 검고 붉은색이 나타나는 때가 바야흐로 옳은 것이다

20세에 목에 살이 쪄서 굵으면 안회(顏回 : 공자의 제자)와 같은 상이다.

50세에 자궁(子宮 : 子女宮)에 살이 돋아나면 상구(商瞿)를 배우기가 어려운 것이다.

상구(商瞿)는 50세에 바야흐로 자식을 두었다. 50세에 자궁(子宮)에 살이 돋아오르면 살이 투기하는 것이다. 그러므로 자식이 없는

것이다.
 길을 가면서 여러 번 옷고름을 풀어헤쳤다 갈무리했다 하는 사람은 성질이 조급한 사람으로 더불어 즐거움을 함께 할 사람이 못되는 것이다.
 열었다 품었다 하는 것은 바야흐로 머물거나 걸으면서 옷을 풀어헤치는 것으로 궁(窮)한 상(相)이다. 이별도 3번은 한다.
 머리를 돌려 뒤돌아 보는 자는 의심이 많은 자이니 더불어 함께 근심을 할 사람이 못되는 것이다.
 이별한 뒤에 자주 뒤를 돌아보는 것은 의심이 있고 마음이 음험한 자이다. 어찌 가히 더불어 마음 속의 이야기를 말할 수 있을 것인가?
 간문(奸門)에 결함이 있고 주름이 지워져서 침입했으면 아내를 이기고 반드시 두번 내지 세번을 더하게 된다.〔2, 3번 장가를 든다.〕
 와잠(臥蠶)이 두텁고 광채가 윤택한 것이 많으면 자식을 5, 6명이나 두게 된다.
사람 얼굴의 신색(神色)이 자주 변화하는 자는 마음이 음험하고 잔꾀를 잘 부려 의심이 많지 않으면 담이 약하고 비겁한 사람이다.
 남의 말을 듣는데 있어 이미 말을 다했는데도 알아듣지 못하는 사람은 마음이 달려서 병이 이르는 것인데 고치지 않으면 간사하고 음험해지는 것이다.
 절두(準頭)에 한 점 붉은 것이 수상(壽上 : 年口)을 침범하면 회록(回祿 : 화액)을 막아야 한다.〔수(壽)는 연수(年壽)요, 회록(回祿)은 화신(火神)이다〕
 입술 위에 두어 줄기 푸른 것이 입으로 들어가면 하백(河伯 : 물의 신)이 명을 재촉하게 된다.
 절두가 누렇고 맑아서 천정(天庭)을 침투하고 천창(天倉)과 역마(驛馬)가 열린 사람은 이름을 높게 날린다.
 천창과 역마가 황량(黃亮 : 누렇고 맑음)하지 않고 절두, 천정이 황량한 자는 중간에서 선택되는데 최고의 지위에는 오르지 못한다.
 인당(印堂)이 붉고 윤택하며 눈썹과 귀밑머리까지 비치고 관골과 턱이 홀로 하얀 자는 지위가 뛰어오른다.
　관골과 턱이 하얗지 않고 인당(印堂)과 눈썹과 귀밑 살빛이 붉고 윤택한 자는 지위가 옮겨지지만 승진되지는 않는다.
　신(神)이 맑고 기(氣)가 상쾌하고 얼굴색이 윤택하면 험지(險地)를 만나더라도 더욱 특이하게 승진할 것이다.
　험지(險地)라는 것은 부위(部位)가 평순(平順)하지 않은 것이다. 혹은 유년(流年)의 운수가 눈(眼)에 해당하여 눈이 나쁘게 드러나고 혹은 유년의 해당이 관골에 이르러 관골이 너무 높은 것 같은 것이다. 지위가 비록 험준하더라도 신(神)과 색(色)이 이것을 이겨내는 것이다.
　신(神)이 달아나고 기(氣)가 옮겨지고 안색이 어두우면 비록 좋은 부위를 만나더라도 도망하기가 어려워서 마침내 죽는 것이다.
　한때의 신기(神氣)가 족히 사람을 죽이는 것이다. 부위(部位)가 비록 좋더라도 능히 당겨 앉지 않는 것은 스스로 재앙을 부리기 때문이다. 경계하고 조심해야 하는 것이다.
　배가 부숴지더라도 순풍을 만나면 또한 능히 항해할 수 있는 것이다.
　골격(骨格)이 보통이고 얼굴이 바른 색깔을 얻은 것이 이것이다. 그러나 마침내는 영원하지 못할 것이다.
　좋은 옥(玉)이라도 돌 속에서 나오지 않으면 헛되이 스스로 산속에 묻히고 만다.
　골격(骨格)이 맑고 건강할지라도 색깔이 막히고 열리지 않은 것을 말한 것이다. 한번 열리면 조정에 들어설 것이다.
　형상이 승려와 같은 자는 반드시 고독하고 신상(神像)과 같은 자는 딸은 있고 자식이 없는 것이다.
　얼굴이 복숭아꽃과 같은 자는 반드시 요절하고 귤껍질 같은 자는 늦게 예쁜 자식을 얻는다. 사람하고 말을 하면서 눈이 사람을 보지 않으면 마음에 의심이 많아서 뜻을 오로지 해도 끝까지 서로 아는 것을 좋아하지 않는다. 음식을 먹을 때 입이 음식을 따라가고 음식을 입으로 가져가지 않으면 성품이 탐욕스럽고 집안은 반드시 파산할 것이다. 도랑 속일 뿐이다.
눈이 자애롭게 생긴 자는 재물을 가볍게 여기는데 재물이 모이지는 않지만 없지는 않다.
눈동자가 누런 자는 재물을 아낀다. 재물이 비록 많으나 재앙이 침범하는 것이다.
처자궁(妻子宮)에 누런 가운데 검은 기운이 숨어 있으면 재물을 얻는 가운데 처자가 병을 얻게 된다.
옛날에 한 사람이 있었는데 아내와 아버지가 죽고 자식이 없었으나 재물 천금(千金)을 얻은지라. 인하여 멸망하였으니 곧 이러한 색을 말하는 것이다. 검은색이 누런색 위에 있는 것과 응하는 것이다.
첩녀궁(妾女宮)에 희면서 붉은 기운이 숨어 있으면 첩이나 여자아이가 사망한 가운데 재판이 일어난다.
어느 한 관리가 여종을 매질하여 우물에 던지고 벼슬을 버렸는데 우물에 던지기 전에 양쪽 첩녀궁에 곧 이러한 색이 나타났다. 정확하게 응하고 차질이 없었다.
크게 귀한 사람은 사람이 맑은 것에 가까우나 가장 외로운 학(鶴)과 같아서 자식이 없다.
큰 부자는 지각(地閣)이 두터운 것과 같으나 항상 살찐 돼지와 같아 끝마침이 좋지 못하다.
걸을 때 발바닥이 땅에 닿지 않는 듯하고 얼굴가죽이 맑고 얇은 사람은 반드시 패가망신한다.
말을 할 때 주로 머리를 쪼그리며 보는 것이 한 곳으로 집중되지 않는 자는 마침내 교도소에 갈 재앙을 만난다.
쇠(철)와 같은 얼굴이 진금(眞金：金星)이다. 소리가 크고 그릇이 크면 금형(金形)이 금(金)의 형국을 얻은 것이다.
구름이 가고 물이 흐르듯 움직이고 단절되는 것이 근원이 깊으면 수형(水形：水星)이 물의 형국(形局)을 얻은 것이다.
목(木)은 빼어나고 골격이 단단하고 야위었으며 걸어다니는 것이 가볍지 않은 것으로 이러한 자는 바야흐로 동량(棟梁)이 되는 것이다. 이것은 목(木)이 나무의 형국을 얻은 것이다.

화(火)는 밝은 기운에 붉은 것을 발하며 건조하지 않고 윤택한 사람이다. 이러한 것을 진양(眞陽)이라고 하며 화형(火形 : 火星)이 불의 형국을 얻은 것이다.

두텁고 무거운 자는 살이 쪄있고 살의 색이 붉고 윤택한 것이니 중요한 임무를 맡겨도 막힘이 없다. 안정된 자는 편안하게 정해져 있으면서 활동을 쉬지 않고 다시 발생하고자 하니 이것은 토형(土形)이 흙의 형국을 얻은 것이다.

이상의 5가지는 다 크게 귀하고 부한 것을 겸한 형상을 말한 것이다. 30세 이전에는 천정(天庭)과 일월각(日月角)과 인당(印堂)이 주관하는데 인당이 제일 우선적이다.

40세 이전에는 천창(天倉)과 두 눈썹과 두 눈이 주관하는데 두 눈을 가장 중요하게 살펴야 한다.

40세에서 50세에 이르기까지는 코와 관골과 절두(準頭)와 인중(人中)이 주관하는 것이다. 살피는데 가장 두려운 것은 뼈가 드러나고 피부가 몹시 얇은 것이다.

50세 이후에서 70세까지는 턱과 입과 이와 양쪽 뺨이 주관하는데 반드시 수염이 맑고 윗수염이 굳세어야 하는 것이다.

　부인이 덕이 중후(重厚)하다는 것은 요염하지 않고 경박하지 않으며 목소리는 웅장하지 않고 조급하지 않다는 것이다.

어린아이를 잘 기르는 것이란 눈이 안정되고 뼈가 단단하고 목소리는 건강하고 눈동자는 검어야 한다. 눈이 둥글고 관골이 우뚝 솟아 화를 낼 때 저녁노을 같이 붉어지면 살상의 재앙을 만날 것이니 전국시대(戰國時代) 위(衛)나라의 상앙(商鞅)과 같은 관상이다. 〔상앙은 부국강병의 정책을 써서 치적이 있었으나 대신들과 귀척들의 원망을 사서 수레에 걸어 찢어 죽이는 형벌을 당하였다.〕

코가 늘어지고 수염이 부드러우면 탐욕이 많으면서도 사람을 두려워한다. 죽어서 신체를 장사지내지 못하는 것으로 등통(鄧通)의 형상이다.〔등통은 한(漢)나라 남안(南安) 사람으로 처음에 뱃사공이었으나 문제(文帝)를 만나 상대부가 되고 스스로 돈도 찍어내어 등씨전(鄧氏錢)을 만들어냈다. 그러나 죽어서 땅에 묻히지 못했다.〕

얼굴에 주근깨가 있고 얼굴이 흰 것을 꺼려 수염을 기르는 자는 통하는 것이니 어느때는 검고 어느때는 누렇고 하면 크게 형통하는 것이다.
흰 것은 금(金)이다. 수흑(水黑)은 내가 마시고 사는 것이요, 토황(土黃)은 내가 활동하는 것이다.
얼굴이 아름답고 어리게 보이는 것을 꺼려 수염을 기르는 자는 이로운 것이니 때에 따라 검고 때에 따라 누렇게 되면 크게 이로운 것이다.
이치가 위와 같으니 위의 2절은 다 굳센 것으로 유약한 것을 제재하고 늙은 것에 의지하게 되는 것이니 어린 것을 가볍게 여기는 도이다.
마음이 고상하고 언어가 크고 산근(山根)이 좁고 파였으면 밑에 이르러도 성공할 수가 없는 것이다.
마음이 연약하고 도량이 너그럽고 절두(準頭)가 높고 가득하면 죽을 때까지 재물이 넉넉한 것이다.
눈썹이 눈을 누르고 턱이 관골을 침범한 여자는 남편의 권한을 빼앗는다.
왼쪽의 간문(奸門)이 검고 오른쪽 눈썹이 높은 여자는 첩으로서 부인의 지위를 빼앗을 상(相)이다.
걸을 때 머리를 숙이고 앉아서는 발을 떨고 웃음이 곡을 하는 것 같고 자면서 입을 벌리면 간사하지 않으면 외로운 사람이다.
눈동자는 담황(淡黃)색이고 눈썹이 우뚝 솟아 있고 입은 열려 있고 말소리가 잘 들리지 않으면 가난하지 않으면 요절할 것이다.
왼쪽 관골에 노인들이 홀연히 가로주름이 한 줄 생기면 12년을 더 살고 두 줄이 생기면 24년을 더하고 3줄이 생기면 수명이 100세에 이른다.
오른쪽 관골에 푸른 기운이 한 달 동안 머물러 있으면 손자 하나를 얻고 2개월이 머물러 있으면 외손을 얻고 3개월을 머무르면 자식을 60세에 얻는다.
얼굴에 백색(白色)의 깊고 얇은 것으로 상복의 무겁고 가벼운 것을 삼는데 일각(日角)에 푸른빛이 떠있는 자는 복을 입어야 나타나는 것이다.
　병은 산근(山根)의 청흑(靑黑)색으로 죽고 사는 것을 구분하는 것이지만 눈의 신(神)이 빠져 나가는 것을 알지 못하면 병들면 반드시 사망하는 것이다.

1. 눈의 광채가 삼탈(三脫)이 있다.
　근심이 없는 사람은 얕고 깊은 것으로 병들어 죽는 것을 판단한다. 근심이 없는데도 눈의 광채가 벗어나면 병이 발생하는 것이다. 그러므로 벗어난 것이 깊고 얕은 것으로 병들어 죽을 것을 판단하는 것이다.
　병이 있는 사람은 움직이는 것이 정해진 것으로 살아있을 것과 죽을 것을 구별하는 것이다.
　병이 있은 뒤에는 눈빛이 벗어나면 눈동자가 고정되어 있는 것으로 징조를 삼는 것이다.
　일을 당하여서는 음과 양으로 선악을 판단하는 것이다. 변고가 있어서 눈의 광채가 벗어나면 눈의 좌우를 구분하여 그 일의 길흉을 증험하는 것이다. 왼쪽은 흉하고 오른쪽은 길한 것이다.

2. 신색(神色)은 3가지 의심이 있는 것이다.
　평상시에 의심하면 숨어있는 일은 예측할 수가 없는 것이니 오래도록 의심하면 마음이 반드시 불만족스럽게 된다.
　잠깐동안 의심하면 병을 뉘우쳐 잠깐 침범하는 것이니 마음에 의심이 없으면 작은 병이 이르게 된다.
　몸에서 의심을 하면 사망하는 것을 보게 되는 것이다.
　온갖 몸체가 항상 고쳐지면 죽을 형상이다. 형체가 마음을 부리는 자는 병들고 일이 마음을 부리는 자는 패배하고 신(神)이 마음을 부리는 자는 망하게 되는 것이다. 신이 주인이 있게 되면 신

(神)은 허수아비이다.
 마음이 형체를 부리는 자는 가난하고 마음이 일을 부리는 자는 요절하고 마음이 신(神)을 부리는 자는 간사한 것이다. 마음은 주인이 없어야 진실한 것이다.

총결 제4 (總訣第四)

※ 여자의 상을 전문적으로 살피는 것이다.

 화염(火焰)이 위로 불살라지면 여자가 비녀를 꽂기 전에 과부가 된다. 화염은 화성(火星)으로 이마이며 여성의 이마가 위로 치솟아 높고 머리털이 높게 되어 있는 것을 이른 것이다.
 물이 가득하여 흘러 넘치면 늙어서도 고단하게 된다. 여자 얼굴의 수성(水星 : 입) 위의 인중(人中)에 골이 없고 평평하면 반드시 자식이 없다.
 일월각(日月角)이 높이 매달렸으면 태음(太陰)으로 다다랐으므로 과부가 되어 비참해진다. 일월각이 높이 솟은 것이다. 반드시 지아비를 이기니 응당히 36~38세의 부위에 있다.
 산림(山林)이나 총묘(塚墓)의 부분이 무성하고 실하면 중정(中正)에 이르러서 용(龍)이 날을 것이다. 산림과 총묘가 가득한 것이다. 반드시 귀한 남편을 얻는다. 중정(中正)의 부위와 응함이 있는 것이다.
 인당(印堂)에 화토(火土 : 붉고 누런색)가 항상 밝으면 남편을 도와서 과거에 급제시킨다. 화토(火土)는 붉고 누런색을 뜻한다.
 누당(淚堂)과 정사(精舍)에 수(水)와 목(木)이 서로 뒤섞여 있으면 임의로 어진이를 불러 들인다. 수(水)와 목(木)은 청흑색(靑黑色)으로 항상 누당과 정사의 부위에서 서로 뒤섞이는 것이니 반드시 음탕한 것이다.
 귀의 바퀴가 뒤로 젖혀지고 높이 솟았으면 남편을 잃는 것이 한

210 거울로 보는 관상

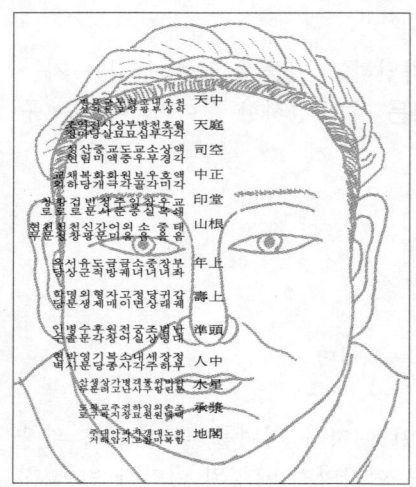

두번이 아니다.
 눈썹이 나뭇가지 처럼 기울어져서 흩어지고 누워있는 빗자루와 같으면 가산을 없애고 가정도 파괴한다.
 간문(奸門)이 들어가지 않았으면 아들도 많고 또 현명하다.
 누당(淚堂)에 살이 두툼하면 딸이 많은데 귀하게 될 것이다.
 자식을 얻고 아내를 얻으려거든 모름지기 맑고 안온하고 연상(年上)과 수상(壽上)이 높지 않은 여자를 정해야 한다. 맑고 야윈 여자는 뼈가 살을 이겨 기혈(氣血)이 맑고 밝아서 반드시 자식이 있고 더하여 행동도 온순하고 안온하며 코가 지나치게 높지 않으면 자식을 반드시 많이 둔다. 연상과 수상이 지나치게 높은 자는 남편을 속이고 자식을 잃게 된다.
 며느리를 취하는데 덕을 알려면 다만 머리털과 피부의 향기나고 윤택한 것을 살필 것이다.
 껄끄럽다는 것은 부끄러움이다. 부끄러움을 아는 것은 신중한 것이요, 묵묵하다는 것은 말이 많지 않다는 것이다. 몸체가 향기롭고 머리털이 윤택한 여자는 덕으로 몸을 윤택하게 하는 것이다.
 목이 억세고 가슴이 앞으로 돌출되었으면 남편을 능멸하고 자식을 이겨서 종말이 좋지 못하다.
 여자의 머리통이 굳세고 가슴이 높이 솟으면 질투할 상이다. 자식을 이기는데 그치지 않는다. 자기 자신도 오래 살지 못하고 혹은 가난하거나 또는 과부가 된다. 눈빛이 약하고 손가락이 견고하면 자식이 왕성하고 지아비는 순하여 길이 편안할 것이다.
 눈빛이 '약하다'는 것은 눈이 바르고 눈빛이 쏘아보지 않는 것이요, '손가락이 견고하다'고 한 것은 손가락이 메말라 살이 적은 것을 뜻한다.

여자의 음부(陰部)가 봉긋 하지 않고 평평하며 음모가 없으면 자식이 없고 간통을 한다. 음부에 털이 없는 것이니 천한 상(相)이다.

양방(陽方 : 여자의 얼굴)이 서쪽으로 향하거나 중앙쪽으로 몰려 있으면 관록이 있고 투기는 없는 것이다. 양방은 얼굴이다. 여자의 얼굴빛은 흰 것으로 최상을 삼는데 반드시 누렇고 윤택한 빛을 띠어야 한다. 귀한 여자가 되려면 덕이 있어야 한다. 얼굴빛이 너무 희고 붉은 빛이 엷으면 음란하고 질투가 있는 여인이다.

여자가 생각하며 눈알을 굴리고 발을 요동치고 귀밑머리를 뽑고 턱을 괴기도 하고 꿈을 꾸며 놀라고 속삭이기도 한다.

이상의 4가지는 다 음탕한 상이다. 또 꿈을 꾸며 놀라고 속삭이면 어진 부인은 아니다.

여자는 목소리가 맑고 얼굴색이 안정되어야 하며 웃음이 적고 걸음걸이가 안정되고 기쁜 곳에서도 태도를 바꾸는 것이 없어야 하는 것이다.

기쁜 곳에서도 태도를 바꾸지 않는 것은 기뻐했다 성냈다 하는 것이 항상 바뀌지 않는 것이다. 위의 5가지를 가진 여자는 다 어진 여자이다.

여자가 뜻을 얻었다 하여 사람을 향해 절을 넙죽넙죽 하는 것을 어찌 정숙하다고 할 것인가.

뜻을 잃으면 남을 향해 원망을 퍼붓는 여인과 어찌 오래도록 사귈 수 있겠는가.〔뜻을 잃으나 얻으나 다같이 중도를 지켜야 한다.〕

눈썹과 눈이 위로 인당(印堂)을 가리키면 남편을 독살하고 스스로 법망에 걸려들 상(相)이다.

눈썹과 눈과 머리가 위로 향하여 곧바로 인당과 사공(司空)을 가리키는 자는 반드시 남편을 독살하고 첩을 죽여 스스로 형벌을 범하고 또 목매달아 죽을 상(相)이다.

관골과 절두가 연상(年上)과 수상(壽上)보다 높이 솟았으면 투기하고 흉악하며 남편과 생이별하여 외로운 과부의 상(相)이다.

  양쪽의 관골과 절두(準頭)가 연상이나 수상보다 높은 자는 많이 과부가 된다. 덕은 소홀한 것에서 참고하는 것이니 특별한 경우가 아니면 활동이 평상시와 같은 자는 덕(德)이 있는 것이다.

  자식이 넉넉한 것은 오로지 탐하지 않는 데에 있는 것이니 탐욕이 적고 맑으며 건강한 자는 반드시 자식이 많다.

총결 제5(總訣第五)

  골(骨 : 뼈대)을 관찰하는 데는 먼저 머리통을 살피고 다음에 코〔鼻〕를 살피는 것이다. 거칠지도 않고 드러나지도 않아야 아름다운 것이다.

  머리의 뼈는 전후좌우를 논하지 않더라도 뼈가 있는 것이 반드시 좋은 것이요, 코의 뼈는 드러나면 재물을 없애는 것이다. 거칠지도 않고 드러나지도 않아야 한다는 것은 몸 전체를 통틀어 논한 것이다. 대개 뼈대가 살을 이긴 자는 아름다운 것이다.

  살〔肉〕을 관찰하건대 귀한 것은 곧은 것이고 천한 것은 가로로 되어 있는 것이다. 뜨지도 않고 팽팽하지도 않은 것이 최상이 된다.

  살이란 곧고 순해야 한다. 가로로 붙은 살은 반드시 요절하고 형체가 부푼 자는 많이 요절한다. 살이 팽팽한 자는 천한 사람이 많으며 광채나고 윤택한 자는 귀한 것이다. 대저 살이 뼈대를 이긴 자는 보통 사람들이다.

  행동(걸음)을 관찰할 때는 중후한 것을 요구한다. 터벅터벅 하여 조심스럽지 않은 자는 무거워도 빈천한 상이다.

  걸음은 편안한 것을 귀하게 여기고 더욱 귀한 것은 기복(起伏)의 형상이 있는 것이다. 그냥 무겁기만 하면 시체가 가는 것과 같아서 빈천한 상이다.

  앉은 자세를 관찰할 때는 편안한 것을 요구하는 것이다. 오래도록 굳세고 건강한 자는 편안하고 부귀를 누린다.
　앉아 있는 모습은 산이 있는 것 같으며 어깨, 배, 허리는 곧아서 단단하기가 봉우리나 뫼뿌리와 같은 상이면 반드시 부귀한 것이다.
　오래도록 어깨가 턱보다 높고 근골이 게으르고 약한 자는 오래 살지 못할 상(相)이다.
기뻐해야 할 때 화를 내는 사람은 반드시 고생하고 피로하고 괴로움이 있는 사람이다.
성내야 할 때 도리어 웃는 사람은 포악한 것을 숨기거나 잔인한 것이 있는 사람이다.
사람을 대면할 때 자주 곁눈질하여 보는 사람은 사귀어 교제하지 말라.
사람이 없는데 홀연히 혼자 중얼거리면 어떻게 원대함을 가지리오. 앉아서 매양 머리를 숙이면 마음이 승냥이나 전갈과 같다.
음식을 먹을 때 침을 많이 흘리면 몸이 부평초와 같다.
가래가 없는데도 항상 뱉고 뱉으면서 거두어 들이지(소리내지) 않으면 먼저는 부자이고 뒤에는 가난해진다. 할말이 있는데도 말을 제대로 하지 못하면 머리는 있고 꼬리가 없는 것이다.
말을 빨리 하는데 입을 항상 움츠리는 버릇이 있으면 반드시 가산을 탕진하고 집안이 뿔뿔이 흩어질 것이다.
일이 없는데 움직이면서 매양 바쁜 것처럼 하면 끝내는 종족을 떠나서 곤궁해질 것이다.
붉은 실주름이 눈을 얽고 산근(山根)에 힘줄이 솟은 자는 큰 죄를 범하고 단사(丹砂)를 입술에 바른 것 같고 얼굴에 도화색(桃花色)이 가득한 자는 떠돌며 방탕하게 지낸다.〔늙어서 도화색이 오르면 귀하게 된다.〕
상(相)을 관찰하는 개요를 대략 말하였으나 기색(氣色)으로 재앙과 복을 증험하는 자는 살펴 알기가 어려운 것이다. 그러므로 다시 덧붙여 그 미약한 판단을 삼고자 하였다.
이것을 말로 전하는 것은 옳지 못한 것이요, 모름지기 스스로 시험을 해보아야 하는 것이다.

하늘의 도(道)는 한 해를 주기로 도는데 24절기(二十四節氣)가 있다. 사람의 얼굴도 1년에 또한 24번 변화하는 것이 있다.

오행(五行 : 金木水火土)으로써 짝하면 증험이 되지 않는 것이 없는 것이다.

다만 기색(氣色)이 미묘하여서 상서로운 구름에 햇별이 비치는 것과 같이 온화하고 순수하여 가히 사랑할 수 있어야 바야흐로 귀한 것이 되는 것이다.

기색이 마르고 건조하며 어둡고 사나운 것 같으면 한 가지만 발현하기 어려운 것이 아니며 비장(脾臟)과 위와 마음과 배의 질병이나 수재(水災)나 옥사(獄事)의 송사액을 주관한다.

또 기색(氣色)은 가장 살피기 어려운 것이다. 모름지기 청명(淸明)은 날이 밝으려는 새벽에 정기(精氣)가 어지럽지 않은 때 살피면 보기가 쉽다.

급작스런 충격이나 술에 취한 색이 과도하여 쉽게 나아갔다 쉽게 물러나고 밝은 것 같으면서 밝지 않으며 어두운 것 같으면서 어둡지 않은 것을 유산(流散)이라고 이른다. 취한 것 같으면서 취하지 않고 잠자는 것 같은데 잠을 자지 않는 것을 기탁(氣濁)이라고 이른다. 이러한 것은 해결하기가 어려운 것이니 삼가고 삼가야 하는 것이다.

대개 기색(氣色)은 15일마다 한번씩 바뀌고 한 절기마다 교환되는데 자시(子時)에서 변한다.

네계절의 기(氣)를 분별하고자 하는 자는 그 기(氣)가 오행(五行)의 어디에 소속되는 가를 분별할 것이다.

봄은 청(靑)이요, 여름은 홍(紅)이요, 가을은 백(白)이요, 겨울은 흑(黑)이고 네계절 모두에서 황(黃)을 요한다. 이것이 네계절의 바른 기운이다.

이와 같이 오행(五行)의 색이 피부의 겉에 나타나는 것을 색(色)이라고 이르고 피부의 속에 나타나는 것을 기(氣)라고 이른다.

기(氣)라는 것은 곡식과 같고 콩과 같고 실과 같고 머리털과 같아서 피부의 속에 숨어있고 가늘기가 봄의 누에고치가 실을 뽑는 것과 같은 것이다.

무릇 다섯 방위의 바른 색을 살펴 보건대 목형인(木形人)은 청(靑)을 필요로 하고 화형인(火形人)은 홍(紅)을 필요로 하고 금형인(金形人)은 백(白)을 필요로 하고 수형인(水形人)은 흑(黑)을 필요로 하고 토형인(土形人)은 황(黃)을 필요로 하는

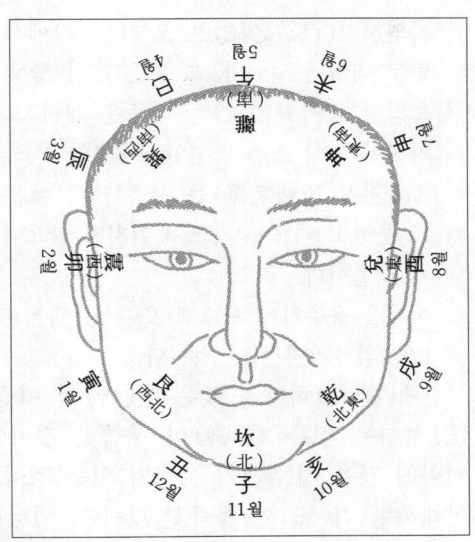

것이다. 이것이 인체의 바른 기(氣)이다.

목형(木形 : 나무의 형상)의 색은 청(靑 : 푸르다)이다. 흑(黑)을 띠고 백(白)을 꺼리는 것이요,

화형(火形 : 불의 형상)의 색은 홍(紅 : 붉다)이다. 청(靑)을 띠고 흑(黑)을 꺼리는 것이요,

금형(金形 : 쇠의 형상)의 색은 백(白 : 흰색)이다. 황(黃)을 띠고 홍(紅)을 꺼리는 것이요,

수형(水形 : 물의 형상)의 색은 흑(黑 : 검은색)이다. 백(白)을 띠고 황(黃)을 꺼리는 것이요,

토형(土形 : 흙의 형상)의 색은 황(黃 : 누렇다)이다. 홍(紅)을 띠고 청(靑)을 꺼리는 것이다.

이것은 오행(五行 : 금목수화토)의 서로 낳고 서로 상극되는 정기(正氣)인 것이다.

대개 기(氣)라는 것은 하나일 뿐이다. 그것을 분별하여 논한다면 3가지로 나눌 수 있다.

자연지기(自然之氣)와 소양지기(所養之氣)와 소습지기(所襲之氣)이다.

자연지기(自然之氣)는 오행(五行)에서 빼어난 기(氣)이며 자신이 받고 태어난 것이다. 그 맑은 것이 항상 보존되어 있는 것이다.
소양지기(所養之氣)는 의로운 것이 모아져서 생기는 기(氣)이다. 자신이 능히 스스로 편안하여 사물의 동요를 받지 않는 것이다.
소습지기(所襲之氣)는 사특한 기(氣)이다. 보존되는 것이 두텁지도 못하고 기르는 것도 채워지지 않으면 사기(邪氣)의 습격을 받았기 때문이다.
이것을 유추하여 확대해 보면 청(靑), 적(赤), 황(黃), 백(白), 흑(黑)의 5가지 색인 것이다.

신대(神大)하다는 것은 신(神)이 여유가 있는 것이다. 신겁(神怯)하다는 것은 신(神)이 부족한 것이다. 기(氣)가 신(神)보다 지나친 것은 기(氣)가 여유가 있는 것이요, 기(氣)가 신(神)보다 아래하면 기(氣)가 부족한 것이다. 이러한 것을 뜻으로 끊어서 이루면 가히 증험이 되는 것이다.

기(氣)가 오장(五臟)을 통하면 느끼는 것이 있는 것이다. 세상 사람들이 희노애구(喜怒哀懼)가 한 번 마음에 이르면 기(氣)가 이에 변하는데 또 하물며 질병이나 죽고 사는 것에 있어서랴!

청색(靑色)은 나무의 색이다. 맑은 하늘에 해가 장차 솟아 오르는 모양과 같이 윤택함이 있어야 바르기도 하고 길(吉)하기도 한 것이다.

만약 마르고 응어리져 번쩍번쩍하고 정해지지 않은 흰색(白色)과 같은 것은 나무를 이기고 때를 거역하는 것이다.〔木剋金〕
재백(財帛)궁에 있으면 재물을 날리고 부모궁에 있으면 부모에게 질병이 있고 자녀궁에 있으면 자녀가 병이 있다.
적색(赤色)은 화(火)에 속한다. 미치지 않아도 기(氣)가 막히게 된다. 그러면 재물을 소모시키고 관가의 송사나 구설(口舌)에 오른다. 황색(黃色)은 토(土)에 속한다. 목(木)은 토(土)를 이기는 것이다. 재물이 되니 봄의 달에 재물과 녹봉이 왕성하다. 흑색(黑色)은 수(水)가 목(木)을 낳는 것이다. 비록 좋으나 담박하면 길하고 짙으면 또한 재앙이나 재화(災禍)가 이르고 너무 무거우면 사망하기까지 하게 된다.

　붉은 색은 화(火 : 불)의 색이다. 틈속으로 햇빛이 보이는 것과 같이 윤택하여야 바르고 길하기도 한 것이다. 만약 메마르거나 타오르는 불과 같아 불꽃이 치열하여 검은 기운이 있는 것 같은 것은 대화(大禍)를 주관하는 것이다. 질액궁에 있으면 사망하게 되고 관록궁에 있으면 구금되거나 강등되거나 실직하게 된다. 백색(白色)은 금(金)이 되니 재물을 왕성하게 한다. 황색(黃色)은 화생토(火生土)다. 기(氣)를 막히게 하니 재물과 우환이 반반이다. 청색(靑色)은 목생화(木生火)가 되지만 너무 성하면 또한 근심과 슬픔이 반반으로 생긴다.

　백색(白色)은 금(金 : 쇠)색이다. 옥(玉)과 같고 윤택하여야 바르기도 하고 길하기도 하다. 분가루와 같거나 눈과 같아 좁쌀처럼 일어나면 상복을 입게 된다. 흑색(黑色)은 기(氣)를 누설되게 하니 재물을 없애게 된다. 또 큰 병을 주관하게 되며 적색(赤色)은 화(火)가 되는 것이다. 금(金)을 이기는 것이니 관재(官災)나 구설이 있게 되고 집안에 놀랄 일이 일어나 모든 것이 뜻과 같이 되지 않는다. 청색(靑色)은 목(木)이며 금극목(金剋木)이다. 재물과 근심이 되니 근심과 기쁜 일이 반반이다. 황색은 토생금(土生金)이다. 일을 꾀하면 성취함이 있고 온갖 일이 뜻과 같이 되는 것이다.

　흑색(黑色)은 수(水 : 물)색이다. 옻칠과 같고 윤택하여야 바르기도 하고 길하기도 하다. 만약 연기와 같고 어두운 색인 것은 재앙을 주관한다. 백색(白色)은 금(金)이 되니 이는 수(水)를 낳는다. 재물과 녹봉이 있다. 황색(黃色)은 토극수(土剋水)다. 재앙이 이르니 자녀궁에 있으면 자녀에게 질병이 있고 재백궁에 있으면 파산하기에 이른다. 적색(赤色)은 화(火)에 소속된다. 왕성하면 도리어 이겨서 재물로 변하고 크게 붉으면 또한 관재(官災)수가 있으나 크게 해롭지는 않고 쉽게 흩어져서 화(火)가 된다. 겨울의 3개월은 기(氣)가 없다. 청(靑)은 막힌 기(氣)이니 재물을 없애고 또 재앙이 되어서 모든 일이 뜻과 같이 되지 않는다. 겨울에 청색(靑色)이 있거든 봄의 염병이나 집안 식구들의 질병을 막아 달라고 복을 구하여 빌어야 하는 것이다.

　사계월(四季月)에는 연상과 수상이 누렇게 되어야 마땅하다. 연상과 수상이 백색이면 복(服)을 입게 되고 붉으면 재판이나 또는 창질(瘡疾)에 걸리거나 재물을 없애게 되고 만약 불기운이 치열하게 올라오는 것 같으면 화재가 이르게 된다. 청색은 놀랍거나 두려운 일이나 질병이 이른다. 흑색(黑色)은 병을 얻어서 사망한다. 황색(黃色)이란 것은 질병에서 벗어나는 것이다.

　이상의 기색(氣色)이 비록 나타났더라도 더욱 신색(神色)을 보아야 하는 것이다. 색(色)이 바르고 신(神)이 벗어나면 색(色)이 또한 비게 되는 것이다. 색(色)이 사특하고 신(神)이 왕성하면 색(色)이 마침내 큰 재앙을 만들지 못하는 것이다.

　※ 이상은 달마조사(達摩祖師)의 상법(相法)이다.

제5권 마의선생신상
(麻衣先生神相卷之三)

제1장 논사지(論四肢 : 사지를 논하다)
제2장 논수(論手)
제3장 논장문(論掌紋)
제4장 논수배문(論手背紋)
제5장 논족(論足)

제1장 논사지(論四肢 : 사지를 논하다)

사지(四肢 : 팔다리)를 논하다

대저 손이나 발이라는 것을 사지(四肢)라고 이른다. 봄, 여름, 가을, 겨울의 네 때를 본받아서 여기에 머리를 더하여 오체(五體)라고 한다.

오체는 오행(五行 : 金木水火土)을 본뜬 것으로 봄, 여름, 가을, 겨울이 고르지 않으면 만물이 때를 잃는다. 사지(四肢)가 단정하지 않으면 일신(一身)이 고통스럽게 된다. 오행(五行)이 이롭지 못하면 만물이 태어나지 못한다. 오체(五體 : 손, 발, 머리)가 균형을 잃으면 한 세대가 가난하게 된다.

이로써 손과 발이 또한 나무의 가지와 줄기를 본뜬 것이다.

마디가 많은 것을 이름하여 재목이 못되는 나무라고 한다. 손과 발은 부드럽고 매끄럽고 깨끗하고 근골(筋骨 : 힘줄과 뼈)이 드러나지 않았으며 그 흰 것이 옥(玉)과 같고 그 곧은 것이 줄기와 같으며 그 미끄러운 것이 이끼와 같고 그 부드러운 것이 솜과 같은 것은 부귀한 사람이다.

혹 단단하고 거칠며 크고 힘줄이 뼈 위를 얽어서 나오고 그 거친 것이 흙과 같고 그 단단함이 돌과 같으며 그 굽은 것이 잡목과 같고 그 살결이 발뒤꿈치처럼 단단한 것은 가난하고 하류민의 무리이다.

제2장 논수(論手)

손을 관찰하다

'손'이라는 것은 그 쓰임새가 물건을 잡는 것이다. 그 정(情)은 취했다 버렸다 하는 것이다.

그러므로 손이 섬세하고 긴 사람은 성질이 너그럽고 베풀기를 좋아하고 손이 짧고 두터운 자는 성질이 비루하고 취하기를 좋아한다.

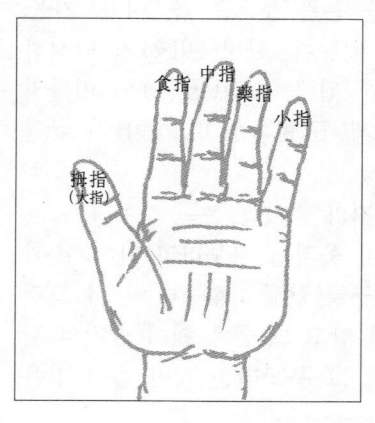

손을 내려서 무릎보다 긴 사람은 세상의 영웅호걸이요, 손이 허리를 넘지 못하는 자는 최고로 빈천하다. 몸체가 작고 손이 큰 자는 복록이 넘쳐 흐르며 신체가 크고 손이 작은 자는 청빈(淸貧)하다. 손이 향기롭고 따뜻한 자는 맑고 화려하고 손에서 나쁜 냄새가 나고 땀이 나는 자는 탁하고 천하다.

손가락이 섬세하고 긴 자는 총명하고 준수하며 손가락이 짧고 문드러진 자는 멍청하고 완악(頑惡)하다. 손가락이 부드럽고 사이가 뜨지 않으면 재물이 모인다. 손가락이 단단하고 성기면 재산을 없앤다. 손가락이 봄의 죽순처럼 생긴 자는 맑고 귀하게 되며 손가락이 북을 치는 자루 같으면 어리석고 완악하다.

손가락이 껍질을 벗긴 파와 같으면 봉록을 먹는다. 손가락이 대나무마디와 같은 자는 빈천하다. 손이 얇고 굳세며 닭의 발 같이 생긴 자는 지혜가 없고 가난하다. 손을 잡는데 힘이 세고 돼지굽과 같이 생긴 자는 우둔하고 천하다.
　손이 부드럽고 미끄러워 솜주머니 같은 자는 부자가 된다. 손의 피부가 연이어져 거위의 발과 같은 자는 지극히 귀하게 된다.
　손바닥이 길고 두터운 자는 귀하게 된다. 손바닥이 짧고 얇은 자는 천하게 된다. 손바닥이 단단하게 둥근 자는 우둔하다. 손바닥이 부드럽고 모난 자는 부자가 된다.
　손바닥의 네 귀퉁이가 풍성하게 일어나 중앙으로 쏟아지는 자는 부자가 되고 손바닥의 네 귀퉁이 살이 얇고 중앙이 평평한 자는 재물을 없애게 된다.
　손바닥이 윤택한 자는 부귀하고 손바닥이 건조하고 마른 자는 가난하고 궁하다. 손바닥이 붉어서 피를 뿌린 것 같은 자는 영화롭고 귀하다. 손바닥이 누렇고 흙을 턴 것 같은 자는 지극히 천하다.
　손이 얇고 깎인 자는 가난하며 손이 길고 두터운 자는 부자가 된다. 손이 거칠고 단단한 자는 지극히 천한 사람이다. 손이 부드럽고 가는 자는 청빈(淸貧 : 청백하여 가난함)하다.
　손바닥이 청색(靑色)인 자는 가난하고 고생한다. 손바닥이 흰색인 자는 가난하고 천하다.
　손바닥 중앙에 사마귀가 있는 자는 지혜롭고 부자가 된다. 손바닥 중앙 4곳의 두둑한 곳에 가로줄이 있는 자는 어리석고 가난하다.
　시(詩)에 말하였다.
　"귀한 사람은 열 손가락이 부드럽고 섬섬(纖纖)하니 다만 맑고 한가하여 복이 스스로 첨가하지 아니하랴.
　손가락이 절단되거나 훼손되면 정히 군자(君子)의 상(相)은 아니니 흉악하고 어리석은 것을 가히 단정하여 혐의하지 아니하랴."
　대저 사람의 손은 부드러우면서 팔이 길어야 하고 평평하면서 뼈대는 두터워야 하며 둥글면서 낮아야 한다.
　팔뚝의 마디는 작아야 하고 손가락마디는 가늘어야 하며 용골

(龍骨 : 어깨에서 팔꿈치)은 길어야 하고 호골(虎骨 : 팔꿈치에서 손목)은 짧아야 한다.
　뼈가 드러나고 거칠며 힘줄이 뜨고 흩어지며 주름이 가늘어 실과 같고 살이 마르고 깎아낸 것 같은 것은 아름다운 상(相)이 아니다.
　옛날에 왕극정(王克正)이라는 사람이 있었다. 왕극정은 죽을 때 후사(아들)가 없었다. 그 집안에서 불사(佛事)를 일으켰는데 오직 딸 하나가 있어 부처의 향로 앞에 무릎을 꿇고 앉았다. 진단(陳摶)이 조문을 왔다가 나가면서 사람에게 말하기를 "왕씨의 딸을 내 비록 그의 얼굴은 보지 못했으나 다만 그 향로를 잡고 있는 손을 보니 상(相)이 심히 귀하다. 만약 남자라면 백의(白衣 : 무관)로 한림원(翰林院)에 들어갈 것이요, 여자라면 시집가서 부인(夫人)의 작위를 받게 될 것이다."라고 하였다.
　뒤에 진진공(陳晉公)이 참지정사(參知政事)가 되었는데 아내가 없었다. 태종(太宗)이 말하기를 "왕극정은 강남지방의 친구가 족이다. 그의 한 딸이 어질고 현명하니 경(卿)이 그와 짝을 맺으라."라고 하며 돈독하게 두세번 권유하였다. 드디어 태종의 뜻을 받아들여 아내를 삼았는데 수일이 지나지 않아서 군부인(郡夫人)에 봉해졌다."고 하였다.
　'손이 무릎 아래까지 늘어지다.'고 한 것은 촉(蜀)나라 선주(先主)인 유비(劉備)를 두고 한 말이다. 그는 신장(身長)이 6척5촌(六尺五寸)이요, 손이 늘어져서 무릎을 지났으며 스스로 눈을 돌려 그의 귀를 보았다고 하였다.
　손이 흰 옥과 같은 자는 귀하게 된다. 손이 곧고 죽순과 같은 자는 복을 받고 장수한다. 손이 미끄럽기가 이끼와 같으면 복을 받고 장수한다.
　용골은 길고 호골은 짧아야 한다. 어깨에서 팔꿈치까지의 이름을 용골(龍骨)이라고 한다. 이는 임금을 상징하며 길고 커야 한다.
　팔꿈치에서부터 팔목까지 이르는 것을 호골(虎骨)이라고 이름하며 신하를 상징하는 것이다. 짧고 작아야 하는 것이다.

또 이르기를 손에 주름이 어지럽게 엉켜 있으면 합하여 복과 녹봉이 있으며 일생동안 재앙이 없다. 손에 가로주름이 있으면 살생과 해악을 논할 수가 없다. 손에 세로주름이 있는 자는 지위가 삼공(三公)에 이른다.

수상(手相)이 좋다고 하여 손을 움직여 양식을 장만하지 않는 자는 손금이 아무리 좋아도 얻기가 어렵다. 손에 3가지 적절한 철칙이 있으면 반드시 노복(시종)을 부린다.〔손가락 위의 주름이 3개가 있어서 각각 3길이 있는 것이 이것이다.〕

손이 한 줄이면 반드시 자신이 벌어서 먹고 열 손가락에 3주름이 있으면 재물과 먹을 것이 무궁무진하다.

손이 호랑이 굴과 같으면 가난이 자손에게까지 미친다.

남자의 손이 솜주머니와 같으면 녹봉과 지위가 최고의 지위에 오른다.〔최고의 좋은 수상(手相)이고 보통 사람은 부귀와 명예를 누린다.〕

여자의 손이 대나무창과 같으면 복록과 지혜가 끝이 없다.

손의 뼈가 기울고 가로지르면 천박한 사람이다. 용골이 호골을 삼키면 반드시 영화롭다. 가늘고 가는 열 손가락이 윤택하면 지식이 사람들을 놀라게 한다.

손에 뼈대가 없고 한쪽으로 기울면 가난하고 신체가 고르지 않다. 호골이 강하고 용골이 또 약하면 더욱 스스로 번창하기를 바란다.

제3장 논장문(論掌紋)

손바닥의 무늬를 논하다

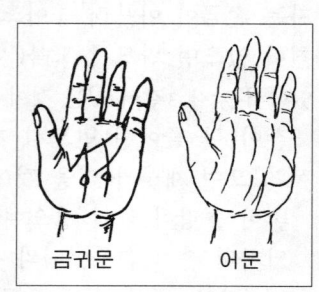
금귀문　　어문

손가운데 무늬가 있는 것은 나무가 결이 있는 것을 본뜬 것이다. 나무의 무늬가 아름다운 것을 기재(奇材)라고 이름한다. 손에 아름다운 무늬가 있는 것은 이에 귀(貴)한 바탕이다.

그러므로 손에는 가히 무늬가 없지 못할 것이다. 무늬가 있는 사람은 제일의 상(相)이다.

무늬가 없는 사람은 미천한 상(相)이다.

무늬가 깊고 가는 것은 길(吉)하고 무늬가 거칠고 얕은 자는 천하다.

손바닥 위에 3가지 무늬가 있는 자는 제일 위의 획은 하늘과 응하니 임금을 상징하고 아버지를 상징하는 것으로 그 귀하고 천한 것을 정하는 것이다.

중간의 획(줄)은 사람과 응하고 어진이를 상징하고 멍청한 이도 상징하는 것으로 그 가난하고 부자가 되는 것을 분별한다.

제일 아래 획(줄)은 땅과 응하는데 신하를 상징하고 어머니를 상징하는 것으로 수명과 요절을 주관하는 것이다.

3개의 무늬(줄)가 빛나고 맑으며 무늬가 끊어진 곳이 없는 것은 복과 녹봉이 있을 상(相)이다.

세로로 무늬가 많은 자는 성질이 어지럽고 재앙이 많으며 가로

무늬가 흩어져 문란한 자는 모든 일이 되는 것이 없다.

무늬가 가늘고 실이 얽힌 것처럼 생긴 자는 총명하고 아름다운 녹봉을 받는다. 무늬가 거칠고 조약돌과 같은 자는 우둔하고 멍청하고 혼탁하고 천하다.

무늬가 어지럽게 끊어진 자는 일생동안 가난하고 춥다. 무늬가 흩어진 겨와 같으면 일생동안 쾌락을 누린다.

동전에 구멍을 뚫은 것 같은 무늬가 있으면 재물이 계속 늘어난다. 단홀(端笏)과 같은 무늬가 있는 사람은 문관(文官)으로서 출세한다.

열 손가락 위에 선라(旋螺)의 무늬가 있는 자는 영화롭고 귀하게 된다. 곁으로 쏟아지는 광주리 같은 무늬가 있는 자는 재산을 날린다. 열 손가락 위에 가로무늬 3개가 갈고리와 같은 것이 있는 자는 귀하게 되어 시종을 부린다.

열 손가락 위에 가로무늬가 한 개의 갈고리 같은 것이 있는 자는 천하고 남에게 부림을 받는다.

거북무늬가 있는 자는 장군이나 정승이 된다. 물고기무늬가 있는 자는 차관의 벼슬을 한다. 반달모양의 무늬가 있고 수레바퀴무늬가 있는 자는 길하고 경사가 있다.

음즐문(陰隲紋)과 연수문(延壽紋)이 있는 자는 복과 녹을 누린다. 인문(印紋 : 도장)이 있는 자는 귀하게 된다. 밭전자(田)무늬가 있는 자는 부자가 된다.

우물정자(井紋)무늬가 있는 자는 복을 받는다. 열십자(十)무늬가 있는 자는 관리가 되어 녹을 받는다.

옥책문(玉策紋)이 위로 손가락을 꿰뚫은 자는 이름을 온 세계에 드날린다. 또 안검문(按劍紋)이 있어서 권인(權印)을 더한 자는 온 세계의 군대를 거느린다.

결관문(結關紋)이 있는 자는 흉악한 역적이며 일을 방해한다. 야차문(夜叉紋)이 있는 자는 천박하고 도둑이 된다.

대개 손바닥의 무늬는 비록 좋지만 혹 속이 파괴된 자는 다 결함이 있어서 성취함이 없는 상(相)이다.

제4장 논수배문(論手背紋)

손등의 무늬를 관찰한다

　손등의 무늬는 그 증험이 숭상할 수 있다. 그러므로 사람을 화합하게 하는 이치가 있다.
　다섯 손가락이 모두 위의 두 마디가 가지런한 것을 용문(龍紋)이라 하는데 이는 천자(天子)의 스승이 되는 것이다.
　아래마디는 공작이나 후작이 되고 가운데마디는 정승자리이다.
　무명지(無名指)라는 것은 장관이나 국사를 감독하는 데에 이르고 소지(小指)는 차관이나 차관보를 주재하고 대지(大指)는 큰 부자가 되는 것을 주관한다.
　손등에 다섯 손가락이 다 가로무늬가 둘러 있는 자는 제후나 왕의 지위에 오른다. 결이 꿰어진 자는 재상이 된다. 손등의 식지(食指)의 근본을 또한 명당(明堂)이라고 이른다.
　이상한 무늬에 검은 사마귀가 있는 것은 재주와 기예가 있어 고귀하게 된다. 만약 나는 새의 글자체가 있는 자는 또 청백리가 되어 현달하여 귀하게 된다.
　대지본(大指本)에 가로무늬가 있는 자는 공곡문(空谷紋)이라고 하며 이러한 사람은 지극히 너그러워서 용납하지 않는 사람이 없으며 큰 부자가 된다.
　요완문(繞腕紋 : 팔뚝을 두른 무늬)이 있어서 빙둘러 있고 끊이지 않는 자는 옥천문(玉釧紋)이라고 이르는데 주인이 경애한다.
　손등에 한줄무늬 두줄무늬가 있는 자는 한 번이나 두 번의 영화를 누린다. 3줄 이상의 무늬가 있는 자는 한림원(翰林院)에서 출세한다. 이러한 것은 남자와 여자가 다 한 가지이다.

그 무늬가 모름지기 두루 돌거나 만약 끊어져서 돌지 않았으면 증거를 취하여도 증험이 없다.

손의 무늬(手紋 : 손금)

1. 사계문(四季紋 : 네계절의 무늬)

사계문은 네계절 동안의 길흉을 나타낸다. 이러한 손의 무늬를 가진 자는 네계절을 미루어 혈액의 순환하는 색에 따라서 길하고 흉한 것이 정해진다.

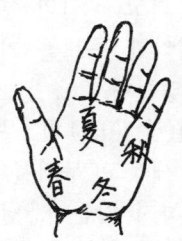

봄에는 푸르고 여름은 붉고 가을에는 희게 나타나고 네계절 가운데 검은 것은 겨울에 나타나는 것이 좋다. 가을에 붉고 겨울에 누렇고 봄에 흰 것을 나타내고 여름에 검게 나타나는 것은 모두 흉한 것이다.

2. 대인문(帶印紋 : 도장무늬)

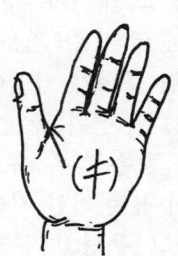

이러한 손의 무늬를 가진 자는 최고로 귀하게 되고 혹 몸에도 이러한 것이 있으면 국가의 태사가 된다.

손바닥의 무늬가 도장을 찍은 것과 같으면 앞길이 열려서 큰 공명을 얻는다. 부귀를 내가 원하지 않는 것이라고 말하지 말라. 스스로 좋은 이름을 날리고 장관 이상의 자리에 오를 것이다.

3. 병부문(兵符紋 : 군대의 신표)

이러한 손의 무늬를 가진 사람은 외직으로 나가면 장군이 되고 안으로 들어오면 정승이 된다. 옛날에 한(漢)나라의 진평(陳平)이 이러한 손 무늬를 가졌었다.

병부문이 손바닥의 중앙에 나타나면 소년에 장원급제하고 벼슬길이 승승장구 한다. 지조가 굳고 일을 정하여 응하며 권력은 요직을 차지하고 변경의 적들을 진압시키고 개선장군이 되는 I등품의 귀인 상이다.

4. 금화인문(金花印紋 : 금꽃의 무늬)

금꽃무늬의 손금을 가진 자는 남자는 국가의 최고 공신의 훈장을 받고 여자가 이러한 무늬를 가지면 최고의 지위를 얻는다.

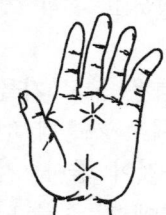

손바닥에 금화인(金花印)의 무늬가 있으면 자신을 세우고 부귀를 누리며 가난을 걱정하지 않는다. 남자는 좋은 날에 제후나 재상에 봉해지고 여자라면 다른 해에 나라의 영부인이 되는 것이다.

5. 배상문(拜相紋 : 거문고무늬)

배상문을 가지고 태어나면 크게 귀하게 된다. 그 무늬가 거문고와 같은 것으로 옛날 중국의 한(漢)나라 때 장량(張良)이 이런 무늬가 있었다고 한다. 배상문(拜相紋)은 건위(乾位)에서 찾는다. 그 무늬가 좋은 것은 옥요금(玉腰琴)과 같은 것이다. 이러한 사람은 성정(性情)이 돈독하고 두텁고 문장이 특이하여 항상 최고 지도자의 관심을 갖는 그런 사람이 된다.

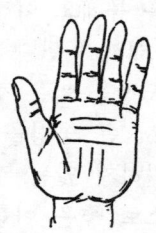

6. 안진문(鴈陣紋 : 기러기떼무늬)

안진문은 기러기가 떼지어 나는 무늬와 같은 것으로 이러한 무늬를 이름하여 조아문(朝衙紋)이라고도 한다.

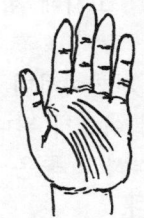

조아문(朝衙紋)은 기러기가 떼지어 일렬로 나는 것이니 이러한 무늬가 있으면 하루아침에 온 나라에 이름을 떨치게 될 것이다. 대통령 집무실을 자주 드나들고 장군이나 정승이 될 것이며 고향으로 돌아올 때에는 온 몸에 훈장이 가득할 것이다.

7. 쌍어문(雙魚紋 : 한쌍의 물고기무늬)

쌍어문(雙魚紋)을 가지면 문장이 뛰어나고 그릇이 크며 조상을 빛낸다.

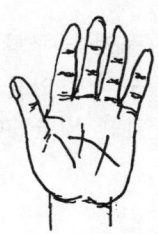

쌍어(雙魚)가 학당(學堂) 한가운데에 놀면 20세에 문장이 뛰어나서 조상을 빛내게 된다.

무늬가 천정(天庭)을 지나서 다시 붉고 윤택하면 관직이 반드시 총리나 부총리의 지위에 오를 것이다. 이러한 무늬의 사람은 문장으로 출세할 것이다.

8. 육화문(六花紋 : 여섯꽃의 무늬)

육화문(六花紋)을 가지면 최고 지도자의 보좌관이 되어서 좋은 날이 있게 된다.

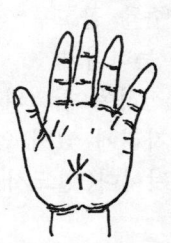

만약 사람이 이 육화문을 가지면 어느 날부터인가 깊이 최고 지도자의 은혜를 입게 될 것이다.

또 그것을 계기로 하여 관리가 되고 장관의 지위에도 오를 것이다. 경사(慶事)가 와서 늦은 나이에 처가집까지 빛내게 될 것이다.

9. 현어문(懸魚紋 : 물고기를 매달아 놓은 무늬)

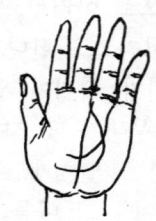

현어문(懸魚紋)은 물고기를 매달아 놓은 무늬로 문장으로 입신하여 고시에 합격한다.

현어문이 학당(學堂)과 가까이하며 온전하면 부귀는 소년시절부터 이르게 된다.

한번 고시에 응하면 곧 합격하고 좋은 차를 타고 좋은 의자에서 밑에 사람들을 호령할 것이다.

10. 사직문(四直紋 : 4개의 곧은 선)

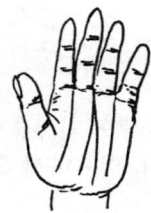

사직문(四直紋)은 4개의 곧은 선이 있는 것으로 중년에 부(富)와 귀(貴)를 누린다.

4개의 곧은 것은 무엇을 구할 것인가. 중년에 이르면 수심이 있을 수가 없다. 다시 붉고 윤택한 빛을 띠면 하루아침에 장관에 봉해지리라.

11. 천인문(天印紋)

천인문(天印紋)이 바닥의 건위(乾位)에 자리하였으면 자리를 빛내고 지도자의 측근에서 일할 것이다.

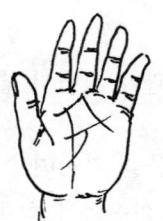

천인문이 건위(乾位)의 위에 나 있으면 문장과 재주를 골고루 겸비하여 스스로 영화를 누리리라.

지위는 차츰차츰 승진하여 최고의 지위에 오르고 무릇 벼슬자리에 있지 않은 보통 사람일 경우에는 집안에 돈이 많이 쌓일 것이다(반드시 큰 부자가 된다는 말이다).

12. 기부문(奇扶紋)

기부문(奇扶紋)을 가지고 태어나면 담(膽)이 크며 문채가 붉고 윤택하면 부귀를 누린다.

기부문이 무명지(無名指)에 나면 담의 기가 높고 강하며 그 누구와도 비길 것이 없다.

손이 붉은색을 띠면서 또한 윤택하면 이는 재능이 많은 것이다. 이러한 사람은 평생동안 부와 귀를 누리게 된다.

13. 보훈문(寶暈紋 : 보배로운 햇무리무늬)

보훈문(寶暈紋)을 가지고 태어나면 제후에 봉해지고 부와 귀를 누린다.

보훈문이란 그 형상이 기이(奇異)한 형상을 하였다(햇무리처럼 생겼다). 끝이 햇무리처럼 손바닥 중심에 있다.

둥그런 고리는 제후나 재상에 봉해질 상(相)이다. 돈이나 재물은 말할 것도 없이 많을 것이다.

14. 삼일문(三日紋)

삼일문(三日紋)을 가지고 태어나면 유학(儒學)의 으뜸 학자로 이름을 날린다.

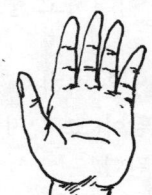

삼일(三日)이 밝게 손바닥 가운데 나타나면 문장이 어렸을 때부터 유림(儒林)에 으뜸한다.

모름지기 월궁(月宮)의 높은 계수나무를 휘어잡을 것이니 온 천하에 이름이 날리고 만금(萬金)을 부로 얻게 될 것이다.

15. 금귀문(金龜紋 : 금거북무늬)

금귀문(金龜紋)을 가지고 태어나면 100세를 무난히 산다. 또 명궁(命宮)에 있으면 부귀를 주관하고 2개가 다 온전하면 집안도 또한 화락할 것이다.

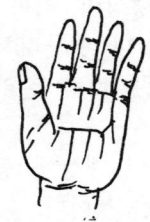

태궁(兌宮)인 서악(西岳)이 융성하게 솟았으나 무늬는 금거북과 같고 기상이 영웅스럽다.

대략 계산을 해도 수명은 100세를 넘을 것이요, 집안의 금은보화도 또한 그대로 보유하여 편안하게 살 것이다.

16. 필진문(筆陣紋)

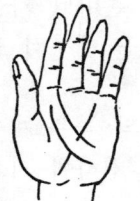

필진문(筆陣紋)을 가지고 태어나면 과거에 급제한다.

필진문은 손바닥에 많이 있으면 있을수록 문장이나 덕행이 맹자(孟子)를 능가하게 된다. 중년에 뜻을 얻고 과거에도 합격하여 복록이 헤아릴 수 없이 많고 좋은 옷에 좋은 음식을 먹게 된다.

17. 옥주문(玉柱紋)

옥주문(玉柱紋)을 가지면 소년의 나이에 과거에 합격하고 중년에 운이 피어난다.

옥주문이 학당(學堂)을 따라서 곧게 뻗어가면 사람이 담이 크고 지혜는 반드시 총명하게 된다.

학당(學堂)에 다시 문광(文光)이 나타나면 중년에 들어서서 운이 트여 어느 해인가 재상이 될 것이다.

제5권 마의선생신상 235

18. 삼기문(三奇紋)

삼기문(三奇紋)을 가지고 태어나면 청백리로 귀하게 된다. 또 삼기문이 학당(學堂)에도 나타나면 과거에 급제하고 지위는 정승에 오르리라.

삼기문은 무명지에 나타나고 한 줄기가 세 갈래로 나누어진 것이다. 태어나서 멀리 궁궐 밖에 있게 된다.

아울러 삼기문이 학당 안으로 이르면 금마문(金馬門 : 왕궁)에 들어가 정승(총리)이 될 것이다.

19. 삼봉문(三峯紋 : 세 봉우리무늬)

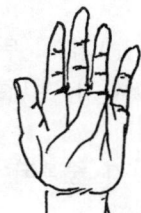

삼봉문(三峯紋)을 가지고 태어나면 부와 귀를 누린다.

세 봉우리가 손(巽) 이(離) 곤(坤)에서 일어나고 살이 풍만하고 높다.

묶은 모양이 둥글고 색이 광택이 나고 다시 붉은 것을 첨가하여 윤택하면 이러한 사람은 집안에 재물이 많고 부동산도 많이 있게 된다.

20. 미록문(美祿紋)

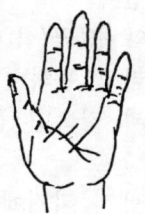

미록문(美祿紋)을 가지면 일생동안 편안하게 산다. 또 인정도 많고 가는 곳마다 인심도 순해진다.

미록문은 삼각형과 같다.

한쪽으로 기울어져서 사각이 가로로 그어져 있으면 자연적으로 의식이 항상 풍부하게 되고 이르는 곳마다 사람들이 추종하여 자신이 스스로 너그러워져 인정을 베풀게 된다.

21. 입신문(立身紋)

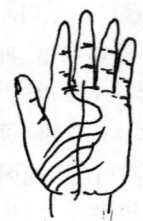

입신문(立身紋)은 상의 중앙에 수인문(手印紋)이 띠를 두르고 있는 것이다.

입신문이 있고 인당(印堂)이 풍부하면 당당한 형체에 기백이 무지개 같을 것이다.

다른 해에 현달하여 화려하고 귀하게 될 것이니 마침내는 조정의 으뜸 정승이 될 것이다.

22. 옥정문(玉井紋)

옥정문(玉井紋)을 가진 사람은 국가의 기강을 바로잡는 일을 하게 된다.

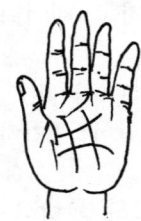

옥정문은 우물정(井)자의 무늬가 하나만 있어도 복(福)과 덕(德)을 갖춘 사람이다.

2~3개의 정자(井字)가 중복되어 있으면 과거에 장원급제 한다.

이러한 사람은 일정하게 청백리로 정해져 국가의 감사원장으로 지도자를 보좌할 사람이다.

23. 학당문(學堂紋)

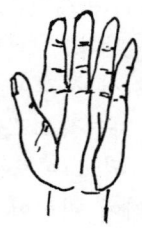

학당문(學堂紋)을 가지고 태어나는 자는 귀하게 된다.

모지(栂指)와 산근(山根)을 학당(學堂)이라고 논하니 마디가 부처의 눈과 같으면 문장을 주관한다.

금마문(왕궁)에서 과거에 뽑혀서 갑과(甲科)의 장원이 되어 명예가 맑고 높으며 멀리멀리 퍼질 것이다.

24. 거륜문(車輪紋)

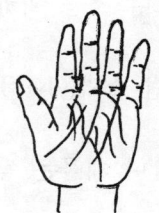

거륜문(車輪紋)을 가지면 크게 귀할 것이다.

거륜문은 원만하게 생긴 것을 거륜(車輪)이라고 한다. 반드시 그 나라의 대통령궁에 들어갈 것이다.

다시 보아도 무늬가 완전하면 명예가 북소리처럼 널리 퍼질 것이다. 제후로 봉해져 밑에 사람을 부릴 것이다.

25. 학당문(學堂紋)

학당문(學堂紋)은 23번의 학당문과 다르며 이러한 무늬를 가지고 태어나면 재능이 많고 평생 재앙이 없으며 베풀기를 좋아하고 복록도 있다.

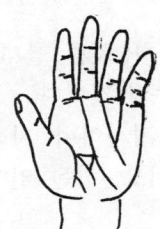

학당문이 작으면 서로 적당하여 청귀(淸貴)한 가운데 복도 따른다. 학당문이 열려 넓으면 사람이 주로 기예가 많아 큰일이나 작은일을 모두 잘 해결해 나간다.

26. 이학문(異學紋)

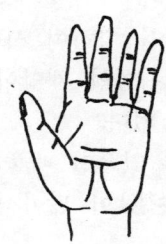

이학문(異學紋)을 가지면 주로 승려가 된다.

이학문은 모름지기 특별히 다른 행동을 한다. 명성이 항상 있어서 귀인(貴人)들의 부러움을 산다.

승려가 되어 승도를 닦는데 특별한 이름이 더하고 도를 버리고 속세로 돌아오면 모름지기 백만장자가 될 것이다.

27. 소귀문(小貴紋)

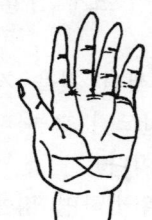

소귀문(小貴紋)이 있으면 조금 귀하나 의식은 풍족하다.
 소귀문은 기이하면 소귀(小貴)의 벼슬을 한다.
 비록 관록이 없으나 재물은 쌓여 있다.
 손바닥이 붉고 넓으며 또 부드러우면 승려가 되었더라도 환속하여 요직의 권세를 누리게 된다.

28. 천희문(天喜紋)

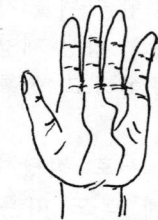

천희문(天喜紋)을 가지고 태어나면 복과 녹봉이 많다.
 몸을 세워서 천희(天喜)를 띠면 일생동안 복을 누릴 것이다.
 영화(榮華)가 왕성하여 자신은 편안함을 누릴 것이요, 하는 일마다 모두 뜻대로 될 것이다.

29. 복후문(福厚紋)

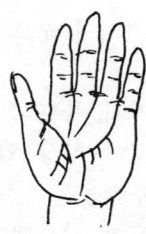

복후문(福厚紋)을 가지고 태어나면 재물을 기쁘게 모은다.
 복후문이 학당을 향하여 사다리 같이 생기면 평생동안 재앙이 없고 또한 재해도 없다.
 가난한 이웃이 있으면 베풀기를 좋아하고 음덕(陰德)이 많아서 반드시 장수도 하고 재물도 많을 것이다.

30. 천자문(川字紋)

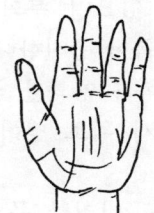

천자문(川字紋)을 가지고 태어나면 장수하게 된다.

다섯 손가락에 모두 천자문이 생기면 사람마다 수명을 더하여 장수하리라. 남자는 가히 한(漢)나라 때 상산사호(商山四皓)에 비교가 되고 여자는 서왕모(西王母)에 비교가 될 것이다.

31. 절계문(折桂紋)

절계문(折桂紋)을 가지고 태어나면 영화롭게 현달할 사람이다.

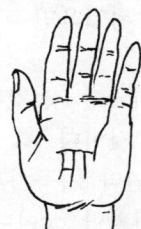

절계문(절계는 과거에 급제한다는 뜻)은 이름 자체에 인재라는 뜻이 있다.

선비로서는 장원급제하여 정승으로 발탁될 것이다.

항아(嫦娥)와 달 속에서 자주 기약하다 어느날 구름 위에 올라 계수나무를 꺾어서 올 것이다(장원급제할 것이다).

32. 삼재문(三才紋)

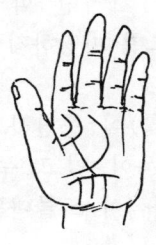

삼재문(三才紋)을 가지고 태어나면 일생동안 영화가 번창한다.

삼재문이 위로 뚜렷하게 나타나면 시운을 평생동안 가히 얻을 것이다.

수명이나 재물을 함께 얻을 것이나 한 줄의 무늬가 가운데가 끊어졌으면 다시 효험이 없을 것이다.

33. 천금문(千金紋)

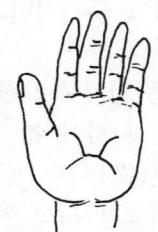

천금문(千金紋)이 있으면 부와 귀가 함께 온전하고 복이 증진한다.

사람이 사는데 복과 영화를 묻는다면 천금문이 곧게 위로 뻗어 있는지 볼 것이다.

설사 소년이라 해도 이러한 무늬가 있으면 곧바로 부귀를 누려 사람들에게 자랑할 수 있을 것이다.

34. 이괘문(離卦紋)

이괘문(離卦紋)을 가지면 영화를 누리고 귀하게 된다.

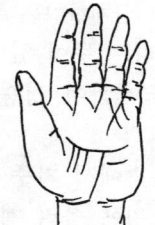

이괘문이 깊이 파손되었으면 괴롭고 힘든 일이 많다.

감위(坎位)가 넉넉한 것 같은 것은 만년을 일컬은 것이다.

팔괘(八卦)가 만약 가득차서 이어졌으면 외롭고 천박한 상이다. 그러나 이괘(離卦 : ☲)가 두터움을 요하여 번영을 주관할 것이다.

35. 진괘문(震卦紋)

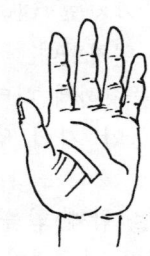

진괘문(震卦紋)을 가지면 학당(學堂)에 무늬가 없으면 마땅하지 않은 것이다.

진괘문은 진(震)이 풍만하고 색이 윤택하면 아들이 있고 무늬가 가늘면 누구나 자식이 드물다는 것을 알 것이다.

혹은 그 속에서도 살기(殺氣)를 띠면 또한 자식과도 인연이 없게 된다.

36. 음덕문(陰德紋)

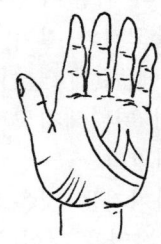

음덕문(陰德紋)은 복을 얻고 장수를 누리게 된다.

음덕문이 몸의 위치를 따라서 나있으면 항상 음덕을 품어서 총명과 합해진다.

흉악하고 위태한 것이 침범하지 못하고 마음에도 독기가 없다. 평상시에 자비를 좋아하고 또 경 외우기를 좋아한다.

37. 은하문(銀河紋)

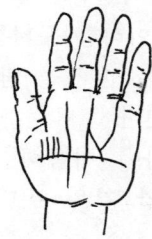

은하문(銀河紋)을 가지면 자립(自立)하게 된다.

은하문이 부서져서 천문(天紋) 위에 있으면 반드시 상처(喪妻)를 하고 새로 장가를 들게 된다.

감(坎)과 이(離)의 위치가 어지러워지고 깊이 부서지면 조상의 업을 지키지 못하고 자수성가(自手成家)하게 된다.

38. 화개문(華蓋紋)

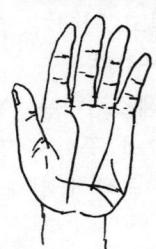

화개문(華蓋紋)을 가지게 되면 길(吉)하고 이롭게 된다.

화개문은 청룡(靑龍)과 음즐(陰隲)문이 함께 했으니 이러한 무늬는 길하고 이로우며 음덕(陰德)이 많다.

혹은 흉한 무늬가 손바닥 위에 있더라도 얻어서 구제를 받고 흉한 것이 되지 않는다.

39. 감어문(坎魚紋)

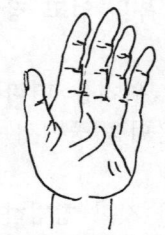

감어문(坎魚紋)은 부와 귀를 누린다. 감어문은 무늬가 물고기와 같이 생겼는데 감위(坎位)에 길게 늘어져 있으면 아내를 얻어 넉넉해지고 또 부동산도 많이 늘어난다.
 아들이 벼슬길에 나아가는 것은 건궁(乾宮)에 우물정자(井字)의 무늬가 있어서 힘을 얻은 것이다.

40. 주산문(住山紋)

주산문(住山紋)을 지니면 주로 승려가 된다.

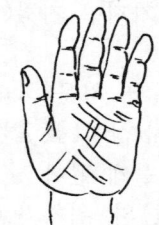

신위(身位)로 기울어진 무늬를 주산문이라고 하고 또 이러한 무늬를 가지면 깊숙하고 고요한 것을 탐하고 또 기쁜 것을 탐낸다.
 늙어서는 세상사에 마음이 항상 발동하여서 더욱 원앙 같은 부부간의 금슬의 빛을 갚지 못한 것을 한스럽게 여긴다.

41. 지혜문(智慧紋)

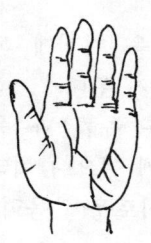

지혜문(智慧紋)을 가지면 마음이 항상 자비심이 차있고 지혜가 많으며 고요한 것을 좋아한다.
 지혜문은 지혜스럽다는 이름이 들려서 명예를 먼 곳까지 떨치니 그 무늬가 길고 곧아서 갈래진 창을 본떴다.
 평생동안 동작하는데 항상 생각하고 자선의 마음을 겸하여 횡액이 없다.

42. 산광문(山光紋)

산광문(山光紋)을 가지면 승려가 되고 맑고 한가한 것을 좋아
하며 시비를 꺼린다. 속인(俗人)이 이

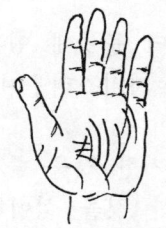

러한 것이 있으면 고독하거나 홀로
되며 또는 특이한 술법을 좋아한다.
산광문이 나타나면 맑고 한가한
것을 좋아하여 한가한 것이 옳거나
한가한 것이 그르더라도 간여하지 않
는다. 이러한 손금을 가지면 승려나 도인(道人)이 되는 것이 가장
적합하고 보통 사람은 다 고독하거나 홀아비가 된다.

43. 색욕문(色欲紋)

색욕문(色欲紋)을 가지면 색을 밝히고 풍류를 좋아하며 늙어서
도 멈추지 않는다.

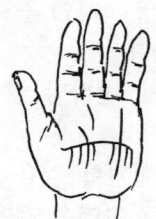

색욕문은 무늬가 어지러진 풀
의 형상과 같아 일생동안 풍류
와 여자를 밝힌다.
미혹된 것을 탐하여 운우의 정
을 즐기되 마음에 끝이 없고 90세
에도 이와 같아서 뒤늦게까지 자식을 둔다.

44. 난화문(亂花紋)

난화문(亂花紋)을 지니면 여색을 탐하고 재물을 탐하여 일생동
안 색귀(色鬼)가 된다.

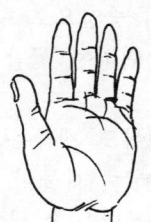

손의 두둑 한 부분에 모여 나
는 것이 난화(亂花)이다. 평생
천성적으로 사치와 호화로운
것을 좋아한다.
한가한 꽃이나 들의 버들가지를
때 없이 꺾고 또한 미인을 연모하며 집안을 생각하지 않는다.

45. 은산문(隱山紋)

은산문(隱山紋)을 가지면 한가하고 고요한 것을 좋아하고 성품이 자비롭다.

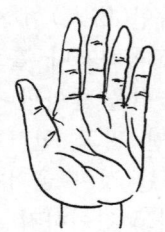

은산문은 손바닥 중앙에 있는데 성품이 선하고 자비스러우며 길하고 번창할 것이다.

또 은은하고 한가한 것을 즐기고 시끄럽고 후덥지근한 것을 싫어하여 말년에는 도(道)를 이루고자 서방(西方 : 불교)으로 떠나게 된다.

46. 일야문(逸野紋)

일야문(逸野紋)을 가지면 은은하고 한가한 것을 즐기며 도술을 좋아하게 된다.

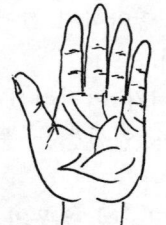

일야문은 명궁(命宮)을 따라 그 속에서 찾는다.

2줄의 무늬가 손바닥 중심에 곧게 심어져 있다.

성품이 그윽하고 한가한 것을 좋아하고 풍요롭게 되면 술수도 좋아하고 일생동안 시끄러운 것을 혐오하고 남이 방해할까 두려워하게 된다.

47. 화주문(花酒紋)

화주문(花酒紋)을 지니면 술과 여색을 좋아한다.

화주문이 손바닥 중앙으로 향하면 일생동안 술에 취하여 꽃밭 속에서 논다.

사이가 성기어도 재물을 물쓰듯하여 쌓아놓는 재물이 없고 다만 16세의 아름다운 여색에 빠지거나 탐하기만 한다. [집안은 곤궁하게 된다]

48. 도화문(桃花紋)

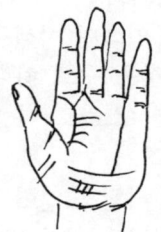

도화문(桃花紋)을 가지면 평생 풍류를 즐기게 된다.

도화문이 나타나면 사치와 화려한 것을 좋아하고 술을 탐하고 또 여색도 더욱 탐하게 된다.

정이나 성품이 일생동안 이러한 잘못된 것에 인연하여 중년(中年)에 들어서면 반드시 집안도 이루지 못할 것이다.

49. 색로문(色勞紋)

색로문(色勞紋)이 있으면 욕심이 말할 수 없이 많다.

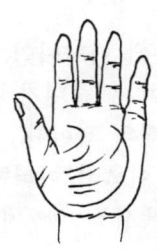

색로문은 버들잎 같은 무늬가 귀하게 되어 하수(河水)를 뚫으니 항백(巷佰 : 거리)의 뛰어난 경치에 세월가는 줄 모른다.

날 저물어 비 내리고 아침에 안개가 끼어도 마음이 언제나 편안하고 기쁨을 즐기다가 중년의 나이에 들어서서는 이러한 행각으로 고질병을 얻게 될 것이다.

50. 원앙문(鴛鴦紋)

원앙문(鴛鴦紋)을 지니면 연애를 잘하고 음란한 생활을 하게 된다.

원앙문이 나타나 있으면 많이 음란하게 된다. 여색도 좋아하고 술도 탐하며 잠깐도 쉬지 않는다.

날이 저물어 비가 내리고 아침에 안개가 끼어도 젊은 소녀만을 사랑하며 늙어서도 이와 같이 하여 여자만을 즐기는 상이다.

51. 화차문(花釵紋)
화차문(花釵紋)을 지니면 여색만을 밝히는 자이다.

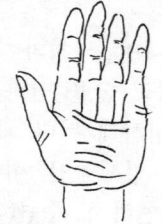

화차문이 나타나 있으면 여색을 훔치거나 탐내는 것을 주로 하니 거리의 번화가에서 스스로 다 알게 된다.

이르는 곳마다 사람을 얻어 불쌍히 여기고 또 애석하게 여겨 탐하고 즐기는 곳에는 서시(西施)보다 예쁜 여자가 있다.

52. 도화문(桃花紋)
도화문(桃花紋)을 지니면 주로 음란한 사람이다. 48번의 도화문과 다르다.

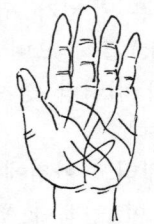

도화문이 손에 나타나면 주로 정이 사특하여 매춘녀가 있는 곳이 곧 그 사람의 집이다.

만약 중년에 이르러 이러한 무늬가 있으면 꿈속에서도 한 여인을 연모(戀慕)하게 될 것이다.

53. 화류문(花柳紋)

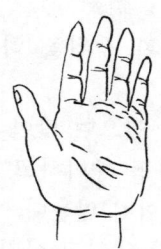

화류문(花柳紋)을 지니면 사랑의 욕심이 충만한 자이다.

화류문이 손에 있게 되면 스스로 집안일을 근심하지 않는다.

평생동안 풍류만을 사랑할 따름이다.

비단옷 입고 향수를 풍기는 환락만을 탐하여 아침해가 높이 떠도 머리를 들지 않는다.

54. 투화문(偸花紋)

투화문(偸花紋)이 있으면 여색과 술을 좋아하게 된다.

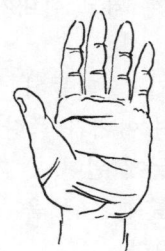

투화문이 손금에 나타나 있으면 스스로가 그릇됨이 많은 것이다.

특별한 곳에서 풍류의 정을 쏟고 남의 숨겨놓은 여자를 연모한다.

스스로 여자를 좋아하는데도 마음은 기쁘지 않고 일생동안 남의 여자만을 탐하는 것이다.

55. 어문(魚紋)

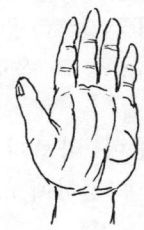

어문(魚紋)이 있으면 맑고 고상한 절개를 가진다.

처궁(妻宮)에도 어문이 있으면 맑고 귀한 것은 말할 필요가 없다.

여자는 절개를 지키고 아내의 도리를 다하지만 어문이 끊어지거나 파괴되어 있으면 음란하고 어리석다.

56. 화개문(花蓋紋)

화개문(花蓋紋)이 있으면 아내의 재물이 많다.

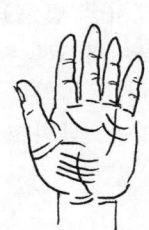

처궁(妻宮)에 화개문이 있어서 아내를 맞이하면 아내의 재산이 함께 쫓아서 따라 들어온다.

모든 오행(五行)이 손바닥에 나타나면 다른 해에는 다시 다른 남자가 있으리라.(간통을 한다)

57. 조천문(朝天紋)

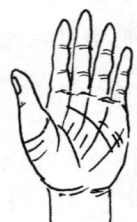

조천문(朝天紋)을 지니면 아내가 종과 간통을 하게 되고 아내가 음란하다.

처궁의 무늬가 흘러들어 천문(天文)을 향하면 아내가 음란해져서 체면도 없이 굴게 된다.

항상 운우지정(雲雨之情)을 즐기기만하여 인륜을 부정하고 가문을 어지럽히게 된다.

58. 노복문(奴僕紋)

노복문(奴僕紋)을 지니면 아내가 음란하게 된다.

노복문이 처궁(妻宮)으로 흘러들어가 처궁(妻宮)을 향하면 반드시 종놈도 음란하게 된다.

아내의 심정이 바르지 않고 종놈의 마음도 왕성하여 그대의 집안에 이르러 아내와 종놈이 간통하게 된다.

59. 생지문(生枝紋)

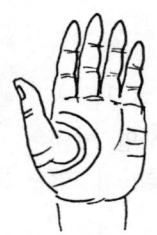

생지문(生枝紋)이 있으면 아내가 교활하게 된다.

생지문이 처궁(妻宮)에 나타나면 하늘에서 교활한 아내를 얻게 만든다.

대장부로서 일을 살피고 하는 것을 아들에게 묻고 도움도 받게 되는 것이다.

60. 극모문(剋母紋)

극모문(剋母紋)을 가지면 버림을 받게 된다.

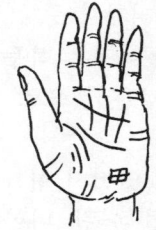

태음궁(太陰宮 : 坎位)에 무늬가 깊이 파이면 반드시 그 재앙이 어머니에게 나타난다.

만일 이로 인하여 집안을 떠나게 되면 자신에게는 오히려 좋지만 떠나지 않게 되면 자기를 낳아준 어머니에게도 버림을 받아 떠돌이 신세가 된다.

61. 처첩문(妻妾紋)

처첩문(妻妾紋)이 있으면 음란한 아내를 얻게 된다.

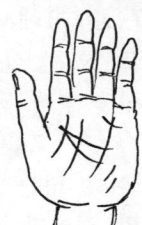

처궁(妻宮)의 무늬가 노복궁(奴僕宮)으로 들어가 있으면 아내는 항상 음욕이 많아서 외간남자와 간통을 하게 된다.

또는 아내의 주위에 언제나 음심을 품은 남자들이 많아 아내의 사생활이 많이 문란하게 된다.

62. 일중문(一重紋)

일중문(一重紋)을 지니면 고독하게 된다.

처첩궁(妻妾宮)에 하나의 중복된 무늬가 나있으면 아내와 종이나 또는 형제가 함께 죽는다.

만약에 2개의 무늬가 있어서 4개의 선으로 나누어져 있으면 그대에게 대를 이을 아들이나 손자는 있을 것이다.

63. 극부문(尅父紋)

극부문(尅父紋)이 있으면 형벌이 정해져 있다.

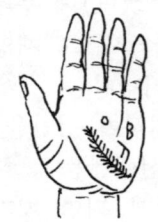

천문(天文)이 열려져서 중지(中指)까지 들어가면 이것은 북두칠성의 첫째별과 같은 것으로 진실로 기쁜 것이다.

다시 두 손가락에 있어서 한가운데에서 중지되었으면 어린 나이에 아버지가 죽고 의지할 곳이 없게 된다.

64. 월각문(月角紋)

월각문(月角紋)이 있으면 부인의 재산을 얻게 된다.

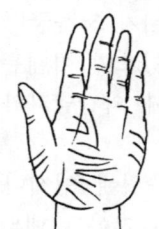

월각(月角)이 음문(陰紋)에서 나와 태궁(兌宮)으로 오면 살면서 우연히 부인의 재산을 얻게 된다.

일을 좋아하는 것은 모름지기 항상 경계하고 꺼려야 하는 것이니 여색을 밝히지 말 것이다. 그렇지 않으면 관청의 시비가 있게 될 것이다.

65. 과수문(過隨紋)

과수문(過隨紋)을 지니면 개가한 어머니를 따라가게 된다.

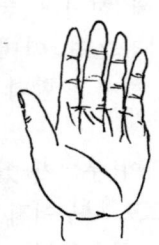

손바닥의 법문(法紋)을 이름하여 과수문(過隨紋)이라고 하는데 이것이 있으면 일찍부터 아버지를 잃고도 슬퍼하지 않는다.

어찌 어머니가 개가하는 곳까지 따라갈 것을 생각하여 다른 사람에게 인사를 올리고 아버지로 삼는가(곧 의붓아버지를 모신다는 뜻).

66. 탐심문(貪心紋)

탐심문(貪心紋)이 있으면 마음을 안정시키기가 어렵다. 항상 탐심이 있게 된다.

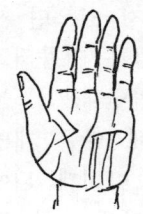

천문(天紋)이 흩어져 달아나면 탐심이 있게 된다. 다만 자신 것만을 아끼고 남의 것은 아끼지 않는다.

또 남의 물건을 보면 욕심이 생겨서 마음을 안정시키지 못하고 남의 물건이라도 나의 물건과 같이 속이기를 좋아한다.

67. 삼살문(三煞紋)

삼살문(三煞紋)이 있으면 아내와 아들을 잃게 된다.

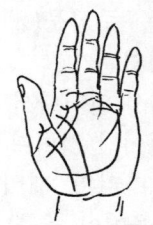

삼살문이 처자궁(妻子宮)에 침입하면 아내를 잃고 아들도 잃고 홀로 눈물을 흘리게 된다.

만약 한 번의 실패 뒤에 나타난 삼살문이 뒤가 가볍게 생겼으면 중년(中年)에 이르러서 고독한 것은 면하게 될 것이다.

68. 주작문(朱雀紋)

주작문(朱雀紋)이 있으면 관가의 형벌이 끊이지 않는다. 주작문이 손바닥 위에 나와 있으면 평생동안 관가의 시비(재판)가 끊이지 않는다.

만약 길한 무늬가 있으면 오히려 무방하겠으나 가장 두려운 것은 주작무늬의 양쪽 머리 입구가 또 벌어진 것이다(그곳이 벌어져 있으면 재앙이 더욱 심하다).

69. 망신문(亡神紋)

망신문(亡神紋)을 지니면 사람이 신용이 없다. 손바닥 가운데 가로로 곧게 그어진 것을 망신문이라고 부른다.

이 무늬가 있으면 재산을 없애고 육친(六親)도 잃게 된다.

이르는 곳마다 사람들과 더불어도 만족할 것이 없고 다시 목숨을 부지하기 위하여 험난한 곳에서 살게 되는 것이다.

70. 겁살문(劫煞紋)

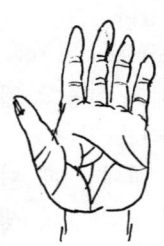

겁살문(劫煞紋)을 지니면 골육간에 정을 잃는다.

겁살금문(劫煞金紋)이 흩어지고 어지럽게 끊어져 있으면 사업의 성공과 실패가 거듭되고 또 흉액도 자주 만난다.

초년이나 중년에 많은 재앙을 만나면 액운을 마치게 되어 형벌을 받는 해로운 일은 없다. 말년에는 뜻을 얻어 성공할 수 있다.

71. 주식문(酒食紋)

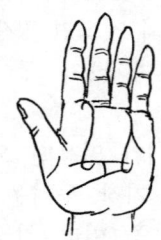

주식문(酒食紋)을 지니면 술과 녹봉이 있다.

가로로 뻗어 있는 주식문(酒食紋)은 어떻게 생겼는가?

곤궁(坤宮)에서 일어나서 손궁(巽宮)으로 들어간 것이다.

이 무늬는 세 마리의 제비가 나는 듯 비스듬이 기울어야 좋은 것으로 모든 선이 가로로 곧게 뻗었으면 귀인(貴人)과도 사귀어 주식(酒食)과 녹봉도 있게 된다.

72. 독조문(獨朝紋)

독조문(獨朝紋)을 지니면 차관까지 오를 수 있으며 화홀(靴笏 : 가죽신과 홀)의 무늬가 있으면 귀(貴)함도 있다.

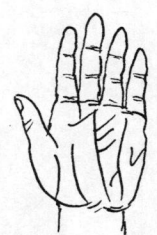

독조문(獨朝紋)이 있으면 차관의 자리에 오를 수 있다.

만약 화홀이 있으면 더욱 총명하다. 관직의 운은 좋고 좋지만 화합하는 것이 어려운 일이다.

반드시 중년이 넘어야 지위와 녹봉이 오를 것이다.

제5장 논족(論足)

발을 논한다

발이란 것은 위로는 한 몸체를 싣고 아래로는 온갖 몸체를 운행시키는 것으로 발은 매우 중요한 것이다.

발이란 땅을 본뜬 것이다. 발의 몸체가 비록 제일 밑에 있으나 그 사용하는 데는 지극히 큰 것이다.

이러한 것으로 인하여 발의 곱고 추한 것을 분별하여 그 귀하고 천한 것을 살피는 것이다.

발은 모나고 넓고 바르고 둥글며 기름지고 유연하여야 부귀(富貴)의 상(相)이다.

발이 좁지는 않으면서도 얇고 가로로 되었으면서 짧고 거칠면서 단단한 것은 빈천(貧賤)한 상(相)이다.

발의 바닥에 무늬가 없는 자는 비천한 사람이다. 발바닥에 검은 사마귀가 있는 자는 관록을 먹는다. 발이 비록 큰데도 얇은 자는 비천하다. 비록 두텁더라도 가로된 자는 가난하고 고생한다.

발바닥에 뒷꿈치가 잘 이루어져 있는 자는 복이 자손에게까지 미친다. 발바닥에 둘러진 무늬가 있는 자는 명성이 천리를 전하게 된다. 발바닥이 평평하여 판자와 같은 자는 빈천하다.

발바닥이 거북이 들어갈 것처럼 파인 자는 부귀를 누린다.

발가락이 섬세하고 긴 자는 충성되고 진실한 귀인이 된다. 발가락이 단정하고 가지런한 자는 지혜와 용력이 대단한 현인이다.

발바닥의 네 모서리가 두터운 자는 큰 부자가 된다.

발바닥에 3개의 사마귀가 늘어선 자는 내외(內外 : 내무, 외무)의 권력을 맡을 것이다.

대저 귀인의 발은 작고 두터우며 천한 사람의 발은 얇고 크다.

시(詩)에 말하였다.

"귀인(貴人)의 발이 두터우면 한가한 즐거움이 많고 천인(賤人)의 발이 얇으면 쉴새없이 분주하다. 사마귀가 있고 무늬가 있으면 참으로 부러운 것이요, 사마귀가 없고 무늬가 없으면 수명을 덜게 되는 것이다."

발바닥 무늬를 논한다

발바닥이 부드럽고 미끄러우며 무늬가 많은 사람은 귀하다.

발바닥이 거칠고 단단하며 무늬가 없는 사람은 천하게 된다.

발바닥에 거북의 무늬가 있으면 2천석(二千石 : 수십억)의 녹봉을 받는 사람이다.

발바닥에 새(禽 : 날짐승)의 무늬가 있는 사람은 장관의 지위에 오른다.

발가락 바닥에 책문(策紋 : 글자모양)이 있어서 위로 뻗어 있으면 정승이나 시어사가 될 것이다. 발바닥에 열십자(十字)의 일책문(一策紋)이 위로 뻗은 사람은 차관의 지위에 오른다.

발바닥에 3줄의 무늬가 비단의 무늬와 같이 생긴 사람은 녹봉을 만종(萬鍾 : 수백억)이나 받을 것이다.

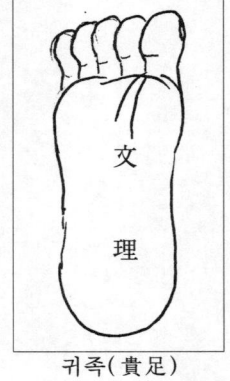
귀족(貴足)

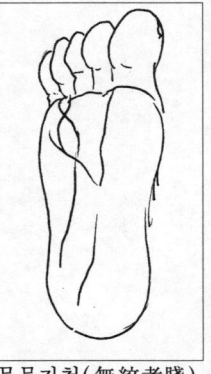
무문자천(無紋者賤)

발바닥에 무늬가 화수(花樹)와 같은 사람은 재물을 쌓는데 한정이 없다. 발바닥에 전도(剪刀)와 같은 무늬가 있는 사람은 거만금(巨萬金 : 수백억)의 부자가 된다. 발바닥에 인형(人形)과 같은 무늬가 있는 사람은 귀하게 되어 모든 관료를 다스린다.

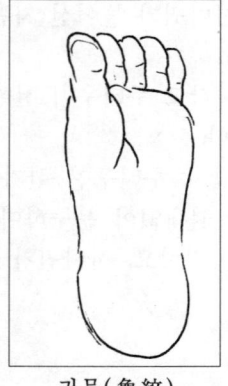
귀문(龜紋)

금문(禽紋)

발바닥에 1책문(一策紋)이 있는 사람은 복록을 누린다. 발바닥에 팔라문(八螺紋)이 있는 사람은 부자도 되고 귀하게도 된다. 두 개의 새끼발가락에만 무늬가 없는 것을 팔라문이라고 한다.

두 새끼발가락에도 모두 무늬가 있는 것을 10라문(十螺紋)이라고 하는데 성품이 비루한 사람이다.

10개의 발가락에 다 무늬가 없는 자는 실패가 많다.

발바닥에 무늬가 있으면 자손에게 크게 이익이 있다. 발바닥에 거북의 무늬가 있으면 평생동안 맑은 이름을 날린다. 발바닥에 검은 사마귀가 있으면 부귀하고 어진 선비가 된다.

제6권 마의선생석실신이부
(麻衣先生石室神異賦)

제1장 개요
제2장 비전상법(祕傳相法)

제1장 개요

오대(五代: 後梁, 後唐, 後晉, 後漢, 後周)의 사이에 도덕이 지극히 높은 진단(陳摶)이라는 사람이 있었다. 그의 하사받은 호는 희이(希夷)이다.

마의선생(麻衣先生)을 스승으로 삼아서 관상학(觀相學)을 배웠는데 깨닫게 하기를 겨울이 깊어질 때 화로를 끼고 교육을 시켰다.

진희이(陳希夷)가 기약한 날짜에 가서 화산(華山)의 석실(石室) 가운데 이르르니 마의선생은 말로써 하지 않고 법도(法度)를 희이에게 주었다.

〔진단(陳摶)은 자가 도남(圖南)이며 호는 부요자(扶搖子)이다. 오대 말의 송(宋)나라 초기 도사(道士)로 일찍이 상법(相法)에 정진해서 통달했다. 또 일찍부터 송태조(宋太祖)의 상을 보았는데 뒤에 말을 타고 변(汴) 땅을 들어갔다가 길에서 송태조가 즉위했다는 소식을 듣고 크게 웃고 땅을 두드리면서 말하기를 "이미 천하가 정해졌다."라고 하였다.

뒤에 송태종이 불러서 보았는데 벼슬하지 않았다. 이때 희이(希夷)라는 호를 하사하였다.

마의(麻衣)는 곧 신선늙은이(仙翁)이다. 마의는 그의 성명을 알 수가 없다. 혹은 어떤 사람이 상을 잘 보았는데 그 이름을 숨기고 마의(麻衣)라고 호를 하였으며 그 호를 전했다고 한다.

260　거울로 보는 관상

송태조

　화산 석실(華山石室)은 마의선생이 도(道)를 닦던 땅인데 뒤에는 희이(希夷)가 숨어 살았다.
　법도(法度)로 말한 것은 침묵으로 일깨운 것이다. 다만 불을 사용하여 글자를 화로의 재 위에 써서 가르침을 전했다고 한다. 뒤에 이 부문(賦文)이 금쇄부(金鎖賦)가 있고 별도로 은시가(銀匙歌)가 있다. 이 두 부와 시가를 다 받았는데 희이는 그 학업을 다하였다. 금쇄부와 은시가는 다 마의선생이 지은 것이다.]

제2장 비전상법(祕傳相法)

상법비전해석(相法祕傳解釋)

▨相有前定이나 世無預知니
상(相)이란 앞에서 정해지는 것이지만 세상에서는 미리 알 수가 없다.

〔사람이 태어나면 부유하고 귀하게 되거나 가난하고 천하거나 현명하고 어리석거나 장수하고 단명하게 되며 재앙을 받기도 하고 복을 받기도 하며 선한 사람이 되기도 하고 악한 사람이 되기도 하는 것이 한결같이 상(相)의 형체와 모습, 피부와 골격, 기색(氣色)과 음성에 정해지는 것이다. 산옹(山翁 : 마의선생)이, 세상 사람들이 이러한 것을 미리 알 수 없다는 것을 슬프게 여겼다.〕

▨非神異以祕授면 豈庸凡之解推리오
신묘하고 기이한 사람이 아닌데 비전(祕傳)을 주면 어찌 보통 사람이 해석하여 알리오.

〔미리 상(相)이 앞에서 정해진 것을 알고자 한다면 신묘한 사람이나 특이한 사람이 아니면 능히 알 수가 없는 것이다. 그러므로 비밀리에 이 비법을 주는 것이니 어찌 속세의 하등 인간이 능히 해석하고 알 수 있을 것인가. 의당히 희이(希夷)라야만 가능하다는 것이다.〕

▨ 若夫舜目은 重瞳이라 遂獲禪堯之位하고
무릇 순임금의 눈은 겹눈동자였다. 마침내 요임금의 지위를 선

공자초상

양받았다.

〔순(舜)임금은 우(虞)나라 임금이다. 동(瞳)은 눈동자이다. 순임금이 겹눈동자의 특이한 상(相)이 있어서 드디어 요임금의 제위를 선양받아 천하를 두게 되었다. 요임금의 아들 단주(丹朱)는 불초(不肖)하였고 순임금이 인효(仁孝)하다는 것을 듣고 천하를 순임금에게 선양하였다.〕

▨重耳는 駢脅이라 果興霸晉之基하니

진(晉)나라의 공자 중이(重耳)는 통갈비다. 과연 패자(霸者)로서 진(晉)나라의 기틀을 일으켰다.

〔중이(重耳)는 진문공(晉文公)의 이름이다. 병(駢)은 나란히하다 이다. 진문공이 통갈비의 기이한 뼈로 과연 진나라 왕실의 기틀을 일으켜서 패업(霸業)을 성취시켰다.〕

▨發石室之丹書하나니 莫忘吾道하라 剖神仙之古祕하여 度與希夷하노라

석실(石室)의 단서(丹書 : 단사로 쓴 글씨)를 발견하여 펴서 주노니 우리의 도(道)를 잊지 말라. 신선들의 옛비밀을 분석하여 법도로 희이(希夷)와 함께 하노라.

〔마의선생이 오늘 석실 안의 단보(丹寶 : 붉은 글씨)의 글을 발견하고 옛날 신선들의 비결의 법전을 분석하여 너 희이에게 주노니 우리의 상법(相法)이 여기에 다 있다. 마땅히 자주 자주 생각하여 잊지 않아야 할 것이다.〕

▨當知骨格은 爲一世之榮枯하고 氣色으로 定行年之休咎니라

마땅히 사람의 골격을 아는 것은 일세의 번영과 몰락을 위한 것

이다. 기색(氣色)으로 살아가면서 아름답고 흉한 것이 정해지는 것이다.

〔골격은 바뀌지 않는다. 이것은 상의 주체이며 한평생의 영화와 몰락을 이것으로 말미암아 아는 것이다. 기색은 돌아서 나타나는 것이다. 상(相)의 쓰임새이며 나이의 흐름에 따라서 아름다운 것과 허물(흉한 것)을 이것으로 말미암아 증험하는 것이다. 지혜로운 자가 참조하면 사람의 귀하고 천한 것을 절반은 짐작할 수 있다.〕

▨三停이 平等하면 一生衣祿이 無虧하고
상정(上停), 중정(中停), 하정(下停)의 삼정이 평등하면 일생동안 의식과 복록이 결함이 없다.

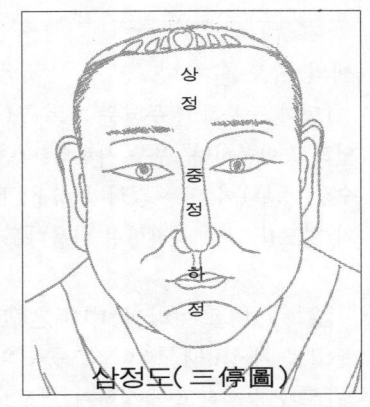
삼정도(三停圖)

〔발제(髮際)에서부터 인당(印堂)에 이르는 것이 상정(上停)이요, 산근(山根)에서부터 절두(準頭)에 이르는 것이 중정(中停)이요, 인중(人中)으로부터 지각(地閣)에 이르는 것이 하정(下停)이다. 이것이 얼굴의 상삼정(上三停)이다. 머리〔頭〕, 허리〔腰〕, 발〔足〕은 몸체의 상삼정(上三停)이다. 옛날에 이르기를 "얼굴의 삼정(三停)은 액(額), 비(鼻), 각(閣)이고 몸의 삼정(三停)은 발, 머리, 허리이다. 삼정이 평등하면 일생동안 의식과 봉록이 넉넉하고 길고 짧은 것의 차이가 있으면 복이 넉넉하지 못한 것으로 의식과 봉록이 풍부하고 부족한 것을 이것으로 볼 수 있는 것이다.〕

▨五嶽이 朝歸하면 今世錢財自旺이라
오악(五嶽)이 모여 마주하면 금세에는 재물이 왕성하리라.

〔왼쪽 관골(顴骨)이 동악(東嶽)이 되고 오른쪽 관골이 서악(西嶽)이 되고 이마가 남악(南嶽)이 되고 지각(地閣)이 북악(北嶽)이 되고 코가 중악(中嶽)이 되는데 이것을 오악이라고 한다. 이 오악이 모여서 마주하고

풍륭하여야 하는 것이요, 결함이나 파이거나 상처가 있어서는 안된다.『혼의(混儀)』에 이르기를 "오악이 바르지 않으면 그대의 상은 일생동안 박복하고 가난할 것이요, 팔괘(八卦)가 높이 솟았으면 모름지기 재물과 보물을 불러들여 돈과 재물이 왕성한 상(相)임을 여기서 볼 수 있을 것이다."라고 했다.〕

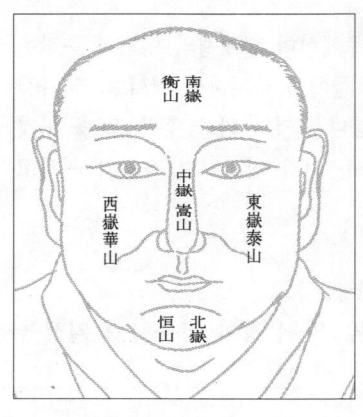

▨頰爲地閣이라 見末歲之規模하고

턱을 지각이라고 한다. 말년 운세의 규모를 본다.

〔턱이 풍부하고 두터운 자는 부(富)가 풍부하고, 뾰족하고 깎인 자는 가난하고 박복하다. 무릇 사람의 말년 운세를 보는 것이 여기에 있다. 지각은 수성(水星)이 되는 것이며 하정(下停)에 속하니 만약 금(金)이나 수(水)의 형모를 갖춘 사람이면 아름다운 것이다.〕

▨鼻乃財星이라 管中年之造化니

코는 재성(財星)이라. 중년의 조화(造化)를 관장하는 것이다.

〔코가 풍성하고 융성하며 단정한 자는 귀하게 현달하고 번쩍 들쳐져서 구멍이 보이고 한쪽으로 기울거나 굽은 자는 비천한 사람이다. 코는 토성(土星 : 財星)이다. ※중정(中停)에 속하니 토(土)의 형상을 갖춘 사람을 미루어보면 가장 잘 어울리는 것이다.〕

▨額方而濶이면 初主華榮하고 骨有削偏하면 早年偃蹇이라

이마가 모나고 넓으면 초년에 영화를 누리고 골격이 깎이고 편벽되면 일찍부터 운이 막히고 어렵게 된다.

〔이마는 화성(火星)이다. 이에 관록이나 부모의 궁(宮)이다. 초년을 한정하여 지배한다. 만약 모나고 바르고 너그럽고 넓으면 반드시 초년에 영

화를 누린다. 그 골격이 뾰족하고 깎였으며 편벽되고 파였으면 모름지기 일찍부터 이롭지 못하다.〕

▨目淸眉秀는 定爲聰俊之兒오
눈이 맑고 눈썹이 수려하면 총명하고 준걸한 아이이다.
〔눈썹을 왼쪽은 나후(羅睺)라고 하고 오른쪽은 계도(計都)라고 하여 나누며 눈은 음양(陰陽)으로 소속시킨다. 눈썹은 마땅히 수려하여 성기고 흩어져서 낮게 늘어지지 않아야 한다. 눈은 맑아서 어둡고 흘겨보는 듯하여서는 안된다. 비록 부하고 귀하지는 못하나 반드시 총명하고 준수한 아이가 되는 것이다.〕

▨氣濁神枯는 必是貧窮之漢이라
기(氣)가 탁하고 신(神)이 메마른 것은 반드시 가난하고 궁한 사나이이다.
〔관상 중에서 신기(神氣)가 가장 많이 말해지고 있는 것은 사람이 판단하기가 어려운 것이기 때문이다. 옛날에 점을 치는 늙은이가 말하기를 "신(神)과 기(氣)라는 것은 온갖 관문의 빼어난 후예이다."라고 하였다. 양기(陽氣)가 펴지면 산천이 잘 피어나고 일월이 솟아 오르면 하늘과 땅이 청명하게 되는 것이니 사람에 있어서는 한 몸의 주인이 되고 모든 관상의 증험이다. 『청감(淸監)』에 이르기를 "모든 신(神)과 기(氣)는 사람에게 부여되어 기름과 같고 또 등불과 같은 것이다. 기(氣)와 신(神)이 탁하지 않으면 사람이 스스로 부자가 된다. 기름이 맑은 뒤에야 등불이 바야흐로 밝다."고 하였다. 그러므로 신(神)과 기(氣)가 탁하고 마른 것은 일생동안 발달하지 못한다.〕

▨天庭이 高聳하면 少年富貴를 可期오
천정이 높게 솟으면 소년에 부귀할 것을 가히 기약한다.
〔천정(天庭)은 위치가 인당(印堂)의 위와 발제(髮際)의 아래에 있어 그 최고로 높은 자리에 처해 있다. 그러므로 천정이라고 한다. 높이 솟아서 벽(壁)을 세우고 간을 엎어놓은 것과 같아야 하고 사마귀가 얽거나 편벽되

지 않고 결함이 없어야 하며 다시 오악을 겸하여 조공(朝拱 : 솟아 오르다)하면 어려서 반드시 귀하게 현달한다.〕

▨地閣이 方圓하면 晩歲榮華를 定取니라
지각(地閣)이 모나고 둥글면 만년에 영화를 취하는 것이 정해진다.
〔지각은 승장(承漿)의 아래 이해(頤頦 : 턱)의 사이에 있으니 전지(田地)와 노복(奴僕)의 궁(宮)이다. 만약 모나면 귀하고 두터우면 부자가 되며 깎이고 엷으면 가난하다. 모나고 또 둥글면 말년에 영화가 있다.〕

▨視瞻이 平正하면 爲人이 剛介心平하고
보는 것이 평평하고 바르면 사람 됨됨이가 굳세고 마음이 평탄하다.
〔보는 것이 편벽되거나 기울어져서는 안된다. 만약 곁눈질을 하는 자는 사람이 간사하고 마음이 반드시 험악하다. 바르게 보는 자는 마음이 평탄하고 곧으며 뜻과 기운이 강직하고 절개가 굳다.〕

▨冷笑無情하면 作事機深內重이라
찬웃음에 정이 없으면 일을 꾸미는데 기틀이 깊고 안이 무거운 것이다.
〔무릇 일을 꾀하는데 오직 찬웃음에 정(情)이 말미암지 않는 자는 사람이 꾀하는 일이 깊고 측량하기 어려우며 마음이 반드시 중후하고 가볍지 않은 것이다.〕

▨準頭豊大면 心無毒이오
코끝이 풍성하고 크면 마음에 독이 없는 것이다.
〔절두는 토성(土星)이다. 신용을 나타낸다. 풍성하고 커서 사자의 코나 대나무 대롱을 쪼개놓은 것 같은 자는 반드시 선하고 매의 부리와 같은 자는 성품이 많이 독하다.〕

■面肉橫生하면 性必凶이라
면육(관골)이 가로로 나면 성품이 반드시 흉악하다.
〔면육은 곧 관골(顴骨)이다. 관골이 함께 드러나 옆으로 불거진 자는 그 성질이 흉악하고 포악하다.〕

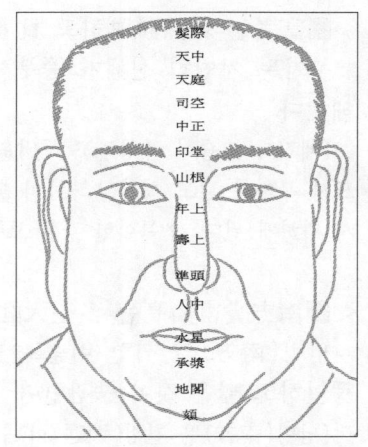

■知慧生於皮毛하고
지혜는 피부와 털에서 생겨난다.
〔피부가 섬세하고 부드럽고 광채가 나며 모발(毛髮)이 성기고 빼어나고 윤택한 자는 반드시 지혜가 총명하고 이와 반대가 되는 자는 반드시 거칠고 속된 것이다.〕

■苦樂觀乎手足이라
고통스럽고 즐거운 것은 손과 발에서 보는 것이다.
〔손가락마디가 거칠고 크고 마르고 가시나무처럼 생기고 발등이 마르고 길고 건조한 사람은 반드시 괴롭고 고생하는 것이요, 손가락마디가 가늘고 부드럽고 윤택하며 발이 뼈와 살이 함께 하여 둥글고 살찐 자는 반드시 편안하고 즐거운 사람이다.〕

■髮際低而皮膚粗하면 終見愚頑이오
발제가 낮고 피부가 거칠면 끝까지 어리석고 완악한 것이다.
〔발제가 이마와 같이 오목하고 낮으며 피부가 마르고 거친 자는 필경 어리석고 완악한 무리이다.〕

■指節細而脚背肥하면 須知俊雅니라
손가락마디가 가늘고 발등이 살찌면 준아(俊雅)함을 알 것이다.
〔손가락마디가 가늘고 기름져서 봄의 죽순과 같고 발등이 살이 쪄서 두툼한 사람은 반드시 준수하고 한아(閑雅)한 사람이다.〕

■富者는 自然體厚하고 貴者는 定是形殊니라
부자는 자연히 신체가 풍부하고 귀한 자는 형체가 특별하게 정해진다.

〔체격과 모습이 풍성하고 두터운 자는 창고(倉庫)가 비어있지 않아 반드시 부자가 되고 형상(形相)이 맑고 기이한 자는 골격이 이상하여 반드시 귀하게 된다. ※특이한 것은 보통 사람과 같지 않은 것이다.〕

■南方貴宦淸高는 多主天庭이 豊潤이오
남방(南方)의 귀한 벼슬로 맑고 높은 것은 많이 천정(天庭)이 풍만하고 넓은 것이 주관한다.

〔남방(南方)은 천정(天庭)이 주관한다. 천정은 이마이며 화성(火星)이다. 남인(南人), 곧 화형(火形)의 사람은 머리와 이마가 풍부하고 넓어 기울거나 결함이 없으면 관록성(官祿星)이 제자리를 얻는 것으로 맑고 높은 귀관(貴官)이 되는 것이다.〕

■北方公侯大貴는 皆由地閣이 寬隆이라
북방(北方)이 공작, 후작의 큰 귀인이 되는 것은 다 지각(地閣)이 너그럽고 융성한 것에 말미암는 것이다.

〔북방(北方)은 지각(地閣)이 주관한다. 지각은 턱이며 이에 수성(水星)이다. 북인(北人), 곧 수형(水形)의 사람은 턱〔頤頰〕이 너그럽고 융성하고 천정(天庭)으로 솟아 오르면 임금과 신하가 서로 잘 만난 것으로 대부분 크게 귀하여 공(公)이나 후(侯)의 작위에 오른다.〕

■重頤豊頷은 北方之人이라야 貴此强이오
두터운 윗턱과 풍성한 아랫턱은 북방(北方)의 사람이라야 귀하고 이에 강하다.

〔턱이 비대하고 중후하며 양쪽의 뺨이 풍성하고 윤택하여 제비의 턱과 같은 것은 귀하고 또 강하다.〕

■駝背面田은 南方之人이라야 富而足이라

낙타등에 얼굴이 밭전자(田字)와 같은 자는 남방(南方)의 사람이라야 부(富)하고 만족하다.

〔척추의 등이 풍부하여 낙타 봉우리처럼 되고 얼굴의 모양이 모나고 둥글어 밭전자(田字)와 같은 것이다. 남방(南方)의 사람, 곧 화성(火星)인이 이와 같으면 부자가 된다. 위의 문장에 "남방이 귀한 벼슬로 맑고 높은 것은 많이 천정(天庭)에서 주관한다."고 했으니 서로 거스르는 것 같으나 『광감(廣監)』에 이르기를 "절인(浙人)은 맑은 곳에 치우치지만 얼굴과 등이 풍부하여 이와 같은 상(相)을 얻으면 부귀할 것이다."고 하였다.〕

■河目海口는 食祿千鍾이오

하독(河瀆)인 눈과 회독(淮瀆)인 입은 천종(千鍾 : 천섬)의 녹봉을 먹는다.

〔눈은 사독(四瀆)에서 두 개의 하독(河瀆)이다. 입은 온갖 것이 들어오는 관료의 사회이다. 눈은 광채가 있고 드러나지 않아야 하고 입은 방정하고 뒤집혀지지 않아야 귀하고 현달하고 녹봉을 먹는 사람이다. '하목해구(河目海口)'라고 이른 것은 입이 커서 용납됨이 있고 눈은 뒤집혀 드러나지 않는 것을 말한 것이다.〕

■鐵面劍眉는 權萬萬里니라

철(鐵)의 얼굴에 검(劍)의 눈썹은 병권(兵權)이 만리(萬里)이니라.

〔철면(鐵面)이라는 것은 신기(神氣)가 검어서 쇠의 색깔과 같은 것이다. 검미(劍眉)라는 것은 능골(稜骨 : 눈썹의 뼈)이 일어난 것이 칼등과 같은 것이다. 이러한 상을 가진 자는 계도(計都)와 나후(羅睺)가 천위(天位)에 가로로 행하고 수기(水氣)가 화방(火方 : 이마)에서 멀리 떨어져 있어야 한다. 이렇게 되어야 병권(兵權)을 만리(萬里)에 떨칠 것이 아닌가. 만약 신기(神氣)가 갑자기 변하여 검은색이면 흉하게 된다.〕

■龍顔鳳頸은 女人이 必配君王하고

용의 얼굴에 봉황의 목을 가진 여자는 여인이 반드시 군왕(君

王)에 짝한다.

〔얼굴의 모양이 용의 광채와 같이 특이하고 목이 봉황의 채색처럼 범상치 않은 것과 같은 여자는 왕비의 상(相)이다.〕

▨燕頷虎額은 男子 定登將相이라
제비의 턱에 호랑이 이마를 한 남자가 장군이나 정승에 오르는 것이다.

〔턱이 위아래턱의 사이에 있으니 뼈와 살이 풍만하여 수박처럼 생긴 자는 제비턱과 같은 것이다. 머리와 이마가 모나고 둥글며 입과 눈이 함께 커서 보는데 위엄이 있는 눈빛이 있는 자는 호랑이 머리와 같아야 하는 것이다. 남자가 이와 같은 상을 지니면 후한(後漢) 때 재상을 지낸 반초(班超)와 같다.〕

▨相中訣法에 壽夭最難하니 不獨人中이라 惟神是定이니라
상법비결에는 장수와 단명이 최고 어렵다. 오직 인중(人中)에 있지 않고 신기(神氣)에서 정해지는 것이다.

〔상서(相書) 중 『결법(訣法)』에 "오직 장수와 단명은 가장 알기 어려운 것이다."라고 했다. 곽림종(郭林宗)의 사람을 보는 8가지 법에도 장수와 단명에는 미치지 않았는데 이것은 어렵기 때문이 아니겠는가? 유독 인중(人中)을 이르지 않고 보수관(保壽官)이라고 했다. 사람의 인중(人中)이 분명하여 대나무통을 쪼갠 것 같은 것이어야 하나 장수와 요절은 마땅히 신기(神氣)가 주관하는 것이다. 배우는 사람들은 참고할지어다.〕

▨目長輔采는 榮登天府之人이오
눈이 길고 광채를 보호하는 것은 영화가 천부(天府)의 사람에 오를 것이다.

〔보(輔)는 곧 반짝이는 것을 눈썹으로 보호하는 것이요, 채(采)는 광채이다. 눈이 가늘고 길며 신광(神光)이 있고 눈썹이 맑고 수려하며 광채가 나면 반드시 총명하고 과거에 급제할 사람이다.〕

■神短無光하면 早赴幽冥之客이라

신(神)이 짧고 광채가 없으면 일찍이 유명(幽冥)의 객으로 갈 것이다.

〔눈의 신(神)이 짧고 촉박하고 광채가 없으며 보는 것이 힘이 없고 흐릿하고 어두운 자는 요절할 것이다.〕

■面皮虛薄하면 三十後는 問壽實難이오

얼굴의 가죽이 허하고 얇으면 30세 후에는 수(壽)를 묻기가 어려운 것이다.

〔허(虛)는 살이 뼈에 붙어있지 않은 것이다. 박(薄)은 가죽이 있는데 살이 없는 것이다. 그러므로 경(經)에 이르기를 "얼굴가죽이 붕대나 또는 북처럼 생겼으면 35세를 넘지 못한다."고 한 것이 이것을 말한 것이다.〕

■肉色輕浮하면 前四九를 如何可過리오

살과 색이 가볍고 뜨면 36세를 어떻게 넘기리오

〔육(肉)은 뼈를 보양하는 혈기이며 몸체의 기본이다. 색(色)은 기(氣)의 정화(精華)이며 신(神)의 태식(胎息 : 위생적인 호흡법)이다. 살이 적당하여 뼈에 알맞은 것이 진실한 것이요, 색이 적당하게 기(氣)에 있어 나타나는 것이다. 만약 경박하고 뜨고 침침한 것은 반드시 요절하는 것으로 경(經)에 이르기를 "살이 늘어지고 힘줄이 너그러우며 색(色)이 또 귀찮은 것 같으면 36세 이전에 세상을 떠난다."고 하였는데 이러한 것을 말한 것이다.〕

■雙縱項下면 遇休囚而愈見康强하고

쌍종(雙縱)이 목아래에 하면 휴수(休囚)를 만나도 더욱 건강하게 된다.

〔노인의 목 아래에 두 길이 나 있어 목에 이른 자를 수종(壽縱)이라고 하는데 장수를 주관한다. 사람이 이러한 종(縱)이 있으면 휴수(休囚)를 만나더라도 흉하지 않고 더욱 건강하게 되리라. 그러므로 경(經)에 이르기를 "눈썹이 귓속 털만 같지 못하고 귓속 털이 목 아래 종(縱)만 같지 못하

다."고 했다.]

▨凡頂骨中이면 有疾厄而終無難險이라
　무릇 정수리에 뼈가 솟았으면 질액이 있어도 마침내 어렵고 험한 것이 없다.
　〔어떤 본에는 구골정중(九骨頂中)이라고 되어 있다. 대개 정액(頂額)에는 구골(九骨)이 있으나 사람이 갖추어 온전하기가 어려운 것이니 시비를 두려워한 것이다. 마침내 모든 뼈가 정수리 속에 없는 것이 도리가 된다. 다만 무릇 기골(奇骨)이 있어 정수리 속에서 솟은 자는 비록 질액이 있으나 근심할 필요가 없는 것이다. 옛사람이 이르기를 "얼굴에는 좋은 보조개가 없고 머리에는 나쁜 뼈가 없다."고 했는데 이러한 것을 말한 것이다.〕

▨骨法은 旋生하고 形容은 忽變하나니 遇吉則推하고 有凶可斷이라
　골법(骨法)은 움직여 생기고 형용은 문득 변하나니 길한 것을 만나면 미루어 궁구하고 흉한 것이 있으면 판단한다.
　〔대저 사람이 귀하기 전에 비록 골격(骨格)이 있으나 이미 벼슬을 한 뒤에는 움직여 생겨나 자라남이 있고 부자가 되기 전에 비록 형용이 있으나 이미 부자가 된 뒤에는 홀연히 변경되나니 대개 뼈는 귀함을 쫓아서 자라고 살은 재물을 따라 자라서 형상이 오행(五行)의 분류가 있다. 병(病)은 너무 배부르고 따스한 곳에서 생기며 근심은 즐거움이 지극한 곳에서 나오고 기(氣)는 오색(五色)의 변화가 있다. 배우는 자들은 자세히 추측하면 길하고 흉한 것을 판단할 수 있다.〕

▨常遭疾厄은 只因根上이 昏沈이오
　항상 질액(疾厄)을 만나는 것은 다만 산근(山根) 위가 어둡고 가라앉은 것 때문이다.
　〔근(根)은 곧 산근(山根)이다. 위치는 인당(印堂)의 아래에 있다. 연상(年上), 수상(壽上)과 삼위(三位)가 되어 질병궁(疾病宮)이 되니 신색(神色)이 빛나야 하고 어둡지 않아야 한다. 어둡고 밝지 않은 것은 질액

(疾厄)이 있는 사람이다.〕

▨頻遇吉祥은 蓋爲福堂이 潤澤이라
 자주 길상(吉祥)을 만나는 것은 대개 복당(福堂)이 윤택하게 된 것이다.
 〔복당(福堂)은 두 눈썹 위, 화개(華蓋)의 곁에 있다. 항상 밝고 윤택하며 색(色)이 붉고 누런 것은 항상 길상(吉祥)이 있고 흉한 것이 없는 것이다.〕

▨淚堂이 深陷하고 蠹肉이 橫生하며 鼻準이 尖垂하고 人中이 平滿하면 剋兒孫之無數하고 刑嗣續之難逃니라
 누당(눈밑)이 깊이 들어가고 두육(蠹肉)이 가로로 나며 코끝이 뾰족하여 늘어지고 인중(人中)이 평만하면 자손이 수없이 죽고 대를 이을 자식도 형벌을 받아 도망다니기 어렵게 된다.
 〔눈 아래 눈주위를 누당(淚堂)이라고 한다. 풍만하고 파이거나 결함이 없어야 한다. 눈주위 가운데 살이 허하고 종기 같은 것을 두육(蠹肉)이라고 한다. 가로로 나있으면 좋지 않다. 코끝이 절(準)이 된다. 가지런하고 커야지 뾰족하거나 늘어지지 않아야 한다. 코끝 아래의 입술 위 형상이 대롱을 쪼갠 것과 같이 우러러 보는 것이 인중(人中)이다. 또 구혁(溝洫)이라고 한다. 깊고 길어야지 평평하고 가득하지 않아야 한다. 대개 누당이 남녀(男女)나 자식(子息)의 궁(宮)이요, 코끝이나 인중(人中)이 이에 궁실(宮室)이나 노복(奴僕)의 궁(宮)이다. 만약 이곳이 파이거나 결함이 있으면 자식이나 손자가 형벌을 받는다(노복이나 자식을 같이 보는 것은 자식도 자신의 밑이기 때문이다).〕

▨眼不哭而淚汪汪하고 心無憂而眉縮縮은 早無刑剋이면 老見孤單이니라
 눈이 울지 않았는데 눈물이 글썽글썽 하고 마음이 근심이 없는데도 눈썹이 찡그려진 것은 일찍부터 형벌이 없으면 늙어서 외롭게 될 것이다.

〔만약 눈이 울지 않았는데도 눈물에 젖어있고 마음에 근심하는 것이 없는데도 두 눈썹이 찡그려졌으면 이것은 형벌을 받거나 고독할 상(相)이다. 옛날 사람이 이르기를 "울지 않았는데 항상 운 것과 같고 수심이 없는데도 수심이 있는 것과 같아서 근심하고 놀라 신(神)이 부족하면 영화나 즐거움이 반감하는 것이다."고 했다.〕

▨面似橘皮면 終見孤刑이오
얼굴이 귤껍질과 같으면 마침내는 외롭고 옥살이를 한다.
〔얼굴 가득히 털구멍에 먼지나 때가 낀 것 같이 보이는 것이다. 세상에서 말하는 '귤껍질 같은 얼굴'이 이것이다. 어떤 노래가사에 "얼굴색이 귤껍질과 같으면 외롭게 옥살이 할 것이 정해진 것이다."고 했다. 그러나 자식 하나를 낳거나 문득 두 아내를 두게 될 것이다.〕

▨神帶桃花면 也須兒晩이라
얼굴색이 도화(桃花)를 띠면 아이가 늦어진다.
〔얼굴의 색이 복숭아꽃처럼 아리따우면 사특하고 음란한 사람이다. 자식을 두는 데 늦게 둘 것이다. 귀곡선생(鬼谷先生)이 이르기를 "복숭아꽃색이 짙게 눈에 침입했으면 술과 여자를 좋아하여 밖에 아내를 둔다."고 하였다. 아들을 늦게 두는 것도 믿을 수 있는 말이다.〕

▨肩峨聲泣은 不賤則孤오
어깨가 높고 목소리가 울음소리 같은 사람은 천박하지 않으면 외로운 사람이다.
〔어깨는 쫑긋 솟지 말아 천하지 않아야 하고 소리는 흩어져서 우는 것 같지 않아야 한다. 이와 같은 사람은 가난하거나 외롭게 지낼 상(相)이다.〕

▨鼻弱梁低면 非貧則夭라
코가 약하고 코의 기둥이 낮으면 가난하지 않으면 요절한다.
〔비량(鼻梁)은 연상(年上)과 수상(壽上)의 자리이다. 낮고 굽어지지 않아야 한다. 만약 낮고 굽어진 자는 반드시 재물이나 수명을 상하게 된다.

또 가난하지 않으면 요절할 것이다. 옛사람이 이르기를 "산근(山根)이 끊어지고 절두(코끝)가 높게 통하면 늙어서 풍파를 받는다."고 했는데 정히 이것을 말한 것이다.〕

▨富貴나 平生勞㵎은 爲下停長이오
부귀하지만 평생동안 수고스러운 것은 하정(下停)이 길기 때문이다.

〔『광기(廣記)』에 이르기를 "중정(中停)이 길면 공후(公侯)나 왕(王)에 가깝고 상정(上停)이 길면 어릴 때 좋은 상서로움이 있고 하정이 길면 늙어서 길하고 왕성하며 삼정(三停)이 함께 균등하면 부귀가 계속된다. 만약 하정이 편벽되게 긴 자는 말년에 비록 부귀하지만 평생동안 고생을 면치 못한다."고 했다.〕

▨貧窮으로 到老不閑은 粗其筋骨이라
가난하여 늙어서도 한가롭지 못한 것은 그 근골(筋骨)이 거칠어서이다.

〔무릇 골격(骨格)은 융성하고 쫑긋하여 맑고 밝아야 기(氣)와 살이 서로 윤택해진다. 이러한 것이 부귀하고 편안한 상(相)이다. 만약 거칠고 크고 폭로되어 서로 맞지 않은 자는 반드시 빈궁하고 바쁘며 풍파가 있는 사람이다.〕

▨星辰이 失陷하고 部位俱虧면 無隔宿之糧하고 有終身之苦勞니라
성신(두 눈)이 결함이 있고 모든 부위가 모두 이그러지면 하루 밤을 넘길 양식이 없고 죽도록 고생만 하는 것이다.

〔눈이 해와 달이 되는데 밝지 못하고 코는 토성(土星)이 되는데 융성하지 못하면 이것은 성신(星辰)이 결함된 것이다. 또 이마는 하늘을 상징한 것으로 높아야 하는데 도리어 낮고 턱은 땅을 상징한 것으로 마땅히 두터워야 하는데 반대로 얇고 하여 모든 부위가 이와 같이 제격을 갖추지 않고 있으면 이그러진 것이다. 이러한 상을 가지면 천하고 고독하며 고생할 사

람이다. 이러한 사람은 반드시 평생토록 하루저녁을 넘길 곡식이 없고 종신토록 고생할 것이다.〕

▨三光이 明旺하면 財自天來하고
3곳의 빛이 맑고 왕성하면 재물이 하늘에서부터 온다.
〔두 복당(福堂)과 절두를 총칭하여 삼광(三光)이라고 한다. 만약 밝고 깨끗하여 어둡지 않으면 하늘의 재물을 두어 크게 길할 것이다. 오성(五星)은 곧 빛이다.〕

▨六府 高强하면 一生富足이니라
육부(六府)가 높고 강하면 일생동안 재물이 족하다.
〔두 관골(顴骨 : 광대뼈)과 두 턱(頷)과 두 액각(額角)을 육부(六府)라고 한다. 이 육부가 풍륭하고 우뚝 솟아 오른 자는 귀하게 되지 않으면 부자가 된다.〕

▨紅黃滿面이면 發財하여 家自安康하고
붉고 누런색이 얼굴에 가득하면 재물이 일어나 집안이 편안하다.
〔오색(五色)에서 오직 백색과 흑색은 가을과 겨울이요, 청색은 봄이요, 홀로 붉은색은 네 계절에 다 좋은 색이다. 만약 얼굴 가득히 항상 붉고 누런색을 띠고 있다면 재물이 발동하여 편안함을 누릴 상(相)이다.〕

▨猪脂呀光이면 剋子하여 終無了日이라
돼지기름처럼 횡하니 빛나면 자식을 잃고 마침내 해를 넘기지 못할 것이다.
〔저지(猪脂)는 곧 얼굴색이 기름 바른 것 같은 것이다. 하광(呀光)은 비단의 번쩍거림이나 맷돌 갈 때의 빛과 같은 종류이다. 얼굴색이 이와 같은 자는 목욕천라(沐浴天羅)라고 이름하는 것으로 형벌을 받게 된다.〕

▨面皮太急하면 雖溝洫長而壽亦虧하고
얼굴가죽이 너무 급하면 비록 구혁이 길더라도 수명이 단축된다.

〔만약 얼굴가죽과 살이 함께 급하여 붕대나 북과 같은 자는 비록 인중이 깊고 길더라도 수명은 짧다.(35세를 넘지 못한다)〕

▨兩目無神하면 縱鼻梁高而命亦促이라
두 눈에 신(神)이 없으면 비록 콧기둥이 높더라도 수명은 짧다.
〔눈은 최상의 상(相)이다. 신(神)이 주인이 되고 골법(骨法)이 다음이다. 만약 눈이 신광(神光)이 없으면 비록 코의 기둥이 높게 솟았더라도 또한 장수할 상(相)은 아니다.〕

▨眼光如水하면 男女多淫하고
눈빛이 물과 같으면 남자나 여자나 다 음란하다.
〔눈빛은 눈동자의 신광(神光)이다. 맑고 깨끗한 것을 요구한다. 눈물로 젖어있는 것은 좋지 않은 것이다. 경(經)에 이르기를 "눈이 젖으면 음욕이 많고 흐르는 광채는 상서롭지 못하다."라고 했다. 또 이르기를 "빛은 밖으로 쏘아보지 않아야 하고 신(神)은 나가 흐르지 않아야 한다. 만약 눈빛이 물과 같고 겸하여 곁눈질해서 보는 자는 사특하고 음탕한 사람이다."고 했다.〕

▨眉卓如刀면 陣亡兵死니라
눈썹이 높아 칼과 같으면 전쟁터에서 병기에 의해 죽는다.
〔눈썹은 왼쪽 눈썹을 나후(羅睺), 오른쪽 눈썹을 계도(計都)라고 한다. 그 골(骨)의 세력이 곧게 세워져 칼과 같은 자는 성질이 급하고 용맹을 좋아하여 끝내는 포악해져서 싸움터에서 죽게 될 것이다.〕

▨眉生二角하면 一生快樂無窮하고
눈썹에 이각(二角)이 돋아나면 일생동안 쾌락한 것이 끝이 없다.
〔이미(二眉)는 양쪽 눈썹이다. 두 눈썹이 모두 양쪽 꼬리가 뿔과 같이 일어난 자는 귀하지 않으면 편안하게 한가함을 즐기는 사람이다(아주 팔자 좋은 사람이다).〕

▨目秀冠形이면 管取中年遇貴니라

눈이 수려하고 관과 같은 형상이면 중년에 귀하게 될 것이다.
〔두 눈이 가늘고 길며 관(冠)과 같은 형상을 하고 흑백이 분명하여 맑고 빼어난 자는 중년에 현달할 것이다.〕

▨黃氣發從高廣하면 旬中內에 必定遷官하고
누런 기운이 발하는데 고광(高廣)을 따르면 열흘 안에 반드시 관직을 옮기게 된다.
〔황기(黃氣)는 장수할 수 있는 빛이다. 고광(高廣)이란 척양(尺陽)과 변지(邊地)에 가까운 것이다. 이런 자리에 누런 기색이 나타나는 자는 반드시 벼슬자리를 옮겨 지금의 자리에 오래 있지 않는다. 서인(보통 사람)이 이러한 기운이 있는 자도 또한 기쁜 경사가 있게 된다.〕

▨黑色橫自三陽하면 半年期에 須防損壽니라
검은색이 가로로 삼양(三陽)으로부터 하면 반년을 기약하여 모름지기 수명을 덜게 된다.
〔삼양(三陽)은 왼쪽 눈의 아래에 있으니 만약 검은색이 이러한 자리에 나타나는 것은 깊은 재앙을 당하는 것이 멀지 않다는 것이고 또한 질병에 걸릴 것이다. 여자는 오른쪽이 해당된다.〕

▨奸門이 靑慘하면 必主妻災오
간문이 푸르고 처참하면 반드시 아내에게 재앙이 있다.
〔간문(奸門)은 자리가 어미(魚尾)의 뒤이다. 이곳을 처첩궁(妻妾宮)이라 한다. 이 처궁에 청흑(靑黑)색이 있으면 반드시 아내나 첩에게 재앙이 이른다.〕

▨年壽赤光하면 多生膿血이라
연상(年上), 수상(壽上)이 붉게 빛나면 피고름(종기)이 많이 생긴다.
〔연상과 수상의 두 곳은 코끝 위와 산근(山根)의 아래에 있는데 질액궁(疾厄宮)이라고 한다. 만약 붉고 붉은색이 이 위치에 나타나면 종기가 날

것이다.〕

▨白氣如粉하면 父母刑傷하고
흰 기운이 가루와 같으면 부모가 형벌로 죽는다.
〔백기(白氣)는 잃어버리는 것을 주관한다. 만약 이러한 것이 부모궁(父母宮)에 나타난 것은 반드시 형벌로 잃는 것을 주관한다.〕

▨靑氣侵顴하면 兄弟唇舌이라
푸른 기운이 관골을 침범하면 형제간에 말다툼을 한다.
〔관골(顴骨)의 정면에 푸른 기운이 침범한 자는 형제간에 구설(口舌)로 인하여 다툼이 있는 것이다.〕

▨山根이 靑黑하면 四九前後에 定多災하고
산근이 푸르고 검으면 36세 전후에 재앙이 많다.
〔산근(山根)은 자리가 연상과 수상의 위에 한다. 만약 이러한 자리에 항상 푸르고 검은색이 있는 것은 재앙과 질병을 주관한다.〕

▨法令이 繃纏하면 七七之數를 焉可過리오
법령(法令)이 얽은 것 같으면 49세를 어찌 넘을 것인가.
〔난대(蘭臺)의 옆을 법령(法令)이라 한다. 또 금루(金縷)라고 하며 또는 수대(壽帶)라고 이름한다. 순하게 나타나야 한다. 만약 얽어서 급하고 나타나지 않았으며 얽혀 굽었고 순하지 않으며 만약 겸하여 등사(螣蛇) 쇄순(鎖唇)과 법령입구는 다 오래 살지 못할 상(相)이다. 49세 전에 죽는다. ※등사쇄순(螣蛇鎖唇)은 양무제(梁武帝)의 상으로 굶어 죽었으며 법령입구(法令入口)는 등통(鄧通)의 상으로 또한 굶어 죽었다.〕

▨女人眼惡하면 嫁則刑夫하고
여인의 눈이 사나우면 시집가면 남편을 잃게 된다.
〔여인의 눈은 가늘고 길며 맑고 수려해야 하니 만약 둥글고 크고 볼록 튀어나왔으며 사나우면 반드시 남편을 잃게 된다.〕

▨聲刹面橫이면 閨房獨宿이라
소리가 우렁차고 얼굴이 가로로 되면 규방에서 홀로 자는 것이다.
〔여자의 목소리가 쪽박 깨진 것과 같고 얼굴가죽이 가로난 듯한 자는 과부가 되어서 독수공방할 것이다. 여자의 상이다.〕

▨額尖耳反하면 雖三嫁而未休하고
이마가 뾰족하고 귀가 뒤로 뒤집히면 비록 3번 시집 가더라도 편안하지 않다.
〔이마가 뾰족하게 깎이고 귀가 뒤로 젖혀지면 친척에게도 이롭지 못하고 또 남편을 자주 잃게 된다. 여자의 상이다.〕

▨顴露聲雄하면 縱七夫之未了라
관골이 드러나고 소리가 웅장하면 일곱 지아비도 부족하다.
〔옛말에 이르기를 "사위를 이기는 것은 양쪽 광대뼈가 드러난 것이요, 지아비를 제어하는 것은 이마가 평평하지 않은 것이다. 3번 시집가는 것을 알고자 하면 여자의 목소리가 장부(丈夫)의 소리같은 것이다."고 했는데 정히 이것을 말한 것이다.〕

▨額偏不正하면 內淫而外貌若無하고
이마가 기울고 바르지 않으면 안으로 음탕하고 외모에는 없는 것 같다.
〔머리와 이마는 모든 양(陽)의 으뜸이다. 편벽되고 깎이지 않아야 한다. 만약 기울고 바르지 않고 또 행동거지가 가볍고 뜨며 온중(穩重)하지 못한 것은 매우 음탕한 것이다.〕

▨步走不平하면 外好而中心最惡이라
걸음걸이가 평상적이지 못하면 밖으로는 좋으나 속마음은 최고로 나쁘다.
〔걸음걸이가 평상적이고 바르지 못하여 바람에 버들이 날리는 듯하면 이에 뱀이 움직이는데 참새가 뛰는 상(相)이다. 마음 속이 험악한 것이다.〕

▨腮見耳後면 心內狡貪하고
뺨이 귀 뒤에 보이면 마음 속이 교활하고 탐심이 있다.
〔시(腮)는 곧 턱이다. 턱의 뼈는 크고 넓고 드러나지 않아야 한다. 옛말에 이르기를 "귀 뒤에 두터운 뺨이면 평생동안 왕래하지 말라."고 했으니 반드시 심지가 교활하고 탐욕이 많고 비루한 사람이다.〕

▨眼惡鼻勾하면 心中險毒이라
눈이 사납고 코가 갈고리이면 마음 속이 악독하다.
〔옛말에 이르기를 "눈이 볼록 드러나면 인정이 화목하기가 어렵고 코가 매의 부리와 같으면 사람의 골수를 빨아 먹는다."고 했다.〕

▨脚跟不着地하면 賣盡田園而走他鄕하고
다리 뒤꿈치가 땅에 닿지 않으면 논밭을 다 팔고 타향으로 도주한다.
〔걸음걸이가 온중하면 부하고 재물이 풍부하며 걸음걸이가 가볍고 뜨며 머무르지 않아 참새같이 껑충껑충 뛰는 사람은 재물을 없애고 풍파를 만날 상(相)이다.〕

▨鼻竅露而仰하면 卒被外災而終旅舍라
콧구멍이 하늘을 보면 졸연히 밖의 재앙을 입고 마침내 객사(客死)한다.
〔경(經)에 이르기를 "콧구멍이 위로 젖혀지고 입술이 말려 올라가고 목젖이 크게 맺히면 타향으로 방랑하다가 요절하여 죽는다."고 하였는데 정히 이것을 이른 것이다.〕

▨脣不盖齒면 無事招嫌하고
입술이 이를 덮지 못하면 아무 일 없는데도 혐의를 받는다.
〔웃지 않는데도 이가 항상 드러나 보이는 자는 남의 허물을 말하기 좋아하여 여러 사람들과 불화한다. 경(經)에 이르기를 "이가 성기고 드러나 입술이 합해지지 않으며 양쪽 입술이 뾰족하고 엷으면 시비가 많다."고 했다.

이것을 말한 것이다.〕

▨溝洫露髭면 爲人少力이라
구혁(봇도랑)이 수염이 나면 사람됨이 힘이 적다.
〔구혁(溝洫)은 인중(人中)이다. 수염이 없을 수 없고 수염이 적고 드러난 자는 반드시 무능력하다.〕

▨印堂이 太窄하면 子晚妻遲하고
인당이 너무 좁으면 자식이 늦고 아내도 늦다.
〔인당(印堂)은 마땅히 풍성하고 융성해야 하니 너무 좁은 것이 이와 같으면 관리가 되지 못한다. 또한 자식과 아내도 늦게 두게 된다.〕

▨懸壁이 昏暗하면 人亡家破라
현벽(懸壁 : 奴僕宮)이 어둡고 침침하면 사람도 죽고 집안도 파산한다.
〔현벽(懸壁)이란 노복궁(奴僕宮)이다. 빛이 나고 윤택하여야 한다. 만약 기색(氣色)이 어둡고 침침한 자는 타향에서 사망하고 재물을 파산할 것이다.〕

▨結喉露齒는 骨肉分離하고
목젖이 크고 이가 드러나 보이는 자는 골육간에 이별한다.
〔결후(結喉)는 목의 뼈가 맺혀서 높게 나타난 것이요, 노치(露齒)는 곧 입술이 이를 덮지 않는 것이다. 이러한 것은 다 객사하거나 초대하는 것을 꺼리는 상(相)이다. 그런데 골육간에 서로 이별하는 것은 당연하지 않은가.〕

▨粗骨急皮는 壽年短促이라
거친 뼈와 급한 피부는 수명을 단축한다.
〔골격이 거칠고 크고 드러났으며 살가죽이 단단하고 얇은 것은 다 단명할 상이다.〕

▨形容이 俊雅하면 終作高賢하고

형용이 준수하고 고아하면 마침내 높고 어진 사람이 된다.

〔형상과 용모가 계림(桂林)의 한 가지처럼 고상하고 곤륜산의 옥처럼 아름다워 맑고 기특하고 준수하고 고아한 자는 반드시 고상(高尙)한 선비이다. ※고상한 사람은 숨어 사는 선비로 그의 뜻은 황제도 얻어서 신하로 삼지 못하고 제후도 벗으로 삼을 수 없는 사람이다. 곧 요(堯)임금 때의 허유(許由)와 소보(巢父)와 같은 사람이다.〕

▨骨格이 淸奇면 必須貴達이라
골격이 맑고 기이하면 반드시 귀하게 된다.

〔정신이 발돋음하여 빼어난 것을 청(淸)이라 하고 옛스럽고 괴이한 것을 기(奇)라고 한다. 이러한 청기(淸奇)의 귀격(貴格)이 있으면 마침내 귀하게 된다. 앞선 사람들이 말하기를 "높고 높아 옛스럽고 괴상한 상은 한가한 구름이요, 곤륜산의 한 조각 옥은 이미 쪼아서 나오다."라고 하였다.〕

▨臥蠶이 豊下면 定子息之晚成이오
와잠이 풍성하게 내리면 자식이 늦게 있게 된다.

〔와잠(臥蠶)은 눈 아래에 있으며 자식궁(子息宮)이 된다. 이 자식궁이 풍성하고 아래가 결함이 있는 것은 자식을 낳아도 반드시 늦게 두게 된다.〕

▨淚堂이 平滿하면 須兒郞之早見이라
누당(淚堂)이 평평하고 가득하면 모름지기 아들을 일찍 본다.

〔누당은 곧 눈주위의 살이다. 만약 풍만하고 결함이 없는 자는 아들을 일찍 둔다.〕

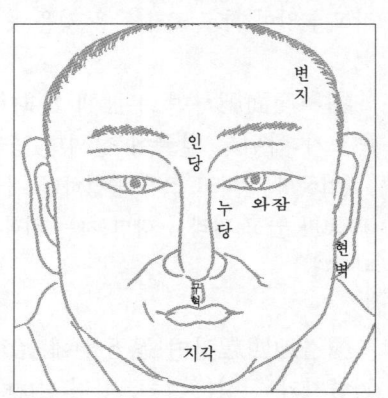

▨龍宮이 低黑하면 嗣續을 難得而愚昧하고
용궁이 낮고 검으면 대를 이을 자식을 얻기도 어렵고 또 우매하

기도 하다.

〔용궁(龍宮)은 곧 눈주위이며 남녀궁(男女宮)이라고 한다. 만약 낮고 결함이 있으며 색이 침침한 자는 자식을 쉽게 얻기가 어렵고 비록 얻을지라도 또한 우매하고 어질지 못하다.〕

▨陰陽이 明潤하면 男女를 易養而聰明이라

삼음(三陰)과 삼양(三陽)이 밝고 윤택하면 남녀를 기르기가 쉽고 총명하다.

〔음양(陰陽)은 곧 삼양(三陽 : 太陽, 中陽, 少陽)과 삼음(三陰 : 太陰, 中陰, 少陰)이다. 또한 자식궁(子息宮)이기도 하다. 만약 밝고 윤택하며 마르지 않고 결함이 없는 자는 반드시 아들이나 딸을 쉽게 키우고 또 총명하기도 하다.〕

▨面大鼻小면 一生에 常自艱辛이오

얼굴이 크고 코가 작으면 일생동안 항상 어려운 일이 많다.

〔앞의 얼굴이 비록 크나 토성(土星 : 코)이 홀로 작으면 파란만장한 상(相)이다. 『광기(廣記)』에 이르기를 "코가 작은 것이 사극(四極)이다. 수고롭기만 하고 휴식이 없다."고 하였다. ※사극(四極)은 귀가 작고 눈이 작고 눈알이 작고 코가 작은 것을 뜻한다.〕

▨鼻瘦面肥하면 半世에 錢財耗散이라

코가 야위고 얼굴이 살찌면 중년에 재물이 흩어진다.

〔얼굴이 살찌고 코가 융성하면 재물이 풍부하고 만약 얼굴이 이미 살찌고 코가 높고 말라서 깎인 자는 비록 돈이 있으나 마침내 소모하여 흩어져 버린다.〕

▨邊地四起하면 過五十에 始得遇亨하고

변지와 천정(天庭), 산림(山林), 교외(郊外)의 4곳이 솟으면 50이 지나서 비로소 형통하게 된다.

〔변지(邊地), 천정(天庭), 산림(山林), 교외(郊外)가 모두 높이 솟아 오

른 자는 만년에 영화가 찾아와서 관록을 먹을 상(相)이다.]

▨輔骨이 隆高하면 纔三九에 則居官位니라
보골이 높이 솟으면 겨우 27세에 관직에 나아간다.
〔보골(輔骨)은 곧 양쪽 보각(輔角)의 원래 골(骨)이 이것이다. 만약 봉긋 솟아서 융성하고 높으면 일찍부터 관직에서 영달(榮達)할 것이다.〕

▨明珠出海라 太公이 八十而遇文王하고
명주(明珠)가 출해(出海)했다. 태공이 80세에 문왕을 만났다.
〔명주(明珠)는 귀에 드리워진 귓밥이고 출해(出海)는 입이라고도 한다. 강태공(姜太公)이 80세에 문왕(文王)을 만났는데 이것은 발달이 늦은 것을 말한 것이다. 당(唐)나라의 마주(馬周)는 30세에 당태종(唐太宗)을 만났는데 발달이 빠른 것을 말한 것이다. 만약 불빛 같고 제비 어깨로 주(周)나라의 정승이 된 자는 화(火)로써 능히 위를 불사른 것이요, 제비는 능히 날아 오르나니 일찍 발달한 것이 마땅하다. 만약 명주(明珠)가 출해(出海)하므로 강태공이 정승이 되었다면 밝지 않은 것이다. 잘못된 것이 옳다. 내가 뒤의 문장을 살피건대 "유혼방해(流魂放海)면 모름지기 수액(水厄)의 재앙을 막으리라."고 하였으니 대개 검은 기(氣)가 입으로 들어간 것이다. '명주출해(明珠出海)'를 두

당태종

려워하는 것은 또한 기색(氣色)을 가리켜서 말한 것이다. 배우는 자들은 자세히 살펴볼 것이다.〕

▨火色鳶肩이라 馬周 三十而逢唐帝하니라
화색(火色)에 제비 어깨이다. 마주는 30세에 당나라 임금을 만났다.
〔화색(火色)은 적색(赤色)이요, 연(鳶)은 올빼미 종류이다. 날면 어깨

가 쫑긋하게 된다. 마주(馬周)는 적색(赤色)으로 쫑긋한 어깨이다. 그 상(相)이 이와 같으므로 일찍부터 영달에 올랐다. 대개 화기가 위로 오른 것이다. 그러므로 당태종(唐太宗)에게 발탁되었다.〕

▨鶴形龜息이라 洞賓之遇仙得仙이오
학의 형상에 거북의 숨을 쉰다. 동빈이 신선을 만나 신선이 되었다.
〔학의 형상은 맑고 기특하며 거북이의 숨은 이상한 것이다. 당(唐)나라의 여동빈(呂洞賓)이 이러한 상을 가졌는데 여산(廬山)에 이르러 종리(鍾離)진인을 만나 메조밥을 짓는 사이 꿈을 꾸고 신선의 도를 얻었다.〕

▨龍腦鳳睛이라 玄齡之拜相入相이라
용의 뇌에 봉황의 눈동자이다. 방현령이 재상을 재수받아 재상이 되었다.
〔용뇌(龍腦)라는 것은 두골(頭骨)이 낭떠러지처럼 높이 솟고 나타나 보이는 것이다. 봉정(鳳睛)이라는 것은 눈이 가늘고 길고 흑과 백이 분명하고 광채가 나는 것이다. 당(唐)나라 방현령이 이와 같은 상(相)을 가졌는데 당태종(唐太宗)이 등용하여 정승으로 삼았다.〕

▨法令이 入口라 鄧通이 餓死野人家하고
법령(法令)이 입으로 들어갔다. 등통이 초가집에서 굶어 죽었다.
〔법령(法令)이라는 것은 입가의 주름살이다. 전한(前漢) 때 등통이란 사람이 이러한 주름이 있었다. 한(漢)나라의 문제(文帝)가 상을 잘보는 허부(許負)로 하여금 등통의 상을 보게 하였는데 등통의 입을 가리키며 "다른 날에 굶어 죽을 것이다."라고 했다. 문제가 말하기를 "등통의 부귀가 나에게 있다."하고 드디어 촉도동산(蜀道銅山)을 하사하여 스스로 돈을 주조하게 하였다. 뒤에 경제(景帝) 때에 이르러 돈 만드는 일을 폐쇄하자 등통이 굶어서 죽었다.〕

▨騰蛇 鎖脣이라 梁武 餓亡臺城上하니라

등사(주름)가 입술을 부수었다. 양무제가 대성(臺城) 위에서 굶어 죽었다.

〔등사(騰蛇)는 곧 법령의 주름이다. 양무제(梁武帝)가 또한 이와 같은 상(相)이었다. 양무제가 건강(建康)에 도읍을 정하였다. 제후인 경(景)의 대성(臺城)에 갇혀 음식을 먹는데 경(景)이 음식을 매일 줄여서 주었다. 무제가 화가 치밀어 병을 얻어 입이 써서 단것을 찾는데도 얻지 못하고 오직 원망만 하다가 드디어 죽었다.〕

▨虎頭燕頷이라 班超 封萬里之侯하고
호랑이 머리에 제비턱이다. 반초가 만리의 제후에 봉해지다.

〔호랑이 머리에 제비턱은 머리가 호랑이의 머리와 같이 둥글고 크며 턱은 제비의 턱처럼 늘어져야 한다. 허부(許負)가 한(漢)나라 반초(班超)의 상을 보고는 "제비의 턱에 호랑이 머리는 날아서 육식(肉食)을 하니 만리후(萬里侯)의 상(相)이라." 하더니 뒤에 과연 붓을 던지고 옥문관(玉門關)을 나가 큰 공을 세우고 위엄을 사방에 떨치더니 정원후(定遠侯)에 봉해졌다.〕

▨虎步龍行이라 劉裕 至九重之帝하니라
호랑이 걸음에 용의 행동이라. 유유(劉裕)가 구중(九重)의 임금이 되었다.

〔호랑이 걸음은 걸음이 넓은 것이요, 용의 행동은 몸을 움직이지 않는 것이다. 경(經)에 이르기를 "호랑이 걸음에 용이 달리는 형상이면 제후나 왕이 된다."고 했다. 유유(劉裕)의 자는 덕흥(德興)이고 팽성(彭城) 사람이다. 이러한 상을 가진 자인데 원희(元熙) 2년에 진(晉)을 선양(禪讓)하여 나라 이름을 송(宋)이라고 하고 시호를 무제(武帝)라고 하였다.〕

▨山林骨起면 終作神仙이오
산림의 부위가 일어나면 마침내 신선이 된다.

〔산림(山林)은 교외(郊外)와 발제(髮際)의 사이에 있는데 뼈가 있어 높이 솟은 자는 그 귀함이 일월(눈)과 천정(天庭)의 밖에 있으므로 다만

신선(神仙)이 될 따름이다.〕

▨金城骨分하면 卽登將相이라
금성골(金城骨)이 나뉘면 곧 장군이나 정승에 오른다.
〔인당(印堂)에 골(骨)이 융성하게 일어나서 다섯 손가락 같이 나누어져 발제(髮際)까지 꿰뚫고 들어간 것을 금성골(金城骨)이라고 한다. 이러한 골이 있는 자는 대귀(大貴)라고 한다. 경(經)에 이르기를 "금성(金城)이 5개의 가지로 나뉘면 가장 높은 조정의 관직에 오른다."고 했다.〕

▨又當知貴賤은 易識이나 限數는 難參이니
또 마땅히 귀하고 천한 것을 아는 것은 알기 쉬우나 수명의 제한은 참고하기 어렵다.
〔골격의 귀하고 천하고 부자가 되고 가난한 것은 서로 알기가 쉬우나 대저 기색(氣色)의 살고 죽는 수명의 한도는 실로 자세히 참고하기가 어렵다.〕

▨決死生之期는 先看形神이오 定吉凶之兆는 莫逃氣色이니라
죽고 사는 것을 결단하는 것은 먼저 형체와 신(神 : 혼)을 본다. 길하고 흉한 것을 정하는 징조는 기색(氣色)을 떠나지 않아야 한다.
〔사람의 한 몸은 신기(神氣)로 주인을 삼고 형모(形貌)가 다음이다. 무릇 사람을 관찰하는 법(法)은 정신기색(精神氣色)으로 중요한 것을 삼는다. 무엇을 법칙으로 삼는가? 정신이 쇠약하고 왕성한 것과 기색(氣色)은 생극(生剋)의 이치가 있다. 자세히 관찰하면 길하고 흉한 것을 가히 정할 수 있고 죽고 사는 것을 가히 결단할 수 있다.〕

▨睛如魚目하면 速死之期오
눈동자가 물고기눈과 같으면 빨리 죽는 것을 기약한 것이다.
〔눈동자가 둥글고 드러나 어리석은 자는 물고기눈과 같은 것이다. 이러한 상(相)을 가진 자는 광채가 없다. 오래 살지 못한다.〕

▨氣若烟塵하면 凶災日至라

기(氣)가 연기나 먼지와 같으면 흉한 재앙이 날마다 이른다.
〔기색은 광채가 나타나야 하고 어둡고 침침하지 않아야 한다. 만약 기운이 연기나 먼지와 같아 몽롱하거나 어둠침침하면 반드시 흉한 재앙이 이른다.〕

▨形如土偶하면 天命難逃오
형상이 흙으로 만든 인형과 같으면 하늘의 명에서 도망하기가 어렵다.
〔형체(形體)가 바싹 말라 흙으로 만든 인형과 다름이 없는 자는 오래가지 않아서 병들어 죽는 것이다.〕

▨天柱傾欹하면 幻軀將去니라
천주(天柱)가 기울면 허황된 몸체이니 장차 떠나갈 것이다.
〔천주(天柱)라는 것은 목줄기이다. 만약 목줄기가 기울어지거나 삐뚤어지고 곧바르지 않은 자는 허깨비 같은 체구이다. 반드시 죽을 것이다.〕

▨貌如鏤鐵하면 運氣迍邅하고
모습이 누철과 같으면 기를 운행하는데 나아가기가 힘이 든다.
〔누철(鏤鐵)은 쇠로 장식한 것을 말하는데 그 거칠고 엷은 것을 뜻한다. 한 몸의 기색(氣色)이 이와 같이 성기고 엷은 자는 그 기운이 반드시 통하지 않을 것이다.〕

▨色若祥雲하면 前程亨泰니라
색(色)이 상서로운 구름과 같으면 앞길이 형통할 것이다.
〔만약 기색(氣色)이 밝고 윤택하여 상서로운 구름과 같아 붉고 누런 자는 앞길이 반드시 통하여 태평하리라.〕

▨名成利遂는 三台宮에 俱有黃光이오
이름도 나고 이익도 이루는 것은 삼태궁(三台宮)에 함께 누런 빛이 있어야 한다.
〔삼태궁(三台宮)은 양쪽의 보각(輔角)과 액각(額角)에 있다. 이 위치가

함께 누런 기운이 있으면 이익도 이루고 명예도 얻는다.〕

▨文滯書難은 兩眉頭에 各生靑氣니라
문(文)이 막히고 서(書)가 어려운 것은 양쪽 눈썹머리에 각각 청기(靑氣)가 있기 때문이다.
〔눈썹의 머리는 곧 보각(輔角)이다. 보각의 색이 검푸르면 글재주는 반드시 없다.〕

▨黃氣少而滯氣重하면 功名이 來又不來하고
누런 기운이 적고 막힌 기운이 무거우면 공명을 구하여도 얻지 못한다.
〔홍황(紅黃)은 기쁜 기운이요, 청흑(靑黑)은 막힌 기운이다. 만약 붉고 누런 기운이 적고 푸르고 검은 기운이 많은 자는 공명을 구하여도 반드시 있을 것 같은데도 없게 된다.〕

▨靑氣少而喜氣多하면 富貴至而又至니라
푸른 기운이 적고 기쁜 기운이 많으면 부귀가 이르고 또 이른다.
〔붉고 누런 기운이 얼굴에 가득하고 막힌 기운이 없으면 재물과 봉록이 중첩되어 이른다.〕

▨滯中有明하면 憂而變喜하고 明中有滯하면 吉而反凶이라
막힌 가운데 밝으면 근심이 기쁨으로 변하고 밝은 가운데 막힘이 있으면 길(吉)한 것이 도리어 흉하게 된다.
〔색(色)이 막힌 것 같은데 홀연히 밝고 윤택한 자는 근심하는 가운데 반드시 좋은 일이 있고 색이 밝은 것 같은데 홀연히 어두운 자는 기쁜 가운데 반드시 흉한 일이 있다.〕

▨正面에 有黃光하면 無不遂意하고 印堂에 多喜氣하면 謀無不通이라
앞 얼굴에 누런 광채가 있으면 뜻을 이루고 인당에 기쁜 기운이

많으면 사업이 형통한다.
 〔정면(正面)은 1촌3분이요, 인당은 관문(關門)의 사이에 있다. 만약 누렇고 붉고 기쁜 기운이 있는 자는 사업이 뜻대로 이루어진다.〕

▨年壽明潤하면 一歲平安하고
 연상과 수상이 밝고 윤택하면 한해동안 편안하다.
 〔연상(年上)과 수상(壽上)은 산근(山根)의 아래에 있는데 질액궁(疾厄宮)이라고 한다. 만약 빛나고 막히지 않는 해에는 반드시 편안하다. 어떤 본에는 "현벽(懸壁)이 광채가 없으면 재물이 장차 떠나고 갑궤(甲匱)가 윤택하면 길한 상서로움이 올 것이다."라고 했다.〕

▨金匱 光澤하면 諸吉이 頻來니라
 금궤(金匱)가 광택하면 모든 길한 것이 자주 오게 된다.
 〔금궤(金匱)는 코의 절두 양쪽 곁이니 곧 난대(蘭臺)와 정위(廷尉)이다. 이곳이 밝고 윤택하며 어둡지 않은 자는 길한 것이다.〕

▨部位無虧하면 一生平穩하고 氣色有滯하면 終見凶迍이니라
 부위가 결함이 없으면 일생동안 평온하고 기색이 막힘이 있으면 종신토록 흉한 것을 본다.
 〔일신의 부위가 결함이 없으면 흉하고 험한 것을 만나지 않고 모든 위치의 기색이 광택이 없는 자는 끝까지 이롭지 못하다.〕

▨形容이 古怪하면 石中에 有美玉之藏이오
 형용이 옛스럽고 괴상하면 돌속에 아름다운 옥을 감춘 것과 같다.
 〔형용이 옛스럽고 괴상하면 가히 천박하다고 볼 수 없는 것이니 만약 신기(神氣)가 맑고 수려하며 행동거지가 특이하면 이에 탁한 가운데 맑은 것이다. 돌속에 있는 옥(玉)이 아니겠는가? 배우는 자는 잘 살펴야 한다.〕

▨人物이 巉岩하면 海底에 有明珠之象이니라
 인물이 참암(巉岩 : 뛰어나다)하면 바다 밑에 명주(明珠)가 있는 상이다.

〔용의 코끝, 용의 얼굴, 호랑이 머리, 호랑이 눈동자와 같은 종류이다. 어찌 참암(嶄岩)한 인물이 아니냐. 마침내 귀하게 될 것이다. 한 예로써 미루어 짐작하지 못할 것이니 참으로 바다 속의 구슬과 같은 것이다.〕

■要之컨대 一辯其色하고 次聽其聲하며 更察其神하고 再觀其肉이니 不可忽之也니라
요컨대 첫째 그 색(色)을 판단하고 두번째 그 소리를 듣고 다시 그 신(神 : 혼)을 살피고 다시 그 살(肉)을 관찰하는 것이니 가히 가볍게 못하는 것이다.
〔이상의 네 가지를 겸하여 보면 만에 하나라도 틀리지 않을 것이다.〕

■眉毛 拂天倉하면 出入近貴하고
눈썹의 털이 천창(天倉)을 거슬리면 들고 나는데 귀(貴)에 가깝다.
〔천창(天倉)은 눈의 곁에 있다. 만약 눈썹이 초생달처럼 생겨서 천창(天倉)을 거슬리면 총명하고 귀(貴)에 가깝다.〕

■印堂이 接中正하면 終須利官이라
인당이 중정(中正)에 접근하면 마침내 관직을 이롭게 한다.
〔인당이 너그럽고 웅성하여 위로 중정(中正)을 접하며 빛이 윤택하게 나는 자는 관직과 녹봉을 이롭게 한다.〕

■呼聚喝散은 只因雙顴이 竝起于峯巒이오
부르면 모이고 일갈하면 흩어지는 것은 양쪽 관골이 나란히 봉우리처럼 솟아야 한다.
〔동과 서의 두 산악을 쌍관(雙顴)이라고 하고 봉만(峯巒)은 웅성하고 또 높은 것이다. 만약 두 관골이 높이 솟으면 그 사람은 모이고 흩어지게 하는 위엄이 있다.〕

■引是招非는 蓋謂兩脣이 不遮乎牙道니라
옳은 것을 이끌고 그른 것을 부르는 것은 대개 두 입술이 이(齒)의 도를 차단치 못한 것이다.
〔입술이 이를 덮지 못하면 시비를 말하기 좋아하는 사람이다. 어찌 스스로 시비를 자초하지 않겠는가?〕

■狼行虎吻은 機深而心事를 難明이오
이리의 걸음과 범의 입술은 기틀이 깊고 심사를 밝히기가 어렵다.
〔다니는데 머리를 숙이고 자주 뒤를 돌아보는 것은 낭행(狼行)이요, 일이 없는데도 입을 씹고 성내고 웃는 얼굴이 없는 것 같은 것을 호문(虎吻)이라고 한다. 이러한 사람은 흉하고 사나워 심기를 측량하기 어렵다.〕

■猴食鼠食은 鄙吝而奸謀 到底니라
원숭이의 먹는 것과 쥐가 먹는 것과 같은 것은 비루하고 인색하며 간악한 꾀가 밑에서 이른다.
〔음식을 먹는데 야금야금하며 빠르게 하고 그 모습이 두려워하는 것과 같은 것을 서식(鼠食)이라 하고 먹는데 씹지 않고 그 모습이 부족한 것 같이 하는 것을 후식(猴食)이라고 한다. 이와 같이 행동하는 것은 반드시 비루하고 인색한 것으로 간사한 사람이다.〕

■頭先過步하면 初主好而晩景이 貧窮하고
머리가 먼저하고 걸음이 가면 초년에는 좋지만 말년에는 빈궁해진다.
〔다닐 때 머리를 숙이고 앞으로 향하며 걸음보다 먼저 가는 것과 같은 자는 초년에는 여유로움이 있으나 말년에는 가난하게 된다.〕

■竈仰撩天하면 中年敗而田園이 耗散이라
부엌(콧구멍)이 하늘을 보면 중년에 패운(敗運)이 들어 전원(田園:전답)이 다 흩어진다.
〔정조(井竈)는 콧구멍이다. 우러러 드러나게 하늘을 보지 않아야 하는

것이다. 그렇지 않으면(곧 하늘을 쳐다보면) 중년에 모든 재산을 날린다.〕

▨女人耳反하면 亦主刑夫하고
여자가 귀가 뒤집혀지면 남편을 잃는다.
〔오른쪽 귀가 금성(金星)이고 왼쪽 귀가 목성(木星)인데 이 2성(二星)이 뒤로 젖혀지면 남편의 궁(宮)이 이롭지 못하다. 겸하여 구추(九醜)가 있는데 어찌 청상과부로 살지 않으리오.〕

▨男子頭尖하면 終無成器니라
남자가 머리가 뾰족하면 마침내 그릇을 이루지 못한다.
〔머리는 육양(六陽)의 우두머리이다. 둥글고 커야 한다. 만약 뾰족하고 작다면 어찌 부귀할 것인가.〕

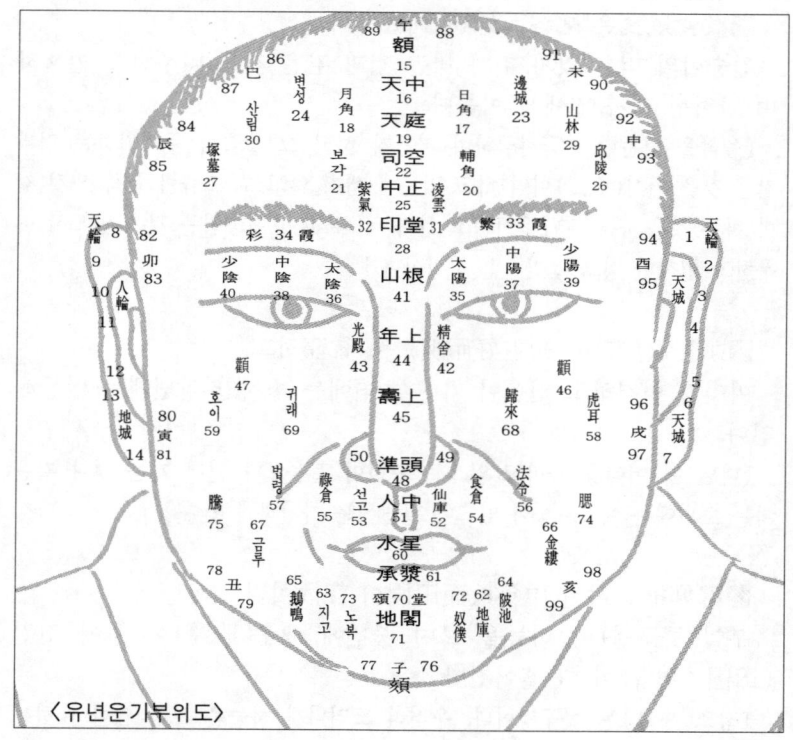

〈유년운기부위도〉

▨觀貴人之相이 非止一途오 察朝士之形은 要稱四大니라
귀인의 상을 보는 것은 한 가지에서 그치는 것이 아니다. 조정의 선비를 살피는 것은 사지(四肢)를 모두 살피는 것이다.
〔사대(四大)는 곧 4가지 몸체이다. 두 팔, 두 다리를 말한다.〕

▨腰圓背厚라야 方保玉帶朝衣오
허리는 둥글고 등은 두터워야 바야흐로 옥대(玉帶)와 조의(朝衣)를 입는다.
〔허리와 배가 둥글고 살이 찌고 등과 어깨는 풍성하고 두터우면 다 관록을 먹을 상(相)이다.〕

▨骨聳神淸이라야 定主威權忠節이니라
뼈대는 솟고 정신은 맑아야 권위와 충절이 있는 것이다.
〔골절(骨節)이 깎아지른 듯이 높이 솟고 눈의 신(神)이 맑고 빛나 위엄이 있는 자는 관직에 거하면 반드시 권위가 있고 충성심이 강한 신하이다. 밑의 구절을 보면 가히 알 수 있다.〕

▨伏犀貫頂하면 一品王侯오
엎드린 물소가 이마를 꿰뚫었으면 일품의 왕후(王侯)이다.
〔만약 뼈가 있어 인당(印堂)으로부터 우뚝 솟아 뇌에 들어간 자는 복서(伏犀)라고 한다. 이러한 사람은 대귀(大貴)하다.〕

▨輔骨揷天하면 千軍勇將이라
보골이 하늘로 향하면 수십만 병사의 장군이 된다.
〔보골(輔骨)은 미각(眉角)에 있다. 그 보골이 풍성하고 솟아 천창(天倉)으로 들어간 자는 위엄과 권세가 있게 된다.〕

▨形如猪相하면 死必屍分이오
형상이 돼지의 상과 같으면 죽어서 반드시 시체가 찢긴다.
〔몸이 살이 찌고 목이 짧고 음식을 싫어하는 것이 없으며 눈은 몽롱하고

흑백이 분명하지 않은 자는 돼지상(相)이다. 거의 죽을 때 비명횡사한다.〕

▨眼似虎睛하면 性嚴莫犯이라
눈알이 호랑이의 눈동자와 같으면 성품이 엄하여 범하지 못한다.
〔눈이 둥글고 크며 신(神)이 있고 보는 것을 집중하며 위엄이 있는 자는 호정(虎睛)이라고 한다. 그 성품이 반드시 맹렬하다.〕

▨鬚黃睛赤하면 終主橫災오
수염이 누렇고 눈동자가 붉으면 마침내 뜻하지 않은 재앙이 있게 된다.
〔눈동자가 붉으면 심성이 급하고 수염이 누러면 성낸 기운이 강한 것으로 마침내 재앙을 불러들인다.〕

▨齒露脣掀하면 須防野死니라
이가 드러나고 입술이 까지면 객사(客死)하게 된다.
〔양쪽 입술이 치아를 가리지 못하는 것을 노(露)라 한다. 만약 또 입술이 까지고 목 앞이 맺혀 있으면 반드시 타향이나 들판에서 죽게 된다.〕

▨口脣皮皺하면 爲人이 一世孤單하고
입술의 피부가 쭈굴쭈굴하면 사람이 일생동안 고단하다.
〔『통선록(通仙錄)』에 이르기를 "입가의 피부가 주름진 옷처럼 주름이 있으면 응당히 타향으로 나갈 것이니 고단하지 않을 것인가."라고 하였다.〕

▨魚尾紋多하면 到老不能安逸이라
어미(魚尾 : 눈꼬리 옆)가 주름이 많으면 늙어서 편안하지 못하다.
〔어미(魚尾)는 눈 꼬리의 위이니 경(經)에 이르기를 "어미의 흘문(笏紋 : 주름)이 길게 눈으로 들어가면 비록 장수는 하지만 심신은 고달프다."고 했다.〕

▨二眉散亂하면 須憂聚散不常이오
두 눈썹이 산란하면 모름지기 모이고 흩어지는 것이 떳떳하지 못함을 근심한다.

〔눈썹은 형제자매(兄弟姉妹)이다. 또한 재성(財星)도 주관한다. 만약 흩어지고 맑지 않으면 재물이 흩어져서 파산한다.〕

▨兩目雌雄하면 必主富而多詐니라
두 눈이 크고 작으면 반드시 부자가 되고 거짓이 많다.
〔눈이 하나는 크고 하나는 작은 것을 자웅(雌雄)이라 한다. 이와 같은 눈을 가지면 비록 재물은 많으나 반드시 사람이 간사하다.〕

▨面多班點은 恐非老壽之人이오
얼굴에 반점이 많으면 오래 살지 못할까 두려운 사람이다.
〔검고 푸른 반점이 얼굴에 나있는 자는 신기(神氣)가 쇠약한 것이다. 어찌 능히 장수할 상(相)이리오.〕

▨耳有毫毛면 定時長生之客이라
귀에 가는 털이 있으면 장수할 수 있는 사람이다.
〔경(經)에 이르기를 "눈썹 털은 귓속 털만 같지 못하고 귓속 털은 항종(項縱)만 같지 못하다."고 했다. 다 장수의 상(相)이다.〕

▨脚背無肉하면 必主孤貧이오
발등에 살이 없으면 반드시 외롭고 가난하게 된다.
〔『대통부(大統賦)』에 이르기를 "발이란 몸의 가지이다. 모든 몸체를 운용하는 것이다. 만약 마르고 살이 없으면 반드시 고독하고 가난하며 풍파를 겪을 사람이다."고 했다.〕

▨胸上生毫하면 性非寬大니라
가슴 위에 털이 나면 성질이 관대하지 않다.
〔가슴 위에 털이 난 자는 그 성질이 급하다. 경(經)에 이르기를 "가슴 위에 털이 나면 성공을 하지 못한다."라고 하였다.〕

■莫敎四反하라 五六에 必主凶亡이오
4곳이 뒤집히지 말라. 30세에 반드시 흉하게 망한다.
〔사반(四反)이란 입에 모서리가 없고(口無稜), 눈에 신(神)이 없고(眼無神), 코는 구멍이 뻔히 보이고(鼻露竅), 귀에 윤곽이 없는(耳無輪) 것이다. 이 4가지가 모두 뒤집히면 30세 전후에 흉사하게 된다.〕

■更忌神昏이니 八九라도 無稱意니라
다시 신(神 : 혼)이 어두운 것을 꺼리는데 72세를 살더라도 뜻을 이루지 못한다.
〔4곳이 뒤집힌 것이 있고 다시 겸하여 신기(神氣)가 어두운 자는 늙어서도 마침내 길한 것이 없다.〕

■天庭이 高濶하면 須知僕馬無虧오
천정이 높고 넓으면 종이나 말이 결함이 없는 것을 안다.
〔앞의 문장에는 '천정이 높이 솟으면 소년부귀를 가히 기약한다'고 했는데 여기에서 '높고 넓은 것'이란 이미 높고 또 넓은 것을 말한 것으로 이러면 반드시 관직에 오르는데 의심할 것이 없다.〕

■地閣이 方圓하면 必主錢財堆積이니라
지각이 모나고 둥글면 반드시 재물이 쌓인다.
〔지각이 풍부하고 융성하면 땅에서 얻고 천정이 풍부하고 융성하면 하늘에서 얻는 것이다. 하늘에서 얻은 것은 반드시 귀하고 땅에서 얻은 것은 반드시 부자가 된다.〕

■臉上에 靑光이 級級하면 貪婪孤貧이오
뺨 위에 푸른빛이 계속 있으면 탐심이 많고 고독하고 가난하다.
〔얼굴 위에 푸르고 검은 기운이 거듭 나타난 자는 고독하고 가난하며 항상 부족하다.〕

■準頭에 赤色이 重重하면 奔波詭計니라

코끝에 붉은색이 짙게 나타나면 파란이 많고 또한 간특한 사람이다.
〔토(土)의 가운데에 불(火)이 있으면 만물이 자라지 못할 상(相)이니 풍랑이 많다. 만약 주독이 침입하여 붉은 자는 간특한 꾀가 많은 사람이다.〕

▨圓融小巧는 畢竟豊亨이오
원활하게 모두 짧은 것은 마침내 크게 형통한다.
〔5가지가 짧은 형상이라도 융화를 이루어 작고 공교로운 것은 늙어서 부자가 되고 편안하게 된다.〕

▨方正神舒는 終須穩耐니라
방정하고 신(神)이 펴진 자는 마침내 인내력이 강한 것이다.
〔얼굴과 눈이 방정하고 신기(神氣)가 펴진 자는 마침내 반드시 온중하고 견뎌내 길하게 될 것이다.〕

▨手脚이 粗大하면 難爲富貴之徒오
손과 발이 거칠고 크면 부귀한 사람이 되기는 어렵다.
〔손과 발이 큰 것은 빈천의 상(相)이다. 살이 없고 근육이 드러나면 어찌 능히 부귀할 것인가.〕

▨齒鼻齋豊하면 定享庄田之客이라
이와 코가 가지런하고 풍성하면 부동산을 많이 가지고 편안하게 산다.
〔이가 가지런하며 빽빽하고 코가 크고 풍성한 자는 논과 밭을 장만하여 편안하게 먹고 사는 사람이다.〕

▨手軟如綿하면 閑且有錢하고 掌若血紅하면 富而多祿이니라
손이 부드러워 솜과 같으면 한가하고 또 돈도 있고 손바닥이 피를 뿌린 듯 붉으면 부자가 되고 녹봉도 많다.
〔경(經)에 이르기를 "손이 솜처럼 부드러우면 부자로 부러움을 사고 색

이 피를 뿌린 듯이 붉으면 녹봉이 끊이지 않는다."고 했다.〕

■眉抽二尾하면 一生常自足歡愣 오
눈썹의 양쪽 꼬리가 뾰족하면 일생동안 항상 환락을 즐긴다.
〔앞의 문장에서 '미생이각(眉生二角)'은 꼬리와 머리가 빼어나 뿔과 같은 것으로 다만 쾌락을 즐길 따름이요, 여기의 '미추이미(眉抽二尾)'는 눈썹의 머리와 꼬리가 맑고 빼어나 초생달처럼 생긴 것이다. 이러한 사람은 여자와 술을 좋아하여 일생동안 즐길 상(相)이다.〕

■根有三紋하면 中主必然多耗散이라
산근(山根)에 세 주름이 있으면 중년에 반드시 파산하게 된다.
〔산근(山根)에 만약 세 주름이 침입하여 끊어진 자는 중년에 반드시 재산을 날린다. 『광감(廣鑒)』에 이르기를 "산근에 만약 가로주름이 끊어져 있으면 자식도 잃고 아내도 잃고 형제간도 적다."고 하였다.〕

■耳白過面하면 朝野聞名하고
귀가 얼굴보다 희면 나라에 이름을 날린다.
〔『신농경(神農經)』에 이르기를 "귀가 얼굴보다 희면 마침내 이름난 신하가 된다."고 했다. 옛날에 구양공(歐陽公)이 귀하지 않았을 때 중이 상을 보고 말하기를 "귀가 얼굴보다 희니 이름을 천하에 떨치리라."고 하였다. 뒤에 벼슬이 재상에 올랐다.〕

■神稱于形하면 情懷舒暢이라
신(神)이 형상과 알맞으면 정신이 태평할 것이다.
〔정신이란 한평생의 근본이다. 형상이나 신(神)이 귀한 것이 서로 맞는 것이다. 부족한 것은 마땅치 않은 것이니 만약 정신이나 형상이 함께 만족하고 편벽되지 않은 자는 심신이 편안한 상(相)이다.〕

■足生黑子하면 英雄이 獨壓萬人하고
발에 검은 사마귀가 나면 영웅이 홀로 수많은 사람을 제압한다.

〔왼쪽 발에 있으면 남자가 길하고 오른쪽 발에 있으면 여자가 길하다. 옛날 당(唐)나라의 안록산(安祿山)이 어린시절 천민의 신분으로 장수규(張守珪)를 섬길 때 발을 씻어주다 잠시 중지하고 말이 없으니 수규가 물었다. 안록산이 "절도사의 발밑에 사마귀가 있으므로 잠깐 중지하였습니다."고 하였다. 수규가 "나의 귀함은 다 이 발의 사마귀 덕분이니라."하였다. 안록산이 재배하고 말하기를 "저는 양쪽 발에 다 사마귀가 있습니다." 하였다. 수규가 이후로 대접을 하였는데 뒤에 안록산이 3곳의 절도사를 거느리게 되었다.〕

▨骨揷邊庭하면 威武 揚名四海니라
뼈가 변정에 꽂히면 위엄과 무용이 사방으로 떨쳐진다.
〔변정(邊庭)은 왼쪽의 보각(輔角)과 발제(髮際)의 사이에 있다. 만약 관골이 우뚝 솟아서 변정으로 들어가 꽂힌 자는 권세와 귀함을 누린다. 『광감(廣鑒)』에 이르기를 "역마(驛馬)가 변지(邊地)로 뻗으면 병권(兵權)이 한 곳으로 몰린다."고 하였다.〕

▨聲自丹田下出하면 有福而享遐齡하고
소리가 단전 아래로부터 나오면 복이 있고 오래 장수를 누린다.
〔단전(丹田)은 배꼽 아래에 있으니 만약 소리가 배꼽 아래에서부터 나오는 자는 소리가 깊고 멀어서 장수를 누린다. 희이(希夷 : 진단)가 논하기를 "모든 사람의 숨소리는 목구멍에서 나오고 지인(至人 : 현인)의 숨소리는 배꼽 아래에서 한다."고 했다.〕

▨骨從腦後橫生하면 發財且增長壽니라
골(骨)이 머리통 뒤에 가로나면 재물도 있고 장수도 누린다.
〔뇌의 뒤에 골이 가로로 나있으면 옥침(玉枕)이라 하며 부와 수를 누린다. 『광감』에 이르기를 "골이 뇌로부터 나면 사람이 앎이 새로운 것이니

귀하고 녹봉이 계속되어 복과 수가 영원하다."고 했다.〕

▨地庫 光潤하면 晩景이 愈好而得安閒하고
지고(地庫)가 빛나고 윤택하면 만년에 더욱 좋아져서 편안함을 누린다.
〔지고(地庫)는 양쪽 턱에 있다. 만약 광택이 있고 풍만하면 말년에 모든 일이 뜻대로 된다.〕

▨懸壁이 色明하면 家宅이 無憂而多吉慶이라
현벽이 색이 밝으면 집안이 근심이 없고 좋은 경사가 많다.
〔현벽(懸壁)은 귀밑의 앞을 말한다. 만약 기색(氣色)이 어둡지 않은 자는 길하고 흉한 일이 없다.〕

▨土星薄而山林重하면 滯氣多災하고
토성이 엷고 산림이 두터우면 기가 막혀 재앙이 많다.
〔코가 작은 것을 토박(土薄)이라고 한다. 코밑수염이 많은 것을 산림(山林)이 두텁다고 하는 것이다. 만약 막힌 기운이 있으면 반드시 재앙이 많다.〕

▨前相好而後背虧하면 虛名無壽니라
앞의 관상이 좋으나 뒤가 이그러졌으면 헛된 이름에 장수하지 못한다.
〔앞 얼굴의 형상이 비록 좋으나 등뒤의 형상이 이그러지고 결함이 있는 자는 장수할 수가 없다.〕

▨陰隲에 肉滿하면 福重心靈하고
음즐에 살이 가득하면 복이 많고 마음이 신령스럽다.
〔음즐(陰隲)은 곧 누당(淚堂)이다. 만약 풍만하여 가로나지 않은 자는 반드시 총명하고 장수할 상(相)이다.〕

▨正面에 骨開하면 粟陳貫朽니라

앞 얼굴에 뼈가 열리면 곡식이 쌓여 썩어난다.
〔정면은 곧 양쪽 관골(顴骨)이다. 만약 뼈가 볼록 솟아 넓으며 기울거나 파이지 않았으면 널리 돈과 곡식이 쌓이는 상(相)이다.〕

▨鬢毛毬織하면 或先富而後貧하고
귀밑머리털이 구불구불하게 엉키면 먼저는 부자이고 뒤에는 가난하다.
〔만약 귀밑머리(살쩍) 수염이 혼탁하여 구불구불 엉킨 자는 성질이 게을러서 비록 재물이 있으나 뒤에는 반드시 가난하게 된다.〕

▨觔若蚓蟠하면 定少閑而多厄이라
힘줄이 지렁이가 꿈틀거리 듯하면 편안한 것이 적고 재앙이 많다.
〔이마, 얼굴, 손, 발 등에 푸른 힘줄이 어지럽게 나있는 것을 인반(蚓蟠)이라고 한다. 고통스럽고 괴로운 상(相)이다. 어찌 재액이 없겠는가.〕

▨眉稜骨起하면 縱有壽而孤刑하고
눈썹 모서리의 뼈가 솟았으면 비록 장수는 하지만 외롭고 육친을 잃는다.
〔눈썹과 이마가 우뚝 솟으면 옛스럽고 괴이하지만 만약 눈썹의 모서리가 홀로 솟은 자는 비록 오래 살기는 하지만 또한 친척을 잃고 외롭게 지낸다.〕

▨項下結喉는 恐無兒而客死니라
목줄에 뼈가 맺힌 것은 아들이 없고 객지에서 죽을까 두렵다.
〔경(經)에 이르기를 "이가 드러나고 목줄에 뼈가 맺혀 있는 자는 타향에서 죽는다."고 했는데 이러한 것을 말한 것이다.〕

▨眼如鷄目하면 性急難容이오
눈이 닭의 눈과 같으면 성질이 급하여 남을 용납하기가 어렵다.
〔눈동자가 둥글고 작으며 누런 것을 '계목(鷄目)'이라고 한다. 그 성질

이 급하고 조급하며 많이 음란하지만 진실하고 믿음이 있다.〕

▨步若蛇行하면 毒而無壽니라
걸음걸이가 뱀과 같으면 악독하고 단명한다.
〔걸음걸이가 머리, 손, 발이 모두 움직이며 3가닥으로 움직이는 것을 '사행(蛇行)'이라고 하는데 경솔하고 마음이 악독하다. 어찌 능히 장수할 것인가.〕

▨色靑橫于正面을 喚作行屍오
푸른색이 정면(正面)을 가로지르면 걸어 다니는 시체와 같다.
〔관골 위에서 눈의 밑을 정면(正面)이라고 하는데 만약 푸른 기운이 정면의 위치를 가로지른 자는 재앙이나 질병이 있으므로 '행시(行屍)'라고 했다.〕

▨氣黑暗于耳前을 名爲奪命이라
검고 침침한 기(氣)가 귀 앞에 있으면 명(命)을 앗아간다고 한다.
〔이전(耳前)은 명문(命門)이다. 만약 검은색이 이 명문을 침입하면 병이 있어 반드시 치료하기가 어렵다.〕

▨靑遮口角하면 扁鵲도 難醫오
입의 꼬리를 푸른빛이 가리면 편작(扁鵲) 같은 의사도 치료하기 어렵다.
〔입은 사람의 사명(司命)이다. 만약 양쪽 입꼬리에 청흑색이 나타나면 길한 조짐은 아니다. 이러한 사람의 병은 치료하기도 어렵다.〕

▨黑掩太陽하면 盧醫도 莫救니라
검은 것이 태양을 가리면 노의(盧醫)도 구하지 못한다.
〔태양은 왼쪽 눈이다. 노의와 편작은 다 유명한 의사이다. 만약 검은빛이 양쪽 눈을 가리면 노의라도 능히 다스리기 힘들다.〕

▨白如枯骨하면 亦主身亡하고
희고 뼈만 남은 골 같으면 또한 죽음이 있을 뿐이다.
〔만약 병든 사람이 흰 기운이 있고 뼈만 남은 송장 같은 자는 신체에 생기가 없는 것이다. 마땅히 죽음이 있을 뿐이다.〕

▨黑若濕灰하면 終須壽短이라
검은빛이 젖은 숯과 같으면 마침내 단명할 것이다.
〔또 검은 기운이 젖은 숯과 같이 검으면 어찌 살 수가 있으랴. 죽음이 있을 뿐이다.〕

▨貧而恒難은 爲因滿面愁容이오
가난하고 항상 어려운 것은 얼굴에 수심이 가득하기 때문이다.
〔얼굴이 항상 우는 것과 같으면 반드시 가난하고 어려움이 많은 것이다. 경(經)에 이르기를 "취하지 않았는데 취한 것과 같고 근심하지 않는데 수심이 가득한 것 같으며 웃는데 놀라 겁먹은 것 같은 모양은 영화와 즐거움이 절반은 감소한다."고 하였다.〕

▨夭更多災는 蓋謂壽根薄削이라
요절하거나 재앙이 많은 것은 대개 수상(壽上)과 산근(山根)이 엷고 깎여서이다.
〔연상, 수상, 산근이 결함이 있고 엷으며 뾰족하고 깎인 자는 질병이 있어 요절한다.〕

▨平生少疾은 皆因月孛가 光隆이오 到老無災는 大抵年宮이 潤澤이라
평생 질병이 적은 것은 다 월패(月孛)가 빛나고 융성하기 때문이다. 늙어서도 재앙이 없는 것은 대저 연궁(年宮)이 윤택하기 때문이다.
〔연상과 수상은 곧 월패궁(月孛宮)이다. 이 위치가 풍성하고 빛나면 평생동안 반드시 질병이 적다.〕

▨血不華色하면 少遂多迍하고
혈(血)이 색이 화려하지 않으면 이루는 것은 적고 막히는 것이 많다.
〔혈(血)은 기(氣)를 기르고 기는 신(神)을 기르나니 혈(血)이 빛나고 화려하지 않으면 중심이 부족한데 어떻게 성취할 수 있을 것인가.〕

▨行不動身하면 積財有壽니라
다니는데 몸이 움직이지 않으면 재물이 쌓이고 장수를 누린다.
〔걸음걸이가 동요하지 않는 것을 용취(龍驟)라고 이른다. 귀중한 상(相)이다. 어찌 재물이 없고 장수를 누리지 않으랴.〕

▨神光이 滿面하면 富貴稱心하고 鬼色이 見形하면 貧愁度日이니라
신광이 얼굴에 가득하면 부와 귀가 마음에 가득하고 귀신의 빛이 얼굴에 나타나면 가난과 수심이 날을 헤아린다.
〔신광(神光)은 색이 붉고 누런 광채가 있는 것이요, 귀색(鬼色)은 기(氣)가 푸르고 검은 음침함이 많은 것이다. 그러므로 얼굴에 신광(神光)이 있으면 재물과 명예가 다 이루어지고 얼굴에 귀색이 있으면 가난과 수심이 날마다 이른다.〕

▨病淹目閉나 有神無色者는 生하고 神脫口開하고 天柱傾欹者는 死니라
병이 들어 눈이 닫혔으나 신이 있고 색이 없는 자는 살고 신(神)이 빠져나가고 입이 열리고 목이 기울어진 자는 죽게 된다.
〔병이 오래되어 비록 눈이 감겼으나 신(神)이 있고 색(色)이 없는 자는 반드시 살고 만약 눈에 신광(神光)이 없고 입이 열리고 목이 기울어진 자는 반드시 죽게 된다. 천주(天柱)는 목을 말한다.〕

▨五岳이 俱正하면 人可延年이오 七竅가 不明하면 壽難再久니라
오악(五岳 : 이마, 좌우 관골, 코, 턱)이 모두 바르면 사람이 계속

발전하고 칠규(七竅 : 귀, 눈, 입, 코)가 밝지 않으면 수명은 길지가 못하다.
〔이마, 관골, 코, 턱이 바르고 기울지 않았으며 결함이 없는 자는 진실로 장수할 상(相)이다. 만약 귀, 코, 입, 눈의 7구멍이 젖혀지고 밝지 않은 것은 또한 요절한다.〕

■華蓋黑色이면 必主卒災오 天庭靑氣는 須防瘟疫이니라
화개(華蓋)가 흑색이면 반드시 졸지에 재앙이 있고 천정(天庭)이 푸른 기운이면 돌림병에 걸린다.
〔화개(華蓋)는 복당(福堂)의 곁에 자리하니 검은 기운이 침입하면 사나운 질병이 있다. 천정(天庭)은 천중(天中)의 아래에 있으니 푸른 기운이 생기면 돌림병에 걸린다.〕

■赤燥生于地閣하면 定損馬牛하고 靑白起于奸門하면 禍侵妻妾이니라
지각에 붉은 기운이 돌면 말이나 소의 손실이 있고 간문에 푸르고 흰 기운이 돌면 재앙이 아내나 첩에게 미친다.
〔지각(地閣)은 노복궁(奴僕宮)이다. 이 노복궁에 붉은 기운이 돌아 불꽃같은 자는 소 말 돼지 닭 염소 등 가축의 손실을 입는다. 간문(奸門)은 눈의 꼬리 앞에 있다. 만약 이 간문에 푸르고 흰 두 기운이 있으면 아내나 첩에게 재앙이 있을까 두렵다. 간문은 처첩궁(妻妾宮)이다.〕

■三陽火旺하면 必主誕男하고 三陰木多하면 定須生女니라
삼양에 화(火)가 왕성하면 반드시 아들을 낳고 삼음에 목(木)이 많으면 반드시 딸을 낳는다.
〔삼양(三陽)은 왼쪽 눈 아래에 있으니 붉은 기운이 왕성하면 반드시 아들을 얻고 삼음(三陰)은 오른쪽 눈의 아래인데 이곳에 푸른 기운이 많으면 곧 딸을 얻는다.〕

■流魄放海하면 須防水厄之災오 遊魂守宮하면 定主喪身之苦

308 거울로 보는 관상

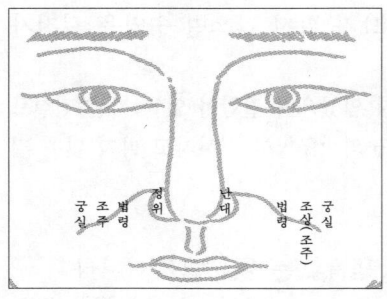

니라
　유백(流魄)이 해(海)에 이르면 수액의 재앙을 만나고 유혼(遊魂)이 궁(宮)을 지키면 자신이 고통을 당하게 된다.
　〔유백(流魄)과 유혼(遊魂)은 다 검은 기운이다. 대해(大海)는 입이다. 검은 기운이 입으로 들어가는 자는 반드시 수액(水厄)을 만난다. 궁(宮)은 곧 용궁(龍宮)이니 눈의 눈자위이다. 이 눈자위에 검은 기운이 나타나면 자신의 몸을 상하게 된다.〕

▓道路 昏慘하면 防跌蹼之災오
　도로(道路)가 어둡고 처참하면 넘어지는 재앙을 만난다.
　〔도로는 곧 통구(通衢), 위항(委巷)이다. 이곳이 막힌 기운이 나타나면 험악한 곳을 오르는 것이 이롭지 못하다.〕

▓宮室이 燥炎하면 恐湯火之咎니라
　궁실(宮室)이 불꽃 같으면 불에 데거나 할 재앙이 있다.
　〔궁실(宮室)은 주조(厨竈)의 곁에 있다. 만약 이 궁실에 불꽃 같은 기운이 맺혀 있으면 모름지기 불에 데이거나 약에 중독되는 것을 조심해야 한다.〕

▓耳根黑子는 倒死路旁하고 承漿深紋은 恐投浪裏니라
　귀뿌리의 검은 사마귀는 길 옆에서 죽을 것이요, 승장의 깊은 주름은 물결 속에 죽을 위험이 있다.
　〔귀의 뿌리에 검은 사마귀가 있는 자는 객사할 위험이 있다. 승장(承漿)은 입술 밑에 있으니 만약 이 승장에 깊은 주름이 있으면 수액이 있게 된다.〕

▓眼堂이 豊厚하면 亦主貪淫하고
　안당(眼堂)이 풍성하고 두터우면 또한 탐하고 음란하다.

〔안당은 진실로 풍성하여야 하나 만약 풍성하고 또 두터우면 또한 탐욕이 많고 음란하게 된다.〕

▧人中이 偏斜하면 必多刑魁이니라
인중이 편벽되게 기울면 반드시 형벌을 당하게 된다.
〔인중(人中)은 진실로 바르게 되어야 마땅하다. 만약 인중이 기울어져 있으면 또한 형벌을 면하기 어렵다.〕

▧鬼牙 尖露하면 詭譎好貪하고
귀신이빨이 뾰족하게 드러나면 음흉하고 탐욕이 많다.
〔당문(當門)의 두 개 이빨이 가지런하고 크며 평평하고 굳으면 진실하고 믿음이 있다. 뻐드렁니가 뾰족하니 드러나는 것을 귀아(鬼牙)라고 한다. 귀아가 있는 사람은 반드시 음흉하고 탐욕이 많다.〕

▧神眉 崢嶸하면 凶豪惡死니라
귀신의 눈썹이 험준하면 흉악한 호걸로 나쁘게 죽는다.
〔두 눈썹이 풍성하고 웅성하면 진실로 장수할 사람이다. 만약 두 눈썹의 모서리 뼈가 높게 깎였으면 성질이 반드시 호걸스럽고 흉악하여 비명에 죽는다.〕

▧人形이 似鬼하면 衣食不豊하고
사람의 형상이 귀신과 같으면 의식이 넉넉하지 못하다.
〔사람의 모양이 고풍스럽고 괴상하면 진실로 귀상(貴相)이지만 만약 형체와 모습이 귀신같은 자는 비록 재물이 있으나 반드시 풍족하지 못하다. 당(唐)나라 노기(盧杞)의 모습이 고풍스럽고 괴상하여 귀신처럼 생겨서 간사하고 교활하였다.〕

▧生相이 若仙하면 平生閒逸이니라
살아있는 모습이 신선과 같으면 평생동안 한가하고 편안하다.
〔형체와 모습이 맑고 기이하고 수려하고 특이하며 신선과 같은 자는 귀

하지 않으면 반드시 편안하고 한가할 것이다.〕

▨穀道亂毛는 號作淫秒오
곡도(穀道)가 털이 어지럽게 나면 크게 음란하게 된다.
〔똥구멍에 어지럽게 털이 나면 방광의 기(氣)가 왕성한 것에 말미암은 것이니 사람이 반드시 음욕이 많다.〕

▨耳根高骨은 名曰壽根이라
귀의 뿌리에 높이 솟은 골을 수근골(壽根骨)이라고 이름한다.
〔귀의 뒤에 뼈가 솟아 나온 것을 수당(壽堂)이라고 이름한다. 경(經)에 이르기를 "사람의 장수를 알고자 하면 귀의 뒤에 옥루골(玉樓骨)이 이루어졌는가 볼 것이다."고 하였다.〕

▨骨格神淸하면 瘦亦可取오 肉地浮濁하면 肥何足誇리오
골격이 신(神)이 있어 맑으면 야위어도 가히 취할 만하고 육지(肉地)가 살이 많고 탁하면 비대하여도 자랑스러운 것이 못된다.
〔골격은 비록 야위었으나 기색(氣色)이 신비스러운 자는 가히 취할 수 있는 길상(吉相)이요, 비록 살은 졌으나 살이 단단하고 윤택하지 않은 자는 취할 것이 없는 흉(凶)한 상이다.〕

▨目多四白하면 主孤剋而凶亡하고
눈의 4곳이 희면 외롭고 흉사하게 된다.
〔눈이 성난 듯하고 흰 바탕이 드러난 자는 외롭고 형벌을 받을 것이니 흉하게 죽을 상(相)이다.〕

▨鼻有三凹하면 必貧窮而孤苦니라
코에 3곳이 오목하면 반드시 가난하고 외로우며 고생을 한다.
〔삼요(三凹)는 굽어서 깎이고 파인 것이니 재물을 없애고 형벌을 받는다.〕

▨三尖六削은 縱奸巧而貧賤이오

3곳이 작고 6곳이 얇으면 비록 간교하더라도 빈천하게 된다.

〔삼첨(三尖)은 머리, 코끝, 턱으로 뾰족한 것은 작은 것이다. 육삭(六削)은 눈썹, 눈, 귀, 입이니 박약한 것으로 삭(削)은 얇은 것이다. 또 육악(六惡)이라고도 하는데 빈천하고 또 간교하기도 하다.〕

▨四方五端은 雖老謀而富貴니라
얼굴의 4곳이 모나고 5곳이 단정하면 늙어서도 부귀를 누린다.

〔2곳의 천창(天倉)과 지고(地庫)의 좌우인 4곳이 모나고 풍부하며 결함이 없고 이마, 좌우 관골, 턱, 코가 오악인데 오악이 단정하고 솟아 올라 기울지 않은 자는 부귀를 누릴 상(相)이다.〕

▨腿長脛瘦면 常年奔走不停이오
다리가 길고 정강이가 비쩍 마르면 항상 분주하여 머무르지 않는다.

〔다리가 가늘고 길며 정강이가 마르고 수척한 자는 항상 괴롭고 고생을 할 상(相)이다.〕

▨脣薄口尖하면 愛說是非不了니라
입술이 얇고 입이 뾰족하면 말하기를 좋아하여 시비가 끊이지 않는다.

〔입술이 뾰족하고 깎여 두 입술이 들려 있거나 얇으면 말을 많이 하여 시비가 끊이지 않는 사람이다.〕

▨部位伶俐하면 自然無禍無災하고 紋痣交加하면 到底有嗟有怨이라
부위가 영리(伶俐)하면 자연히 재앙이 없고 주름과 사마귀가 교차해 있으면 탄식하고 원망하는 일이 있다.

〔부위가 분명하고 섞이지 않았으면 길하고 상서로우며 주름살과 사마귀가 어지럽게 각 부위에 있는 자는 흉액이 있다.〕

▨峨眉鼠食은 非惟吝而且貪하고
눈썹이 높이 솟고 쥐 같이 먹는 이는 인색한 이가 아니면 탐욕스럽다.
〔아미(峨眉)는 곧 눈썹이 우뚝 솟은 것이요, 서식(鼠食)은 쥐처럼 앞을 살피며 먹는 것이다. 이와 같이 생긴 자는 탐욕이 많고 인색하여 흉하다.〕

▨劍鼻蜂睛은 不特凶而又賤이라
칼 같은 코에 벌의 눈동자는 특별히 흉하지 않으면 또 천박하다.
〔코의 기둥이 깎여 칼과 같고 눈의 동자가 드러나서 돌아가지 않아 벌눈 같이 생긴 자는 성질이 포악하고 비천한 사람이다. ※벌의 눈은 그 눈동자가 드러나고 또 독도 있어서 말한 것이다.〕

▨男兒腰細면 難主家財하고 女子肩寒하면 孤刑再嫁니라
남자가 허리가 가늘면 가산을 지키기 어렵고 여자가 어깨가 차가우면 고아가 되고 또 시집을 두 번 간다.
〔남자가 허리가 가늘면 복이 반드시 박하고 여인이 어깨가 차갑고 쭈그러진 자는 운명이 반드시 박하고 독기가 있다.〕

▨頭大額大면 終主刑夫오 聲粗骨粗면 竟爲孀婦니라
머리가 크고 이마가 크면 마침내 남편을 잃고, 소리가 거칠고 뼈가 억세면 필경은 과부가 된다.
〔여인이 머리와 이마가 함께 크고 소리가 거칠고 탁하며 뼈에 살이 적으면 다 외롭고 과부가 될 상(相)이다.〕

▨眼光口濶은 貪淫求食之人이오 擺手搖頭는 氾濫刑夫之婦니라
눈이 빛나고 입이 넓으면 탐욕스럽고 음탕하며 먹을 것을 구하는 것이요, 손을 건들거리고 머리를 흔드는 여인은 남을 범하고 남편을 이기는 부인이다.
〔여자의 눈에 물기가 빛나고 입이 넓고 큰 자는 음란을 탐하는 것이 남보다 지나치고 머리와 손을 가볍게 흔들고 신중하지 못한 자는 음란하고

남편을 이기게 된다.〕

▨髮濃鬢重하면 兼斜視以多淫하고
머리털이 많고 귀밑머리가 많으며 겸하여 곁눈질하면 음란하다.
〔머리털과 귀밑머리가 짙고 많으며 보는 것이 바르지 않은 자는 혈기가 왕성하고 마음이 반드시 사특하니 음탕하게 되어 있다.〕

▨聲響神淸하면 必益夫而得祿이니라
소리가 맑고 신기(神氣)가 맑으면 반드시 남편을 도와 녹봉을 얻게 한다.
〔여자의 음성이 청량하고 눈의 신기(神氣)가 맑고 밝은 자는 남편을 이익되게 하고 녹봉을 얻게 하는 부인이 된다.〕

▨骨格이 細膩하면 富貴自生淸閑하고 髮鬢이 粗濃하면 勞苦終爲下賤이니라
골격이 가늘고 미끄러우면 부귀하여 맑고 한가하게 지내고 머리털과 귀밑머리가 거칠고 짙으면 고생하고 마침내는 하천한 여인이 된다.
〔여자의 골격이 서로 맞아 가늘고 미끄러운 자는 맑고 한가하다. 머리털과 귀밑머리가 낮고 어지러우며 거칠고 짙은 것은 고생만 한다.〕

▨皮膚香細는 乃富室之女娘이오 面貌端嚴은 必豪門之德婦니라
피부가 향기롭고 섬세한 자는 부자집의 딸이요, 얼굴이 단정하고 엄숙한 여인은 반드시 큰 집안의 덕부(德婦)가 될 것이다.
〔살과 피부가 맑고 향기가 나고 섬세하고 미끄러우며 얼굴색이 윤택하고 깨끗하여 단정하고 엄숙한 여인은 부자집이나 귀한 집안의 여인들이다.〕

▨山根이 不斷하면 必得貴夫하고 部位가 停勻하면 應須有子니라
산근이 끊어지지 않았으면 반드시 귀한 남편을 얻고 부위가 고르면 응당히 자식이 있다.

〔코의 기둥이 끊어지지 않은 여인은 짝한 남자가 반드시 아름답고 각 부위가 기울지 않은 여인은 자식이 반드시 있다.〕

▨髮細光潤하면 稟性溫良하고 神緊眼圓하면 爲人急燥니라
머리털이 가늘고 윤택하면 성품이 온순하고 어질며 신(神)이 긴장하고 눈이 둥글면 사람됨이 조급하다.
〔여자가 머리털이 가늘고 광택이 나는 여인은 기(氣)가 반드시 화합하고 성질이 온순하다. 신(神: 혼)이 긴장되고 눈이 동그란 여인은 기가 반드시 급하고 성질이 조급하다.〕

▨顴高骨凸者는 刑夫未有了期하고 兩耳反薄者는 剋子終無成日이니라
관골이 높고 뼈가 튀어나온 자는 남편과 끝까지 함께 하지 못하고 양쪽 귀가 뒤집히고 엷은 여인은 자식을 잃고 편안한 날이 없다.
〔관골(광대뼈)이 높고 깎인 여인은 남편이 정해지지 않고 귀가 뒤집히고 엷은 여인은 자식을 잃고 편한 날이 없게 된다.〕

▨手粗脚大는 必是姨婆오 鼻尖頭低는 終爲侍妾이니라
손이 거칠고 발이 큰 여인은 반드시 무당이나 중매쟁이요, 코가 뾰족하고 머리를 숙이면 마침내 첩이 되는 상(相)이다.
〔손이 거칠고 발이 큰 여인은 무당이나 중매쟁이가 될 상(相)이요, 코와 이마가 뾰족하고 낮은 자는 첩이 될 상이다.〕

▨臥蠶이 明潤而紫色이면 必産貴兒하고
와잠이 밝고 윤택하며 자주색이면 반드시 귀한 아들을 낳는다.
〔눈 아래에 살이 있는 것이 누에가 누워있는 것과 같고 자주색을 띠면 반드시 귀한 아들을 낳는다.〕

▨金甲이 豊腴而黃光이면 終興家道니라
금궤 갑궤가 풍부하게 살이 찌고 누렇게 빛나면 마침내 집안의

도를 일으킨다.
〔금궤(金匱) 갑궤(甲匱) 2곳의 위치는 콧구멍의 양쪽 곁에 있는데 이곳이 살이 찌고 풍성하며 누런색으로 광채가 나고 밝은 것은 반드시 가문을 왕성하게 하리라.〕

▨婦人이 口濶하면 先田食粧而後貧하고
부인이 입이 넓으면 먼저는 밭을 갈아 먹고 장만해 간 것을 먹지만 뒤에는 가난하다.
〔여자의 입이 넓고 커서 수습할 것이 없는 자는 먹을 것을 탐하고 게을러서 뒤에 가난하게 된다.〕

▨美女 背圓하면 必嫁秀士而得貴니라
아름다운 여인이 등이 둥글면 반드시 빼어난 선비에게 시집가서 귀하게 된다.
〔등이 둥글고 두터우며 맑고 빼어난 자는 반드시 좋은 남편을 얻는다.〕

▨身肥肉重하면 得陰相而反榮華하고
몸이 비대하고 살이 두터우면 음상(陰相)을 얻어서 도리어 영화롭게 된다.
〔여인의 신체가 비대하고 윤택하며 허하거나 뜨지 않고 모형이 여자의 형체에 알맞은 여인은 영화와 귀함을 누린다.〕

▨面圓肥腰하면 類男形而亦富貴니라
얼굴이 둥글고 허리가 살이 찌면 남자의 형체와 같아서 부귀를 누린다.
〔여인이 허리와 배가 살이 찌고 두터워 남자의 형상과 같은 자는 또한 부귀하게 된다. 이는 부귀하고 영화의 상(相)이나 또한 자연적인 조화의 이치이기도 하다.〕

▨乾姜之手는 女子라야 必善持家하고

섬세한 손을 지닌 여자는 반드시 집안을 잘 지킨다.
〔여자의 피부와 살은 진실로 섬세해야 마땅한데 오직 손가락이 토실토실하고 힘줄이 드러나지 않은 여인은 집안을 잘 지켜나간다.〕

▨綿囊之拳은 男子라야 定興財産이니라
솜주머니처럼 부드러운 손은 남자라야 재산을 일으키는 것이다.
〔남자의 손이 부드러운 솜과 같으면 구하지 않아도 스스로 부자가 된다.〕

▨頭小腹大하면 一生不過多食이오 骨少肉多하면 三十焉能可過리오
머리가 작고 배가 크면 일생동안 많이 먹는데 지나지 않고 골이 작고 살이 많으면 30세를 넘기지 못한다.
〔여인이 머리가 작고 밥통만 크면 많이 먹는데 지나지 않고 만약 살이 여유가 있고 뼈가 부족한 여인은 요절하게 된다.〕

▨眉粗眼惡하면 頻數刑夫하고 聲雄氣濁하면 終無厚福이니라
눈썹이 거칠고 눈이 사나우면 자주 남편을 이기고 소리가 웅장하고 기가 탁하면 마침내 두터운 복이 없게 된다.
〔여자의 눈썹이 거칠고 어지러우며 눈이 사납고 불거진 자는 지아비를 이기고 소리가 웅장하고 크며 기가 탁하고 거친 여인은 가난하고 천박하다.〕

▨眼光如醉하면 桑中之約이 無窮하고
눈의 빛이 취한 것 같으면 뽕밭의 약속이 다함이 없다.
〔여자의 눈빛이 광채를 드러내고 신(神)이 술에 취한 듯한 자는 음욕이 많아 다른 남자와 야합할 여인이다.〕

▨媚靨漸生하면 月下之期를 難定이니라
애교가 있고 보조개가 점점 나타나면 달밤의 기약을 정하기가 어려우니라.
〔웃으면 애교가 많은 여인은 천박한 여인이다. 경(經)에 이르기를 "애교

있고 보조개가 점점 나타나면 어진 부인이 아니다."라고 했다. 어떻게 달밤에 기약할 수 있겠는가.〕

▨面如滿月하면 家道興隆하고 唇若紅蓮하면 衣食豊足이니라
얼굴이 보름달과 같으면 집안의 도를 일으키고 입술이 붉은 연꽃과 같으면 의식이 풍족한 여인이다.
〔얼굴의 색이 광채가 나고 윤택하며 결점이 없고 입술이 단사(丹砂)를 칠한 것 같고 뾰족하게 드러나지 않은 여인은 부귀한 상(相)이다.〕

▨山根黑子는 若無宿疾이면 必刑夫하고
코에 검은 사마귀가 있으면 만약 묵은 질병이 없으면 반드시 남편을 잃는다.
〔검은 사마귀가 콧대에 나있는 여인은 신체에 오래된 병이 있지 않으면 반드시 남편을 잃게 된다.〕

▨眼下皺紋은 亦主六親이 若冰炭이니라
눈밑에 주름이 쭈글거리면 또한 육친간에 정이 없다.
〔어지러운 잔주름이 눈밑에 침입하면 신체는 고달프고 골육의 정이 성긴 것이다.〕

▨齒如榴子하면 衣食이 豊盈하고 鼻若竈門하면 家財傾盡이니라
치아가 석류알과 같으면 의식이 풍성하고 가득하다. 코가 아궁이처럼 생기면 집안의 재산이 다 기운다.
〔치아가 빽빽하고 광채가 나며 깨끗하여 석류알처럼 생긴 자는 의식이 넉넉하다. 콧구멍이 하늘로 쳐들린 자는 가난하고 궁하다.〕

▨又當知形如羅漢하면 生子必遲하고 貌若判官하면 得兒尤晚이니라
또 마땅히 형상이 부처의 나한(羅漢)과 같으면 자식을 늦게 두고 모습이 판관(判官)과 같으면 아들을 더욱 늦게 얻는다.

〔형용이 고풍스럽고 괴상하여 부처의 아라한이나 재판정의 판사와 같이 꼿꼿하게 위엄이 있으면 자식을 반드시 늦게 두게 된다.〕

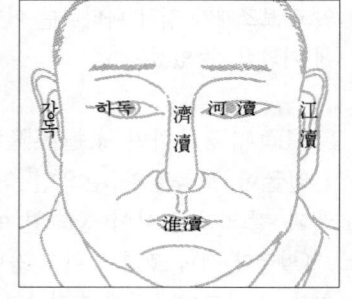

▨三山이 突濶하면 萬頃規模오 四瀆이 淸明하면 終生福氣니라
　삼산이 돌연히 넓으면 만경의 토지를 두고 사독이 맑고 밝으면 평생토록 복이 나온다.
〔이마와 양쪽 관골을 삼산이라고 하는데 이곳이 높고 넓으며 귀 눈 입 코가 맑고 밝은 사람은 널리 오래도록 부귀를 누릴 상(相)이다.〕

▨人小聲洪하면 定須超達이오
　사람이 작고 소리가 크면 모름지기 특별히 발달한다.
〔형체가 비록 작으나 소리가 크고 맑으면 근본이 성대한 것이다. 마침내 크게 형통하게 된다.〕

▨頭皮寬厚하면 福壽雙全이니라
　머리와 피부가 관대하고 두터우면 복과 장수를 함께 누린다.
〔머리는 둥글어 하늘을 본뜨고 피부는 관후하면 복주(覆幬 : 덮다)의 상(相)이다. 어찌 복과 장수를 누리지 못하랴.〕

▨神氣澄淸利名雙得이라
　신기가 맑고 맑으면 이익과 명예를 함께 얻는다.
〔신기(神氣)는 인간의 정신이다. 만약 정신이 맑고 맑아서 어둡고 침침하지 않은 자는 부귀의 상(相)이다. 보통 사람이라도 이와 같으면 다만 기쁜 경사가 있을 것이다.〕

▨面皮繃急하면 壽促無疑오 骨格이 恢弘하면 前程可靠니라
　얼굴가죽이 붕대 같고 얇으면 수명이 촉박한 것을 의심할 것이 없고 골격이 크고 넓으면 앞길을 가히 기댈 수 있다.
〔얼굴의 살이 부풀고 엷어 가죽이 붕대와 같으면 진실로 장수할 수 없다. 골상이 풍륭하고 오악(五岳)이 분명하면 부귀를 가히 기약할 수 있다.〕

▨少肥氣短하면 難過四九之期오
젊어서 살이 찌고 기(氣)가 짧으면 36세를 넘기기가 어려운 것이다.
〔나이가 젊어 체중이 비대하고 기가 짧고 촉급한 자는 요절하게 된다.〕

▨脣縮神癡면 焉保三旬之厄이리오
입술이 쭈그러들고 신(神 : 혼)이 어리석으면 어찌 삼순(三旬)의 액을 보호하리오.
〔입술이 말려서 쭈그러들고 이가 드러나고 눈에 신(神)이 없고 티끌이 낀 것처럼 몽롱하면 또한 장수하지 못하는 것이다.〕

▨形骸局促하면 作事猥獮하고 氣宇軒昻하면 一生快樂이니라
형체의 뼈가 굽거나 오그라들면 일을 하는데 외설스럽고 기(氣)의 도량이 넓고 높으면 일생동안 쾌락을 누린다.
〔체모가 거리끼고 오그라든 자는 일을 하는데 반드시 너그럽지 못하고 국량(局量)이 높고 큰 자는 가는 곳마다 이롭지 않은 것이 없다.〕

▨鼻梁露骨하면 名爲破祖刑家오
코의 줄기가 뼈를 드러내면 조상의 재산을 팔아먹고 가산을 탕진한다.
〔코의 줄기가 엷고 깎여 뼈가 드러난 것이 칼등과 같으면 조상의 가업을 파산한다.〕

▨背脊成坑하면 號曰虛花無壽니라
등뼈가 파여 있으면 빈 꽃으로 단명한다고 이름한다.
〔등뼈는 융성하고 두터워야 한다. 이 등뼈가 엷고 결함이 있어 파여있는

자는 비록 이익을 얻고 명예를 이루었으나 또한 꽃이 열매가 없는 것과 같다. 또 장수를 할 수 없는 것이다.〕

▨鼻有三曲하면 不賣屋則賣田하고
코가 3번 굽으면 집을 팔지 않으면 전답을 팔게 된다.
〔코의 줄기가 3번 굽어있고 평평하지 못하고 곧지 못한 자는 파산할 사람이다.〕

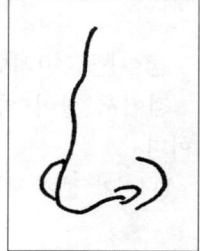

▨面有兩凹하면 必成家而成業이라
얼굴에 2곳이 오목하면 반드시 집안을 일으키고 가업도 성공시킨다.
〔하늘과 땅이 서로 응하고 태산과 화산이 함께 솟으면 모든 것을 발달시키고 가업도 이룰 형상이다.〕

제7권 마의선생신상
(麻衣先生神相卷之四)

제1장 종합관찰(綜合觀察)
제2장 금쇄부(金鎖賦)
제3장 은시가(銀匙歌)

제1장 종합관찰(綜合觀察)

노루머리에 쥐눈은 관리가 될 수 없다

▨獐頭鼠目이 何必求官이리오
노루의 머리에 쥐의 눈을 가지고 어찌 벼슬을 구하는가.
〔머리가 깎이고 뼈가 드러난 것을 '장두(獐頭)'라고 하고 눈알이 볼록하고 눈이 동그란 것을 '서목(鼠目)'이라고 한다. 노루의 머리나 쥐의 눈을 가지면 다 귀하게 되지 못한다.〕

▨馬面蛇睛은 須遭橫死니라
말의 얼굴에 뱀의 눈알은 모름지기 횡사(橫死)하게 된다.
〔소리가 목이 쉬고 얼굴이 긴 것을 마면(馬面)이라 하고 눈이 볼록하고 눈알이 붉은 것을 사정(蛇睛)이라 한다. 말의 얼굴과 뱀의 눈을 가지면 성질이  거칠고 마음이 악독하여 형제간의 의가 좋지 않고 마침내 재앙을 불러들인다.〕

▨睛淸口濶하면 文筆高하고 方面大頤는 豊錢財니라
눈알이 맑고 입이 넓으면 문필이 높고 모난 얼굴에 큰 턱은 재물이 풍족하니라.
〔눈알이 맑아 옻칠한 것처럼 까맣고 입이 넓어 붉은 것을 칠한 것처럼 붉으면 문장이 있는 선비이다. 얼굴이 모나고 크며 턱이 풍부하고 넓은 자

는 부자집 아들이다.〕

▨語言이 多泛하면 爲人이 心事難明하고
언어가 넓으면 사람됨이 심사가 밝기 어렵다.
〔말이란 순서가 있어야 귀한 것이다. 만약 말이 두서가 없고 공허하면 말이 반드시 망령되고 법규가 없는 것으로 허부(許負)는 말하기를 "말이 넓고 넓으면 일을 하는데 어지럽게 된다."고 하였다. 그 심사를 어찌 쉽게 밝히겠는가.〕

▨容貌 溫知하면 作事에 心懷灑落이니라
형용이 온화하면 일을 하는데 마음이 깨끗하고 속기가 없다.
〔형용이 아름다운 옥(玉)의 온화한 것과 같고 도량(度量:氣宇)은 봄바람의 부드러운 것과 같은 사람은 이에 마음 속이 깨끗하고 속된 기운이 없어 덕이 있는 사람이다.〕

▨骨粗髮重하면 何曾剩得一錢이며
뼈가 거칠고 머리털이 빽빽하면 무엇을 한푼이라도 여유롭게 얻을 것인가.
〔뼈와 머리털이 거칠게 드러나고 머리의 털이 두꺼워 쑥밭과 같으면 이러한 상을 가진 사람은 가난하게 살 상(相)이다.〕

▨體細身輕하면 那見停留片瓦리오
신체가 가늘고 몸이 가벼우면 한 조각 기와에서 머물러 볼 수 있을까.
〔신체는 무겁고 중후해야 귀한 것이다. 만약 걸어다니는데 바람에 나부끼는 버들과 같고 한 잎의 조각배와 같은 자는 요절하지 않으면 가난하게 된다.〕

▨得意中에 面容이 悽慘하면 先富後貧하고 遭窘處에 言貌 溫和하면 早窮晚發이라

뜻을 얻은 가운데 얼굴 모습이 처참하면 먼저는 부자였다가 뒤에는 가난하게 된다. 군색한 곳에서도 말과 모습이 온화하면 초년에는 고생하고 늦게는 발달하게 된다.
〔출세를 했는데도 얼굴이 처참한 것은 초년에 부자였다가 후년에 가난하게 된다. 군색한 처지에서도 말과 모습이 온화하면 일찍 곤궁하고 늦게는 펴지는 것이다.〕

▨巨鰲 入腦하면 必作尙書하고 龍骨이 揷天하면 應爲宰輔니라
거오(巨鰲:額骨)가 뇌로 들어가면 반드시 상서(尙書)의 관직에 오르고 용골이 하늘로 꽂히면 마땅히 정승이 되는 것이다.
〔경(經)에 이르기를 "액각(額角)이 천정(天庭)으로 들어가면 재상 지위에 올라서 존경받게 된다."고 하였다. 만약 일월각(日月角)에 골(骨)이 있어 천정으로 꽂힌 자도 또한 이와 같이 된다. 거오(巨鰲)는 곧 액각(額角)이요, 용골(龍骨)은 곧 일월각(日月角)이다.〕

▨日月角聳하면 必佐明君하고 文武雙全하면 定爲刺史니라
일월각이 솟으면 반드시 어진 군주를 돕고 문무가 함께 온전하면 도지사가 된다.
〔일월각이 솟은 것은 곧 용골이 천정에 꽂힌 것이다. 진실로 귀상(貴相)이다. 양쪽 관골에 뼈가 있어서 변지(邊地)로 접근한 자를 '문무쌍전(文武雙全)'이라고 한다. 또한 도지사나 직할시장이 되는 상(相)이다.〕

▨眼有三角하면 狼毒孤刑하고
눈이 삼각이 지면 강퍅하고 악독하며 고독하고 형벌을 받는다.
〔눈은 일월(日月)이다. 둥글고 밝아야 하고 삼각이 되어서는 안된다. 사람이 이와 같은 삼각형의 눈을 가지면 그 마음이 선하지 못하여 부인은 남편을 잃고 남자는 반드시 아내나 아들을 잃게 된다.〕

▨鼻帶兩門하면 破財疾苦니라
코가 양쪽으로 문을 둘렀으면 파산하고 질병으로 고통받는다.

〔코는 토성(土星)이니 연상과 수상이 있다. 만약 양쪽이 움푹 파이고 파괴되었으면 파산만 하는 것이 아니라 또 겸하여 질병까지 얻어 고생하게 된다.〕

▓骨輕手硬은 必是庸常이오
뼈가 가볍고 손이 단단하면 반드시 보통 사람이다.
〔골격이 비쩍 말라 가볍고 손가락이 거칠고 단단한 자는 보통의 속된 사람이다.〕

▓眉秀神和는 須知閑雅니라
눈썹이 수려하고 신(神 : 혼)이 온화한 자는 모름지기 한가하고 고아한 사람이다.
〔눈썹과 눈이 맑고 수려하며 신기(神氣)가 온화한 자는 귀하지 않으면 한가한 것을 즐기는 빼어난 선비가 될 것이다.〕

▓聲乾無韻하면 何得榮華리오
소리가 건조하고 여운이 없으면 어떻게 영화를 얻을 것인가.
〔소리는 맑고 진실한 것을 귀하게 여긴다. 만약 소리가 거칠고 건조하며 바가지 깨지는 듯하고 운치가 없는 자는 가난하게 된다.〕

▓膚澁少光하면 終無安逸이니라
피부가 거칠고 광채가 적으면 마침내 편안함이 없다.
〔피부가 거칠고 지저분하고 또 광택이 없으면 고통스럽게 된다.〕

▓凶婦十惡은 皆言眼赤睛黃이오
흉한 부인의 10가지 나쁜 것은 다 눈이 붉고 눈동자가 누런 것을 말한다.
〔10가지 나쁜 흉악한 죄인은 거의 눈에 붉은 핏줄이 있고 눈알이 누렇고 검지 않은데 말미암는다.〕

■死在他州는 蓋爲齦掀脣僄니라
 죽어서 타향에 있는 것은 대개 잇몸이 들리고 입술이 가벼운 것이다.
 〔타향에서 객사하는 자는 대부분 이의 잇몸이 번쩍 들리고 입의 입술이 얇아 가벼운 사람이다.〕

■形神이 不蘊하면 貧夭兩全하고
 형과 신이 모이지 않으면 가난하고 요절하게 된다.
 〔형체가 여유가 있으면 신(神)이 부족하고 혹 신(神)이 여유가 있으면 형체가 부족한 것을 다 '불온(不蘊)'이라고 한다. 이와 같은 사람은 가난하지 않으면 요절하게 된다.〕

■觔骨이 不藏하면 懦愚雙得이니라
 힘줄과 뼈가 감추어지지 않으면 나약하고 어리석은 사람이다.
 〔힘줄 속에 뼈가 드러나고 뼈에 힘줄이 드러나 함께 드러나서 이루어지지 못한 자는 나약하지 않으면 어리석고 노둔하다.〕

■眼光이 嘴薄하면 爲人이 執拗不良하고
 눈이 빛나고 입술이 얇으면 사람됨이 집요하고 불량하다.
 〔눈이 드러나고 신(神)이 빛나며 입술이 얇고 말린 것이 3가지를 겸한 자는 불량하지 않으면 반드시 마음 속으로 깡패가 된다.〕

■齒齧頭搖하면 其性이 奸貪無比니라
 이를 갈며 머리를 흔들면 그의 성질이 간사하고 탐욕이 많으며 친함이 없다.
 〔이를 갈며 씩씩대는 것을 '치설(齒齧)'이라 한다. 한이 많아 머리를 흔드는 것을 '요두(搖頭)'라고 한다. 이를 갈며 머리를 흔드는 것은 악독한 상이다. 그 사람됨이 반드시 간사하고 탐욕이 많다. ※앞에 결손된 한 구절을 여기에 첨가하였다.〕

▨得意中에 面容이 悽慘하면 先富後貧하고

뜻을 얻은 가운데 얼굴이 처참하면 먼저는 부자가 되었다가 뒤에 가난해진다.

〔이익과 명예를 얻었으면 기뻐해야 마땅하거늘 얼굴에 처참한 기색이 있는 자는 비록 부자가 되었으나 뒤에는 가난하게 된다.〕

▨遭窘處에 顔貌 溫和하면 早窮晩發이니라

군색한 곳에 임해서도 얼굴이 온화하면 현재는 궁해도 늦게는 발달한다.

〔만약 곤궁한 곳에 처하여 근심하지 않고 도리어 온화한 자는 반드시 도량이 너그러운 사람으로 마침내 반드시 발전할 것이다.〕

▨金形이 得金局이면 逢土라야 可比陶朱오

금형의 골격을 가진 이가 금형국을 얻으면 토(土)를 만나야 도주(부자)가 될 것이다.

〔만약 금형인(金形人)이 또 금형(金形)의 바른 것을 얻은 자는 진실로 금득금(金得金)이니 굳센 것이 깊다. 겸하여 토국(土局)의 형기를 얻어서 상생(相生)하면 재물이 풍부해져서 도주공(陶朱公 : 큰 부자)이 된다. 도주공(陶朱公)은 월(越)나라 범려(范蠡)이다. 큰 부자가 된 사람이다. 이로부터 이후는 오행(五行)의 형상인을 논하였다. 지금 오행(五行)의 상모(相貌)에 나아가 모두 이곳에 해석하였으므로 뒤에 배우는 자들은 마땅히 익히 기억하여 자세히 살펴야 할 것이다.

목형인(木形人)은 길어야 하는데 나무의 곧은 것과 같고 색은 푸르고 기(氣)는 수려해야 그 바른 것을 얻은 것이다. 만약 허리가 기울고 등이 작으면 나무의 좋은 것이 아니다.

화형인(火形人)은 아래는 두텁고 위는 뾰족하여 불의 불꽃과 같으며 색(色)은 붉고 기(氣)는 활동하여야 그 마땅함을 얻은 것이다. 혹 자랑하고 드러내어 경박하고 부조(浮燥)하면 불똥이 튀는 과실이 있으므로 『풍감(風鑑)』에 이르기를 "국(局)이 드러나는 것을 곧 불이라고 한다. 얼굴이 깊은 것을 토(土)라고 한다. 국이 드러나는 듯한 것을 다 '화(火)'라고 한다."고 하였다.

　수형인(水形人)은 등과 허리가 두텁고 둥글며 원기(元氣)가 고요하고 정숙하며 살이 많고 뼈가 가벼운 것이 수형(水形)을 타고난 정상적인 사람이다. 혹 근육이 늘어지고 살이 쳐지면 이것은 가지가 줄기를 보호하지 못하는 것이라 이른다. 이러한 사람은 살이 넘치는 것으로 지킬 곳이 없게 된다. 형상은 닮았으면서도 서로 거슬리는 것이다.

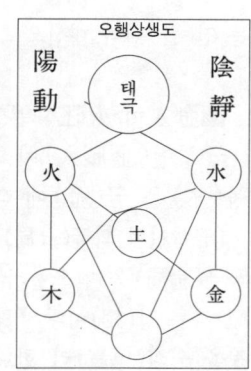

　금형인(金形人)은 모나고 바르며 뼈가 단단하고 살이 실하며 음과 양(살과 뼈)이 속이지 않고 적당하며 빛이 희고 기(氣)가 굳세어야 그 중용을 얻은 것이다. 혹 기국이 촉박하고 기울어졌으며 뼈가 작고 살이 많으면 유약하고 건강하지 못하여 금(金)의 바른 것을 얻지 못한 것이다.

　토형인(土形人)은 얼굴이 깊고 허리와 등이 드러나며 형모가 높이 올라가고 살이 가볍고 뼈가 무거우며 빛이 누렇고 기(氣)가 밝은 것이라야 토형(土形)으로 알맞은 것을 얻었다 할 수 있다. 혹 뼈가 무겁고 살이 엷으며 신(神)이 어둡고 힘이 없으면 토형(土形)의 기가 막힌 것이다.

　앞 문장 '금형득금국(金形得金局)'으로부터 이곳까지는 다 오행(五行)의 형상을 논한 것이다. 귀중한 것이 토(土)로 귀결된다.

　대개 오행(五行)에서 금목수화(金木水火)는 토(土)가 없으면 살아가지 못하는 것으로 토(土)는 봄 여름 가을 겨울에 의지하여 왕성해지는 것이다. 이것은 이른바 '형체가 겸하여 있으면 그 많이 닮은 것을 골라야 곧 토(土)가 되는 것'이다.〕

　▨土局이 得土形하면 見火라야 有如王愷니라
　토국에서는 토형(土形)을 얻으면 불을 보아야 왕개(王愷)와 같이 된다.

　〔만약 토형인(土形人)이 또 토형(土形)의 바른 것을 얻은 자는 진실로 토득토(土得土)라고 이른다. 재물의 창고이다. 만약 또 겸하여 화국(火局)의 기를 얻으면 상생(相生)이 되어서 또한 재물이 넘쳐나게 된다. ※왕개

는 진(晉)나라 대신으로 최고의 부자였다.]

■金人이 火旺하면 財散如塵하고 木主金傷이라 錢消如雪이니라
금형인(金形人)이 화(火)가 왕성하면 재물이 흩어져 티끌 같고 목(木)은 금(金)에 의해 상하기에 돈이 녹는 것이 눈과 같다.

[금형인이 화국(火局)을 얻으면 화극금(火剋金)이요, 목형인(木形人)이 금국(金局)을 얻으면 금극목(金剋木)이다. 2가지는 형체가 서로 형극(形剋)하는 상(相)이다. 『광감』에 이르기를 "상극(相剋)하고 상형(相刑)하는 것을 귀쇠(鬼衰)라 한다."고 하였다. 재물과 돈이 녹아 흩어지는 것이면 또한 마땅하지 않은가.]

■火逢光彩하면 帶紅活而愈進家財하고
화(火)가 광채를 만나면 붉은 것을 띠어 더욱 집안의 재물이 늘어난다.

[화형인(火形人)이 화국(火局)의 중(中)을 얻으면 진실로 화득화(火得火)라. 위엄과 무용을 떨친다. 또 붉고 활기 띤 것을 띠면 화형(火形)이 순일한 것이다. 다투지 않고 빼앗지 않는 것이니 귀한 것에 버금한다.]

■水逢黑肥하면 得圓厚而倍增福壽니라
수(水)가 흑색을 띠어 살이 찌면 둥글고 두터워 복과 장수가 배로 늘어난다.

[수형인(水形人)이 수국(水局)의 알맞은 것을 얻으면 진실로 이르기를 수득수(水得水)라. 문학으로 귀해진다. 또 둥글고 두터운 체격을 얻으면 이에 수형(水形)이 순일한 것이다. 다투지 않고 빼앗지 않는 것이니 다음으로 귀한 상(相)이다. 어찌 복을 누리고 장수하지 않으랴.]

■火人이 帶木하면 必定榮超하고
화형인이 목(木)을 띠면 반드시 영화로움을 부른다.

[만약 위는 작고 아래는 넓으며 소리가 급하고 맹렬하면 초년에 점점 부자가 된다는 화형인(火形人)이다. 만약 신체의 형상이 맑고 수려하고 야위

고 곧고 뼈가 드러난 사람은 목국(木局)을 띤 것이다. 목(木)은 능히 화(火)를 낳는다. 영화가 넘칠 상이다.〕

▰水局이 得金하면 終須快暢이니라
수국(水局)이 금을 얻으면 마침내 상쾌히 번창할 것이다.
〔모습이 살이 쪄서 둥글고 등이 굽은 것 같은 자는 진실한 수형인(水形人)이다. 만약 뼈가 겸하여 방정하고 빛이 희며 기운이 굳센 자는 금국(金局)을 얻은 것이다. 금(金)은 능히 수(水)를 낳으니 일생동안 발달하여 막히는 것이 없게 되고 운수가 통한다.〕

▰土逢之木하면 帶潤澤이라야 亦可疏通이오
토(土)가 목(木)을 만나면 윤택한 것을 띠어야 또한 가히 소통하게 된다.
〔토형인(土形人)이 목(木)을 얻으면 진실로 상극(相剋)하여 길하지 못하다. 만약 토(土)가 많고 목(木)이 적으며 기색이 윤택하면 또한 운수가 소통해질 상(相)이다.〕

▰木逢微金하면 必斲削이라야 方成器用이니라
목(木)이 약한 금(金)을 만나면 반드시 깎여야 바야흐로 성공할 수 있다.
〔목형인(木形人)이 금(金)을 얻으면 진실로 상극(相剋)이 되어 길하지 못하다. 그러나 만약 목(木)이 많고 금(金)이 적으며 형체와 모양이 높으면 반드시 깎여진 후에야 재목으로 클 수가 있는 것이다.〕

▰水逢厚火하면 以破資財하고 火得微金하면 卒難進益이니라
수(水)가 두터운 화(火)를 만나면 재산을 없애고 화(火)가 약한 금(金)을 얻으면 마침내 이익되는 것이 없다.
〔토(土)가 이미 수(水)를 극(剋)한지라. 또 토(土)가 많고 수(水)가 적으면 재물을 없애는 것은 의심의 여지가 없다. 화(火)가 이미 금(金)을 이겼다. 또 화(火)가 두텁고 금(金)이 미약하면 이익되는 데로 가도 어려움

만 있게 된다.]

▨當看氣色之往來하고 兼觀紋痣之吉凶하며 更審運限之長短하라
　마땅히 기색(氣色)의 왕래를 보고 겸하여 주름과 사마귀의 길흉을 관찰하고 다시 운명의 장단을 살피는 것이다.
　[기색(氣色)의 왕래를 살피고 주름과 사마귀의 길흉을 관찰하며 운수의 길하고 흉한 것을 살피는 이 3가지를 앞의 오행(五行)이 상생상극(相生相剋)하는 것을 더불어 함께 서로 참고하여 관찰하면 길하고 흉한 것이 틀리지 않을 것이다.]

▨額爲火宿니 管前三十載之榮枯하고
　이마는 화성(火星)이다. 30세 이전의 영화와 고통을 담당한다.
　[이마는 초년의 운수에 한정한다. 만약 풍부하고 바르고 융성하고 두터우면 길하고 뾰족하고 깎이고 끊기고 파이면 흉한 것이다.]

▨鼻乃財星이라 驗中五六年之休咎니라
　코는 재성(財星)이다. 중년의 30세 이후의 아름답고 흉한 것을 징험해 준다.
　[코는 재물을 담당한 별이다. 중년 30세 이후의 운수에 한한다. 코가 만약 풍성하고 융성하고 높게 솟았으면 앉아서 부귀를 누리고 코가 뾰족하고 깎였으며 낮고 결함이 있으면 재물을 없앤다. 가난하고 천하며 아름답고 허물이 있는 것을 코를 따라서 알 수 있다.]

▨承漿地閣은 管盡末年이오
　승장(承漿)과 지각(地閣)은 말년의 운수를 관할한다.
　[승장에서 지각에 이르는 것은 말년의 운수에 한정한다. 풍부하고 모아져 솟아오른 것은 길하고 깎이고 뾰족하고 짧고 작으면 흉하다.]

▨髮際印堂은 周維百歲니라

발제와 인당은 백세동안을
두루한다.
〔발제에서 인당에 이르는 부분
에서 일생동안의 귀하고 천한 것
을 보는 것이다.〕

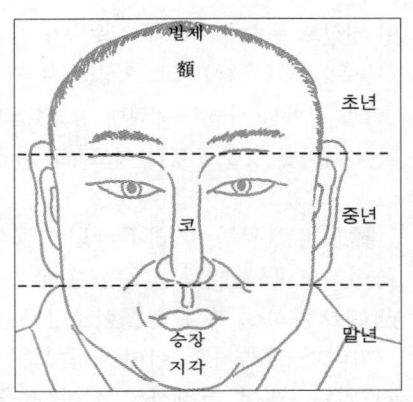

▓平生造化는 當首取于四
强이오
평생동안의 조화는 마땅히
머리의 사강(四强)에서 취한
다.
〔자오묘유(子午卯酉)는 한결같이 이마, 턱, 양쪽 관골의 뒤를 말하는 것
이다. 이곳이 풍부하고 융성하고 넓고 두터워야 마땅하다. 뾰족하고 깎이고
파손되고 결함이 있으면 마땅치 못한 것이다. 인생의 조화를 보려면 먼저
이 4곳을 관찰해야 하는 것이다. ※자오(子午)는 단문(端門)으로 제왕의
자리이다. 묘유(卯酉)는 일월(日月)이며 출입하는 곳이다. 이것을 사강(四
强)이라고 한다.〕

▓人世玄機는 須先觀夫三主니라
인간 세상의 현묘한 기틀은 모름지기 먼저 남자의 삼주(三主)
를 관찰한다.
〔삼주(三主)는 곧 초중말(初中末)의 3곳의 한계가 이것이다. 『성화자
(成和子)』편에는 오행(五行)의 형상을 나누어 삼한(三限)으로 삼았는데
매우 자세하다.〕

▓氣色이 明潤하면 固爲快順이오 限步 崎嶇하면 亦多蹇剝이라
기색이 밝고 윤택하면 진실로 상쾌하고 순조로우며 한정지은 보
폭이 기구하면 또한 더디고 찢긴다.
〔오행(五行)으로 초년, 중년, 말년의 운수와 병행하는 것에 만약 결함이
있으면 또한 막혀 어려움이 많은 것이다. 모든 부위의 기색이 밝고 윤택하

면 진실로 운수가 순조롭고 운수가 기구하면 또한 더디고 깎이게 된다. ※ 하늘은 오행(五行)으로 오성(五星)을 삼았다. 사람은 오행으로 오관(五官)을 삼아서 사람의 머리에 이르렀으며 또 금목수화토를 얼굴 위에 배열하여 나타낸 것을 오행의 체모라고 하였다.〕

▨頭尖額窄하면 固不可以求官이오 色慘神枯하면 兼此何由發跡이리오 眼光如鼠면 偸盜之徒오 睛竄若獐하면 橫亡之漢이며 睛凸如蜂目하면 亦主刑傷이오 口匾如鮎魚면 終須困乏이니라

머리가 뾰족하고 이마가 좁으면 진실로 벼슬을 구하는 것이 옳지 않다. 색이 처참하고 신이 부족하면 겸하여 무슨 이유로 자취를 발하리오. 눈빛이 쥐와 같으면 도둑의 무리이다. 눈알이 숨어 노루와 같으면 횡사할 사람이며 눈알이 볼록하여 벌눈과 같으면 또한 형벌과 살상의 액이 있다. 입이 납작하여 메기입과 같으면 마침내 곤핍하게 된다.
〔이상은 앞의 오행(五行)의 형상을 말한 것이니 이러한 형체의 모습이 있으면 가난하고 천하거나 외롭고 요절할 것이다.〕

▨爲僧者는 頭圓하면 必貴하고 作道者는 貌淸이라야 可榮이니라
승려가 된 자는 머리가 둥글면 반드시 귀하고 도를 닦는 자는 모습이 맑아야 가히 영화로워진다.
〔이로부터 자세하게 근본을 변명하고 각각 그 묘한 것을 구하는 것은 승도(僧道)를 논한 것이다.〕

▨頂突頭圓하면 必住名境하고
정수리가 솟고 머리가 둥글면 반드시 이름을 날리는 경지에 머문다.
〔머리가 둥글고 정수리의 뼈가 높이 솟고 이마가 넓고 위와 아래가 방정하면 승려가 된 자는 반드시 도량의 어른이 된다.〕

▨神淸骨秀면 須加師號니라

신(神)이 맑고 뼈가 수려하면 모름지기 스승의 칭호를 더한다.
〔눈의 정기가 맑고 전류와 같으며 골격이 빼어나 거북이나 학과 같으면 도를 닦는 자 반드시 스승의 칭호를 받을 것이다.〕

▨重頤碧眼은 富貴高僧이오
이중으로 된 턱과 푸른 눈은 부귀한 고승(高僧)이다.
〔이중으로 된 턱은 부자가 되고 푸른 눈은 성품이 지혜롭다.〕

▨廣額秀眉는 文章道士니라
넓은 이마와 수려한 눈썹은 문장이 있는 도사이다.
〔이마가 넓고 눈썹이 수려한 자는 문장이 있을 상(相)이다.〕

▨耳白過面하면 善世之封이오 顴聳印平하면 天師之爵이니라
귀가 얼굴보다 희면 세상을 잘 다스리는 지위에 오르고 관골이 우뚝 솟고 인당이 평평하면 천자를 가르치는 스승의 작위를 받을 것이다.
〔승려가 된 자가 귀가 얼굴보다 희면 반드시 세상을 잘 다스리는 직책에 봉해지고 도를 닦는 자가 관골이 솟고 인당이 평평하면 반드시 제왕을 가르치는 스승의 직책에 오른다.〕

▨形貌局促하면 庸俗之徒오 聲骨澄淸하면 富貴之輩니라
형상과 모습의 형국이 촉박하면 범속한 무리이고 소리와 뼈가 맑고 맑으면 부귀한 무리이다.
〔무릇 승려가 된 자가 형상과 모습이 작고 천박한 자는 범속하고 노둔하고 소리와 뼈가 맑고 수려한 자는 부귀하니라.〕

▨骨粗形俗하면 其人은 老困山林하고
뼈가 거칠고 형체가 속되면 그런 사람은 늙어서 산속에서 고생한다.
〔만약 골격이 거칠게 드러나고 형모(形貌)가 지저분하고 속된 자는 마

침내 산림 속에서 늙어 죽을 상(相)이다.〕

▨貌異神殊면 此輩는 遠超雲路니라
용모가 특이하고 신(神)이 특수하면 이러한 사람은 멀리 운로(雲路)를 뛰어넘는다.
〔형체와 모습이 수려하고 특이한 자는 도를 닦으며 사람이 다니지 않는 곳까지 가보게 되는 것이다.〕

▨眉疎目秀면 定近貴而得財하고
눈썹이 성기고 눈이 수려하면 귀하게 되어 재물도 얻는다.
〔눈썹과 눈이 성기고 수려하면 진실로 보통 사람이라도 귀한 것에 가까이하여 재물을 얻게 되고 수도한 승려도 또한 이와 같다.〕

▨腹背 豊滿하면 衣鉢이 有餘하고 鼻準이 直齊면 富貴自足이니라
배와 등이 풍만하면 의식이 넉넉하고 코끝이 곧고 가지런하면 부귀가 스스로 넉넉하니라.
〔배와 등이 풍만하고 코의 절두가 곧고 가지런하면 다 부자가 될 상(相)이다. 수양하는 중들의 도도 이와 같다.〕

▨額廣頤豊하면 須居官而食祿이라
이마가 넓고 턱이 풍부하면 관리가 되어 봉록이 넉넉하다.
〔하늘과 땅이 함께 조응하면 보통 사람이라도 관직에 나가 녹을 먹을 형상이다. 승려도 또한 이와 같이 된다.〕

▨鬢髮이 濃重合道貌라도 聲響이라야 始榮하고
귀밑털이 짙고 많아 승도(僧道)의 모습에 합당할지라도 소리가 화창하여야 비로소 영화롭다.
〔귀밑털이 짙고 많아 기이하여 이미 도승같은 모습을 하고 다시 소리가 진실하면 일찍부터 영화롭고 귀하게 된다.〕

▨眉目이 平直入僧相이라도 骨淸이라야 方貴니라
  눈썹과 눈이 평평하고 곧아 승도(僧道)에 들더라도 뼈가 맑으면 바야흐로 귀하게 된다.
  〔눈썹이 평평하고 수려하고 눈이 곧고 밝아 이미 승상(僧相 : 승려의 상)이 되고 다시 골법(骨法)이 맑고 고풍스러우면 바야흐로 존귀한 상(相)이니라. ※이는 승려의 상을 말한 것이다.〕

▨視瞻이 不正하면 必定好淫하고 擧止 多輕하면 須知貧賤이니라
  보는 것이 바르지 않으면 반드시 음란한 것을 좋아하고 행동거지가 가벼우면 가난한 것을 알 수 있다.
  〔만약 몰래 훔쳐보고 올바르지 않은 자는 그 마음이 반드시 음란하다. 승도(僧道)는 매우 더 심한 것이다.〕

▨眼若桃花光焰하면 但圖酒色歡娛오
  눈에 복숭아꽃빛의 광채가 있으면 다만 주색과 환락을 도모한다.
  〔눈의 신광(神光)이 방탕하여 도화색 같은 자는 마음이 간사하고 안으로 응큼한 상(相)이요, 주색을 밝히고 미치광이처럼 음탕한 무리이다. 승도(僧道)는 더 말할 나위가 없다.〕

▨面如灰土塵朦하면 定主家財破散이니라
  얼굴에 잿빛이나 먼지가 낀 것처럼 생기면 가산을 흩어 없앤다.
  〔얼굴 모양이 재나 흙과 같고 기색(氣色)이 먼지 낀 것처럼 몽롱한 자는 가난한 액이 낀 상(相)이다. 승도(僧道)에 있어서도 또한 재물을 잃고 질병에 시달리게 된다.〕

▨若論限運이면 與俗一同하니 細辯根基하여 各求其妙하라
  만약 운명을 논하면 세속이나 승려나 한 가지이다. 자세히 그 근본을 판단하여 각각 그 묘한 것을 구하여야 한다.
  〔관상을 보는데 운명의 한도는 승려나 세속의 사람이나 한 가지일 뿐이다. 부위와 골격과 기색(氣色)은 승려나 속세의 사람으로 기본을 의논한다

면 각각 그 묘한 이치를 구하는 것이다.〕

■人生富貴는 皆因前世修行이오 士處貧窮은 皆因今生作惡이
니 未觀形貌하여 先相心田하라

인생의 부귀는 다 전세(前世)의 수행으로 말미암는다. 선비가 빈궁한 것은 다 이 세상에서 지은 악에 의한 것이다. 형체와 모양만 보지 말고 먼저 마음을 보아라.

〔사람의 부하고 귀하고 가난하고 천한 것은 진실로 얼굴과 신체와 기색(氣色)을 살피는데 있다. 그러나 착한 일을 하면 상서로운 것을 내리고 나쁜 일을 하면 재앙을 내린다. 마음을 또 가히 알지 않을 수 없다. 그러므로 당(唐)나라의 배도(裵度)가 스스로 찬양한 화상(畵像)에 이르기를 "너의 몸이 길지 않고 너의 모습이 드러나지 않았거늘 어떻게 장군이 되고 어떻게 정승이 되었는가. 한 조각 영대(靈台 : 마음)를 단청(丹靑)으로 형상할 수 없다."고 하였다. 이 마음을 아는 자는 상(相)의 대가(大家)이다.〕

■若問前程인데 先必觀乎氣局이오 欲求先兆면 次則辨其形容
이니 先以五嶽으로 爲根基하고 後以氣色으로 定禍福하라

만약 앞길을 묻는다면 먼저 반드시 기국(氣局)을 관찰하라. 먼저 징조를 구하고자 하면 다음은 그 형용을 판단하고 먼저 오악으로써 근본을 삼고 뒤에 기색으로 재앙과 복을 정한다.

〔관상을 보는 방법은 먼저 이 4가지를 가지고 길하고 흉하고 귀하고 천한 것을 살피면 그 대강을 알 수 있는 것이다.〕

■不爲前世陰功이라도 亦作來生道果니라

전세에 음공을 쌓지 않았더라도 또한 내생에 도과(道果)는 이루어지는 것이다.

〔관상학을 배우는 자는 이러한 이치를 잘 연구하여 이러한 관상술이 사람에게 보탬이 있으면 그 업보가 이미 자신에게 다한 것이다. 어찌 내생(來生)을 기다릴 것인가.〕

▩志超雲外라야 相合天機니라
뜻이 구름 밖을 초월해야 상(相)이 천기와 합해진다.
〔마의선사가 말하기를 "이미 출세한 술(術 : 관상학)을 터득하여 천기(天機)의 이치에 묘합(妙合)하면 진실한 신선이 되는 술법이다."라고 하였다.〕

▩壽夭窮通이 莫逃相法하나니 富貴貧賤이 奚出此篇이리오 智者得之면 自有神仙之見이니
장수와 요절과 궁하고 통함은 상법에서 벗어나지 않는다. 부귀와 빈천이 어찌 이 편(篇)을 벗어나리오 지혜있는 자가 얻으면 스스로 신선의 식견이 있으리라.
〔밝고 지혜가 있는 선비가 능히 이 편을 정밀히 살피고 겸하여 사부를 얻으면 일취월장하여 스스로 신선의 식견을 얻을 수 있는 것이다.〕

▩後之學者는 勿傳庸俗之徒하라
뒤에 배우는 자들은 속세의 보통 사람들에게는 전하지 말라.
〔풍감(風鑑)의 술(術)이 천번 변하고 만가지로 변화되나니 사물의 이치를 궁리하여 통달하면 어찌 속세의 속된 자들이 배워서 능할 것인가.〕

▩高山流水少知音하여 一片白雲在深處라
높은 산에 흐르는 물은 소리를 알기가 어렵고 한 조각 흰구름은 깊은 곳에 있다.
〔또 이르기를 이 편이 또한 흐르는 물의 지조와 같아서 소리를 들을 자 적어 오래도록 화산(華山)의 석실(石室) 흰구름이 깊은 곳에 숨었더니 지금 그 소리를 들은 희이(希夷)를 만났으므로 침묵하여 전수하는 것이다.〕

▩悉精妙理하여 參透玄關하면 得之於心하여 應之於目이라 一覽無遺하리니 方知神異之不誣也리라
절묘한 이치에 정성을 다하여 현묘한 관문을 뚫으면 마음으로 얻어 눈으로 응하게 된다. 하나도 놓칠 것이 없게 되리니 이때부

340 거울로 보는 관상

터 신이(神異)가 속이지 못하는 것을 알게 된다.

〔진실로 능히 이 편의 절묘한 이치에 정성을 다하여 그속에 들어있는 현묘한 관문을 참고하여 뚫어 마음과 눈의 사이가 훤하여져 버릴 것이 없게 되면 바야흐로 신이부(神異賦)의 신묘한 것을 알아 속이지 않는 것을 믿게 된다.

뒤에 배우는 자들은 마땅히 이 편을 공경하게 받아서 가히 경솔하고 가벼이 하여서는 안될 것이다.〕

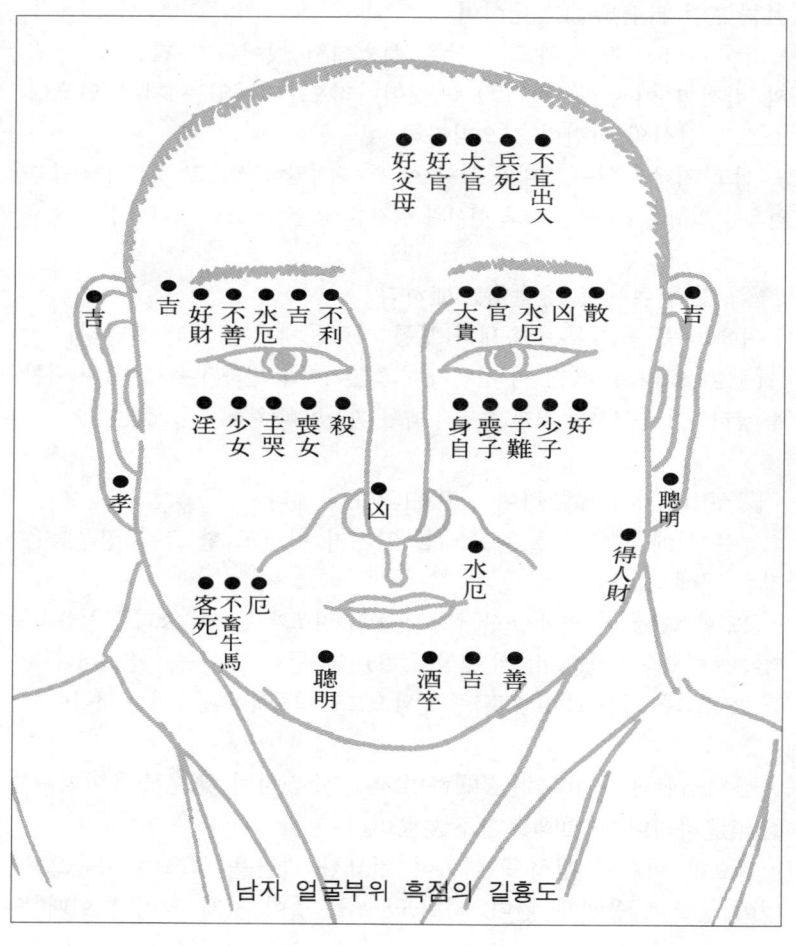

남자 얼굴부위 흑점의 길흉도

제2장 금쇄부(金鎖賦)

麻衣先生 撰

相法百家歸一理하니 文字縱多難以揆라
상법(相法)은 여러 대가(大家) 가운데 하나의 학설이다. 문자가 비록 많으나 다 헤아리기가 어렵다.

剛出諸家奧妙歌하여 盡與後人容易記하노라
여러 대가들의 오묘한 노래를 뽑아서 뒤의 사람들이 쉽게 기억하도록 한다.

六害眉心親義絶이니 纔如秋水圓還缺이면
육해미(六害眉)를 가진 사람은 육친의 의미가 끊어진다. 겨우 추수(秋水)와 같이 둥근 고리가 결함이 있으면

剋妻刑子老不閑하고 作事弄巧反成拙이라
아내도 잃고 자식도 잃어 늙어서 편안하지 못하고 일을 꾸미는 데 재주를 다해도 도리어 나빠진다.

山根斷兮早虛花니 祖業飄零必破家라
산근이 끊어지면 일찍부터 열매가 없는 꽃이니 조상의 업을 잃고 가정도 파괴된다.

兄弟無緣離祖宅하고 老來轉見事如麻라
형제가 인연이 없으며 조상의 고향도 떠나고 늙어서도 전전하여

일마다 어지럽다.

眉交面黑神憔悴면 愛管他人事掛懷라
두 눈썹이 붙고 얼굴이 검으며 신(神)이 초췌하면 다른 사람들의 일을 간섭하여 남의 시비가 따라다닌다.

冷眼見人笑一面 하면 不知毒在暗中來라
찬 눈초리로 사람을 보고 한쪽으로 웃으면 알지 못하는 속에 악독한 마음이 숨어있다.

乍逢滿面有精神이나 久有原來色轉昏이라
잠깐 얼굴에 정신이 가득할지라도 오래도록 본래의 얼굴색이 어두워 있으면

似此之人終壽短이니 縱然有壽亦孤貧이라
이와 같은 사람은 마침내 수명이 짧으니 비록 장수한다 하더라도 외롭고 가난하게 된다.

五星六曜在人面하니 除眉之外怕偏斜라
오성(五星 : 이마, 코, 좌우 귀, 턱)과 육요(六曜 : 좌우 눈썹, 좌우 눈, 코, 입)는 사람의 얼굴에 있으니 눈썹을 제외한 그밖의 것은 기울거나 삐뚤어지면 두려운 것이다.

耳偏口側末年破오 鼻曲迎突四十年이라
귀가 기울고 입이 삐뚤어지면 말년에 파산한다. 코가 굽어지고 콧구멍이 솟아 오르면 40세에 재앙이 있다.

讀盡詩書生得寒하면 文章千載不爲官이라
『시경』이나 『서경』을 읽은 사람이 골격이 엉성하면 문장이 아무리 높아도 관직에 나아가지는 못한다.

平生雖有沖天志나 爭奈鶯雛翼未乾고
평생동안 비록 하늘을 채울 고상한 뜻이 있으나 날지 못하는 꾀꼬리 새끼끼리 다투는 것이다(평생 뜻을 펴지 못한다).

面大眉寒止秀才오 脣掀齒露更多災라
얼굴이 크고 눈썹이 수려하지 못하면 그냥 수재에 그치고 입술이 뒤집히고 이가 드러났으면 다시 재앙이 많다.

終朝脚跡忙忙走나 富貴平生不帶來라
아침부터 다리는 분주하게 움직이지만 부귀는 평생동안 가져보지 못한다.

上停短兮下停長하면 多成多敗道空亡이니
상정이 짧고 하정(下停 : 배꼽에서 발까지)이 길면 성공도 많고 실패도 많아 빈털털이가 되고 만다.

縱然管得成家計나 猶如烈日照冰霜이라
비록 관계되어 재물을 얻어 가정을 이룰지라도 오히려 뜨거운 태양이 얼음이나 서리를 비추는 것과 같을 것이다.

下停短兮上停長하면 必爲宰相侍君王이라
하정(下停)이 짧고 상정이 길면 반드시 재상이 되어 군왕을 보필할 것이다.

若是庶人生得此면 金珠財寶滿倉箱이라
만약 보통 사람이 이와 같으면 금은보화가 창고에 가득할 것이다.

形愛恢宏又怕肥니 恢宏榮華肥死期라
형체가 크고 넓은 것은 좋지만 또 살찐 것은 두렵다. 크고 넓은 것은 영화가 있고 살이 찐 것은 죽음을 약속한 것이다.

二十之上肥定死오 四十形恢定發時라
20세에 비대하면 죽음을 기약하고 40세에 형체가 크면 부귀를 얻게 된다.

瘦自瘦兮寒自寒하니 寒瘦之人不一般이라
수척한 것은 스스로 수척하고 궁한 것은 스스로 궁한 것이니 궁한 것과 수척한 것은 같지 않은 것이다.

瘦有精神終必達이오 寒雖形彩定孤單이라
수척하여도 정신이 있으면 반드시 영달하는 것이요, 궁하면 비록 형체가 빛나더라도 고단하게 된다.

色怕嫩兮又怕嬌니 氣嬌神嫩不相饒라
얼굴색은 어린 것이 두렵고 또 아리따운 것이 두렵다. 기가 아리땁고 신(神)이 어리면 항상 풍요롭지 못한 것이다.

老年色嫩招辛苦오 少年色嫩不堅牢라
늙어서 색(色)이 아리따운 것은 고생을 부르고 소년에 색이 아리따운 것은 견고하지 못한 것이다.

眉要曲兮不要直이니 曲直愚人不得知라
눈썹은 굽은 것을 요하고 곧은 것을 요하지 않는다. 굽고 곧은 것은 보통 사람은 얻어 알지 못한다.

曲者多學又聰俊이오 直者刑妻又剋兒라
굽은 자는 많이 배워서 또 총명한 것이요, 곧은 자는 아내를 잃고 또 아들도 잃는다.

髭鬚要黑又要稀니 依稀見肉始爲奇라
윗수염과 아랫수염은 검어야 하고 또 드물어야 한다. 드문 수염에 살결이 보여야 기이한 것이다.

最嫌濃濁焦黃色이니 父母東頭子在西라
가장 혐오스러운 것은 수염이 짙고 탁하며 마르고 황색인 것이다. 이러한 사람은 부모는 동쪽에 살고 자식은 서쪽에 살게 된다.

議論爭差識者稀일새 附于金鎖號銀匙라
이러한 것들을 알아서 논쟁하는 자는 드물다. 금쇄부(金鎖賦)를 붙이고 은시가(銀匙歌)라고 이름한다.

眉高性巧能通變하니 侍待公王在他時라
눈썹이 높이 붙고 성품이 재주가 있어 능히 변통하나니 이러한 사람은 왕이나 공후(公侯)를 모시는 것이 다른 날에 있을 것이다.

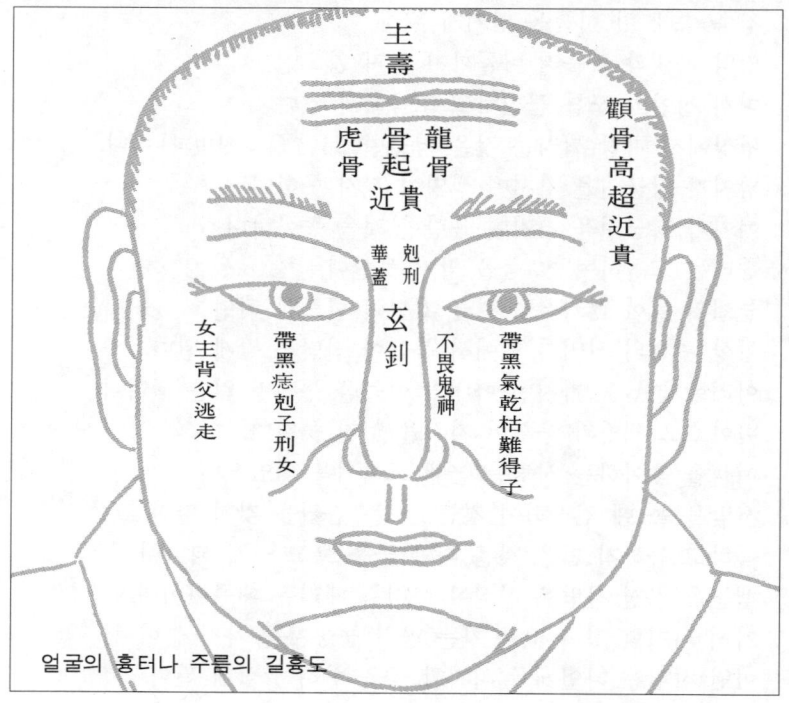

얼굴의 흉터나 주름의 길흉도

제3장 은시가(銀匙歌)

팔과 다리를 감싸지(살이 없음) 못하면 가장 흉한 것이다.
양쪽 머리가 지팡이처럼 생긴 것도 이와 마찬가지이다.
비록 조상의 유산과 부모의 음덕이 있다고 할지라도
마침내는 패가망신하고 빈궁하게 살게 된다.
머리에 흉터나 어우러기가 났으면
가장 흉한 형(刑)을 입는 것으로
감옥 속에 한 이름을 남기게 된다.
만약 아내와 아울러 아들까지 잃지 않으면
다시 집안의 도를 근심하고 고독하게 된다.
관상에서 가장 꺼리는 것은 낭군면(郞君面: 철면피)이다.
남자가 낭군면을 가지면 생명이 길지 못하다.
여자가 낭군면을 가지면 음란한 것을 좋아하니
승려는 고독하여 그 틈을 막지 못한다.
눈썹의 털이 끊기거나 관골 가까이 이르게 되면
항상 관청의 시비가 있어서 틈틈이 전답을 팔게 된다.
이러한 눈썹을 가지면 아내와 아들을 두세번 잃은 뒤라야
바야흐로 재앙과 우환이 자신을 얽지 못한다.
여색을 좋아하는 사람은 눈에 도화색을 띠었으니
사람을 볼 때 긴장하여 곁눈질하는 습관을 갖지 말라.
독하고 독하지 않은 것은 다만 눈을 보고 알게 되나니
뱀눈을 가진 사람은 자식이 아비를 때리는 패륜아이다.
가히 의지할 집이 없는 자는 양의 눈동자를 가진 눈이니
이런 사람은 타인에게 의지할 곳을 빌려서 살게 된다.

또다시 화창(禾倉)의 부위가 한 치나 높으면
중년에 남편이나 아내가 없는 사람이다.
눈밑이 오목하면 또 자식이 없어서 외롭고
양(陽)이 비고 음(陰)이 몰한 것도 또한 이와 같은 것이다.
묘유(卯酉 : 양쪽 관골)가 계란 모양처럼 솟아오르지 않으면
다만 양자를 들여서 함께 살게 된다.
아래 머리가 뾰족하면 흉한 재앙이 있으니
전답이나 과수원 등을 전당잡혀 팔아 없앤다.
한(漢)나라 때 장량(張良)처럼 계책을 쓴다 하지만
이와 같은 상이면 자연스레 낭패를 보게 된다.
눈망울이 볼록 튀어나오면 포악한 것과 인연을 맺어서
자신이 집안에 있을 때 전답을 팔게 된다.
다시 흰 눈자위가 검은 눈동자의 절반을 포위하였으면
집안의 책상 앞에서 죽지 못하고 타향에서 죽는다.
아래턱이 이마를 따르듯 하면 평생의 운이 왕성하고
변성(邊城)이 돕지 않으면 돈과 재물이 없게 된다.
수년동안 흉년이나 가뭄에도 쌀이 부족하지 않은 것은
다만 위와 아래의 창고가 서로 연결되기 때문이다.
코의 줄기에 뼈가 드러나면 이것은 반음살(反吟煞)이요,
코가 굽었거나 어린아이처럼 들렸으면 복음살(伏吟煞)이라 한다.
반음살이 보이면 이는 자손의 대가 끊어지고
복음살이 보이면 피눈물을 흘리게 된다.
눈에 수려한 빛을 띠면 마음 속이 교묘하여
『시경』이나 『서경』을 읽지 않았어도 사람노릇을 한다.
손에는 온갖 재주가 있어서 사람들의 사랑을 받고
비록 별 볼일 없는 것이라도 만져서 좋은 것을 만들어낸다.
좁고 엷고 더럽고 검은 것이 이마에 나있으면
비록 아내가 있을 때라도 아이들이 죽는다.
혹시 산근(山根)을 보는데 높고 다시 끊어졌으면
5년 내에 3차례나 길가에서 울게 된다.

누당(淚堂)이 상처가 깊게 파였거나 사마귀 한 점이 있으며
눈밑의 관골이 앞으로 나와 하나의 별처럼 솟았으면
왼쪽 눈밑이 그러면 아들이 없고
오른쪽 눈밑이 그러면 딸이 없어
비록 조금 있다고 하더라도 서로 잃게 된다.
발제(髮際)의 부위가 낮고 파이면 또 아버지가 없고
이곳의 털이 듬성듬성하고 각이 지면 어려서 어머니를 잃는다.
왼쪽 관골이 돋아나면 아버지가 먼저 죽으니
사망하거나 감옥에 가지 않으면 스스로에게 화가 이른다.
선비가 애꾸눈이면 문성(文星)이 결함이 있는 것이요,
표범의 이와 같고 뾰족한 머리는 명성을 잃게 된다.
이러한 형태는 문장이 북두성(北斗星)을 지날지라도
젖은 나막신에 못이 박힌 것 같아 항상 불안정하다.
눈썹이 겹치고 산근(山根)이 파이면 재산을 없애고
다시 32세에 재앙을 만나게 되리라.
토성(土星 : 코)이 단정하면 일생동안 발전할 것이니
토성이 좋지 않은데 실패하면 회복할 길이 없다.
미천한 사람은 어깨가 목을 지나친 것이요.
복을 누리는 사람은 귀가 눈썹을 누른다(눈썹보다 높아야 한다).
다시 어버이의 정이 있으나 본인이 받아들이지 못하는 것은
다만 형상이 비맞은 닭과 같은 사람이다.
도량이 큰 사람은 눈썹이 눈보다 높이 붙어 있는 자이니
눈썹과 눈이 서로 적당히 정해지면 걱정거리가 없다.
눈썹이 거칠고 눈이 작아 서로 마땅하지 못하면
올해 벌어서 내년의 양식을 삼는다.
인당의 3줄 주름은 이 호미자국이니
다만 인당 아래로 길게 내려오는 것이 두려울 따름이다.
가령 수성(水星 : 입)에 구제하고 보호하는 기색이 오게 되면
이러한 사람은 춥고 배고프다고 하지 말라.
윗머리에 모름지기 작은 가로모양이 있어도

하정(下停)이 고르지 않으면 도리어 무너진다.
학의 다리를 가진 사람은 소인의 무리이고
오랑캐의 발꿈치를 가진 여자는 무당이나 중매쟁이이다.
8세나 18세나 28세는
아래로는 산근에서부터 위로 발제에까지 이르는 곳이니
살아갈 방도가 있고 없고는 양 머리가 깎인 것에 달렸다.
30세에는 인당에 살기를 띠지 말라(사마귀나 침침한 빛).
32세 42세 52세는
산근(山根) 위에서 절두(準頭) 아래에 그친다.
화창(禾倉) 녹마(祿馬)는 서로 마땅한 것을 요하나니
잘 알지 못하는 사람은 어지럽게 가리키지 말라.
53세 63세 73세는
인중(人中)에서 지각(地閣) 사이로 오는 것이니
한결같이 쫓아서 재앙과 복을 추산하라.
화성(火星 : 이마)은 100세의 운수를 보는 곳이며
인당도 첨가하여 함께 보라.
상정(上停)과 하정(下停)으로 나누어
귀하고 천한 것을 분별한다.
창고(倉庫)를 평평하게 나누면 있고 없는 것이 정해진다.
이러한 것이 신선의 참다운 묘결(妙訣)이니
장차 오랑캐의 어지러운 세상에서
보통 사람에게는 가르치지 말라.
오랑캐의 승려는 두 눈을 식각(識覺)이라고 이름하니
인간의 선과 악을 모두 알게 된다.
학당(學堂)을 두르지 않으면 어질지 못한 것이니
이러한 법을 가지고 어지럽게 서로 전하지 말라.
가풍을 깨끗하게 하는 것은 눈썹이 맑고 수려한 사람이요,
움츠러들고 촉박한 사람은 지고(地庫)에 주름을 둘렀다.
걸상을 들어 올리니 먼지가 한 치나 높이 쌓인 것은
다만 가장자리의 눈썹이 불에 탄 재와 같은 형상이다.

절두가 전대(주머니)와 같고 붉은 것이 다시 나면
혹은 서쪽에 있을 때 혹은 동쪽에 있는 것과 같이 바쁘다.
만일 두 머리(코의 양쪽)가 상극(相剋)할 곳이 없으면
가령 흉한 곳이 있더라도 흉이 되지 않는 것이다.
다시 턱에 두 개의 정(井)이 열리면
절두에 모름지기 양 머리(정위, 난대)까지 끈을 두른 것 같다.
천창(天倉)이 낮고 사공(司空)이 들어가 있으면
사람이라 할 수 없으니
좋은 전답이 만마지기나 있다고 해도 소용이 없다.
큰 다리는 원래 요절하는 재앙을 주고
상투머리가 끊어지는 것은 층대(層臺)에 있다.
귀머거리가 되고 안질을 앓는 것은
양인살(羊刃煞)로 말미암으니
어린 나이에 요절하지 않으면 재앙이 있게 된다.
눈썹머리의 액각(額角)이 용호(龍虎)와 같으면
용호(龍虎)가 서로 다투어 지극히 어리석은 사람이다.
인당에서 천창(天倉)까지 이어져서 낮으면
도리어 재앙이 이르고
코의 줄기가 높고 드러나면 편안하게 살지 못한다.
만약 양미간이 손가락 두 개를 용납할 만하면
이러한 사람은 손재주가 있어 모든 일을 잘한다.
눈밑에 만약 흉성(凶星 : 사마귀나 빛이나 결함)이 침입하지 않으면
중년에 벼슬을 얻지 못하면 또한 재물이 풍족해진다.
중년에는 창고(倉庫)가 화창(禾倉)이 되는 것을 보니
화창(禾倉)과 눈썹이 결함이 있으면 재물을 저축하지 못한다.
모름지기 전원(田園)이 창고로 들어가는 것을 요하나니
창고가 평평하고 가득하면 화창(禾倉)이 있게 된다.
사람의 성명을 선택하는 데는 얼굴 위가 검어야 하고
사람의 골수까지 바꾸는 자는 눈 속에 붉은 점이 있는 자이다.
사람을 보고 실실 웃는 자는 마음 속이 파괴된 사람이요,

사람을 보고 눈썹을 찡그리면 태양이 공망(空亡)했다고 한다.
재물이 있어도 쌓이지 않는 것은 다른 일에 없으니
다만 창고(倉庫 : 천창, 지고) 부위에 길다란 홈이 있기 때문이다.
입이 열리고 콧구멍이 들쳐져서 온전한 것을 얻지 못하면
어떻게 부평초처럼 살아 늙어서까지 살 것인가?
비록 그러나 관액(官厄)을 당할 두려움은 없으며
다만 벼슬운도 없고 돈도 없다.
53세 63세 73세는
수성(水星 : 입)과 나후와 계도 부위를 서로 잘 참작해 살펴라.
한 곳을 따라서 재앙과 복이 분명하게 정해지니
입은 말아 올려지지 않아야 하고
코는 굽어 매부리코가 되지 않아야 한다.
여러 편의 자세한 것을 금쇄부(金鎖賦)라고 이름하니
재앙과 복을 밝게 추리하면 몸을 따라서 명령할 수 있다.
인생을 시험하여 보건대 돌아가 안착할 수 없는 것은
귀가 크고 윤곽이 없으며
입이 각(角 : 입의 끝이 모나다)이 없는 것이다.
이런 사람은 동쪽거리에서 떡장사를 하지 않으면
다시 서쪽거리에서 밥장사를 하는 고단한 운명이다.

股肱無包最是凶하니 兩頭如杖一般同이라 雖有祖田幷父廕이나 終須破敗受貧窮이라
頭痕廢剝最爲刑이니 羅網之中有一名이라 若不剋妻幷害子면 更憂家道主伶仃이라
相中最忌郎君面이니 男子郎君命不長이오 女子郎君好淫慾이니 僧道孤獨卻無妨이라
眉毛間斷至顴邊하면 常爲官非賣卻田이라 剋破妻兒三兩個라야 方敎禍患不相纏이라
好色之人眼帶花니 莫敎眼緊視人斜하라 有毒無毒但看眼이니 蛇眼之人子打爺라
無家可靠羊睛眼이니 卻問他人借住場이라 更有禾倉高一寸하면 中年尤未有夫娘이라
眼下凹時又主孤니 陽空陰沒亦同途라 卯酉不加鷄卵樣이면 只宜養子與同居라
下頭尖了作凶殃하니 典卻田園更賣塘이라 任是張良能計策이나 自然顚倒見狼當이라
眼珠暴出惡因緣이니 自主家時定賣田이라 更有白睛包一半하면 也知不死在牀前이라
下頰趣天旺永年이오 邊城不佐也無錢이라 數年荒旱不欠米는 只因上下庫相連이라

鼻梁露骨是反吟이오 曲轉些兒是伏吟이라 反吟相見是絶滅이오 伏吟相見淚淋漓라
眼兒帶秀心中巧하여 不讀詩書也可人이니 手作百般人可愛라 縱然弄假也成眞이라
薄紗染皂出粟米며 縱有妻時也沒兒라 倘見山根高更斷하면 五年三次路邊啼라
淚痕深處排一點하고 眼下顴前起一星이라 左眼無男右無女니 縱然稍有也相刑이라
髮際低凹又無父오 寒毛生角幼無娘이라 左顴骨出父先死니 不死不刑便自傷이라
士人眇眼陷文星이니 豹齒尖頭定沒名이라 任是文章過北斗니 洽如木屐不安釘이라
眉重山根陷破財며 更憂三十二年災라 土星端正終須發이니 土星不好去無回라
寒相之人肩過頸이오 享福之人耳壓眉라 更有親情拾不出은 只因形似雨中鷄라
大量之人眉高眼이니 眼眉相定不憂愁라 眉粗眼小不相當하면 寅年吃了卯年糧이라
印堂三表是鎡基라 只怕下長來犯之라 假如水星來救護면 不敎人受此寒飢라
上頭須右些橫樣이나 下停不均却壞之라 鶴脚之人成小輩오 蠻蹄姑子是婆姨라
八歲十八二十八은 下至山根上至髮이니 有無活計兩頭消라 三十印堂莫帶殺하라
三二四二五十二는 山根上下準頭止라 禾倉祿馬要相當이니 不識之人莫亂指하라
五三六三七十三은 人中排來地閣間이니 逐一推算看禍福하라 火星百歲甲中堂添이라
上下兩截分貴賤이오 倉庫平分定有無라 此是神仙眞姓訣이니 莫將胡亂敎庸夫하라
胡僧兩眼必識覺하니 盡識人間善與惡이라 不帶學堂不是賢이니 莫將此法亂相傳하라
家風齊楚眉淸秀오 侷促之人庫帶紋라 拾凳塵挨高一寸은 只緣眉似火燒禽이라
準頭如橐紅更生하면 或在西時或在東이라 若得兩頭無剋處면 假饒凶處也不爲凶이라
更有頤頰開兩井에 準頭須帶兩頭條라 倉庫空倒不由人이니 休說良田多萬頃하라
大脚原來天折災오 髻頭可折在層臺라 耳聾眼患因羊刃이니 不折天年也有災라
眉頭額角如龍虎니 龍虎相爭定至愚라 接連倉庫反爲災오 鼻梁高露不安居라
若是眉間容二指면 此人開手覺便宜라 眼下若無凶星照면 中年不祿亦豊肥라
中年倉庫看禾倉이니 禾倉眉陷無屯儲라 須要田園入庫倉이니 倉庫平滿有禾倉이라
取人性命面上黑이오 換人骨髓眼中紅이라 見人歡喜心中破오 見人眉娤太陽空이라
有財不住無他事는 只因倉庫有長鎗이라 露井露灶不得全하면 那得浮生主晩年고
雖然不怕經官府나 只無衣祿也無錢이라 五三六三七十三은 水星羅計要相參이라
逐一分明定禍福이니 水星莫被土星覆하라 數篇細語名金鎖賦니 推明禍福令趣躲라
試看人生無歸着은 耳大無輪口無角이라 不在東街賣餛飩이면 便在西街賣餠飥라

제8권 상형기색부 : 新增
(相形氣色賦)

제1장 형모, 기, 색을 살피다
제2장 논상정길기(論上停吉氣)
제3장 논중정길기(論中停吉氣)
제4장 논하정길기(論下停吉氣)
제5장 논상정흉기(論上停凶氣)
제6장 논중하이정흉기(論中下二停凶氣)

제1장 형모, 기, 색을 살피다

얼굴의 삼정(三停)

무릇 얼굴을 관찰하는 데는 먼저 삼정(三停)으로 구분한다.
삼정이란 상정(上停) 중정(中停) 하정(下停)을 말한다.
골격은 일생의 영화와 고락(枯落)을 정하는 것이요, 기색(氣色)은 1년의 길흉(吉凶)을 주관하는 것이다.

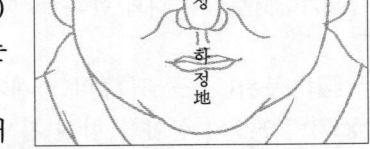

그러므로 골격은 때마다 돌아서 나타나고 형용(形容)은 또한 혹은 홀연히 변화하는 것이다.
상정(上停)은 하늘을 본받은 것이다. 귀(貴)를 주관한다. 천중(天中)으로부터 인당(印堂)까지 이른다.
중정(中停)은 사람을 본받은 것이다. 수(壽)를 주관한다. 산근(山根)으로부터 절두(準頭 : 코끝)까지 이른다.
하정(下停)은 땅을 본받은 것이다. 녹(祿)을 주관한다. 인중(人中)으로부터 지각(地閣)까지 이른다.
상정(上停)은 천중(天中) 천정(天庭) 사공(司空) 중정(中正) 인당(印堂)이다.
이상의 다섯 부위는 곁으로 이어져 눈의 위아래와 눈썹의 좌우까지이다. 이곳들은 귀(貴)와 부모, 군주와 상사, 초년의 운세를 모두 주관한다.

중정(中停)은 산근(山根) 연상(年上) 수상(壽上) 절두(準頭)이다. 이상의 4개 부위는 곁으로는 눈밑으로부터 관골(顴骨)의 부위, 귀의 앞까지이다.

이곳들은 수명과 재물과 아내와 자식, 형제와 중년의 운수를 모두 주관한다.

하정(下停)은 인중(人中) 수성(水星) 승장(承漿) 지각(地閣)이다. 이상의 4개 부위는 입안을 연결하여 상하와 좌우의 뺨과 턱까지이다.

이곳들은 총괄하여 관록을 주관한다. 전택(田宅)과 노복(奴僕), 가축(家畜)까지 주관하고 말년의 운수도 주관한다.

▨삼태가 운수를 행하는 한계는 1세에서부터 100세까지 이르는 것이다,

〔삼태(三台)는 곧 삼정(三停)이다. 자세한 것이 앞의 유년가(流年歌)와 부위가(部位歌)에 나와 있다.〕

▨13부위(十三部位)의 한계가 각각 맡은 것이 있는 것이니 12궁(十二宮)의 분야를 함께 자세히 구별해야 한다.

〔자세한 것이 앞의 총도(總圖)에 나와 있다. 총도의 12궁 부위를 참고하면 된다. 명궁(命宮)은 인당이요, 재백궁(財帛宮)은 절두, 천창, 지고(地庫)이다. 형제궁(兄弟宮)은 양 눈썹이다.

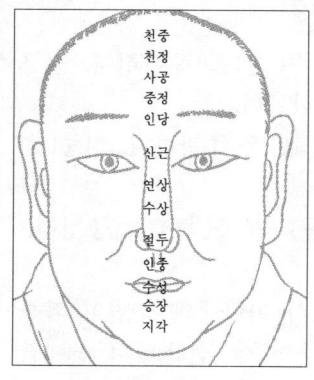

전택궁(田宅宮)은 지각(地閣)이다. 남녀궁(男女宮)은 양쪽 눈의 상하와 인중(人中)이다. 노복궁(奴僕宮)은 턱과 입술이다. 처첩궁(妻妾宮)은 눈의 꼬리(어미, 간문)이다. 질액궁(疾厄宮)은 산근, 연상, 수상이다. 천이궁(遷移宮)은 두 태양(太陽: 양쪽 눈)이다. 관록궁(官祿宮)은 이마이다. 복덕궁(福德宮)은 귀의 앞과 이마 양쪽 광

대뼈이다. 부모궁(父母宮)은 일각(日角)과 월각(月角)이다.]

▨땅에는 남과 북이 동일하지 않다.

〔남쪽 사람은 기가 맑고 조금 두터우며 북쪽 사람은 기가 두텁고 조금 맑으며 회주(淮州)의 사람은 기가 무겁고 진동이 적으며 진(秦)나라 사람은 기가 잠기고 운치가 적다.〕

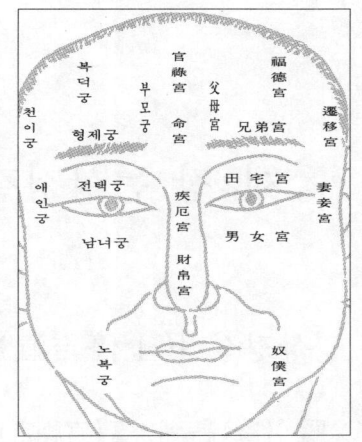

▨사람들은 늙고 젊은 데에 따라 각각 다른 것이 있다.

〔노인은 색이 여려 보이면 좋지 않고 소년은 색이 마른 것 같으면 좋지 않은 것이다.〕

▨밝은 가운데 막힌 기운이 있는 것은 물이 바람을 만난 것이고 막힌 가운데에도 밝은 것이 있는 것은 구름이 개어 햇빛을 보는 것이다.

〔얼굴의 부위에 누런빛이 있고 인당(印堂) 절두(準頭) 오악(五嶽 : 이마, 턱, 좌우 관골)에 침침한 기운이 있으면 반드시 뜻을 얻은 가운데에서도 불길한 일이 있는 것이다. 푸른색은 질병이 있고 흰색은 상복을 입고 적색은 구설에 오르고 흑색은 파면되고 귀양가거나 사망하는 것이니 이것은 길한 가운데 흉한 것이 있는 것이다. 부위에 어두운 기색이 있고 인당과 절두에 누런 기운이 밝고 윤택하면 반드시 반대로 좋은 일이 있다. 이것은 흉한 가운데 길한 것이 있는 것이다.〕

▨1분(一分)의 정신이 있으면 1분의 복록이 있고 1일의 기색이 있으면 1일의 길흉이 있다. 관상으로 유명한 관로(管輅)와 같은 신통함이 있지 않으면 어떻게 능히 이러한 것을 깨닫겠는가. 모름지기 하늘의 그물같이 귀신같은 눈이라야 이에 전수하는 것이다.

제2장 논상정길기(論上停吉氣)

상정길기(上停吉氣)를 논하다

▨이(離)는 관록궁(官祿宮)이다. 가로로 곤손(坤巽)을 연결하니 높고 넓어 각(角)이 있어야 마땅한 것이다.
〔이마가 남방(南方)으로 이위(離位)가 된다. 왼쪽은 손(巽)이라 하고 오른쪽을 곤(坤)이라 한다. 위로 천중(天中)에서 일어나 아래로 인당(印堂)에 그치니 옆으로 일각과 월각으로 연결하여 용각, 호각, 척양(尺陽), 무고(武庫), 화개(華蓋), 복당(福堂), 양쪽 눈썹 위까지이다. 이것을 통틀어 관록궁(官祿宮)이라고 하는데 귀(貴)를 주관한다.

▨역마(驛馬)는 천이궁(遷移宮)이라 통칭하고 태양(太陽)이라 하며 풍만하고 형살(刑煞)이 없어야 한다.
〔양쪽의 태양(太陽)이란 이에 변지(邊地) 역마(驛馬) 산림(山林) 교외(郊外) 부분으로 천이궁(遷移宮)이라고 하는데 멀리 나가는 것을 보는 것이다.〕

▨아울러 윤택하고 깨끗하고 붉고 누렇게 빛나야 하는 것이다. 어둡고 먼지 낀 것 같으며 붉고 검은 것은 기쁘지 않다.
〔관록을 주관하고 재물이 들어와 출입이 길하다.〕
〔적색(赤色)은 구설수나 송사가 있게 되고 희면 다치거나 상복을 입게 되고 청색은 우환과 놀라는 일과 강등되거나 쫓겨나는 것이요, 검은색은 감옥으로 가거나 사망하게 된다.〕

▨경운(慶雲)이 관록궁에 나타나면 삼정승이나 여덟 판서 가운데 하나의 지위에 오르게 된다.

〔황기(黃氣) 가운데 자기(紫氣)가 있어 점점이 꽃과 같고 팥알과 같은 것을 경운(慶雲)이라고 하는데 이마 위에 나타난다. 다시 구주(九州)에 황색이 밝으면 반드시 공작, 후작이나 정승이나 장군에 배수된다.

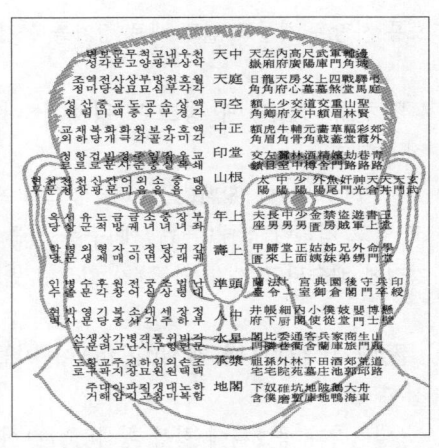

이러한 색이 짙고 두텁게 구주에 나타나면 3개월 안이나 늦어도 6개월 안에는 그 효험이 나타난다. 또는 1년 안에 나타나기도 한다.

혹은 자기(紫氣 : 붉은색)가 동전과 같고 달과 같은 자는 35일 안에 반드시 응대가 있다. 만약 자기가 없고 위가 붉고 누런 자는 다만 재물이 굴러들어 올 따름이다. 대개 자기(紫氣)가 귀기(貴氣)이다. 주로 임금의 명을 받들어 칙서를 쓰고 임금을 대면할 것이니 오직 4품 이상의 직책이라야 있게 되는 것이요, 4품 이하는 얻기 어렵다.

천중(天中)의 부위에 자기가 있으면 왕(王)이나 후(侯)의 최고 품계에 오르고 천정(天庭)의 부위에 있을 때에는 2품(二品)에 오르고 사공(司空) 부위에 있을 때에는 3품(三品)이요, 중정(中正) 부위에 있을 때에는 4품(四品)이요, 인당(印堂) 부위에 있을 때에는 5품(五品)의 벼슬에 오른다.〕

▨자기(紫氣)가 인당(印堂)에 임하면 오마제후(五馬諸侯)의 귀함을 얻는다.

〔황기(黃氣) 가운데 자기(紫氣)가 있어 달을 보는 것과 같아 위로 천부(天部)와 눈썹 위, 변지(邊地)와 역마궁에 응하고 아래로는 절두에 응하는 자는 6개월 안에 칙명을 받는 기쁨이 있고 혹은 천거를 받아서 벼슬에 오르거나 귀한 아들을 얻게 되며 전답이 늘거나 큰 재물을 얻게 된다. 죄인은 사면을 받는다. 만약 붉고 누렇고 광택이 나타난 자는 다만 재물만 들어오고

보통 사람은 재물도 얻고 새로 장가를 들거나 아들을 낳을 것이다.〕

▨천중(天中)에 둥그런 광채가 나타나면 7개월 안에 관직에서 진급한다.
〔천중(天中)에 황백(黃白)의 둥그런 광채가 동전 같이 있어 솟아서 높고 넓고 겸하여 삼태(三台)에 누런 기운이 있으면 7일 안에 반드시 좋은 자리에 배수되고 자기(紫氣)가 있으면 반드시 임금을 면담하게 된다.〕

▨액각(額角)에 정색(正色)이 머물면 3년 안에 궁궐 안에서 승진할 것이다.
〔일월각과 용호각에 항상 황색(黃色)이 흩어지지 않으면 2년 내에 장수로 출정했다가 정승이 되고 다시 자기(紫氣)와 상운(祥雲)을 얻으면 서로 응하여 반드시 임금을 상면하게 된다.〕

▨황기(黃氣)가 발종(發從)하여 높고 넓으면 3개월 안에 반드시 벼슬이 오르고 재물이 늘어난다.

▨상운(祥雲)이 명궁(命宮)으로 끼어 비치면 열흘 안에 마땅히 천자(天子)의 총애를 받게 된다.
〔무릇 황기(黃氣) 한 두점이 동전 같고 달 같고 혹은 마디가 있거나 혹은 실이 매듭진 것 같아 천정(天庭)의 고광(高廣)으로부터 인당의 눈썹 위에까지 접하고 곁으로 양쪽의 태양(太陽)과 절두(準頭) 현벽(懸壁)을 통하여 서로 응한 자는 관직이 반드시 영전되고 선비는 반드시 과거에 급제하며 보통 사람은 재물을 얻어 재산을 불린다. 황기(黃氣)가 짙고 두터운 자는 1개월 안에 응함이 있고 조금 엷은 자는 60일이요, 만약 기(氣)가 계수나무꽃과 같고 물고기비늘 같고 그 가운데 자홍(紫紅)이 은은하게 실과 같고 팥과 같은 자는 이것을 상운(祥雲)이라고 한다. 겸하여 인당에 이러한 기가 있는 자는 관직이 반드시 특별히 몇 계단을 뛰어넘어 진급한다. 크게는 제후나 정승에 봉해지고 작게는 공경하게 과거에 합격하거나 또는 사직을 했는데도 재기용되거나 한다. 선비는 백의(白衣)로 벼슬을 얻으

며 승려는 임금의 명을 받고 전사(戰士)는 승리를 얻고 보통 사람은 큰 재물이나 보배를 얻을 것이다. 짙고 두터운 자는 1주일 이내로 응함이 있고 점점 엷은 사람은 2주나 3주 이내에 응함이 있다. 인당(印堂)에 자기(紫氣)가 있으면 비록 작은 근심이 있으나 해가 되지 않고 만약 인당에 이런 기운이 없으면 다만 재물을 따라서 돌아다닐 뿐이다.〕

▨실줄(絲路)이 상정(上停)에 나타나면 관직이 빨리빨리 진급하고 이마 위에 붉고 누런 실줄이 있는 자는 30일 내에 관직이 승진하고 보통 사람들은 모든 일에 대길할 것이다.
〔황색이 모든 얼굴 부위에 나타나면 재원(財源)이 계속되어 들어오게 된다.〕

▨주서(奏書)의 부위에 상서로운 기운이 짙게 빛나면 길한 상서를 가히 상상할 수 있다.
〔양쪽 눈썹머리를 '주서(奏書)'라고 한다. 한 부분이 누렇게 빛나 절두(準頭)로 더불어 서로 응하면 모든 일이 길하고 번창한다. 적색(赤色)은 마땅하지 않다.〕

▨나후(羅睺)와 계도(計都)에 누런빛이 빛나면 재물이 기쁘게 자주 이른다.
〔눈썹을 나후와 계도라고 하는데 눈썹 위가 누렇게 빛나면 왼쪽이 그러하면 사람을 보태고 재물도 늘어나며 오른쪽이 그러하면 아내를 얻고 재산도 불어나는데 1달 이내에 응한다.
두 눈썹 위에 붉은 기운이 있으면 송사가 있고 흰 기운이 있으면 부모를 잃고 푸른 기운이 있으면 우환과 질병이 있고 검은 기운이 있으면 옥사하거나 사망하고 형제도 잃게 된다.〕

▨구주(九州)에 황색이 있으면 기쁨이 자연히 온다.
〔양주(揚州)는 이마요, 기주(冀州)는 턱이요, 예주(豫州)는 절두요, 형주(荊州)는 왼쪽 눈이요, 서주(徐州)는 오른쪽 눈이요, 청주(青州)는 왼쪽

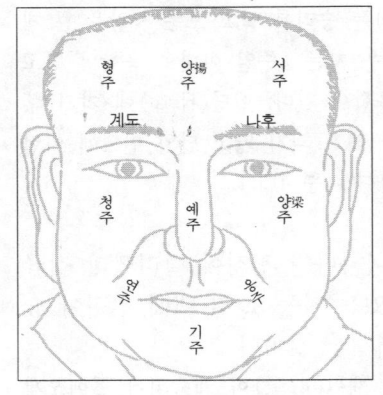

관골이요, 양주(梁州)는 오른쪽 관골이요, 연주(兗州)는 입의 왼쪽이요, 옹주(雍州)는 입의 오른쪽이다. 얼굴 가득히 빛이 나면 반드시 관직이 옮겨지거나 과거에 급제하거나 재물이 들어오거나 한다. 만약 누런 점이 계수나무꽃과 같고 팥이나 좁쌀처럼 생기고 상운(祥雲) 가운데 옥의 주름이 있는 자는 반드시 초고속으로 승진하고 보통 사람은 재물이나 보물을 얻고 백의서생이나 승려는 모두 관직을 얻게 된다. 이것은 항상하는 기쁨이 아니다.〕

▨얼굴 가득히 자화(紫花)가 나면 봉록이 따라서 이른다.

〔자기(紫氣)가 점점이 팥알 같고 달과 같으며 혹은 실줄이나 혹은 옥문(玉紋)과 같아서 위로 천중(天中)을 연대하고 아래로 절두를 꿰뚫으며 함께 변지(邊地), 역마(驛馬)의 모든 부위에 이르면 정승의 지위나 재록이 이르게 되고 선비는 과거에 급제한다. 그런데 자기(紫氣)가 동남서쪽에 있어야 하고 북방은 적당하지 않다.『자기결(紫氣訣)』에 이르기를 "천중(天中)에 내천자(川字)가 있으면 장군의 녹봉이요, 천정(天井)에 둥근 동전 같은 것이 있으면 귀하고 영화를 누린다."라고 하였다.

산근(山根)이 홀연히 보이면 응당히 직급이 오르고 중정(中正)이 만남이 있으면 임금을 면담하게 된다. 현벽(懸壁)이나 복덕(福德)은 다 중요한 것이다. 간문(奸門)과 어미(魚尾)면 아내가 귀한 자식을 밴다. 법령(法令)이 동전과 같으면 좋은 직책으로 옮기고 홀연히 지각(地閣)으로 오면 재산이 자주 불어난다.〕

▨삼태(三台)가 수려한 기가 있는 것은 삼장(三場)과 응하니 광채가 기름을 바른 것 같으면 좋지 않은 것이다.

〔삼태는 곧 삼정(三停)이다. 선비가 삼장(三場)에 들면 위로 두장(頭

場)을 주관하고 가운데 이장(二場)을 주관하고 아래로 삼장(三場)을 주관한다. 다만 누런 기운이 있어 꽃을 이루고 구주(九州)가 누런빛을 내는 자는 반드시 중간 성적으로 급제하고 만약 먼저 황색과 흰색을 보이는 것이 기름을 바른 것 같은 자는 반드시 하급으로 급제하고 붉은빛이 광택이 나고 흰 불꽃이 과명(科名)이나 과갑(科甲) 인당(印堂) 절두(準頭) 양쪽의 관골에 나타난 자는 반드시 첩지가 내려오기가 어렵다.(합격하지 못한다)〕

▨한 부위가 누렇게 밝으면 1등에 점지되지만 오직 불꽃 같거나 먼지같은 것은 나쁜 것이다.
〔선비가 과거에 응하는데 삼태(三台)가 누렇게 빛나고 인당(印堂)에 붉은 줄과 붉은 점을 띠고 천중(天中)에 둥그런 광채가 있으면 반드시 상등(上等)으로 합격한다. 만약 눈썹 아래에 누런빛이 고치모양으로 가로놓이고 절두가 누렇게 빛나며 인당에 붉은 줄이 있는 자는 차석으로 합격한다. 다만 눈썹 위에 누런빛이 있고 인당에 붉은 기운이 있고 눈밑 머리에 화기(火氣)가 있는 자는 또 다음 차석을 한다. 얼굴에 황기(黃氣)가 없고 눈썹 머리와 이마 위에 홍점(紅點)이 있고 관골과 절두가 어지러이 붉고 검은 점이 있으며 장벽(墻壁)이 다 어둡고 겸하여 구진(勾陳) 등사(騰蛇) 현무(玄武)가 청기(靑氣)를 발동하는 자는 반드시 꼴찌로 퇴출당한 자이다. 관원이 이러한 것이 나타나면 파면되거나 쫓겨나고 보통 사람이 이러한 것이 나타나면 송사가 있고 재물을 날리게 된다.〕

▨계화(桂花 : 계수나무꽃)가 구주(九州)에 누렇게 피면 문장이 고매해진다.
〔구(九)는 곧 구주이다. 누런꽃이 점 조각 같이 보이고 인당에 붉은 실선이나 붉은 점이 있으면 응하는 것이 빠르고 용호각(龍虎角)에 붉은 기운이 있으면 또한 미묘한 것이다.〕

▨밀랍같은 색이 삼태(三台)에 비치면 등수가 제일 위에 오른다.
〔선비가 고시를 치는데 다만 눈썹, 인당, 관골, 절두, 천중, 지각에 다 황기(黃氣)가 있으며 얼굴에 가득차지는 않고 인당에만 기쁜 붉은 기색이

있는 자는 수석을 한다.〕

▓과갑(科甲)의 부위에 붉고 누런빛을 띠면 이름이 천부(天府)에 쓰이고 과명(科名)의 부위가 옥같이 윤택하면 문장이 독보적이다.

〔눈썹 위가 과갑(科甲)이요, 눈썹 아래는 과명(科名)이다. 두 곳에 입장하여 인당을 이어서 누렇고 붉은색이 가로로 피어나면 반드시 큰 이익을 이룬다.〕

▓황기(黃氣)가 적고 막힌 기운이 무거우면 공명이 오기도 하고 또는 오지 않기도 한다.

〔얼굴 위에 비록 누런 기운이 있더라도 인당과 절두, 변지, 역마의 부위에 기색이 어두우면 밝은 가운데 막힘이 있는 것이다. 보통 사람이 일을 행하는데 발전이 없고 굶주림이 몸에 간절한 자는 형이 막혔기 때문이다. 조는 듯하고 취한 듯하며 고생하는 듯하고 수심하는 듯하는 자는 신이 막혔기 때문이요, 언어가 무력하고 행동거지가 병자와 같은 자는 기가 막혔기 때문이요, 밝은 것 같은데 밝지 않고 어두운 것 같은데 어둡지 않은 자는 색이 막혔기 때문이다. 형(形)이 막힌 것은 10년이요, 신이 막힌 것은 8년이요, 기가 막힌 것은 5년이요, 색이 막힌 것은 3년이다. 막힌 기를 열면 운수와 기(氣)도 통한다. 열어주지 못하면 곧 일생동안 되는 일이 없는 것이다. 형체와 관상을 겸하여 볼 것이다.〕

▓푸른 기운이 적고 밝고 빛나는 것이 많으면 기쁜 재물이 이르고 돌아도 온다.

〔현무(玄武) 구진(勾陳)에 비록 푸른 기운이 있더라도 삼합(三合)의 부위인 절두와 인당이 밝게 빛나면 이에 막힌 가운데 밝은 것이 있는 것이다. 반대로 변하여 길한 것이 되는 것이다〕

제3장 논중정길기(論中停吉氣)

중정길기(中停吉氣)를 논하다

중정(中停)의 부위는 관할하는 것이 매우 많다.

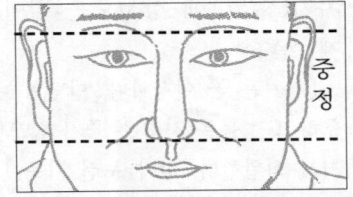

〔인당은 명궁이다. 가장 평평하고 넓어야 한다. 연상과 산근은 질액궁(疾厄宮)에 매어있다. 또한 풍륭한 것을 요한다. 토성(土星: 코)은 재록궁(財祿宮)이 된다. 곧고 큰 것이 아름다움이 된다. 나후와 계도는 형제의 자리가 배열되니 길게 어진 것을 나눈 것이다. 자녀는 용궁(龍宮)에 사니 눈두덩이 평평하고 가득해야 한다. 처와 첩은 어미(魚尾)에 소속되는데 살이 들어가고 마른 것을 꺼린다. 이상의 모두가 광채가 있고 청명해야 하고 모두 어둡고 침침하고 막히고 그늘진 것을 꺼리는 것이다. 귀는 높고 입과 조응하면 복과 장수를 가히 알 수 있다. 관골이 넓고 상운(祥雲)이 침범하면 권세와 지위가 반드시 두텁게 된다.〕

▨천창(天倉), 지고(地庫)가 풍부하고 비대하면 부(富)가 의돈(猗頓)과 견주게 된다.

〔천창은 일각(日角)의 뒤에 있고 지고(地庫)는 지각(地閣)의 곁에 있으니 함께 전답과 재물을 주관한다. ※의돈은 옛날 부자의 이름이다.〕

▨인수(印綬)와 명문(命門)이 높고 빛나면 복을 도주(陶朱: 범려)에 견줄 수 있다.

〔명문은 곧 이주(耳珠 : 귀밑살)의 앞이요, 인수는 그 아래에 있는 것으로 복과 수명을 주관한다.〕

▨월패(月孛)가 빛나고 융성하면 평생동안 질병이 적고 연궁(年宮)이 윤택하면 일생동안 편안하다.
〔월패는 산근(山根)이며 질액궁의 위치이고 연궁(年宮)은 연상(年上)으로 함께 밝고 빛나면 건강하고 재앙이 없다.〕

▨인당에 누런 점이 구슬과 같으면 상서로운 일이 거듭 이르고 자기(紫氣)에 상서로운 빛이 팥과 같으면 귀한 녹봉이 가지런하게 온다.
〔자기는 곧 인당이다. 인당이 네계절 동안 누렇게 빛나면 재물을 뜻대로 구하고 병들은 사람은 죽지 않으며 관가의 송사는 사면을 얻고 모든 일이 크게 화합한다. 만약 누런 기운이 구슬같고 동전과 같은 자는 관직이 승진하고 선비는 과거에 급제하고 보통 사람들은 큰 재물을 얻는다. 이러한 것이 응하는 것은 70일 안이다. 만약 누런 가운데 은은히 자주색 실금이나 자주색 점이 보이는 자는 관직이 초특급으로 승진하고 선비는 과거에 장원급제하고 또는 귀한 아들을 낳으며 보통 사람들은 큰 재물을 얻게 된다. 이러한 현상은 남방(南方)에 있어야 더욱 길하다. 혹 작은 근심이 있어도 능히 해가 되지 않는다.〕

▨궐중(闕中)에 문득 앙월(仰月)과 같은 붉은빛이 보이면 문장으로 이름을 날리고 콧대에 가로로 버들잎 같은 누런 기운이 뻗어 있으면 돈과 재물을 갑자기 얻는다.
〔누런색이 산근, 연상, 수상으로 향하여 가로로 눈의 위아래로 지나가 발제에 이르고 혹은 절두로부터 양쪽 관골을 지나서 명문에 이르러 형상이 버들잎을 가로로 걸쳐놓은 것 같으면 큰 재물을 얻게 된다.〕

▨주서(奏書)에 누런 기운이 기울어 역마로 침입하면 반드시 높은 관직으로 옮긴다.

〔양쪽 눈썹머리를 주서라고 한다. 누런 기운이 가로로 변지와 역마에 이른 자는 90일 안에 반드시 관직이 옮겨지고 멀리서 재물도 얻게 된다.〕

▨악중(岳中 : 코)에 금빛이 위로 사공(司空)을 꿰뚫으면 모름지기 임금의 부름을 받는다.
〔절두에 누런 기운이 김이 서린 듯하여 위로 사공에 이른 자는 반드시 임금의 부름을 받게 된다.〕

▨인물을 가려 뽑는데 선택되면 이태의 누런 점(點)을 자세히 살핀다.
〔무릇 인당이 누렇게 밝아서 주서(奏書)를 꿰뚫어 변지와 역마로 들어가고 또 절두가 밝게 빛난 자는 여러 사람을 선택하는데서 아름다운 직책을 얻는다. 만약 상정, 중정의 이태(二台)와 위아래 눈썹, 변지, 역마, 인당, 양쪽 관골에 황색이 좁쌀 같이 있고 가운데 자주색 점이 있는 자는 반드시 요직에 등용된다. 만약 인당 위가 붉으며 누렇고 산근이 푸른 점이 있으며 절두와 관골에 적색(赤色)이 있는 자는 반드시 지방으로 부임하는 것으로 좋지가 않다. 만약 명문과 현벽이 어둡고 검은 자는 관직이 반드시 아름답지 않고 또는 여행 중 길가에서 병을 얻어 위태롭게 된다.〕

▨정당하게 관직을 제수받고자 하면 다만 옆의 코와 인당의 빛을 보라.
〔무릇 절두나 법령, 정위에 누런 기운이 코의 좌우에 있고 위로 인당(印堂)까지 이른 자는 관직을 반드시 바르게 받고 그렇지 않으면 다 비공식이거나 한산한 잡직에 불과하다.〕

▨삼양(三陽)에 기쁜빛이 누렇게 짙으면 재물도 들어오고 직책도 오르고 박사궁(博士宮)에 상서로운 빛이 자주색으로 발하면 아들이나 손자를 얻게 된다.
〔눈썹 아래를 태양(太陽), 중양(中陽), 소양(少陽)이라 하고 외양(外陽)을 박사(博士)라고 한다. 항상 밝고 깨끗하여야 한다. 만약 항상 누런

빛을 띠면 반드시 재물이 들어오고 신혼의 기쁨도 있다. 홀연히 누런빛이 짙어서 홍자기(紅紫氣)를 띠면 반드시 아들을 낳고 직장에서도 승진한다. 암흑색을 꺼리는 것인데 아울러 인당, 절두, 양쪽 관골이 함께 어두운 자는 반드시 직장을 잃고 파산하며 집안도 편안하지 못한 것이다.〕

▨누런 기운이 산근에서 월각(月角)으로 연결되면 크게 재명(才名)을 떨치고 자금색(紫金色)이 산근 위에서 천중(天中)을 꿰뚫으면 직책이 높이 오르고 녹봉도 크게 오른다.
〔산근과 연상과 수상에 항상 광채가 있으면 재앙이나 질병이 없고 누런색이면 안락하며 병든 사람은 곧 낫는다. 만약 어둡고 침침하면 많이 이루어지지 않고 적혈(赤血)이 빛나면 혈광(血光)의 재액이 있고 흰색은 상복을 입고 청색은 우환이 끓고 흑색은 재액이 있다. 만약 황색이 위로 양 눈썹을 뚫고 아래한 자는 100일 안에 재물이 들어오고 관직이 영전된다. 위로 액각에 침투하고 가운데 자기(紫氣)가 있는 자는 반드시 초특급 승진을 하고 벼슬이 없던 사람은 관직을 얻게 된다.〕

▨절두 위에 금빛이 인당을 투시했으면 관록을 얻고 아내를 얻고 귀한 아들을 얻는다.
〔절두에서 산근, 인당에 이르러 황색이 위로 천정으로 침투한 자는 21일 안이나 35일 안에 기쁜 재물과 자산을 얻거나 아내를 얻거나 자식을 낳거나 하게 된다. 다시 삼양(三陽 : 눈)의 여러 부위가 서로 응하면 크게 귀하게 되고 큰 재물을 얻게 된다. 다만 일부만 있어도 또한 기쁜 재물이 들어온다.〕

▨코끝에 뾰족한 자기(紫氣)가 언월(偃月 : 그믐달) 같으면 재물이나 말이나 전답이 들어오게 된다.
〔코끝에 뾰족하게 자색이 굽어진 달모양으로 나타나면 50일 이내에 재물, 말, 전답 등이 들어온다.〕

▨화창(禾倉)에 황색이 돋아나면 수재로 과거에 급제한다.

〔화창은 관골 아래에 있다. 이곳이 황색을 띠면 기쁜 소식이나 좋은 자리로 이동할 것이다. 만약 자주색 점만 띠면 좋은 소식이나 영전이 더욱 빠르게 된다.〕

▨난대(蘭臺)에 자기(紫氣)가 보이면 귀한 손님이 집안으로 들어온다.
〔귀인이 서로 방문하게 된다.〕

▨명당(明堂)에 한 점 빛이 나타나면 구름이 걷히고 햇볕이 나타나는 것이고 갑궤(甲匱)의 두 곁이 누렇게 광택이 나면 재물이 왕성하고 모든 일이 마음먹은 대로 이루어진다.
〔무릇 안면의 사방이 막힌 기운이 있어서 열리지 못했는데 다만 절두에 한 점이 개발되면 모든 일이 점점 형통한다. 코는 명당이다. 얼굴의 주인이 되는 것이다. 그 코의 상하좌우를 보아 가히 오장육부(五臟六腑)의 병의 증상을 살피는 것으로 코는 최고로 중요한 것이다.
『영추경(靈樞經)』에 말하였다.
"명당이라는 것은 코이다. 관(關)은 미간(眉間)이다. 정(庭)이란 얼굴이다. 번(藩 : 울타리)이란 옆의 뺨이다. 폐(蔽)라는 것은 이문(耳門)이다. 이곳들은 모난 것을 좋은 것이라 한다. 10보(步)를 떨어져도 부위가 다 보이는 자는 반드시 오래 산다. 명당은 뼈가 높이 솟고 평평하며 곧아야 한다. 오장이 코의 중앙에 버금하고 육부는 그 양 옆에 끼어 있다. 정(庭)이란 머리이다. 관상(關上)은 인후(咽喉)이다. 관중(關中)은 폐이다. 주관(主官 : 인당)은 마음이다. 인당 밑은 간(肝)이다. 간의 왼쪽이 담(膽 : 쓸개)이다. 다시 그 밑은 비장(脾臟)이다. 절두의 위가 위(胃)이고 중앙이 대장(大腸)이다. 대장을 끼고 있는 것이 신장(腎臟)이다. 인당의 위는 소장(小腸)이다. 인당의 이하는 방광과 자장(子臟)이다.
청황적백흑의 5가지 색깔은 각각 그 부위에서 나오는 것이다. 각 부위의 뼈가 결함이 있는 자는 반드시 병액을 면하기 어렵다. 다만 밖의 사특한 기운이 틈으로 침입하면 병은 더욱 심해지는데 죽지는 않는다. 황적색은 중풍이 되고 청흑색은 질병이 되고 흰색은 비어 허하게 만든다. 그 뜨고 가라앉는 것을 살펴서 병의 깊고 얕음을 아는 것이다.

택천(澤天 : 눈)으로 관찰하면 성공하고 실패하며 흩어지고 붙잡아 원근과 상하를 알고 병든 곳도 알게 된다. 외부에서 쫓아와 내부로 달아난 것은 병이 밖으로부터 들어온 것이요, 내부를 따라서 외부로 나타난 것은 병이 안에서부터 나온 것이다. 그 빛깔이 위에서부터 잠기어 온 자는 병이 더욱 심하고 그 빛깔이 아래에서 행하여 구름같이 퍼진 자는 병이 바야흐로 낫는다. 그 빛깔이 위가 예리하면 위로 향하고 아래가 예리하면 아래로 향하는 것이다. 왼쪽과 오른쪽도 또한 이와 같고 남자와 여자는 위치가 다를 뿐이다.

갑궤(甲匱)는 코의 기둥 양쪽 곁에 있다. 이곳이 누렇고 윤택하면 10일 안에 선물이 들어온다."〕

▨금궤(金匱)가 빛나고 밝으면 모든 길한 것이 이르고 금신(金神)이 황자(黃紫)하면 온갖 복이 따른다.

〔금궤는 어미(魚尾)의 아래에 있다. 이곳이 누렇고 자주색을 띠면 모든 길한 경사가 이른다. 안각(眼角 : 어미 아래), 천창(天倉), 신광(神光), 천문(天門), 현무(玄武)의 부위를 통칭하여 금신(金神)이라고 한다.〕

▨어미(魚尾)와 적문(賊門)이 붉고 은은하면 도적을 잡는데 공을 세운다.

〔무관(武官)이나 포도관(捕盜官)에게 나타나는 것이 마땅할 것이다. 이곳은 간문(奸門), 도적(盜賊), 유군(游軍)의 부위이다. 모름지기 인당과 절두, 삼양(三陽), 변지, 역마가 다 밝게 빛나면 응하는 것이 14일 안에 있다. 만에 하나도 틀리지 않을 것이다. 만약 청흑색을 띠고 현무(玄武)가 발동하며 인당과 절두가 어두우면 반드시 공무로 인하여 실직하게 된다.〕

▨천중(天中)에 여자가 자기(紫氣)가 아롱지면 정승의 부인이 되고 복이 더욱 증진한다.

〔부인이 천중의 좌우에 자색의 점이 꽃과 같으면 반드시 남편이 봉작을 받을 것이요, 자주색이 항상 보이는 자는 장수할 것이다.〕

▨어미(魚尾)에 동전 절반 만한 무늬가 붉고 윤택하면 정히 좋은 남편을 얻고 와잠(臥蠶)에 한 점 금색(金色)이 밝으면 반드시 귀한 자식을 낳는다.
〔여자의 관상이다.〕

▨용혈(龍穴)을 누런색이 포위하면 귀한 아들을 낳고 봉지(鳳池)가 붉게 감싸이면 아리따운 딸을 낳는다.
〔왼쪽 눈을 용혈(龍穴)이라 하고 오른쪽 눈은 봉지(鳳池)라 한다. 이곳에 누렇고 붉고 윤택하게 자주빛이 눈꺼풀 위와 아래를 둘러싸고 인당과 절두가 또한 붉고 누런 자는 귀한 아들을 낳고 눈아래가 푸르고 노랗다면 딸을 낳는다. 또 통상적으로 재물도 들어오고 관직도 영전된다. 만약 인당에 빛이 없으면 아들을 낳더라도 기르기 어렵고 이궁(二宮)에 푸른빛을 띠면 우환과 질병이 있고 눈 아래에 검은색이 있으면 자녀를 잃게 된다.〕

▨음즐문(陰隲紋)이 나타나고 아름다운 기운이 둘려져 있으면 음덕이 두텁고 자손궁(子孫宮)에 주름이 있고 인당에도 배열되었으면 자식이 성공을 한다.
〔눈밑의 붉고 누런빛을 음즐문이라고 한다. 위로 복당(福堂)과 삼양(三陽)과 변지, 역마, 니사(泥沙)를 통하면 왼쪽에는 귀한 아들을 낳고 오른쪽에는 귀한 딸을 낳는다. 속어(俗語)에 이르기를 "눈밑의 자기(紫氣)는 아들과 딸이 귀하게 되고 인당에 살집의 주름이 은은하게 곧게 아래로 뻗은 자는 한 줄기에 한 자식만 있다."고 하였다.〕

제4장 논하정길기(論下停吉氣)

하정길기(下停吉氣)를 논하다

▨하정(下停)의 부위는 오로지 말년을 주관한다.

〔지각은 전택(田宅)을 담당한 부위이니 코의 절두와 서로 응해야 한다. 입술과 턱은 노복과 우마의 땅이다. 기쁘게 천창(天倉)과 응해야 하는 것이다.〕

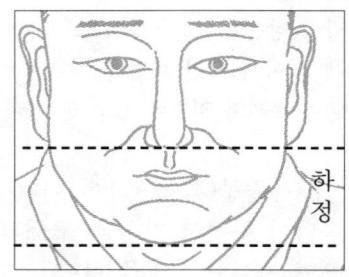
하정

▨입은 각궁(角弓)과 같고 수염은 창과 같으면 의복과 녹봉이 다함이 없다.

〔인중(人中)이 대나무를 쪼갠 것과 같고 입술이 단청을 칠한 것과 같으면 복과 장수를 누린다.〕

▨두 곳에 자기(紫氣)가 있고 난대를 에워싸면 1개월 안에 임금의 칙명을 받는다.

〔식창(食倉)은 법령(法令)의 안과 난대의 밖에 있다. 이곳에 홀연히 자기(紫氣)가 있어서 벌레가 기어가는 것 같은 자는 1개월 안에 임금의 칙명을 받을 것이니 겸하여 인당과 절두, 이마 위를 볼 것이다.〕

▨양도(兩道)의 누런빛이 구각(口角)으로 오면 100일 안에 반드시 직책이 영전된다.

〔선비는 반드시 과거에 급제한다. 이마 인당 절두 눈썹을 함께 살펴라.〕

▨장하(帳下)의 자기(紫氣)가 동전 만하게 나타나면 음덕으로 이름을 날리고 절두가 거울처럼 빛나면 신선을 만날 연분이 있다.
〔장하(帳下)는 난대 아래 인중의 곁에 있다. 이곳에 자기(紫氣)가 동전 같은 것이 있으면 20일 안에 음덕으로 이름을 날리고 재앙을 만나도 허물이 없어진다. 겸하여 절두도 본다. 절두의 색이 거울처럼 빛나 겨울이나 여름동안 끊이지 않으면 15년 안에 반드시 신선(도인)을 만나게 된다.〕

▨내주(內厨)에 누런빛이 반달 같이 보이면 반드시 진수성찬을 대접받는다.
〔내주(內厨)는 법령(法令) 아래에 있다. 이곳이 누렇게 빛나면 귀인(貴人)에게 맛좋은 음식을 대접받는다.〕

▨법령(法令)에 자주빛이 동전이 깨진 것과 같으면 마땅히 여자가 따를 것이다.
〔3개월 내에 혼인의 경사가 있고 임금의 칙명도 얻게 된다. 만약 황색이면 식구가 늘어나는데 왼쪽은 남자요, 오른쪽은 여자가 늘어나는 것이다.〕

▨지각이 붉고 누런색이면 전답이나 노복이나 말이 늘어나고 학당(學堂)이 밝고 깨끗하면 반드시 높은 귀인의 천거를 받아 뜻을 성취한다.
〔사학당(四學堂)이 있으니 눈은 관학당(關學堂)이요, 이마는 녹학당(祿學堂)이요, 치아는 내학당(內學堂)이요, 귀는 외학당(外學堂)이다. 또 팔학당(八學堂)이 있으니 천중(天中)이 고명

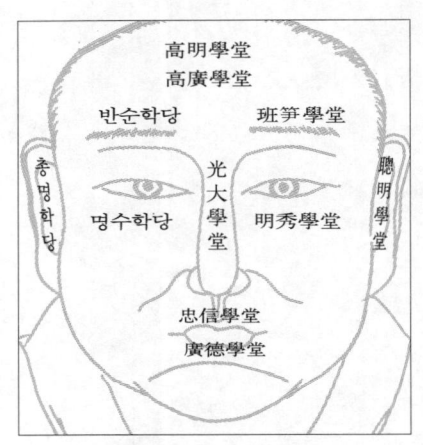

학당(高明學堂)이요, 사공(司空)은 고광학당(高廣學堂)이요, 인당(印堂)은 광대학당(光大學堂)이요, 눈썹은 반순학당(班笋學堂)이요, 눈은 명수학당(明秀學堂)이요, 귀는 총혜(聰慧學堂)이요, 입은 충신학당(忠信學堂)이요, 턱은 광덕학당(廣德學堂)이다.〕

▨현벽(懸壁)에 빛이 밝으면 가택이 편안하고 길하며 이롭고 지각이 붉게 빛나면 늙어서 태평하고 편안하게 즐긴다.
〔현벽은 귀밑살의 얼굴 옆이고 지각은 턱과 입의 중간에 위치한다.〕

제5장 논상정흉기(論上停凶氣)

상정흉기(上停凶氣)를 논하다

광풍이 맑고 밝으면 우주가 밝게 빛나고 연기와 안개가 가려 어두워지면 천지사방이 더욱 더러워진다.

신(神)이 맑은 자는 맑게 개인 달밤과 가을날의 잔잔한 파도와 같은 것이요, 기(氣)가 막힌 자는 짙은 구름이나 엷은 안개같은 것이다.

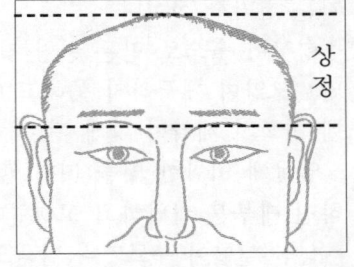

취했는데 취하지 않은 듯하고 잠자는데 잠자지 않는 것 같은 것은 정히 발달하는 상(象)이 아니다. 어두운데도 어둡지 않은 것 같고 밝은데도 밝은 것 같지 않은 것은 어찌 날아 오르는 기색이겠는가.

신(神: 혼)은 마땅히 감추어지고 드러나지 않아야 마땅하다. 드러나면 수명을 재촉하는 것이다. 신(神)은 빛나야 하고 짧지 않아야 하는 것이다. 짧으면 장수를 하지 못한다.

눈을 위로 치켜 뜨는 자는 성품이 오만하고 아래로 내려깔고 보는 자는 어리석다. 훔쳐보는 자는 간사하고 성난 눈으로 보는 자는 사납다.

눈빛이 물과 같으면 남자나 여자나 다 음탕하고 눈빛이 횃불과 같으면 간웅한 살인마로 살생을 즐긴다.

눈동자가 붉은 점이 있거나 붉은 실금이 있으면 결코 좋게 죽지 못한다. 눈이 혹은 송골매나 뱀의 눈처럼 생기면 모두 성질이 악독하다.
 어두운 눈동자에 흰자위가 드러난 자는 사납게 죽거나 간사한 사람이다. 붉은 눈에 금색의 눈동자는 포악하고 흉악하며 객사한다.
 눈꼬리의 아래가 처지면 부부가 생이별하고 눈시울이 세모지면 골육간에 싸우며 또 마음이 악독하다.
 머리털이 짙으면 건강하고 머리통이 작으면 귀한 사람이 없다. 다니면서 머리를 흔들고 앉아서는 머리를 숙이면 어찌 궁상이 아니겠는가? 잠잘 때는 눈을 뜨고 음식을 먹을 때는 이가 드러나는 자는 천박한 상이다.
 형상이 흙으로 만든 인형 같으면 수명을 계산할 필요가 없고(단명) 모양이 깨끗하지 못하고 먼지가 낀 것처럼 더러우면 행동하는데 반드시 제약이 많게 된다(잘 되지 않는다).
 얼굴에 비참한 빛을 띠면 춥고 배가 고프며 혈색이 화창하지 못하면 대부분 가난하고 고생한다.
 성난 얼굴이 푸르거나 남색으로 변하면 마음 속이 간사하고 음침하며 기쁜 얼굴이 붉고 요염하면 수명이 짧아 꽃과 같은 것이다.
 얼굴색이 희고 해골처럼 생기면 인간 세상에 오래 있지 못하고 얼굴이 검고 젖은 잿빛처럼 생기면 황천(黃泉：죽음)의 객이 된다.

 ▨푸른 기운이 점을 물들인 듯하면 회기(晦氣)가 때로 침입하고
 〔청색은 근심과 놀랄 일과 질병의 액을 주관한다. 혹은 구슬같은 점과 같고 혹은 흔적처럼 이루어진다. 천중(天中)이 푸르고 광윤하면 반드시 조서의 명을 받는데 만약 마르고 윤택하지 못하면 조서의 내용으로 죽게 되니 가을에 받으면 이에 응한다.
 이마 위가 푸르면 60일 안에 우환과 놀랄 일이 있고 눈썹 아래가 푸르게 되면 10일 이내에 재물이 나가고 놀랄 일이 있다. 인당의 푸른점은 재액으로 재물을 덜게 된다. 산근, 연상, 수상이 푸르면 질병이 있고 절두가 푸르면 목극토(木剋土)라 모든 일이 뜻대로 되지 않는다.
 인중(人中)이 푸르면 재물이 파손되고 지각이 푸르면 수액(水厄)이 있

고 구진(勾陳) 등사(螣蛇) 현무(玄武)가 움직이고 모두 푸른 기운이 있으면 일이 일어난 뒤에 나타나는 것이다.〕

▨검은 기운이 얼굴에 몽롱하면 흉한 재액이 날마다 있게 된다.
〔검은 것은 사망, 감옥, 파산을 주관한다. 이마 위에 검은 안개가 끼면 100일 이내에 평상적이지 않은 병에 걸려 죽거나 파면당하고 뺨 위에 검은 기운이 안개와 같으면 7일 안에 죽는다. 인당이 캄캄하고 이문(耳門)의 검은 기운이 입으로 들어간 자는 죽는다.
산근, 연상, 수상이 검으면 큰 병이 있고 절두가 검으면 관직에서 쫓겨나거나 질병에 걸리고 목에 칼을 쓰거나 감옥에서 죽게 된다. 이러한 조짐은 2, 3주 안에 응한다. 인중이 검은 기운이 있으면 갑자기 병에 걸리고 인중과 입술을 검은 기운이 두르면 7일 안에 죽는다. 승장(承漿)이 검으면 술에 취해 물에 빠져 죽고 지각이 검으면 수액을 입거나 감옥에 갇히거나 하인이나 가축의 손재를 입는다. 검은 기운은 온갖 일에 이롭지 못하다. 겨울에 검은 기운은 조금 괜찮은 것이다.〕

▨분색(粉色:가루, 흰색)이 얼굴을 변화시키면 상복 입을 액이 응하나니 둥글둥글한 조각의 백점들이 각각의 궁(宮)에 나타나면 그 부위에 따른 액(厄)이 이른다.
〔얼굴이 희어 분을 바른 것 같고 광택이 없는 자는 반드시 상복을 입게 된다. 만약 흰 조각점이나 흰점이 매화꽃이나 배꽃처럼 둥글둥글하게 나타나는 자는 궁(宮)의 부위를 따라 액(厄)이 나누어진다.
이마의 위에 흰점이 나타나면 60일 이내에 부모에게 근심이 있고 인당에 흰 기운이 실과 같으면 부모를 주관하니 코, 입, 귀에 연이어 나타난 자는 70일 이내에 증험이 나타나고 부모가 계시지 않으면 자신에게 나타난다.
산근은 가벼운 복(服)이다. 120일 이내에 응한다. 눈 아래는 자녀를 주관한다. 눈꼬리는 아내나 첩을 주관하고 21일 안에 증험이 나타난다. 관골 위는 형제나 백부(伯父)나 숙부(叔父)이다. 귀밑이나 변지는 누나, 누이동생, 고모, 이모이며 또 골절상을 나타낸다. 연상(年上)은 중상(重喪:할아버지)을 주관하는데 곧 조부모(祖父母)이다. 신속하게 응하고 수상에 나타난 것은 1년 동안 상복을 입는다.
 절두는 부모이다. 절두에 심하게 나타나면 자신이 해롭기도 하니 곧 파산을 하게 된다. 인중(人中)에 나타나면 약물에 중독되거나 산액(產厄)이 있게 된다. 지각에 나타나면 하인이나 가축에게 손실이 있다.]

▨화광(火光 : 화기)이 얼굴에 비치면 송사를 자주 만나니 화광(火光)이 점점과 같거나 실과 같이 각 부위에 나타나는 것을 꺼리는 것이다.
 [무릇 사람이 얼굴에 화기(火氣)가 가득하면 관가의 송사수가 있다. 만약 화기가 붉은 반점이나 붉은 실 같이 드러나면 반드시 관가의 시비나 화재, 사나운 병, 피를 보는 재앙이 있게 된다.
 천중(天中)이나 천정(天庭)의 붉은 점은 화재 또는 전쟁의 재액을 만나게 된다. 사공(司空), 중정(中正)은 횡액을 만나서 재물의 손실을 본다. 인당이나 눈썹머리에 나면 재판을 하거나 형틀에 구속될 재앙이 있다. 산근(山根)이나 연상, 수상은 상처를 입거나 화재, 손재, 하인이나 가축의 손해를 본다. 절두는 형액이나 재판을 할 것이다. 붉은 선이나 실선이 구더기 같은 자는 상처를 입거나 재산을 날린다. 인중(人中)은 물건을 잃어버린다. 입술의 위와 아래에 나타나면 남의 구설에 오른다. 승장에 나타나면 술의 재앙이 있다. 지각에 나타나면 전답의 송사나 소구병이 있다. 눈위에 나타나면 감옥살이를 한다. 눈밑에는 허리나 아랫배가 아프거나 악창이나 산액(產厄)이 있다.]

▨화염 속에 점으로 연기가 나타나면 밖으로는 관재수가 있고 집안에는 화재가 있다.
 [얼굴에 화기(火氣)가 가득하고 털구멍 속에 침으로 찌른 것 같은 푸르거나 붉은 실선이 있는 자는 '화이연(火裏烟)'이라고 이름하는데 사람의 운명을 주관한다. 효험이 이르게 된다.]

▨박사염조(薄紗染早)하면 살이 찐 자는 등창독이 생기고 바짝 마른 사람은 폐병이 생긴다.

〔이마, 절두, 관골에 화기(火氣)가 있고 푸른점으로 띠를 둘렀으면 '박사염조(薄紗染早)'라고 이름한다. 인당, 눈썹 아래, 현벽이 다 붉은 자로 살이 찐 자는 반드시 등창이나 악창이 발생하고 비쩍 마른 사람은 폐병이 생긴다. '화이연(火裏烟)'과 똑같다.〕

▨적기(赤氣)가 가로로 눈썹 위에 하면 90일 이내에 반드시 죽는다. 화점(火點)이 이마와 머리에 하면 1개월 안으로 사망하게 된다.
〔화기(火氣)가 눈썹 위에 하면 90일 이내에 죽게 되고 또 화기가 이마나 머리 위에 뜨게 되면 1개월 안에 사망하게 된다.〕

▨이마 전체에 붉은 노을이 들면 2주 안에 응당히 송사가 있다. 천정과 천중(天中)에 푸른 기운이 있으면 어찌 근심이 없으리오
〔푸른 기운이 천정(天庭)을 꿰뚫으면 90일 이내에 예측하지 못할 근심이 있다. 어떤 사람이 이르기를 "청기(青氣)가 발제(髮際)로부터 인당까지 접하면 질병의 옅고 깊은 것을 논할 것 없이 60일 이내에 사망한다. 코의 기둥에 이르면 1개월 내에 사망하고 인중(人中)에 이르면 1주일 내에 사망하고 얼굴에 가득하면 그 날에 죽는다."고 하였다.〕

▨천정에 푸른점이 번지면 전염병을 근심하게 되고 화개(華蓋)에 검은 기운이 몽롱하면 죽음을 면치 못한다.

▨연상(年上)에 검은 기운이 천악(天岳)을 응하면 감옥살이를 피하기 어렵다.
〔천악(天岳)은 천중(天中)의 곁에 있다. 두 곳에 다 검은 기운이 있어 심하면 말라서 죽는다.〕

▨코의 기둥에 검은빛이 천정(天庭)으로 오르면 염라대왕을 반드시 보게 된다.
〔절두에 광채가 있으면 가히 절반을 접고 볼 것이다.〕

▨태세(太歲:流年天子)가 명문(命門)에 임하고 이마 위가 침침하면 항상 지지부진 막히고 변지와 천정이 어두운 기운이 있고 귓가가 어둡고 어두우면 지지부진하게 된다.
〔좌우의 태양과 변지, 역마의 아래와 귀 앞, 현벽일대의 기(氣)가 밝지 않은 자는 모든 일이 이루어지지 않고 만약 검은 기운이 있으면 파산하고 감옥살이를 면하지 못한다.〕

▨검은 반점이 이마에 생기면 죽을 증상이니 의원도 고치기 어렵다.
〔흑점은 주근깨와 같은 것이다.〕

▨적기(赤氣)가 변지(邊地)로 들어가면 타관에서 떠돌다 죽게 된다.
〔밖에서 돌아다니다가 죽게 된다는 것이다.〕

▨사살(四煞)의 위치에 흑청(黑靑)이 상서롭게 나타나면 위태한 곳에 이르러 목숨을 바치게 된다.
〔눈썹 위의 1치가 되는 곳을 사살(四煞)이라고 이름한다. 이곳이 누렇고 윤택하면 병사를 이끌고 승리를 얻으며 검은 기색이 있으면 죽게 된다.〕

▨역마에 흰무지개가 있어 머리까지 꿰뚫으면 길을 가다가 돌아오게 된다.
〔역마는 누렇게 빛나야 마땅하다. 만약 푸르고 검은 기운이 꿰뚫으면 거마(車馬)의 재앙이 있고 붉은 기운이 꿰뚫으면 구설수가 있고 흰 기운이 가로질러 천정을 꿰뚫으면 길을 가다가 상(喪)을 듣고 돌아오게 된다.〕

▨천정 앞에 매분(梅粉)이 둥글둥글하면 부모의 근심이 있고 얼굴 위에 이화(梨花)가 점점하면 반드시 형제의 상을 당한다.
〔정면을 당(堂)이라고 한다.〕

▨눈썹 위에 흰빛이 베를 다듬이질 한 것 같이 나타나면 왼쪽은 아버지를 잃고 오른쪽은 어머니를 잃는다.

▨인당 가운데 분가루 기운이 실과 같으면 부모상을 당하지 않으면 자신이 죽는다.

▨얼굴 가득히 주근깨나 흰 기운이 있으면 효복(孝服)을 입게 되고 천창(天倉)에 흰눈 같은 흰빛이 변지에 연결되면 생명이 위태롭거나 또는 죽게 된다.

▨천창에 흰 기운이 태양(太陽), 역마, 변성(邊城)까지 이어지면 골절상을 입을 위험이 있다.

▨상문(喪門)의 빛이 주석과 같으면 곡을 할 슬픔이 있다.
〔누당(淚堂)에 흰 주름이 주석빛과 같은 것을 상문(喪門)이라고 한다.〕

▨백호기(白虎氣)가 입술 가운데를 두르면 사망할 액(厄)이 있는 것이다.
〔귀 앞의 흰 기운이 입과 조응하는 것을 '백호(白虎)'라고 이름한다.〕

제6장 논중하이정흉기(論中下二停凶氣)

중하이정흉기(中下二停凶氣)를 논하다

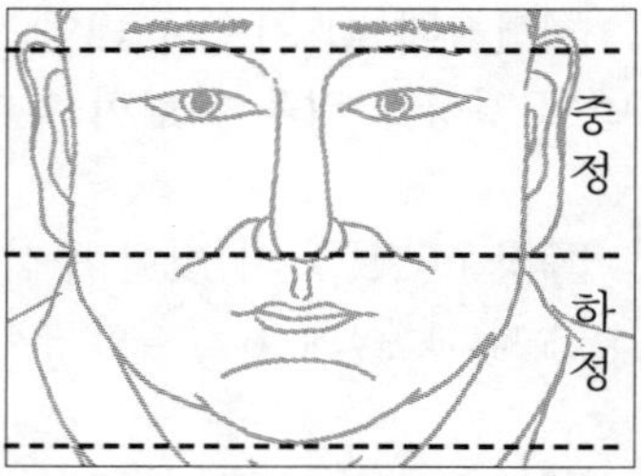

▨인당이 파이고 감가(坎軻 : 질액)에 어지러운 주름이 많으면 형벌을 당하는 것을 면치 못한다. (감가는 길이 험하여 가지 못하는 것을 뜻한다. 질액을 뜻함)

▨눈썹 사이가 서로 맞닿은 듯 좁거나 점으로 된 사마귀가 있으면 타향에서 사망하게 된다.

▨눈썹이 가늘게 났으면 형제가 화목하지 못하고 눈썹의 부위가 높으면 정과 성품이 아주 굳세다.

▨산근(山根)이 끊어지고 혹은 기울어지면 외롭고 가난하고 질액이 있고 코의 기둥이 기울고 혹은 굽으면 간교하고 탐욕이 많게 된다.

▨귀 위에 주름이 어지러우면 가산을 탕진하고 코의 허리에 마디가 생기면 아내와 이별하게 된다.

▨코가 매의 부리와 같으면 마음이 악독하고 콧구멍이 바늘통과

같으면 성질이 몹시 인색하다.

▨코가 결함이 있으면 아버지를 잃게 되고 콧구멍이 위로 들쳐졌으면 재물을 모으기가 어렵게 된다.

▨메기입은 제사지내는 곳에 다니며 음식을 얻어먹고 까마귀의 부리를 닮은 입은 앞뒤로도 정이 없다.

▨목에 뼈가 맺히고 이가 드러난 사람은 타향에서 객사할 것이요, 혀를 날름거리고 입술에 침을 바르는 자는 마음 속에 음욕과 독기를 감추었다.

▨머리털이 번성하여 풀과 같이 생긴 자는 멍청한 사나이요, 소리가 깨진 징소리와 같은 것을 대살(大殺)이라고 이름한다.(주로 형벌을 당한다)

▨인당이 붉은 부적과 같으면 화재나 관가의 시비가 있고, 주작(朱雀)이 인당에 다다르면 흉한 재앙이나 감옥살이 할 운수이다.
〔인당에 붉은색이 동전과 같이 있는 것을 '적부(赤符)나 주작(朱雀)'이라고 이름한다. 이렇게 되면 100일 안에 관가의 송사나 화재, 상처를 입거나 실직할 액운이 있다. 적색이 실과 같고 주근깨와 같은 자는 3년 안에 관가의 송사가 있고 적색이 연상, 수상으로 연결되었으면 감옥살이 할 액운이 있다.〕

▨연상과 수상에 적색이 빛나면 고름이나 피가 나오는 병이 많고 눈썹의 머리가 붉은 기운이 있는 것은 횡액(橫厄)이 있다.

▨산근이 붉고 또 두 뺨으로 이어지면 피고름이 나오는 재앙이나 화재의 액이 있다,

▨명문(命門)의 붉은 기운이 산근을 꿰뚫으면 중죄(重罪)로 법의 심판을 받는 재앙이 이른다.
〔명문에 적색이 눈썹 아래에 발동하여 산근까지 뻗치면 법의 심판으로 죽는 것이 60일 이내에 하고 오른쪽 귀에 하면 1년 동안 응한다.〕

▨절두가 붉으면 폐병이 되며 또한 평지풍파가 일고 코를 훌쩍거리는 자는 술주정뱅이요, 항상 시비를 불러들인다.

▨절두에 붉은 구더기 같은 것이 모이면 불의 화재가 있다.
〔붉은 무늬가 구더기와 같고 또 풀뿌리와 같으면 관액(官厄)이나 화재의 위험이 있다.〕

▨붉은 실금이 드리워져 법령으로 이어졌으면 노복들이 달아나고 또 놀라게 된다.

▨난대의 옆두둑에 붉은 실금이 있으면 유정(遺精)이 허옇게 흐리다.
〔난대 옆의 붉은 실선은 병을 주관한다. 이러한 것이 법령까지 연결되면 노복이 놀라서 달아나고 위로 절두에 모이면 화재나 관재가 있게 된다.〕

▨연상, 수상과 안당(眼堂)에 가로로 붉은 기운이 있으면 산증(疝症)이나 장의 질병이 있다.
〔연상, 수상과 가로로 양쪽 관골로 이어지며 붉은 점이 불과 같으면 '비렴살(飛廉殺)'이라고 이름한다.〕

▨비렴살이 관골이나 코에 나타나면 남자는 치질이나 등창의 병이 있고 여자는 산액(産厄)이 있다.

▨주작(朱雀)이 움직여 절두와 관골에 접하면 벼슬이 강등되고 집안은 싸우는 일이 있게 된다.

〔절두와 관골에 붉기가 연지와 같은 것이 주작이 발동되는 것이다. 만약 겸하여 구진(勾陳)이 발동하며 현무가 연이어 나타나고 다만 인당과 삼양 (三陽)에 황기(黃氣)가 있는 자는 관직이 반드시 강등된다. 누런 기운이 없는 자는 반드시 파직되거나 쫓겨나며 혹은 송사가 있다. 선발되거나 고시를 보는데 이와 같이 나타나면 다 뜻대로 되지 않는다. 또 집안에 있을 때는 형제가 화목하지 못하다.〕

▨복숭아꽃이 뺨에 나타나면 노주(癆疰 : 폐결핵)에 걸려 시체로 다니게 된다.
〔노(癆)는 병이다. 뺨이 붉은 것을 도화(桃花)라고 이름한다. 주(疰)는 반드시 죽는다. 소아감로(小兒疳癆)도 동일하다.〕

▨붉은 가루를 관골에 바른 것 같으면 요통이 더욱 심하다. (허리가 아픈 병에 걸린다)

▨태양(太陽)이 붉고 검으며 얼굴에 도화색을 띠면 이질에 걸려 고생한다.
〔양쪽 눈 뒤가 붉고 연기처럼 빛나며 얼굴 위가 붉은 자는 반드시 이질의 독에 걸린다.〕

▨관골 위가 붉고 푸르며 입술이 흰색을 띠면 중풍을 두려워해야 한다.
〔얼굴 위에 붉은 기운이 있는 가운데 푸른점이 있고 입술이 희고 눈동자가 누런 자는 중풍으로 죽는 것을 예방해야 한다.〕

▨붉은 벌레 모양이 눈밑에 놀면 부인은 산액(産厄)이나 형액(刑厄)이 있다.
〔부인의 눈밑에 붉은 벌레 모양의 무늬가 있으면 산액(産厄)이나 감옥의 액이 있다.〕

▦붉고 요염한 것이 눈두덩에 비치면 여자가 음란하고 또 투기 심도 많다.
〔여자의 얼굴에 붉고 요염한 빛이 가득하면 도화살(桃花殺)이다. 또 겸하여 눈의 위와 아래가 까마귀 같은 자는 반드시 음탕하고 질투가 심하다.〕

▦임신한 부인의 절두와 관골에 화(火)가 발동하면 산액(産厄)을 피하기가 어렵고 임신한 여자의 인중에 푸른빛을 띠면 쌍둥이를 날 징조이다.
〔임산부의 눈자위 위아래가 푸르고 누런색을 띠며 인중이 또한 푸르고 누런색을 띠면 쌍둥이를 낳는다. 어떤 사람이 이르기를 "인중의 사마귀도 쌍둥이를 낳는다."고 했다.〕

▦얼굴색이 누렇게 뜬 것은 월경이 불순한 병이요, 눈자위가 잿빛으로 젖으면 대하증(帶下症)으로 죽게 된다.

▦얼굴과 인당이 푸른 기색으로 화장한 것 같으면 외간 남자와 간통하고 콧대에 푸른 힘줄이 곧게 뻗어 있으면 간부를 두고 본 남편을 살해한다.
〔여인의 콧대에 한 줄기 푸른 힘줄이 곧게 위로 뻗어 이마를 관통하면 반드시 남편을 살해하고 얼굴이 푸르면 음란하다.〕

▦어미(魚尾 : 눈꼬리)가 미미한 황색이 보이면 간사함으로 인하여 이익을 얻고 미미한 청색이 있으면 아내나 첩에게 재앙이 있다.

▦간문(奸門)에 붉은 것이 나타나면 여색으로 인하여 시비를 부르고 검은 기운이 나타나면 60일 이내에 남자는 상처(喪妻)하고 여자는 남편을 잃는다.

▦태양(눈)이 푸른색이면 부부끼리 항상 다투고 뺨 아래에 붉은 구슬처럼 있으면 부부의 금슬이 좋지 않다.

〔눈위 태양에 푸른색이 있고 또 눈밑의 소남(少男)에 붉은점이 있는 자는 항상 아내와 더불어 다툰다. 혹은 연상과 수상에 붉은색이 팥알 같은 자도 또한 그러하다.〕

▨간문(奸門)에 청백(靑白)색이 외양(外陽)으로 연결되면 여종이나 첩들이 도주하고 중양(中陽)에 푸른 흔적이 연상으로 이어지면 물귀신의 재액이 있다.

▨인당 위에 점이 푸르면 관직을 잃고 손재수가 있다. 주서(奏書)가 푸른 기운이 나타나면 문서의 장애가 있고 일마다 막히게 된다.

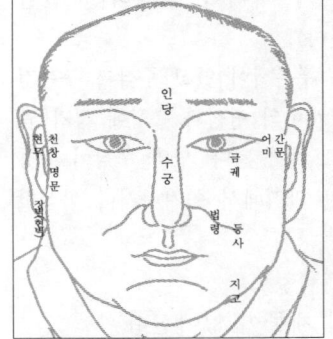

▨구진(勾陳)이 홀로 움직이면 소소한 근심이 있다.
〔양쪽이 다 크거나 작고 산근에 청색을 띤 것을 구진살(勾陳殺)이라고 이름한다. 근심할 일이 있으나 큰 해로움은 없다.〕

▨현무(玄武)가 작대기처럼 갈라지면 항상 아내에게 병이 있다.

▨현무가 움직이면 소와 말의 손재가 있으니 밖으로 출타하는 것이 이롭지 못하다.
〔현무가 3가지가 있다. 그 푸른 흔적이 어미에 나타나서 두 갈래로 갈라져서 빈문(嬪門)을 향하면 아내에게 병이 있고 또 검거나 흰빛이 있으면 아내를 잃는다. 눈꼬리에 나타나서 역마 위로 오른 자는 수레나 마차에 놀랄 일이 있다. 눈꼬리에 나타나서 곧바로 우각(牛角)으로 오른 자는 소나 말의 손실이 있다.〕

▨등사(螣蛇)가 발동하면 놀라고 근심할 일이 많고 혹 색욕(色慾)에 몸을 상하기도 한다.

〔눈밑의 청색을 등사살(騰蛇殺)이라고 한다. 이곳은 의혹되고 우환이나 깜짝 놀랄 일을 주관한다. 욕심을 범한 후에 또한 이러한 색이 나타난다.〕

▨이신(二神)이 두 눈동자에 발동하고 절두에 붉은 기운을 띠면 관청에 벌금을 물고 파산을 하게 된다.
〔구진(勾陳)이 큰 눈동자에 발동하고 현무(玄武)가 작은 눈동자 위에 발동하고 절두가 붉은 자는 관가에 계고장이나 벌금을 무는 일이 있고 서민들은 파산한다.〕

▨사살(四煞)이 인당에 발동하고 이마 사이가 침침하면 칼을 쓰고 감옥에 들어가게 된다(중죄인이 된다).
〔큰 눈동자와 작은 눈동자의 눈밑에 모두 푸른색이 있고 주작과 푸른점이 절두와 눈썹 위에 발동하고 겸하여 이마 사이의 연상과 수상에 청기(靑氣)가 있으면 반드시 큰 칼을 쓰고 감옥으로 가게 된다. 만약 주작이 발동하지 않고 이마 사이가 푸르지 않으면 다만 관직에서 쫓겨나거나 파산할 일들이 있게 된다.〕

▨눈밑이 항상 푸르면 15세에 집안의 재물이 없어진다.

▨코 가운데 목(木 : 청)이 있으면 10년간 헛되이 낭비하는 것을 어떻게 감당할 것인가.
〔절두는 이에 토성(土星)이다. 가장 두려운 것이 목극(木剋 : 청색)이다. 만약 청색이 나타나면 천라(天羅)라고 이름한다. 오래도록 없어지지 않으면 10년 동안 헛된 재물만 낭비하고 모든 일은 뜻대로 되지 않는다. 만약 다시 푸르고 검고 침침한 자는 자신도 해롭고 자식도 잃게 된다.〕

▨토성(土星 : 코)이 엷고 산근(山根)이 두터우면 기(氣)가 막혀 재앙이 많고 월패궁(月孛宮)이 어두워 푸르고 침침한 색이 자주하면 오래 병을 앓다 단명하게 된다.
〔산근이 월패궁이 된다. 어둡고 침침하고 푸르고 검은색이 항상 흩어지

지 않는 자는 병이 많이 있다. 36세 전후를 지나기가 어렵다. 오래동안 병들어 있는 것을 침면(沈綿)이라고 한다.〕

▨푸른색이 정면(正面)을 가로지른 것을 행시(行尸 : 걸어다니는 시체)라고 이름한다. 기(氣)가 귀 앞을 검고 침침하게 한 것을 탈명(奪命)이라고 이름한다.
〔청기(靑氣)가 오는 것은 절두로부터 한다. 흑기(黑氣)가 오는 것은 귀 앞에서부터 하는데 이것을 명문(命門)이라고 하며 신장(腎臟)의 부위에 속한다. 이는 빛깔이 희게 빛나야 하는 것이다. 또 금생수(金生水)이기도 하다. 검은 것은 신장의 색이다. 기가 나타나면 병을 주관하고 만약 얼굴이나 코, 입을 가로지른 자는 반드시 죽는다.〕

▨명문에 검은 주름이 귀뚜라미 다리처럼 생긴 것을 귀서(鬼書)라고 이름한다.
〔왼쪽 귀 앞에 이 주름이 크고 작은 것이 있는 것을 '귀서'라고 이름한다. 겸하여 인중이 검은 자는 반드시 죽는다.〕

▨절두에 검은 점이 거미처럼 생긴 것을 파패(破敗)라고 이름한다.
〔가산을 다 날리고 자신도 죽는 상이다.〕

▨검은 것이 귓가에서 어미(魚尾)로 들어오면 강(江)과 하수(河水)를 건너지 말라.
〔검은 주름이 나타나면 수액(水厄)을 당하고 병이 있는 자는 죽게 된다.〕

▨푸르죽죽한 기운이 수상, 절두를 따라서 귀래(歸來)의 부위까지 내려오면 모름지기 관직과 수명의 액을 방지하여야 한다.
〔귀래(歸來)는 법령(法令)의 주변에 있다. 이곳에 검은 기운이 있어 연상, 수상으로부터 아래로 귀래에까지 이르면 반드시 술이나 여색에 의한 액(厄)이 있다. 난대로부터 귀래까지 이르면 관직을 잃고 재물도 날린다.〕

▨흑연(黑烟)이 인당을 가리면 생명이 관련된 것이요(가벼우면 병에 걸리고 무거우면 죽는다), 암무(暗霧 : 어두운 색)가 산근에 진을 치면 재물과 관직을 모두 잃는다.
〔산근이 연기와 같이 침침하면 관직을 잃고 재산을 없애며 또 도둑의 겁액도 예방해야 한다. 30일 이내에 응한다.〕

▨수궁(壽宮 : 연상, 수상)에 귀인(鬼印)이 있으면 죽음의 때를 기다리지 못한다.
〔연상과 수상에 검은색이 손가락 크기 만한 것을 귀인(鬼印)이라고 이름한다. 만약 코에서 차가운 기운이 나오면 곧 죽는다.〕

▨연상(年上)에 검은 기름 같은 것이 있으면 살아있는 날이 없게 된다.
〔연상에 검은 기운이 처음 일어나 돼지기름을 바른 것 같은 자는 처음부터 죽지는 않지만 반년이 넘도록 흩어지지 않으면 반드시 죽게 된다.〕

▨가택(家宅)이 편안하지 못한 것은 대개 푸른 용이 검고 어두운 것이다.
〔눈썹 아래가 청룡(青龍)이다. 삼양(三陽 : 태양, 중양, 소양 : 왼쪽 눈)은 '가(家)'가 되고 삼음(三陰 : 태음, 중음, 소음 : 오른쪽 눈)이 '택(宅)'이 된다. 검은색이 어둡고 담담하고 혹은 실선 같은 자는 '가택(家宅)'이 편안치 못하고 하인과 여종들이 재액이 있으며 겸하여 인당, 절두, 관골의 위가 밝지 않으면 관직을 파직당하고 재산을 날리며 횡액이 있게 된다.〕

▨자궁(子宮)에 액(厄)이 있는 것은 다만 눈밑의 어둠침침한 것에서 보는 것이다.
〔눈밑이 어둠침침하여 연기와 같은 것이니 남자는 왼쪽이고 여자는 오른쪽이다.〕

◼︎눈두덩에 검은 연기가 숯과 같으면 담(痰)으로 고생하고 재앙이 생긴다.
〔눈을 싼 주위는 비장에 속한다. 만약 이곳이 검어서 매연과 같은 자는 가래가 쌓이고 찬 것을 마시는 병이 있다. 또 겸하여 천중(天中), 연상, 절두에 검은 기운이 있는 자는 죽음뿐이다.〕

◼︎금궤(金匱)에 검은 기운이 활과 같으면 재물이 빠져 나간다.
〔금궤는 눈꼬리 아래에 있는데 90일 이내에 응한다.〕

◼︎역사(力士)에 흑청(黑靑)의 기운이 있으면 귀양살이를 가게 된다.
〔관골의 위가 역사(力士)이다. 이곳이 검푸르고 겸하여 인당에 어두운 기운이 있으면 반드시 유배를 가게 되고 여자는 산액(產厄)을 당한다.〕

◼︎황번(黃旛)에 검은 것을 칠한 것 같으면 재앙이 있다.
〔콧기둥의 양쪽 곁을 황번(黃旛), 표미(豹尾)라고 한다. 항상 청결을 요구한다. 검은 기운이 있으면 화재가 있다.〕

◼︎입의 모서리에 푸른 힘줄이 있어 이것이 입을 얽으면 이것을 등사(螣蛇)라고 한다. 타향에서 운명하게 된다.
〔입의 꼬리에 푸르고 붉은 근육이 아래로 턱과 입을 얽은 자는 '등사'라고 한다. 이것이 입으로 들어가면 반드시 사망하고 혹은 굶주려 죽는다.〕

◼︎하정(下停)이 붉고 검은 기운이 섞여 있으면 대모살(大耗殺)이다. 재물을 손상시키고 도둑의 겁박도 막아야 한다.
〔하정(下停)의 일부가 건조하고 적흑(赤黑)의 주름이 있으면 대모살(大耗殺)이다. 또 겸하여 인당과 절두에 어두운 기색이 있으면 반드시 도둑으로 인한 손재수가 있고 가축을 잃을 것이다.〕

◼︎지각(地閣)에 검은 기운이 있어 양쪽 뺨에 이어지는 것을 오

귀(五鬼)라고 이름한다. 50일 이내에 응한다.

▨귀밑에 검은 기운이 입(口 : 海)으로 들어가는 것을 유혼(流魂)이라고 한다.
〔검은 기운이 명문(命門)으로부터 입으로 들어가면 수액(水厄)이 있게 되는데 7일 안에 응하게 된다.〕

▨안개가 장벽(牆壁)을 덮으면 남자종이나 여종들이 왕성하지 않다.
〔장벽(牆壁)은 현벽이다. 이곳에 검고 어두운 기색이 있어 입으로 들어가면 남자종이나 여자종들이 왕성하지 못하다.〕

▨창고(倉庫)가 검고 낮으면 전택을 보존하기 어렵다.
〔천창(天倉)과 지고(地庫)는 재백(財帛)궁이 된다. 겸하여 지각과 절두를 살필 것이다.〕

▨조주(竈厨)가 붉은 불꽃 같으면 반드시 피눈물나는 재물을 잃는다.
〔조주는 법령(法令)의 가에 있다. 이곳이 붉은 연기 같으면 반드시 피눈물나는 재산을 잃게 된다.〕

▨비문(鼻門 : 콧구멍)이 검게 마르면 꾀하는 일마다 성취하기 어렵다.

▨입술 주위가 붉은 것으로 가려지면 시비를 불러들인다.
〔입의 위와 아래에 적기(赤氣)가 있거나 혹은 붉은 점이 있으면 시비를 불러들인다.〕

▨구각(口角 : 입 모서리)이 희고 건조하면 통증이 눈밑에 있고

▨이륜(耳輪 : 귓바퀴)이 메마르고 검으면 죽음이 눈앞에 있는 것이다.
〔귀는 신장에 소속된다. 신장이 끊어지면 귀가 메말라 검어진다. 겸하여 명문, 연상, 수상이 함께 검은 자는 죽는 것이다.〕

▨오랫동안 병들어 입술이 붉어지면 의원으로서 고치기 어렵다.

▨어린아이의 병이 농색(弄色)을 띠면 위험한 것을 알 수 있다.
〔어린아이 병에 얼굴색이 푸르고 희고 붉고 검은 것을 '농색(弄色)'이라고 한다.〕

▨법령이 입으로 들어가서 양(梁)나라 무제(武帝)는 굶어서 죽었다.
〔법령(法令)이 입으로 들어가면 반드시 음식에 목이 메어 죽는다. 또는 인하여 굶어 죽기도 한다. 양나라 무제나 주아부(周亞夫)의 무리들이 이렇다. 비록 귀하더라도 면하기 어렵다.〕

▨어지러운 주름이 입술을 얽어매 등유(鄧攸)가 대가 끊겼다.
〔어지러운 주름이 입으로 들어가면 아들이던 딸이던 다 자식이 없다.〕

▨어미(魚尾)의 짧은 주름은 아내를 극(剋)하는데 가히 그 수를 증명할 수 있다.
〔어미에 짧은 주름이 한 줄기가 있으면 한 번 아내를 극(剋)하고 만약 긴 주름이면 남에게 의지하여 산다. 눈꼬리 아래 어지러운 주름은 주로 불효자를 생기게 한다.〕

▨간문(奸門)에 긴 주름이 귀밑으로 들어갔으면 집에서 죽지 못한다. (반드시 객사(客死)한다.)

◎골격(骨格)을 헤아려서 귀하고 천한 것을 알 수 있다. 그러나

눈동자에 의뢰한 것만 같으리오
◎소리를 듣고 길하고 흉한 것을 아는 것이다. 또 어떻게 형용을 기대하리오
◎원기(圓機:시)를 즐기는 선비는 문(文)에만 빠지지 않는다. 〔원기(圓機)는 시(詩)를 배우는 자의 교육서.〕
◎재주가 있는 사람은 스스로 옛날에 증거를 삼는다.
◎애오라지 유장(柳莊)의 찬부(撰賦)를 본받아 마의선사(麻衣禪師)의 신묘한 법을 이어받고 또 허부(許負)의 저서와 같이 하고 위로는 당거(唐擧)와 같아야 한다.

시간과 공간을 초월하여
영원한 고전으로 남아질 수 있는
과거속의 유산을 캐내어
메마른 우리들의 마음밭을
기름지게 가꾸어 줄 수 있는 —

자유문고의 책들

1. 정관정요
최형주 해역 ●576쪽

당나라 이후 중국의 역대왕실이 모든 제왕의 통치철학으로 삼아 오던 이 저서는 일본으로 건너가 「도구가와 이에야스(德川家康)」가 일본 통일의 기틀을 마련하는데 큰 힘이 되었다.　〈완역〉

2. 식경
남상해 해역 ●328쪽

어떤 음식을 어떻게 섭취하면 몸에 좋은가? 어떻게 하면 건강하게 무병 장수 할 수 있는가 등등. 옛 중국인들의 음식물 조리와 저장방법 등 예방 의학적 관점에서 그 해답을 얻을 수 있다.　〈완역〉

3. 십팔사략
증선지 해역 ●254쪽

고대 중국의 3황 5제에서부터 송나라 말기까지 유구한 역사의 노정에서 격랑에 휘말린 인물과 사건을 시대별로 나눈 5천년 중국사를 한눈에 볼 수 있는 역사서.　〈완역〉

4. 소학
조형남 해역 ●338쪽

자녀들의 인격 완성을 위하여 성인이 되기 전 한번쯤 읽어야 하는 고전. 아름다운 말, 착한 행동, 교육의 기초 등, 인간이 지켜야 할 예절과 우리 선조들의 예의범절을 되돌아 볼 수 있다.　〈완역〉

5. 대학
정우영 해역 ●156쪽

사회생활에서 지도자가 되거나 조직의 일원이 될 때 행동과 처세, 자신의 수양, 상하의 관계 등에 도움은 물론, 훌륭한 지도자로 성장할 수 있도록 하는 조직관리의 길잡이이다.　〈완역〉

6. 중용
조강환 해역 ●192쪽

인간의 성(性)·도(道)·교(敎)의 구체적인 사항을 제시하였다. 도(道)와 중화(中和)는 항상 성(誠)을 가지고 살아가야 한다는 것과 귀신에 대한 문제 등이 심도있게 논의됐다.　〈완역〉

7. 신음어
여곤 지음 ●256쪽

한 국가를 경영하는 요체로써 인간의 마음, 인간의 도리, 도를 논하는 방법, 국가공복의 의무, 세상의 운세 그리고 성인과 현인. 국가를 경영하는 요체 등을 주제로 한 공직자의 필독서이다.

8. 논어
김상배 해역 ●376쪽

공자와 제자들의 사랑방 대화록. 공자(孔子)의 '배우고 때때로 익히면 즐겁지 아니한가.'로 시작되는 논어를 통해 공문 제자의 교육법을 알 수 있다.　〈완역〉

9. 맹자
전일환 해역 ●464쪽

난세를 다스리는 정치철학. 백성이란 생활을 유지할 생업이 있어야 변함 없는 마음을 가질 수 있고, 생업이 없으면 변함없는 마음을 가질 수 없다.　〈완역〉

10. 시경
이상진·황송문 역 ●576쪽

공자는 시(詩) 3백편을 한마디로 대변한다면 '사무사(思無邪)'라고 했다. 옛 성인들은 시경을 인간의 마음을 정화시키는 중요한 교육서로 삼았다. 각 시에 관련된 그림도 수록되어 있다.　〈완역-자구 색인〉

11. 서경
이상진·강명관 역 ●444쪽

요순(堯舜)시대부터 서주(西周)시대까지의 정사(政事)에 관한 모든 문서(文書)를 공자(孔子)가 수집하여 편찬한 책이다. 유학의 정치에 치중한 경전의 하나　〈완역〉

12. 주역
양학형·이준영 역 ● 496쪽

주역은 신성한 경전도 신비한 기서(奇書)도 아니다. 보는 자의 관점에 따라 판단을 내리도록 하는 것이 역의 기본이치이다. 주역은 하나의 암시로 그 암시를 통해 문제를 해결해 나가는 것이다. 〈완역〉

13. 노자도덕경
노재욱 해역 ● 280쪽

난세를 쉽게 사는 생존철학으로 인생은 속절없고 천지는 유구하다. 천지가 유구한 것은 무위 자연의 도를 수행하고 있기 때문이다. 제일 귀중한 것은 자기의 생명이다 라고 했다. 〈완역〉

14. 장자
노재욱 편저 ● 260쪽

바람따라 구름따라 정처없이 노닐며 온 천하의 그 무엇에도 속박되는 것 없이 절대 자유로운 삶을 영위하는 소요유에서부터 제물론, 응제왕편 등 장주(莊周)의 자유무애한 삶의 이야기이다.

15. 묵자
박문형·이준영 역 ● 552쪽

묵자(墨子)는 '사랑'을 주창한 철학자이며 실천가이다. 묵자의 이론은 단순하지만 그 이론을 지탱하는 무게는 끝없이 크다. 묵자의 '사랑'은 구체적이고 적극적이다. 〈완역〉

16. 효경
박명용·황송문 역 ● 232쪽

효도의 개념을 정립한 것. 공자의 제자인 증자(曾子)는 효도의 마음가짐이 뛰어났다. 이 점을 간파한 공자가 증자에게 효도에 관한 언행을 전하여 기록하게 한 효의 이론서이다. 〈완역〉

17. 한비자 상·하
노재욱·조강환역 ●상532쪽·하512쪽

약육강식이 횡행하던 춘추전국시대에 순자의 성악설(性惡說)을 사상적 배경으로 받아들여 법의 절대주의를 역설하였다. 법 위주의 냉엄한 철학으로 이루어졌다. 〈완역〉

18. 근사록
정영호 해역 ● 488쪽

내 삶의 지팡이. 송(宋)나라의 논어(論語)라 일컬어진 『근사록』은 송나라 성리학(性理學)을 집대성한 유학의 진수이다. 높은 차원의 철학적 사상과 학문이 쉽고 짧은 문장으로 다루어졌다. 〈완역〉

19. 포박자
길흥 저/장영창 역 ● 280쪽

불로장생(不老長生), 이것은 모든 인간의 소망이며 기원의 대상이다. 인간은 죽음을 초월할 수 있는가? 불로불사(不老不死)의 약은 있는가? 등등. 인간들이 궁금해 하는 사연들이 조명되었다.

20. 여씨춘추
정영호 ● 12기 370쪽 ● 8람464쪽 ● 6론464쪽

여불위가 3천여 학자와 이룩한 사론서(史論書)로 유가·도가·묵가·병가·명가 등의 설을 취합. '12기(紀), 8람(覽), 6론(論)'으로 나뉘어 선진(先秦)시대의 학설과 사상을 총망라해 다룬 백과전서. 〈완역〉

21. 고승전
혜교 저/유월탄 역 ● 288쪽

중국대륙에 불교가 들어 오면서 불가(佛家)의 오묘 불가사의한 행적들과 중국으로 전파되는 전도과정에서의 수난과 고통, 수도과정에서 보여주는 고승들의 행적 등을 기록한 기록문.

22. 한문입문
최형주 해역 ● 232쪽

조선시대의 유치원 교육서라고 하는 천자문, 이천자문, 사자소학, 계몽편, 동몽선습이 수록됨. 또 관혼상제 등과 가족의 호칭법 등이 나열되고 간단한 제상차리는 법 등이 요약되었다. 〈완역〉

23. 열녀전
유향 저/박양숙 역 ● 416쪽

역사에 큰 발자취를 남긴 89명의 여인들을 다룬 여성의 전기이다. 총 7권으로 구성되었으며 옛여성들이 지킨 도덕관을 한 눈에 볼 수 있는 교양서. 〈완역〉

24. 육도삼략
조강환 해역 ● 296쪽

병법학의 최고봉인 무경칠서(武經七書) 가운데 두 가지의 책으로 3군을 지휘하고 국가를 방위하는데 필요한 저서이다. 『육도』와 『삼략』의 두 권이 하나로 합한 것이다. 〈완역〉

25. 주역참동계
최형주 해역 ● 272쪽

『주역참동계(周易參同契)』란 주나라의 역(易)이 노자의 도(道)와 연단술(練丹術)과 서로 섞어 통하며 『주역』과 연단은 음양을 벗어나지 못하며 노자의 도는 음양이 합치된다고 하였다. 〈완역〉

26. 한서예문지
이세열 해역 ● 328쪽

반고(班固)가 찬한 『한서(漢書)』 제30권에 들어 있는 동양고전의 서지학(書誌學)의 대사전이다. 한(漢)나라 이전의 모든 고전을 일목요연하게 볼 수 있는 서지학의 원조이다. 〈완역〉

27. 대대례
박양숙 해역 ● 344쪽

『대대례』의 정식 명칭은 『대대예기』이며 한(漢)나라 대덕(戴德)이 편찬한 저서로 공자(孔子)와 그의 제자들이 예에 관한 기록의 131편을 수집하여 집대성한 것이다. 〈완역〉

28. 열자
유평수 해역 ● 304쪽

『열자』의 학문은 황제(黃帝)와 노자(老子)에 근본을 삼았고 열자 자신을 호칭하여 도가(道家)의 중시조라고 했다. 『열자』는 내용이 재미가 있고 어렵지 않은 것이 특징이다. 〈완역〉

29. 법언
양웅 저/최형주 역 ● 312쪽

전한(前漢)시대 사마상여(司馬相如)의 영향을 받아 대문장가가 된 양웅(楊雄)의 문집이다. 양웅은 오로지 저술에 의해 이름을 남기고자 힘써 저술에 전념하였다. 〈완역〉

30. 산해경
최형주 해역 ● 408쪽

『산해경(山海經)』은 문학·사학·신화학·지리학·민속학·인류학·종교학·생물학·광물학·자원학 등 제반 분야를 총망라한 동양 최고의 기서(奇書)이며 박물지(博物志)이다. 〈완역〉

31. 고사성어
송기섭 지음 ● 304쪽

일상생활에서 많이 쓰이는 중심되는 125개의 고사성어가 생기게 된 유래를 밝히고 1,000여개 고사성어의 유사어와 반대되는 말, 속어, 준말, 자해(字解) 등을 자세하게 실어 이해를 도왔다.

32. 명심보감·격몽요결
박양숙 해역 ● 280쪽

인간 기본 소양의 명심보감과 공부하는 지침을 가르쳐 주는 격몽요결, 학교의 운영과 학생들의 행동에 대한 모범안을 보여주는 율곡 이이(李珥) 선생의 학교모범으로 이루어졌다. 〈완역〉

33. 이향견문록 상·하
이상진 역 ● 상352쪽·하352쪽

일반적으로 많이 알려지지 않은 숨은 이야기 모음이다. 소문으로 알려져 있는 평범한 이야기도 있고, 기이한 이야기도 있고, 유명한 사람의 이야기를 능가하는 이야기도 있다. 〈완역〉

34. 성학십도와 동국십팔선정
이상진 외2인 ● 248쪽

'성학십도'는 어린 선조(宣祖)가 성군(聖君)이 되기를 바라는 마음에서 퇴계 이황이 집필한 책. '동국십팔선정'은 우리나라 사람으로서 성균관 문묘(文廟)에 배향된 대유학자 18명의 발자취를 나열한 책. 〈완역〉

35. 시자
신용철 해역 ● 240쪽

진(秦)나라 재상 상앙의 스승이었다는 시교의 저서로 인의(仁義)를 바탕에 깔고 유가(儒家)의 덕치(德治)를 바탕으로 '정명(正名)과 명분(名分)'을 내세워 형벌을 주창하였다. 〈완역〉

36. 유몽영
장조 저/박양숙 역 ● 240쪽

장조(張潮)가 쓴 중국 청대(淸代)의 수필 소품문학의 백미(白眉)로, 도학자(道學者)다운 자세와 차원높은 은유로 인간의 진솔한 삶의 방법과 존재가치를 탐구하였다. 〈완역〉

37. 채근담
박양숙 해역 ● 296쪽

명(明)나라 때 홍자성(洪自誠)이 지은 저서로 하늘의 이치와 인간의 정(情)을 근본으로 삼아 덕행을 숭상하고 명예와 이익을 가볍게 보아 담박한 삶의 참맛을 찾는 길을 모색하였다. 〈완역〉

38. 수신기
간보 저/전병구 역 ● 462쪽

동진(東晉)의 간보(干寶)가 지은 것으로 '신괴(神怪)한 것을 찾다'와 같이 '귀신을 수색한다'의 뜻으로 신선, 도사, 기인, 괴물, 귀신 등등의 이야기로 이루어져 있다. 〈완역〉

39. 당의통략
이덕일·이준영 역 ● 462쪽

조선 말기의 정치가이며 학자인 이건창이 지은 책으로 선조(宣祖) 때부터 영조(英祖) 때까지의 당쟁사이다. 음모와 모략, 드디어 영조가 대탕평을 펼치게 되는 일에서 끝을 맺었다. 〈완역〉

40. 거울로 보는 관상
신성은 엮음 ● 400쪽

달마조사와 마의선사의 상법(相法)을 300여 도록을 완비하여 놓고 완전 현대문으로 재해석하여 누구나 쉽게 알 수 있도록 꾸민 관상학의 해설서. 원제는 '마의상법(麻衣相法)'이다. 〈완역〉

41. 다경
박양숙 해역 ● 240쪽

당나라 육우(陸羽)의 『다경(茶經)』과 일본의 영서(榮西) 선사의 『끽다양생기』를 합 현대문으로 재해석하고 도록으로 차와 건강을 설명하여 전통차의 효용성과 커피의 실용성을 곁들여 다루었다. 〈완역〉

42. 음즐록
정우영 해역 ● 176쪽

선행을 많이 쌓으면 타고난 운명을 바꿀 수 있다는 저서. 음즐은 '하늘이 아무도 모르게 사람의 행동을 보고 화복을 내린다.'는 뜻에서 딴 것. 어떤 행동이 얼마만큼의 공덕에 해당하는 가에 대한 예시도 해놓았다. 〈완역〉

43. 손자병법
조일형 해역 ● 272쪽

혼란했던 춘추시대에 태어나 약육강식의 시대를 살며 터득한 경험을 이론으로 승화시킨 손자의 병법서. 현대인들에게는 처세술의 대표적인 책으로 알려졌다. 〈완역〉

44. 사경
김해성 해역 ● 288쪽

'사람을 쏘려거든 먼저 말을 쏘아라'라는 부제가 대변해 주듯, 활쏘기의 방법에 대한 개론서. 활쏘기 자체를 초월한 도(道)의 경지에 오르는 길을 설명하고, 관련 도록을 수록하고, 『예기』에서 관련된 부분을 발췌해 넣었다. 〈완역〉

45. 예기 상·중·하
지재희역 ● 상448쪽·중416쪽·하427쪽

옛날 사람들의 생활과 관련된 모든 것을 총망라하여 49편으로 구성해 놓은 생활지침서이다. 옛날 사람들이 어떤 문화를 가지고 살았으며, 어떤 것에 생활의 무게를 두었는지 알 수 있다. 〈완역-자구색인〉

46. 이아주소
최형주·이준영 역 ● 424쪽

중국 13경(經)의 하나. 가장 오래된 동양 자전(字典). 이(爾)는 가깝다, 아(雅)는 바르다, 곧 '가까운 곳에서 바른 것을 취한다'는 뜻. 천문·지리·음악·기재(器材)·초목·조수(鳥獸)에 대한 고금의 문자 설명. 〈완역〉

47. 주례
지재희·이준영 역 ● 608쪽

중국의 국가 제도를 기록한 최고의 책이며, 삼례(三禮)의 하나. 중국 주(周)나라의 관직을 분류하고 그 예하의 관명과 각 관직이 행하는 직무의 범위를 설명했다. 〈완역-자구 색인〉

48. 춘추좌전 상·중·하
남기현역 ● 상664쪽·중656쪽·하672쪽

중국의 노(魯)나라 은공(隱公) 1년에서부터 애공(哀公) 14년까지의 12대 242년간의 일들을 공자가 서술한 역사서. 좌구명(左丘明)이 전(傳)을 썼다. 〈완역-자구 색인〉

49. 순자
이지한 해역 ● 656쪽

맹자(孟子)의 성선설(性善說)을 부정하고 성악설(性惡說)을 주창한 순자의 모든 사상이 담겨 있는 저서이다. 모든 국가는 예로써 다스려야 한다는 순자의 이론을 집대성하고 있다. 〈완역-자구 색인〉

50. 악기
이영구 편저 ● 312쪽

예기 악기편과 여러 경전에 나오는 음악 관련 내용을 발췌하여 엮고, 국악기와 무일도의 도록과 설명도 실었다. 악기는 동양 최초로, 음악 이론과 악장을 다룬 예술서이며 6경(六經)의 하나이다.

51. 가범
이영구 해역 ● 336쪽

가훈(家訓)과 같은 것으로 중국 가정의 규범이 될만한 내용이다. 교훈적으로 살아간 가정을 열거하였고 살아가는데 도움이 될 것을 모았다.

52. 원본소녀경
최형주 해역 ● 322쪽

인간의 성(性)을 연마해서 장생(長生)하고 인간의 질병을 성(性)으로 다스리는 방법과 기(氣)를 보충하며 건강하게 사는 것들을 담고 있다.

53. 상군서
남기현 해역 ● 288쪽

국가를 법으로 다스려야 부강하는 나라를 만들 수 있다는 내용으로 상앙이 주창한 법치국가로 부국강병을 이루는 방법을 나열한 저서이다.
〈완역 - 자구 색인〉

54. 황제내경소문
최형주역 ● 상472쪽 · 중448쪽 · 하416쪽

양생(養生)하고 질병을 제거하여 자연의 도에 순응하며 인간의 타고난 수명을 다하고 또 질병이 있게 되면 그에 대한 치료방법을 제시한 동양최고의 한의학 경전이다.
〈완역 - 자구 색인〉

55. 황제내경영추
최형주해역 ● 상496쪽 · 하496쪽

한방(漢方)의 최고 경전이며 주로 침술을 이용하여 질병을 치료하는 방법을 제시한 동양 최고의 한의학 경전이다. 〈완역 - 자구 색인〉

56. 의례
지재희 · 이준영 역 ● 671쪽

동양 전통예절의 법전이며 삼례(三禮)의 으뜸이다. 관혼상례를 비롯한 고대사회의 사회의식과 종교학적인 면들을 자세히 엿볼 수 있는 예절의 최고 경전.
〈완역 - 자구 색인〉

57. 춘추곡량전
남기현 해역 ● 568쪽

공자(孔子)의 춘추를 명분(名分)과 의리를 내세워 자세히 설명하여 비롯된 고문학(古文學)의 최고의 경전이며 사학자의 필독서로 13경의 하나이다.
〈완역 - 자구 색인〉

58. 춘추공양전
남기현 해역 ● 568쪽

13경의 하나. 공자가 축약한 춘추를 고대 문화의 언어 해설로 풀어 놓아 춘추시대의 문화와 문학을 연구하는데 중요한 저서로 사학자의 필독서이다.
〈완역 - 자구 색인〉

59. 춘추번로
남기현 해역 ● 568쪽

근간

60. 청오경 · 금낭경

근간

61. 심경

근간

101. 한자원리해법
김철영 엮음 ● 232쪽

한자가 이루어진 원리를 부수를 기본으로 나열하여 쉽게 풀어놓았다. 한자의 기본인 부수가 생겨나게 된 원리를 보여주어 한자에 쉽게 다가갈 수 있게 하였다.

102. 상례와 제례
김창선 지음 ● 248쪽

병법학의 최고봉인 무경칠서(武經七書) 가운데 두 가지의 책으로 3군을 지휘하고 국가를 방위하는데 필요한 저서이다. 『육도』와 『삼략』의 두 권이 하나로 합한 것이다.
〈완역〉

■ 동양학 100권 발간 후원인(가나다 순)
　후원회장 : 유태전
　후원회운영위원장 : 지재희
　　김경범, 김관해, 김기홍, 김소형, 김재성, 김종원, 김주혁, 김창선, 김태수, 김태식,
　　김해성, 김향기, 남기현, 박남수, 박문현, 박양숙, 박종거, 박종성, 백상태, 송기섭,
　　신성은, 신순원, 신용민, 양태조, 양태하, 오두환, 유재귀, 유평수, 이규환, 이덕일,
　　이상진, 이석표, 이세열, 이승균, 이승철, 이영구, 이용원, 이원표, 임종문, 임헌영,
　　전병구, 전일환, 정갑용, 정인숙, 정찬옥, 정철규, 정통규, 조강환, 조웅태, 조일형,
　　조혜자, 최계림, 최영전, 최형주, 한정곤, 한정주, 황송문

　　　인지
　　　생략

동양학총서〔40〕
거울로 보는 관상(원제 : 麻衣相法)

초판 1쇄 발행　1998년 11월 5일
초판 3쇄 발행　2005년 6월 15일

해역자 : 신성은
펴낸이 : 이준영

회장·유태전
주간·이덕일 / 기획·영업·한정주 / 편집·김경숙 / 교정·박은정
조판·태광문화 / 인쇄·천광인쇄 / 제본·기성제책 / 유통·문화유통북스

펴낸곳 : 자유문고
서울 영등포구 문래동6가 56-1 미주프라자 B-102호
전화·2637-8988·2676-9759 / FAX·2676-9759
홈페이지 : http://www.jayumungo.com
e-mail : jayumg@hanmail.net
등록·제2-93호(1979. 12. 31)

정가 20,000원
※잘못 만들어진 책은 구입하신 서점에서 바꿔드립니다.

ISBN 89-7030-041-4　04150
ISBN 89-7030-000-7　(세트)